成都通锦路唐净众寺园林遗址

成都文物考古研究院 编著

科学出版社

北京

内 容 简 介

本书是一部对唐代成都净众寺园林遗址出土资料进行公布和研究的田野考古发掘报告。该遗址位于四川省成都市金牛区通锦路13号，地处唐末以来修筑的成都罗城西北城墙（即今北校场西路一线）外的附郭区域，与城墙之间的最短直线距离仅600余米，东距府河约400米，西距桃花江约440米，南距饮马河约550米，往南距罗城的正门——大西门（即明清以来的老西门）约1千米。书中详细介绍了寺院园林遗址的组成部分，如灰坑、水井、房址、沟渠、池塘等，对出土器物开展了系统的类型学分析，并对遗址的年代、功能、性质以及寺院的地理方位、空间布局、园林区的营建背景等问题作了初步分析和讨论。同时本书附录还收入了同地点汉代遗址和隋唐至宋明时期墓葬的发掘报告。

本书适合从事历史时期考古研究的专家学者、相关专业的大专院校师生及广大历史、考古爱好者参考、阅读。

图书在版编目（CIP）数据

成都通锦路唐净众寺园林遗址/成都文物考古研究院编著. —北京：科学出版社，2018.8
ISBN 978-7-03-058395-6

Ⅰ. ①成… Ⅱ. ①成… Ⅲ. ①园林建筑 – 文化遗址 – 考古 – 成都 – 唐代 Ⅳ. ① K878.3

中国版本图书馆CIP数据核字（2018）第171159号

责任编辑：柴丽丽 / 责任校对：邹慧卿
责任印制：肖 兴 / 封面设计：金舵手世纪

科学出版社 出版
北京东黄城根北街16号
邮政编码：100717
http://www.sciencep.com

中国科学院印刷厂 印刷
科学出版社发行　各地新华书店经销
*

2018年8月第 一 版　　开本：889×1194 1/16
2018年8月第一次印刷　　印张：13 1/2 插页：31
字数：388 000

定价：368.00元
（如有印装质量问题，我社负责调换）

目　录

第一章　绪言 …………………………………………………………………………………（1）
　　第一节　地理位置与自然环境 …………………………………………………………（1）
　　第二节　历史沿革 ………………………………………………………………………（2）
　　第三节　工作缘起与概况 ………………………………………………………………（5）
第二章　地层堆积与出土遗迹 ………………………………………………………………（8）
　　第一节　地层堆积 ………………………………………………………………………（8）
　　　　一、TN06E04南壁 ……………………………………………………………………（8）
　　　　二、TN05E03北壁 ……………………………………………………………………（9）
　　第二节　出土遗迹 ………………………………………………………………………（9）
　　　　一、灰坑 ……………………………………………………………………………（9）
　　　　二、水井 ……………………………………………………………………………（12）
　　　　三、房址 ……………………………………………………………………………（14）
　　　　四、沟渠 ……………………………………………………………………………（14）
　　　　五、池塘 ……………………………………………………………………………（25）
第三章　出土遗物 ……………………………………………………………………………（33）
　　第一节　瓷器 ……………………………………………………………………………（33）
　　　　一、青羊宫窑 ………………………………………………………………………（33）
　　　　二、琉璃厂窑 ………………………………………………………………………（80）
　　　　三、邛窑 ……………………………………………………………………………（85）
　　　　四、长沙窑 …………………………………………………………………………（94）
　　　　五、邢窑 ……………………………………………………………………………（95）
　　　　六、北方白瓷窑口 …………………………………………………………………（95）
　　第二节　陶器 ……………………………………………………………………………（97）
　　　　一、生活用具 ………………………………………………………………………（97）
　　　　二、建筑构件 ………………………………………………………………………（108）
　　第三节　石雕制品 ………………………………………………………………………（120）
　　第四节　铜器 ……………………………………………………………………………（124）
第四章　年代问题 ……………………………………………………………………………（126）
　　第一节　出土遗物的分组、分期与年代推定 …………………………………………（126）

第二节　遗迹单位的年代推定 ……………………………………………………（129）
第五章　遗址的功能与性质 …………………………………………………………（132）
第六章　唐代净众寺的地理方位与空间布局 …………………………………………（138）
第七章　净众寺园林的营建背景 ………………………………………………………（143）
附录 ………………………………………………………………………………………（147）
　　附录一　成都市通锦路汉代遗址发掘简报 ………………………………………（147）
　　附录二　成都市通锦路遗址隋唐至明代墓葬清理简报 …………………………（171）
后记 ………………………………………………………………………………………（206）

插 图 目 录

图一　遗址地理位置示意图	（ 5 ）
图二　发掘区位置示意图	（ 6 ）
图三　发掘区探方与遗迹平面分布图	（ 7 ）
图四　地层剖面图	（ 8 ）
图五　H1 平、剖面图	（ 10 ）
图六　H4 平、剖面图	（ 10 ）
图七　H6 平、剖面图	（ 11 ）
图八　H7 平、剖面图	（ 12 ）
图九　H8 平、剖面图	（ 12 ）
图一〇　H9 平、剖面图	（ 13 ）
图一一　H10 平、剖面图	（ 13 ）
图一二　H12 平、剖面图	（ 13 ）
图一三　J1 平、剖面图	（ 14 ）
图一四　F1 平、剖面图	（ 15 ）
图一五　唐代建筑遗迹（G1、G2、G3、C1、J1、F1）总平、剖面图	（插页）
图一六　G2 出土花纹砖拓片	（ 16 ）
图一七　G2 出土花纹砖拓片	（ 17 ）
图一八　G2 出土联璧纹砖拓片	（ 18 ）
图一九　G2 出土花纹砖拓片	（ 19 ）
图二〇　G2 出土 Aa 型菱形纹砖拓片	（ 20 ）
图二一　G2 出土 Aa 型菱形纹砖拓片	（ 21 ）
图二二　G2 出土 Aa 型菱形纹砖拓片	（ 22 ）
图二三　G2 出土 Aa 型菱形纹砖拓片	（ 22 ）
图二四　G2 出土 Aa 型菱形纹砖拓片	（ 23 ）
图二五　G2 出土菱形纹砖拓片	（ 24 ）
图二六　G2 出土花纹砖拓片	（ 25 ）
图二七　G2 出土网格纹砖拓片	（ 26 ）
图二八　G2 出土网格纹砖拓片	（ 26 ）
图二九　C1 出土花纹砖拓片	（ 28 ）

图三〇	C1出土花纹砖拓片	（29）
图三一	C1出土Aa型菱形纹砖拓片	（30）
图三二	C1出土菱形纹砖拓片	（31）
图三三	C1出土花纹砖拓片	（31）
图三四	青羊宫窑瓷碗及陶碗	（34）
图三五	青羊宫窑Aa型Ⅱ式瓷碗	（35）
图三六	青羊宫窑瓷碗	（37）
图三七	青羊宫窑B型瓷碗	（39）
图三八	青羊宫窑B型瓷碗	（40）
图三九	青羊宫窑瓷碗	（41）
图四〇	青羊宫窑瓷碗	（42）
图四一	青羊宫窑瓷碗	（43）
图四二	青羊宫窑瓷碗	（45）
图四三	青羊宫窑瓷碗及陶碗	（46）
图四四	青羊宫窑瓷碗及碗足残片	（47）
图四五	青羊宫窑瓷碗足残片	（49）
图四六	青羊宫窑瓷盏	（50）
图四七	青羊宫窑瓷盏	（52）
图四八	青羊宫窑瓷盏	（53）
图四九	青羊宫窑Ea型瓷盏	（54）
图五〇	青羊宫窑Eb型瓷盏	（55）
图五一	青羊宫窑瓷盘及琉璃厂窑瓷碗、瓷盘	（56）
图五二	青羊宫窑瓷研磨器	（57）
图五三	青羊宫窑瓷研磨器	（57）
图五四	青羊宫窑瓷研磨器	（58）
图五五	青羊宫窑瓷研磨器	（59）
图五六	青羊宫窑瓷钵	（60）
图五七	青羊宫窑瓷钵	（61）
图五八	青羊宫窑及琉璃厂窑瓷钵	（62）
图五九	青羊宫窑瓷罐	（63）
图六〇	青羊宫窑瓷罐	（64）
图六一	青羊宫窑Ca型瓷罐	（65）
图六二	青羊宫窑瓷罐	（67）
图六三	青羊宫窑瓷罐	（68）
图六四	青羊宫窑、长沙窑及琉璃厂窑瓷注壶	（70）

图六五	青羊宫窑瓷注壶	（71）
图六六	青羊宫窑瓷盆	（72）
图六七	青羊宫窑瓷盆	（73）
图六八	青羊宫窑瓷盆及陶盆	（74）
图六九	青羊宫窑瓷炉	（75）
图七〇	青羊宫窑瓷器盖	（76）
图七一	青羊宫窑瓷钟	（77）
图七二	青羊宫窑瓷器及陶器	（78）
图七三	青羊宫窑瓷器及陶器	（79）
图七四	琉璃厂窑瓷器	（81）
图七五	琉璃厂窑瓷罐	（83）
图七六	琉璃厂窑瓷器	（84）
图七七	琉璃厂窑瓷塑模型	（85）
图七八	邛窑瓷器	（86）
图七九	邛窑瓷器	（88）
图八〇	邛窑瓷器	（89）
图八一	邛窑瓷盆	（90）
图八二	邛窑瓷钵	（91）
图八三	邛窑瓷器	（92）
图八四	邛窑瓷器	（93）
图八五	邛窑瓷塑模型及铜器	（94）
图八六	长沙窑瓷器	（96）
图八七	邢窑及北方白瓷窑口瓷器	（97）
图八八	B 型陶碗	（98）
图八九	B 型陶碗	（99）
图九〇	陶盘	（100）
图九一	陶钵	（101）
图九二	陶盏	（102）
图九三	陶罐	（103）
图九四	A 型陶盆	（104）
图九五	陶盆、陶瓮	（105）
图九六	B 型陶盆	（106）
图九七	陶砚台	（107）
图九八	陶炉	（107）
图九九	陶器	（108）

图一〇〇	陶建筑构件	(109)
图一〇一	陶筒瓦	(110)
图一〇二	兽面纹陶瓦当拓片	(111)
图一〇三	兽面纹陶瓦当拓片	(112)
图一〇四	陶瓦当拓片	(113)
图一〇五	Aa 型莲花纹陶瓦当拓片	(114)
图一〇六	Ab 型莲花纹陶瓦当及滴水拓片	(114)
图一〇七	Ab 型莲花纹陶瓦当拓片	(115)
图一〇八	B 型莲花纹陶瓦当拓片	(115)
图一〇九	陶瓦当拓片	(116)
图一一〇	陶滴水	(117)
图一一一	陶建筑构件	(118)
图一一二	陶建筑构件	(119)
图一一三	未辨形残陶构件	(119)
图一一四	未辨形残陶构件	(120)
图一一五	石造像	(121)
图一一六	石造像	(121)
图一一七	石造像	(122)
图一一八	石基座	(122)
图一一九	石经幢	(123)
图一二〇	石碓臼	(124)
图一二一	铜钱拓片	(125)

图 版 目 录

图版一　发掘区全景
图版二　发掘现场
图版三　发掘现场
图版四　专家及领导考察遗址现场
图版五　专家论证会现场
图版六　J1
图版七　F1、G1
图版八　G2 西段及东、西段交汇处
图版九　G2 西段局部
图版一〇　G2 西段局部
图版一一　G2 局部砖墙及挡墙体
图版一二　G3
图版一三　C1
图版一四　C1 北壁、南壁、拦水坝
图版一五　C1 北壁进水口
图版一六　G2 出土花纹砖
图版一七　G2 出土莲花纹、卷草纹砖
图版一八　G2 出土缠枝纹、人物纹砖
图版一九　G2 出土联璧纹砖
图版二〇　G2 出土纪年文字、组合纹砖
图版二一　G2 出土组合纹砖
图版二二　G2 出土 Aa 型菱形纹砖
图版二三　G2 出土菱形纹砖
图版二四　青羊宫窑瓷碗
图版二五　青羊宫窑瓷碗
图版二六　青羊宫窑瓷碗
图版二七　青羊宫窑瓷碗
图版二八　青羊宫窑瓷碗足残片
图版二九　青羊宫窑瓷盏

图版三〇　青羊宫窑瓷盏
图版三一　青羊宫窑瓷盏、盘、研磨器
图版三二　青羊宫窑瓷研磨器、钵
图版三三　青羊宫窑瓷钵、罐
图版三四　青羊宫窑瓷罐
图版三五　青羊宫窑瓷罐、注壶、杯
图版三六　青羊宫窑瓷盆、炉、器盖
图版三七　青羊宫窑瓷器盖、钟
图版三八　琉璃厂窑瓷碗、盘、盏
图版三九　琉璃厂窑瓷罐、瓷塑模型
图版四〇　邛窑瓷碗、盘、杯、盏
图版四一　邛窑瓷盆、钵、罐、盒
图版四二　邛窑、北方白瓷窑口瓷器
图版四三　长沙窑、邢窑瓷器
图版四四　陶碗、钵、盂、盏、罐
图版四五　陶盆、砚台、炉、碓臼、印模
图版四六　兽面纹陶瓦当
图版四七　兽面纹陶瓦当
图版四八　兽面纹、莲花纹陶瓦当
图版四九　莲花纹陶瓦当
图版五〇　莲花纹、星月纹陶瓦当和陶滴水
图版五一　陶建筑构件
图版五二　石雕制品
图版五三　砖室墓 M2、M7
图版五四　砖室墓 M11、M14
图版五五　砖室墓出土瓷器
图版五六　砖室墓出土瓷罐
图版五七　土坑墓 M4、M5、M12
图版五八　土坑墓出土 A 型瓷谷仓罐
图版五九　土坑墓出土瓷谷仓罐
图版六〇　土坑墓出土瓷器

第一章 绪 言

第一节 地理位置与自然环境

成都位于四川省中部,地处四川盆地西部的成都平原腹地,地理坐标为东经102°54′～104°53′、北纬30°05′～31°26′。东与德阳市、资阳市毗邻,西与雅安市、眉山市和阿坝藏族羌族自治州接壤,距离东海1852千米,距离南海1090千米。成都现为四川省省会、副省级城市,是我国中西部重要的中心城市,是我国西南地区物流、商贸、金融、科技、文化、教育中心及交通、通信枢纽,也是国家统筹城乡综合配套改革试验区。

成都市全境东西长192千米,南北宽166千米,土地总面积12390平方千米,目前下辖11个区、4个县级市、4个县、123个街道办事处。市辖区分别为锦江区、青羊区、成华区、金牛区、武侯区、龙泉驿区、青白江区、新都区、温江区、双流区和郫都区;县级市分别为彭州市、都江堰市、邛崃市和崇州市;县分别为新津县、蒲江县、大邑县和金堂县。

成都市区海拔500余米,锦江、府河、沙河从城区穿流而过。成都境内的地形较为复杂,东部为龙泉山脉和盆中丘陵,中部为成都平原,西部为邛崃山脉。境内海拔最高处为大邑县境内西岭雪山的大雪塘(又名苗基岭),海拔5353米;海拔最低处为金堂县东南的云合镇河谷,海拔378米。东部丘陵区主要属于龙泉山脉,海拔600～1000米,以东北—西南走向穿过成都市东部的龙泉驿区和金堂县,该山脉为成都平原和盆中丘陵的分界线,龙泉山脉以东,浅丘连绵起伏。成都市域内只有金堂县的部分地区位于该山脉以东的丘陵区。中部平原区属于成都平原,介于龙泉山脉与邛崃山脉之间,面积约占成都市总面积的50%,海拔450～720米,是由岷江、沱江及其支流冲积而成的冲扇形平原。成都平原得益于都江堰水利工程,河网密布,同时由于土地肥沃,是国内最重要的粮食产区之一。平原上也零星分布着一些浅丘,比如成都近郊的凤凰山、磨盘山等。西部山地区属于邛崃山脉,是横段山脉最东缘的山系,以东北—西南走向穿过成都市西部的彭州市、都江堰市、大邑县、崇州市和邛崃市,许多山峰海拔在4000米以上。该地区海拔落差巨大,地貌丰富,拥有丰富绮丽的自然景观。

成都位于川西北高原向四川盆地过渡的交接地带,有其特有的气候特征。一是东、西两部分气候不同。由于成都市东、西高低悬殊,热量随海拔急增而锐减,所以出现东暖西凉两种气候类型并存的格局,而且,在西部盆周山地,山上山下同一时间的气温可以相差好几度,甚至由下而上呈现出暖温带、温带、寒温带、亚寒带、寒带等多种气候类型。这种热量的垂直变化,为成都市发展农业特别是多种经营创造了有利条件。二是冬湿冷、春早、无霜期较长,四季分明,热量丰富。年平均气温在16℃左右,≥10℃的年平均活动积温为4700～5300℃,全年无霜期为278天，初霜期一般出现在11月底，终霜期一般在2月下旬，冬季最冷月（1月）平均气温为5℃左右，最低气温在0℃以下的天气集中出现在12月中下旬和1月上旬，少部分出现在1月中下旬，平均气温比同纬度的长江中下游地区高1~2℃，提前半个月入春。三是冬春雨少，夏秋多雨，雨量充沛，年平均降水量为900~1300毫米，而且降水的年际变化不大，最大年降水量与最小年降水量的比值为2∶1左右。四是光、热、水基本同季，气候资源的组合合理，非常有利于生物繁衍。五是风速小，广大平原、丘陵地区风速为1~1.5米/秒；晴天少，日照率在24%~32%，年平均日照时数为1042~1412小时。成都极端最低气温为-5.9℃，大部分区市县出现在12月，少部分出现在1月。成都市属中亚热带湿润季风气候区，常年最多风向是静风；次多风向，6~8月为北风，其余各月为东北偏北风。

成都地处亚热带湿润地区，地形地貌复杂，自然生态环境多样，生物资源丰富。据初步统计，仅动、植物资源就有11纲、200科、764属、3000余种。其中，种子植物2682种，特有和珍稀植物有银杏、珙桐、黄心树、香果树等；主要脊椎动物237种，国家重点保护的珍稀动物有大熊猫、小熊猫、金丝猴、牛羚等；中药材860多种，川芎、川郁金、乌梅、黄连等蜚声中外。矿产资源主要集中在西部边沿山区的彭州市、都江堰市、崇州市和大邑县；天然气主要集中于蒲江县、邛崃市、大邑县、都江堰市和金堂县一带；钙芒硝储量全国第一，主要集中于新津县和双流区，多种金属矿产资源则相对集中于彭州市。

第二节　历史沿革

成都是我国首批24个国家级历史文化名城之一，有着悠久的历史文化积淀和灿烂辉煌的城市发展史。

考古发掘表明，距今4500~3700年成都平原就已活跃着一支发达的新石器文化——宝墩文化，并且陆续出现了一批带有夯土城墙的早期大型聚落，如新津宝墩古城、郫县三道堰古城、温江鱼凫古城、都江堰芒城、崇州双河古城和紫竹古城、大邑盐店古城和高山古城。在这些大型聚落周围分布着众多的小型村落，表明此时聚落已经出现分化，开始出现一些早期文明因素。在相当于中原地区的夏商周时期，以成都平原为中心，古蜀人建立了一个早期国家，史称"蜀国"。三星堆遗址发现夏商时期的环壕城址是古蜀国当时的都城所在。在商周时期，古蜀国的都邑几度迁徙，文献记载，或"移治郫邑，或治瞿上"[1]，或称"本治广都樊乡"[2]。成都金沙遗址的发掘，反映出商代晚期至西周时期，成都市西郊的金沙村一带是古蜀国的都城所在，是继三星堆古蜀国都城之后的又一个古蜀国政治中心。到了春秋战国时期，据《华阳国志·蜀志》载："开明王自梦郭移，乃徙治成都"[3]。

周慎靓王五年（前316年）秋，秦大夫张仪、司马错、都尉墨等从石牛道伐蜀，蜀王败走

---

[1] （晋）常璩撰，刘琳校注：《华阳国志校注》（修订版）卷三，成都：成都时代出版社，2007年，第92页。
[2] （宋）欧阳忞撰：《舆地广记》卷二十九，成都：四川大学出版社，2003年，第833页。
[3] （晋）常璩撰，刘琳校注：《华阳国志校注》（修订版）卷三，成都：成都时代出版社，2007年，第94页。

至武阳，为秦军所害，开明氏遂亡，凡王蜀十二世，蜀地至此并入秦国。此后，秦王三立三废蜀侯，终置蜀郡，郡治即设于古蜀国都——成都。周赧王四年（前311年），秦国蜀郡郡守张仪按首都咸阳建制营建成都城，成都从此成为我国有确切史料记载的时间最长城址不变的城市。周赧王五十九年（前256年），秦昭王任命李冰为蜀郡郡守，任内他主持修建了举世闻名的都江堰水利工程。成都平原从此沃野千里，"水旱从人，不知饥馑，时无荒年，天下谓之'天府'也"[①]。经过数十年经营，成都在秦末便取代关中平原获"天府之国"之称，而这一美誉一直延续至今。

汉承秦制，继续推行郡县制。武帝元封五年（前106年），在全国设置刺史部作为中央政府委派到地方的监督机构，益州刺史部分管蜀郡、巴郡、广汉郡、犍为郡、汉中郡、武都郡、牂牁郡、越巂郡、益州郡、永昌郡，范围大致为今四川、重庆、云南、贵州大部，陕西南部的汉中地区以及湖北、甘肃最东南部一隅，刺史部初设于广汉郡雒县（今四川广汉），成都为蜀郡治所。至武帝时期，成都因经济发达、贸易繁荣、市场兴盛，得以与洛阳、邯郸、临淄、宛并列"五都"，成为全国最重要的商业都会之一。新莽天凤四年（17年），绿林赤眉起义爆发，公孙述趁机在成都建立"成家"政权，改益州刺史部为司隶校尉，以蜀郡为成都尹。东汉建武十二年（36年），光武帝刘秀命大司马吴汉讨伐公孙述，最终攻陷成都，"成家"政权灭亡，中央政府在成都重新设置益州刺史部。灵帝中平五年（188年），因朝廷想尽快镇压"黄巾之乱"，朝廷接受刘焉的建议，改各中央政府委派到地方的州刺史部为拥有实际财政权和兵权的州牧，刘焉得领益州牧，设治所于广汉郡绵竹县。献帝兴平元年（194年），益州牧迁驻成都。

魏黄初二年（蜀汉章武元年，221年），汉中王刘备在诸葛亮等的辅佐下，于成都武担山之阳称帝，宣称继承汉统，沿定国号为汉（史称蜀汉，亦简称蜀），成都成为国都所在。这一时期，形成了曹魏、蜀汉、吴三国割据鼎立的局面，成都的农业、盐业和织锦业在这一时期得到较大恢复发展，成为蜀汉政权的政治、经济、军事、文化中心。魏景元四年（蜀汉景耀六年，263年），魏将邓艾、钟会、诸葛绪率军进攻蜀汉，兵临成都城下，蜀后主刘禅出降，蜀汉政权灭亡。

西晋时，益州分为益、梁二州，成都继续为益州治所。武帝立皇子颖为成都王，"以蜀郡、广汉、犍为、汶山十万户为王国"[②]。永安元年（304年），氐人李雄攻陷成都，自称成都王。光熙元年（306年），李雄在成都建立割据政权，自立为帝，国号大成，定都成都。东晋咸康四年（338年），李寿改国号为"汉"，史称成汉。永和三年（347年），成汉为东晋桓温所攻灭，成都归入建康政权版图，建立益州。东晋宁康元年（前秦建元九年，373年），前秦攻取梁、益二州，成都并入前秦疆土。淝水之战后，前秦瓦解，东晋将领桓冲趁势于太元十年（385年）收复益州。东晋义熙元年（405年），参军谯纵叛乱，占据巴蜀之地，自称成都王，而后又向后秦称藩，被封为蜀王。义熙九年（413年），东晋太尉刘裕以朱龄石为帅征伐谯纵，攻克成都。

进入南朝后，成都仍属建康政权版图，一直是地区政治、经济、文化中心。萧齐时期以始

[①] （晋）常璩撰，刘琳校注：《华阳国志校注》（修订版）卷三，成都：成都时代出版社，2007年，第103页。
[②] （晋）常璩撰，刘琳校注：《华阳国志校注》（修订版）卷八，成都：成都时代出版社，2007年，第333页。

兴王萧鉴为益州刺史，主张德化，放弃以往镇压前朝宗室的政策，成都恢复安定，成为"西方之一都焉"①。萧梁时期，邓元起、萧纪等先后出任益州刺史，成都一带"内修耕桑盐铁之政，外通商贾远方之利"②。侯景之乱后，西魏军攻入成都，益州并入西魏疆土。西魏恭帝三年（556年），宇文觉接受禅位，于次年正式建立北周政权，益州为周所领。

隋开皇元年（581年），隋朝建立，结束全国分裂局面，一度改郡为州，不久又改州为郡，成都为蜀郡、成都县两级治所。进入唐代，太宗贞观元年（627年）分全国为十道，成都属剑南道。贞观十七年（643年），析成都县之东偏置蜀县。肃宗至德二年（757年），升成都府，作为南京，改成都守为尹，时又分剑南为东、西两川，成都为西川节度使的治所驻地。乾元元年（758年），改蜀县为华阳县，华阳本蜀国之号，因以为名。隋唐时期，成都经济发达、文化繁荣，是当时全国最大的城市之一，人口规模仅次于长安和洛阳。唐代后期，又与扬州并列为全国最繁华的两大商业都会，"号为天下繁侈，故称扬、益"③。

唐哀帝天祐四年（后梁开平元年、前蜀天复七年，907年），西川节度使王建自立为帝，定都成都，建立割据政权，国号蜀，史称前蜀。后唐同光三年（前蜀咸康元年，925年），前蜀最终被后唐攻灭。后唐应顺元年（后蜀明德元年，934年），西川节度使孟知祥自立为帝，建都成都，再次建立割据政权，国号亦为蜀，史称后蜀。在这段动荡的时间里，成都再次成为短暂的国都。后蜀广政二十八年（北宋乾德三年，965年），后蜀政权灭亡，成都归入北宋版图。

北宋初期，朝廷在成都设立成都府，为川陕四路（利州路、成都府路、梓州路、夔州路）的成都府路治所。北宋淳化四年（993年），王小波、李顺在成都附近发动起义，攻克成都，建立"大蜀"政权。当年五月，宋军收复成都，起义失败，成都府被降为益州，成都府路改为益州路，成都仍为治所。宋徽宗重和元年（1118年），再升格为成都府，益州路再改成都府路，治所照旧。宋理宗端平元年（1234年），因"端平入洛"导致宋蒙（元）战争爆发。南宋灭亡后，分川蜀为四道，以成都等路为四川西道。元世祖至元二十三年（1286年），中央政府分秦蜀为二省，正式设置四川等处行中书省，简称"四川省"，治所一度迁往重庆，后复移至成都。元顺帝至正十九年（1359年），明玉珍所部攻取成都，后建立大夏政权，定都重庆。

明洪武四年（1371年），明军攻灭大夏政权，取成都，先后设成都卫和四川都指挥使司，又设四川承宣布政使司，其中成都为首府。洪武十一年（1378年），明太祖封第十一子朱椿为蜀王，王府设在成都。洪武二十三年（1390年），蜀王府建成，朱椿至成都就藩，今人称其为"皇城"。明崇祯十七年（1644年），张献忠率军攻陷成都，自立为帝，国号大西，称成都为西京。

清顺治三年（1646年），成都全城被张献忠焚毁于战火之中，导致人口大量减员，因此当时四川布政使司的治所曾迁往保宁府阆中。顺治十五年（1658年）之后，清廷下令实施"湖广填四川"大移民，成都逐渐恢复生机，省会又迁回成都。清沿明制，设四川布政使司于成都。康熙年间，皇帝另派四川总督、成都将军驻成都。

---

① （南朝·梁）萧子显撰：《南齐书》卷十五，北京：中华书局，1972年，第1册，第298页。
② （宋）司马光撰，（元）胡三省音注：《资治通鉴》卷一百六十四，北京：中华书局，1976年，第5084页。
③ （宋）乐史撰，王文楚等点校：《太平寰宇记》卷一百二十三《淮南道》，北京：中华书局，2007年，第2442页。

民国元年（1912年），成都之大汉军政府与重庆之蜀军政府合并为四川军政府，军政府驻成都。民国三年（1914年），北洋政府通令在成都设置西川道，领成都、华阳等31县。后废道复省，成都仍为四川省会。民国十七年（1928年），正式改市政公所为市政府，国民政府遂置成都市为省辖市，并继续为四川省省会。中华人民共和国成立后，四川省被分为东、南、西、北四个行署，成都成为川西行署的驻地。1952年，中央人民政府撤销各行署，恢复四川省建制，成都市为四川省省会至今。

第三节 工作缘起与概况

2015年3月，中铁二局集团有限公司计划在成都市金牛区通锦路13号（北改5号地块）开展"中铁·通锦坊"项目的建设，为配合此项工程，同时经报国家文物局批准，成都文物考古研究院对项目工地开展了正式的考古勘探和发掘，工地代码"2015CJT"。

该工地原为中铁二局家属院，东近西体北路，西临通锦路和中铁·艺术城项目工地，再往西为马家花园路，南临西体路，北靠通锦中学和一环路北一段（图一、图二），中心地理坐标

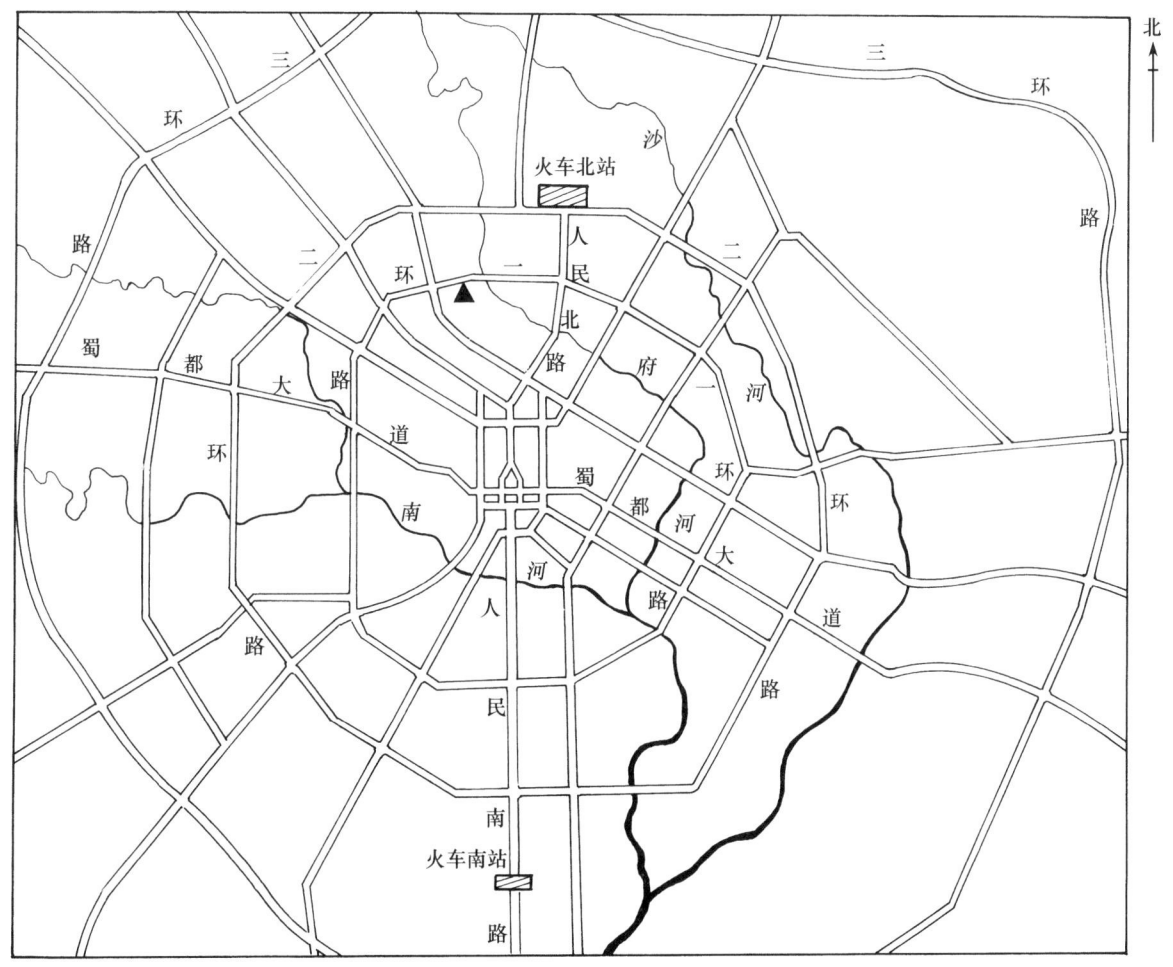

图一 遗址地理位置示意图

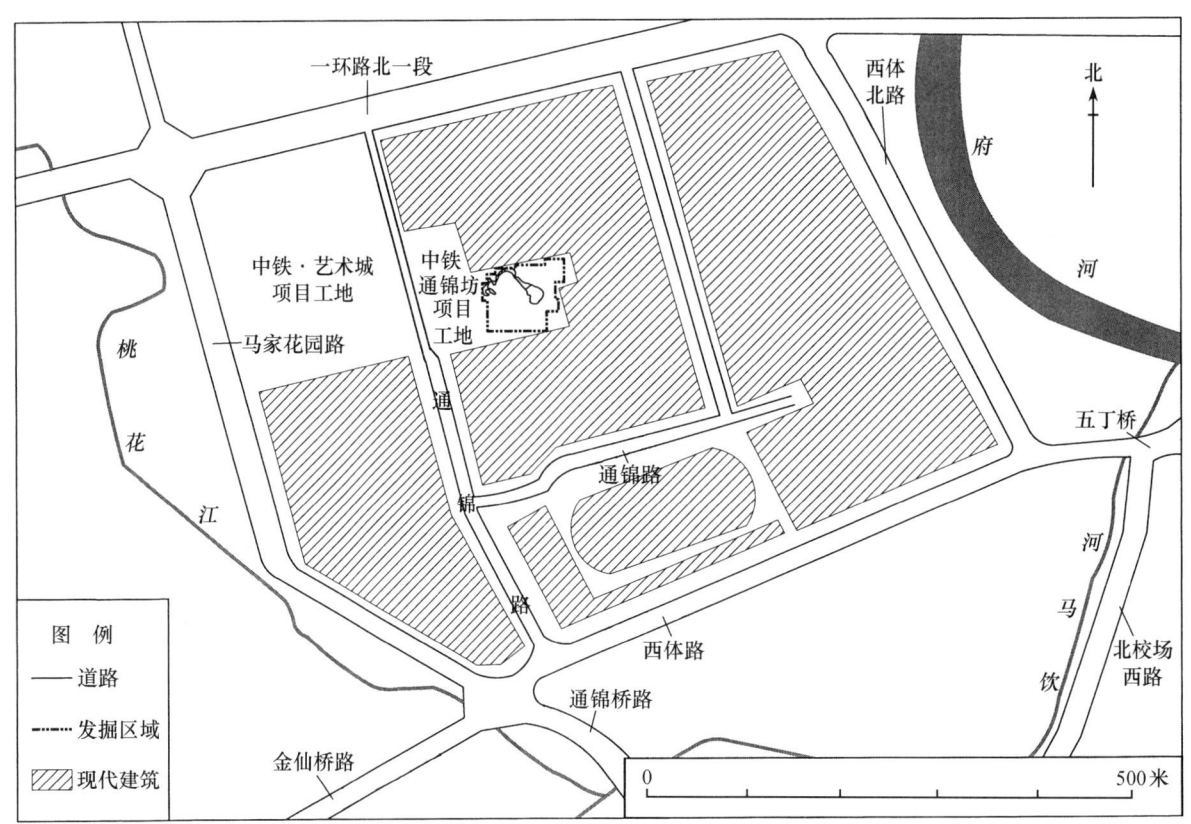

图二　发掘区位置示意图

为东经104°3′13.11″、北纬30°41′7.68″。这一带地处唐末以来修筑的成都罗城西北城墙（即今北校场西路一线）外的附郭区域，与城墙之间的最短直线距离仅600余米，东距府河约400米，西距桃花江约440米，南距饮马河约550米，往南距罗城的正门——大西门（即明清以来的老西门）约1千米。

工地的占地范围平面大致呈"└"形，东西长160米，南北长135米，因西半部早已进入施工状态，并且被现代建筑叠压破坏严重，故发掘区域选择在东半部。我们在此按正南北方向共布10米×10米探方54个，其中N03的整排探方及N02、N04的部分探方因堆土需要和遗存保存情况较差等因素，未予发掘，加上发掘区西北部和东南角的局部扩方，实际发掘面积约4300平方米（图三；图版一）。

现场发掘工作至2015年8月基本结束，清理揭露了丰富的汉代至明代文化遗存，包括生活遗存和墓葬遗存两类，其中生活遗存可分作汉代和唐宋时期两部分，以后者的内容最为丰富，除灰坑、水井、房址、沟渠、池塘等遗迹外，还出土了大量的瓷器、陶器、石雕制品和铜器等遗物，并且与成都历史上著名的佛教寺院——净众寺关系密切，重要性十分突出，故作为本报告的主体材料（图版二、图版三）。汉代生活遗存和各时期的墓葬遗存内容较少，与前述材料的关系亦不大，故放入附录部分予以公布。

此次发掘项目的领队为易立，现场工作人员还有江滔、张雪芬、李继超、李平、钟宝峰、白铁勇、钱素芳等。2015年11月，资料整理和报告编写工作正式启动，此项工作由成都文物考古研究院副院长江章华研究员统筹安排，具体业务由易立负责，参加人员还有江滔、张雪芬、唐彬、李平、钟宝峰、曾雳、钟雅莉、严彬及吉林大学考古系2016级硕士研究生余天、四川大学考古学系2017级硕士研究生侯晓宁、2014级本科生曹豆豆等。至2017年12月，考古报告的文字、绘图、照相、拓片等工作基本完成。

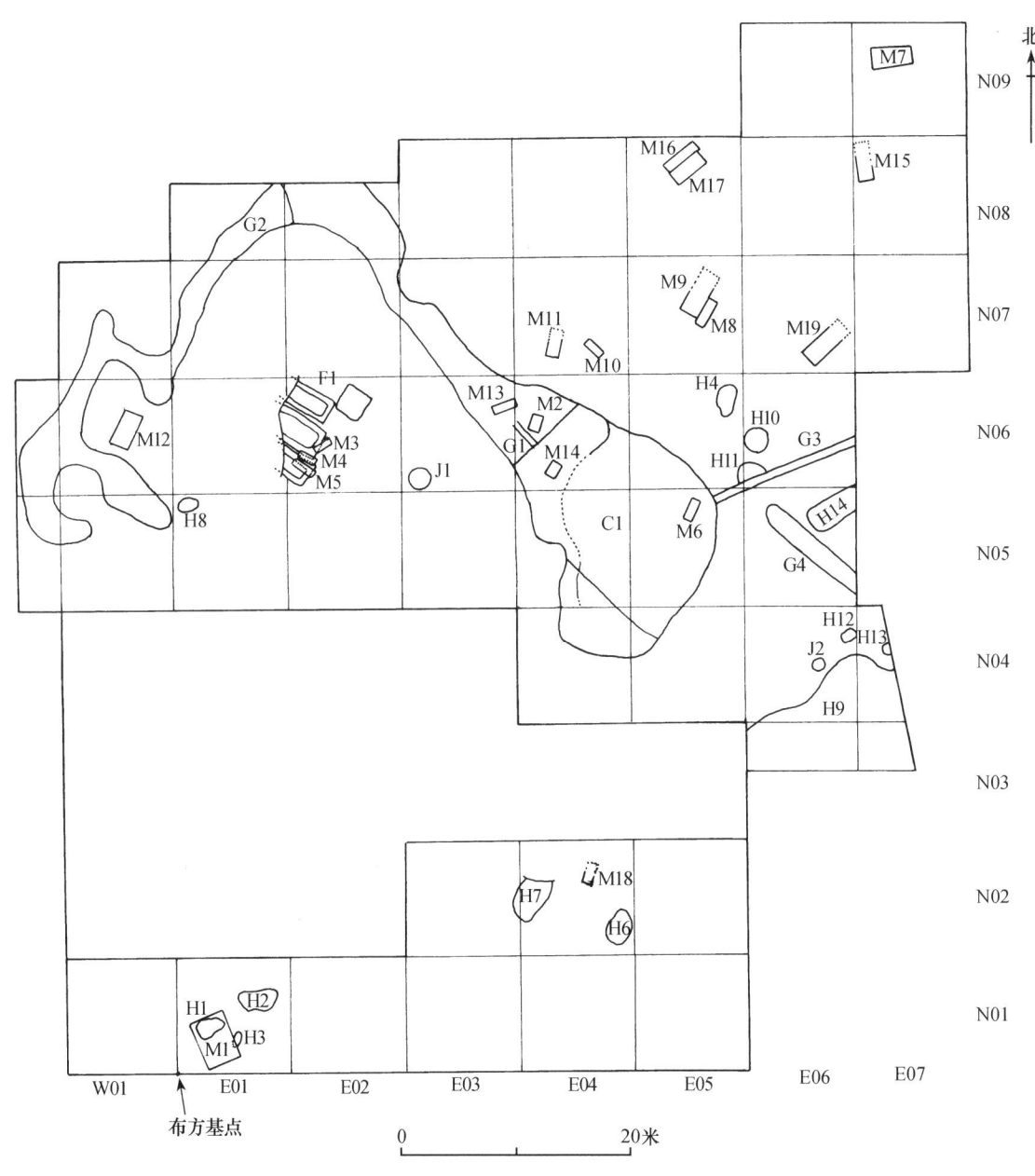

图三　发掘区探方与遗迹平面分布图

第二章　地层堆积与出土遗迹

第一节　地层堆积

发掘区的地层堆积较简单，各探方地层均统一划分，具体情况以 TN06E04 南壁、TN05E03 北壁剖面为例说明（图四）。

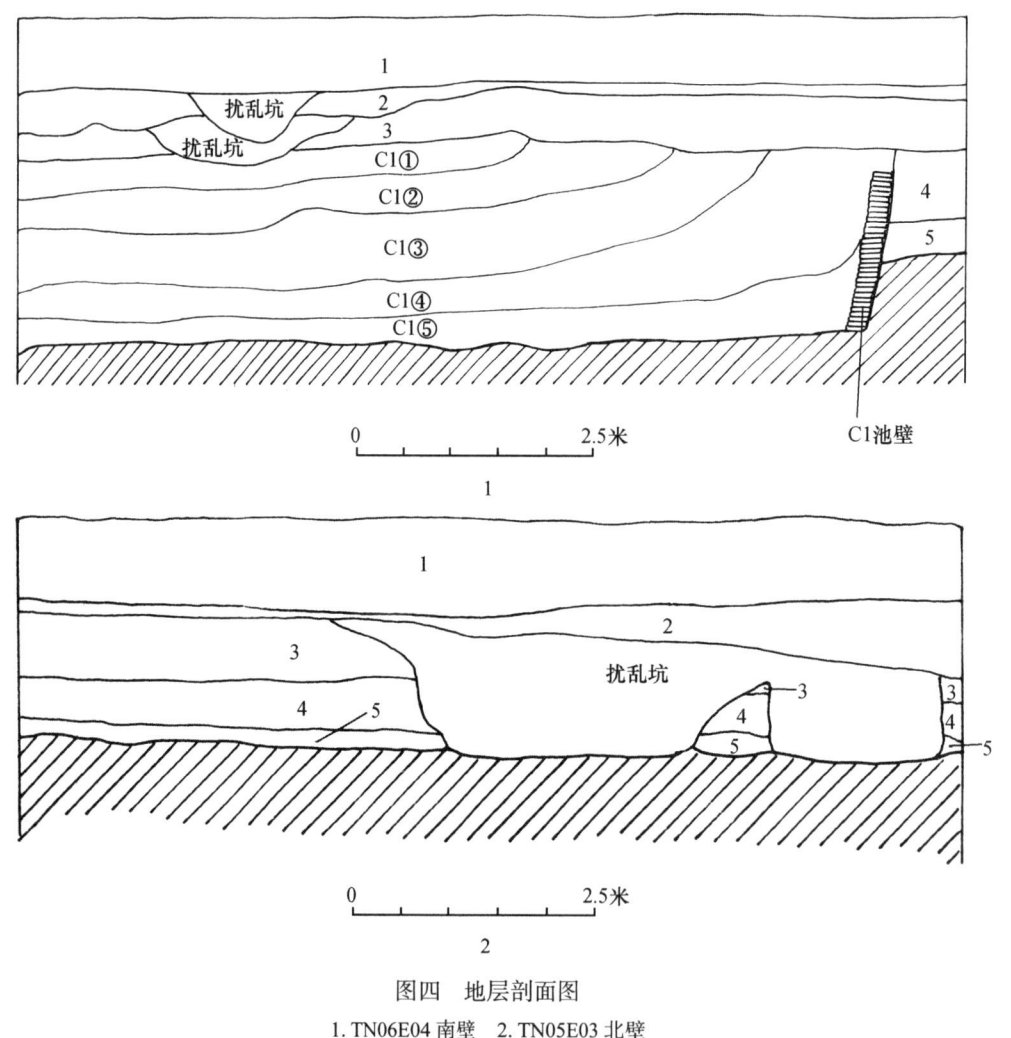

图四　地层剖面图
1. TN06E04 南壁　2. TN05E03 北壁

一、TN06E04 南壁

第 1 层：土色杂乱，包含现代建筑混凝土块等。厚 0.65 ~ 0.7 米。为现代地层。

第2层：灰黑色土，土质紧密带黏性。厚 0.1~0.45 米。出土物有少量青花、青釉、粉彩瓷片和钱币，为清代至近代地层。

第3层：深褐色土，土质紧密带黏性。厚 0~0.57 米。出土物以瓷器为主，另有较多的陶器和建筑构件，为南宋地层。池塘（C1）及其回填堆积叠压于该层下。

第4层：黑褐色土，土质紧密带黏性。厚 0.6~0.75 米。出土物以少量夹砂陶器为主，具体器形可辨盏、器盖、云纹瓦当等，为西汉地层。

第5层：青黄色沙土，呈细颗粒状，土质较为紧密。厚 0.35~0.4 米。出土物以大量夹砂陶器为主，具体器形可辨钵、豆、罐、盆、甑、釜、鼎、器盖、器足、器座、云纹瓦当等，为西汉地层。

第5层以下为沙石，未见任何文化遗物。

二、TN05E03 北壁

第1层：土色杂乱，包含现代建筑混凝土块等。厚 0.7~0.9 米。为现代地层。

第2层：灰黑色土，土质紧密带黏性。厚 0.1~0.7 米。出土物有少量青花、青釉、粉彩瓷片和钱币，为清代至近代地层。

第3层：深褐色土，土质紧密带黏性。厚 0.55~0.6 米。出土物以瓷器为主，另有较多的陶器和建筑构件，为南宋地层。

第4层：黑褐色土，土质紧密带黏性。厚 0.35~0.5 米。出土物以少量夹砂陶器为主，具体器形可辨盏、器盖、云纹瓦当等，为西汉地层。

第5层：青黄色沙土，呈细颗粒状，土质较为紧密。厚 0.1~0.2 米。出土物以大量夹砂陶器为主，具体器形可辨钵、豆、罐、盆、甑、釜、鼎、器盖、器足、器座、云纹瓦当等，为西汉地层。

第5层以下为沙石，未见任何文化遗物。

第二节　出土遗迹

发掘区出土的遗迹现象有灰坑、水井、房址、沟渠和池塘。

一、灰坑

原编号9个，分别为 H1、H4~H10、H12，后 H5 销号改为池塘（C1），现为8个。

H1　位于 TN01E01 西南部。叠压于第3层下，打破第4层和 M1。平面形状不规则，斜壁，底部高矮不平，长 1.8~2.56、深 0.39 米（图五）。坑内填土为黑色，紧密较黏，出土物中残砖和碎瓦砾较多，陶瓷器很少。

H4　位于 TN06E05 东北部。叠压于第3层下，打破第4层。平面为椭圆形，斜壁，平底，长 2.48~3.24、深 0.58 米（图六）。坑内填土为黑褐色，堆积紧密，出土物以瓦砾为主，可辨筒瓦和瓦当。

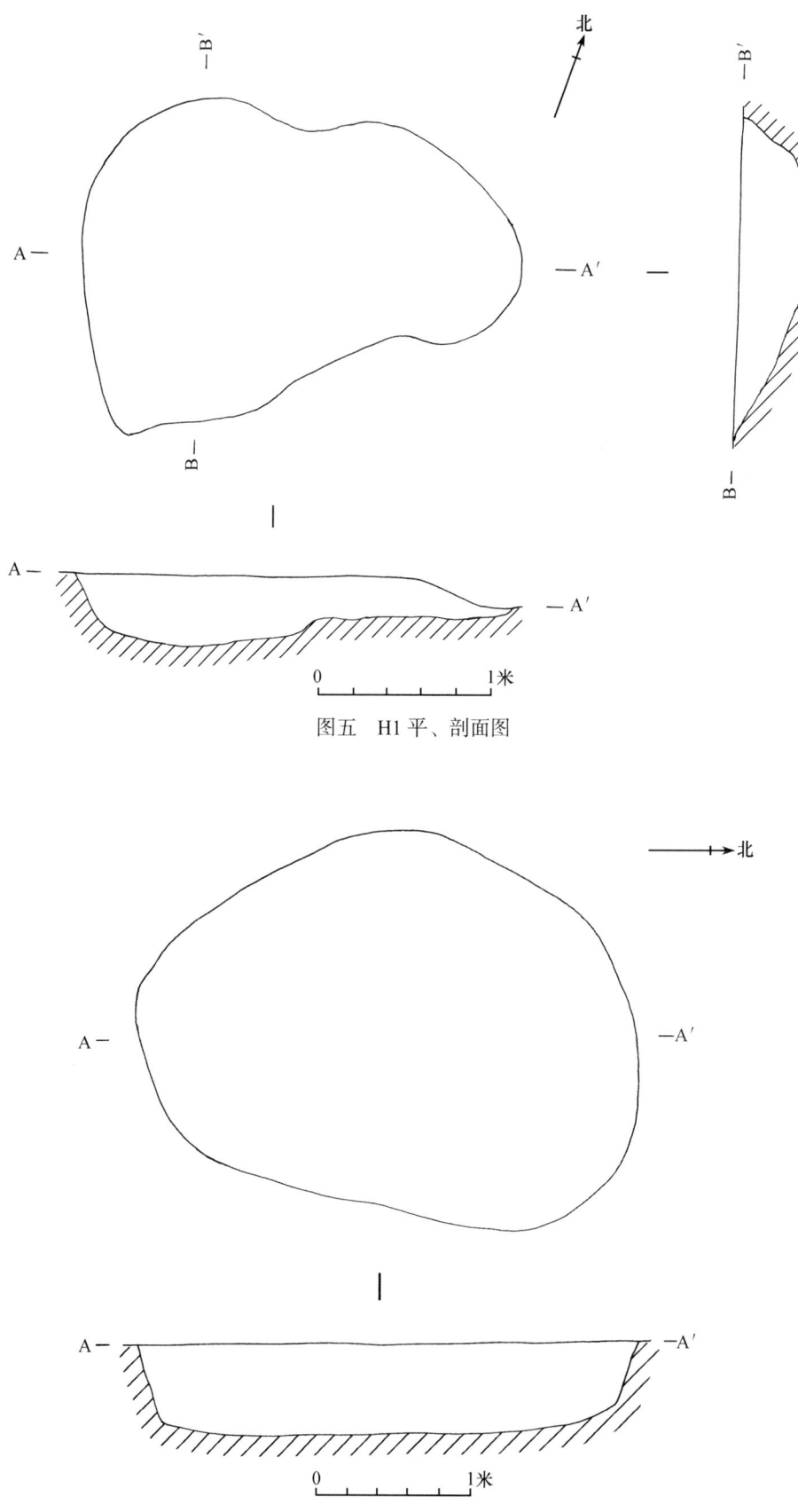

图五　H1 平、剖面图

图六　H4 平、剖面图

H6 位于 TN02E04 东南部。叠压于第 3 层下，打破第 4 层。平面近椭圆形，斜弧壁，底部起伏不平。长 2.02～3.06、深 0.6～0.76 米（图七）。坑内填土为黑褐色，稍黏，紧密块状，出土物中瓦砾和陶、瓷器残片较多，可辨器形有碗、碓臼、瓦当等。

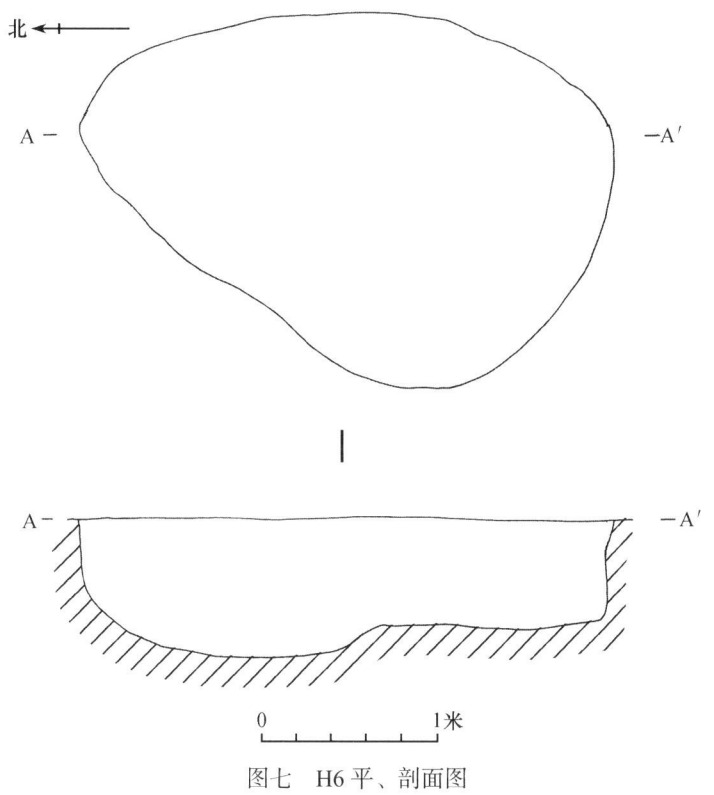

图七　H6 平、剖面图

H7 位于 TN02E04 西部和 TN02E03 东部。叠压于第 3 层下，打破第 4 层。坑口平面形状不规则，东北方向被现代坑打破。坑壁呈缓坡状，锅形底，长 4.89、宽 2.48、深 1.56 米（图八）。填土为黑褐色，呈较紧密的块状，带一定黏性，夹杂较多的瓦砾，出土物以瓷器为主，有碗、盏、盘、罐等，另有少量陶器，可辨盆和云纹瓦当等。

H8 位于 TN05E01 西北角。叠压于第 2 层下，打破第 3 层。平面近椭圆形，坑壁斜弧内收，底部不平，略有起伏，长 1.75、宽 1.26、深 0.42 米（图九）。坑内堆积以瓦砾和陶、瓷器为主，填土为黑褐色，夹烧土颗粒，堆积疏松，陶、瓷器的可辨器形有碗、盏、钵、炉等。

H9 位于发掘区东南角，分布于 TN03E06、TN03E07、TN04E06、TN04E07 内，部分向南、东延伸至发掘区外。叠压于第 3 层下，打破第 4 层。揭露部分平面形状不规则，坑壁呈缓坡状，底部起伏不平，东西长 15.3、南北宽 9.8、深 1.35 米（图一〇）。坑内填土为黑色夹红褐色斑点，堆积致密，呈淤积黏稠状，出土物中以陶、瓷器为主，可辨器形有碗、盏、钵、罐、盆、杯、碓臼、建筑构件等，另有少量的钱币。

H10 位于 TN06E06 西部偏南。叠压于第 3 层下，打破第 4 层。平面近圆形，斜直壁，平底，直径 2、深 0.65 米（图一一）。坑内填土为黑色，较紧密且带黏性，出土物主要为灰陶筒瓦残片、瓦当等建筑构件。

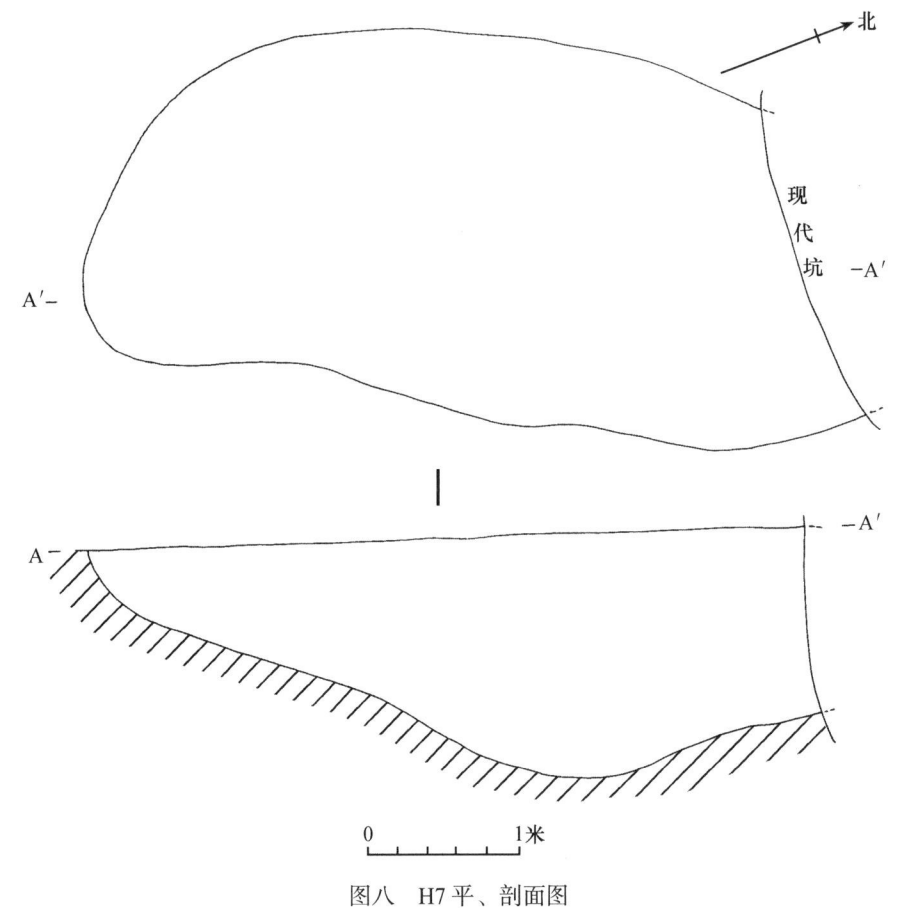

图八 H7 平、剖面图

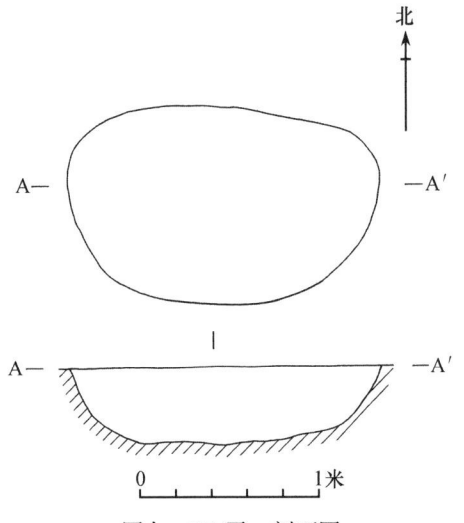

图九 H8 平、剖面图

H12 位于TN04E06东北角。叠压于第3层下，打破第4层。平面近梯形，斜直壁较陡，平底，长1.15～1.45、宽1.03、深0.15米（图一二）。坑内填土为黑褐色，堆积紧密成块状，含少量沙，出土物极少。

二、水井

1座。编号J1。位于TN06E03西南部。叠压于第3层下，打破第4层。由井圹和井圈两部分组成，井圹平面近圆形，直壁，底部内收为锅状，直径1.79～1.82、残深2.71米。井圈为青砖垒砌，平面亦呈圆形，内径1.2、外径1.63、残深2.56米，可分作上、下两部分：上部残存28层平铺青砖，青砖均为完整头向内、残头向外错缝拼砌；下部井圈收窄，直径1.42米，以3层直立丁砖围成十二边形（图一三；图版六）。井圈用砖以素面青砖为主，间杂少量菱形纹、莲花纹、卷草纹等花纹砖，砖体厚度通常在6～7厘米。井圈内填土分上、下两层：第1层厚约1.1米，褐色土，块状较紧，包含物中多为残砖；第2层厚约1.26米，黑褐色土，较紧、带黏性。出土物以瓷碗为主。

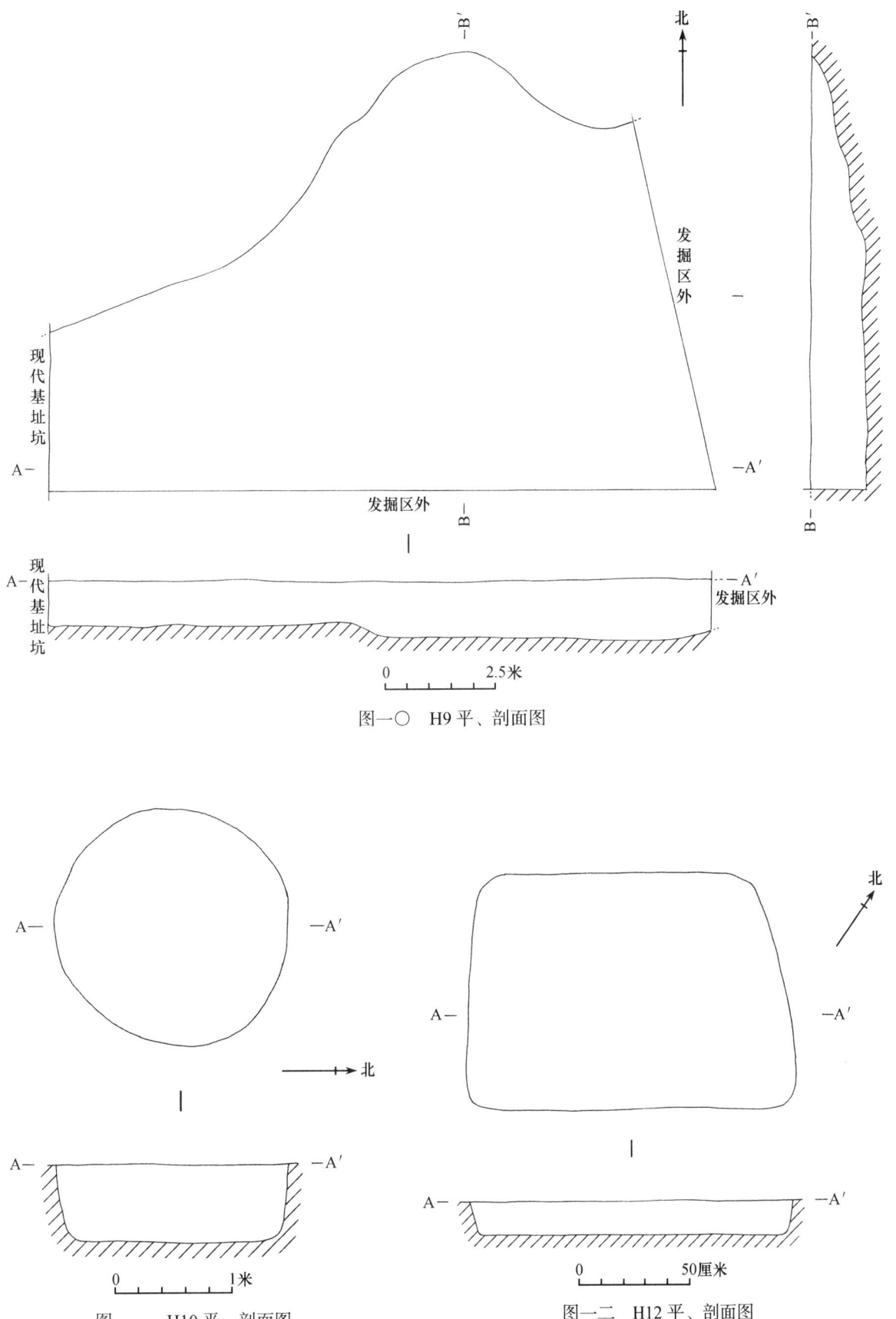

图一〇 H9 平、剖面图

图一一 H10 平、剖面图

图一二 H12 平、剖面图

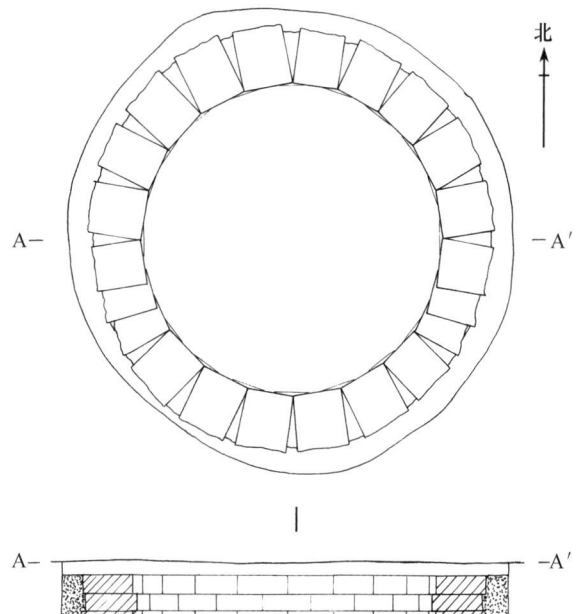

三、房址

1座。编号F1。位于TN06E02西部,局部往西北延伸至TN06E01内。叠压于第3层下,被M3、M4、M5和现代坑打破,西北—东南走向,方向约305°。残存部分由四个基础坑组成,由南往北分别编号K1~K4。其中K1~K3平面呈长方形,间距0.2~0.4米,残长3.15~5.15、宽2.2~2.7米,基槽宽0.45~0.55、深0.25~0.3米,基槽内填大小不一的河卵石;K4位于K3东侧,平面近正方形,边长2.4~2.6、深0.3米,其内亦填大小不一的河卵石(图一四;图版七,1)。

四、沟渠

3条。编号G1~G3。

G1 位于TN06E04西部。叠压于第3层下,西北—东南走向,东南端与池塘(C1)拦水坝的进水口连通,系C1的进水通道。平面形状为长条状,为青砖砌筑的暗沟,残长5.2、沟内宽0.36米。沟壁为平砖错缝垒砌,上部三层砖逐层向内收成叠涩顶,底部以横向平砖铺成。沟内填土为黑褐色,略含沙,紧密,较为坚硬,出土物仅见有少量碎瓷片(图一五;图版七,2)。

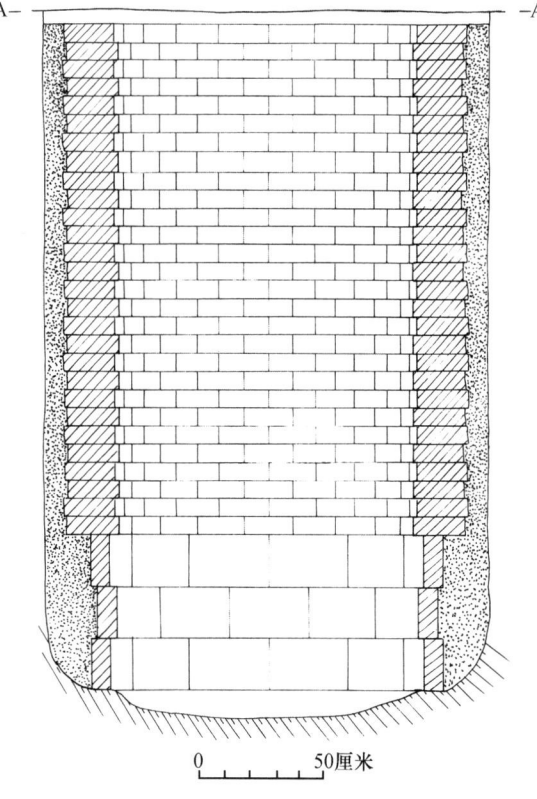

图一三 J1平、剖面图

G2 位于发掘区中部及西北部,分布于TN05W02、TN06W02、TN05W01、TN06W01、TN07W01、TN07E01、TN08E01、TN07E02、TN08E02、TN06E03、TN07E03、TN08E03、TN04E04、TN05E04、TN06E04、TN04E05内。叠压于第3层下。整体布局平面略呈"人"字形,蜿蜒曲折,走向不规则,东西向直线跨越约60.8米,南北向直线跨越约46.4米。可分作东段和西段,东、西段之间有一道后期加筑的砖砌挡墙,其中西段保存较好,西南部平面呈"山"字形;东段平面近"J"字形,东南端局部被池塘(C1)破坏严重。沟体的开口最宽处近9米,最窄处不足1米,沟壁为青砖平铺错缝垒砌,斜直壁外倾、平底,剖面呈口大底小的倒梯形,残存沟壁墙体高1.15~1.95米(图一五;图版八~图版一一)。

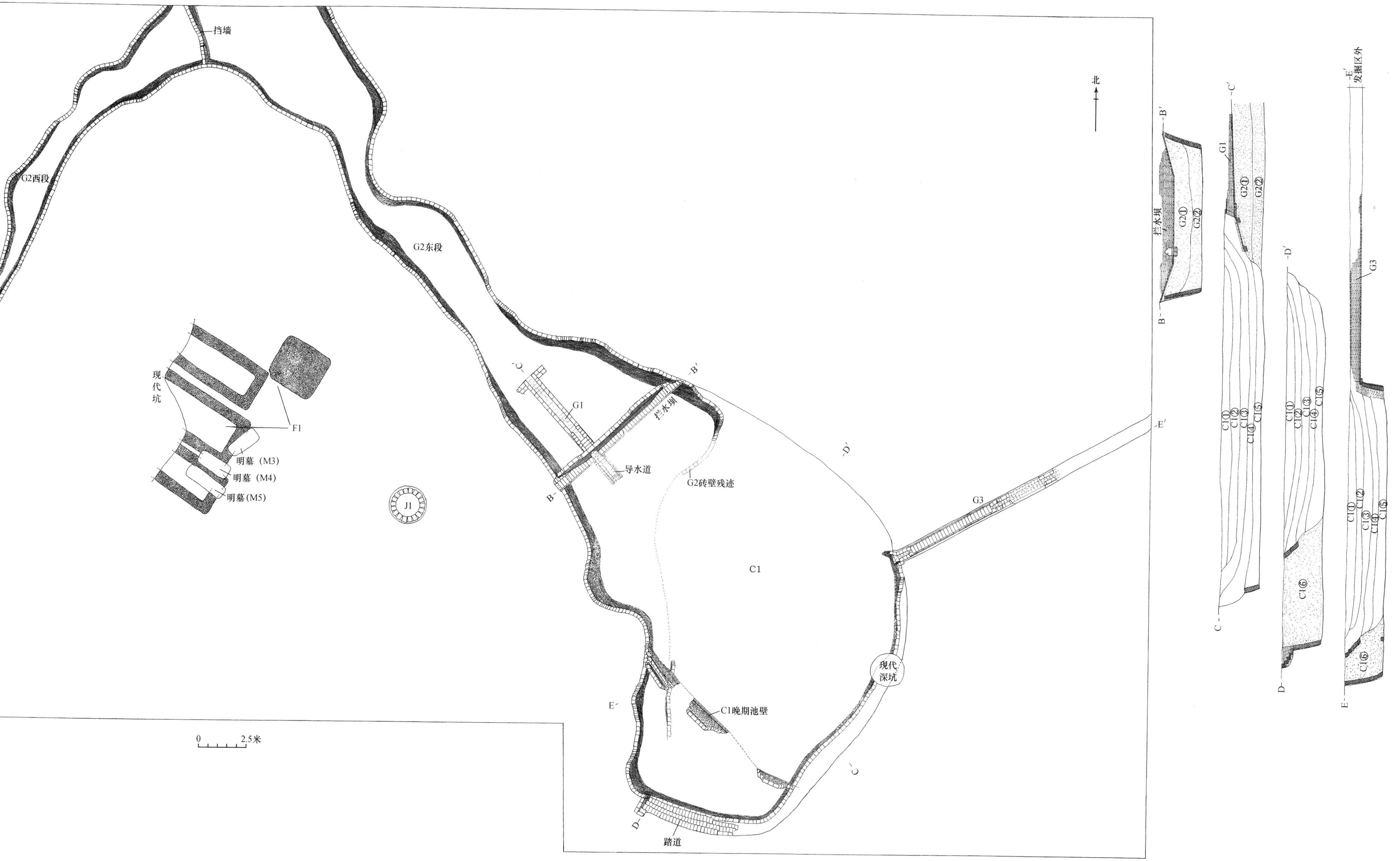

图一五 唐代建筑遗迹（G1、G2、G3、C1、J1、F1）总平、剖面图

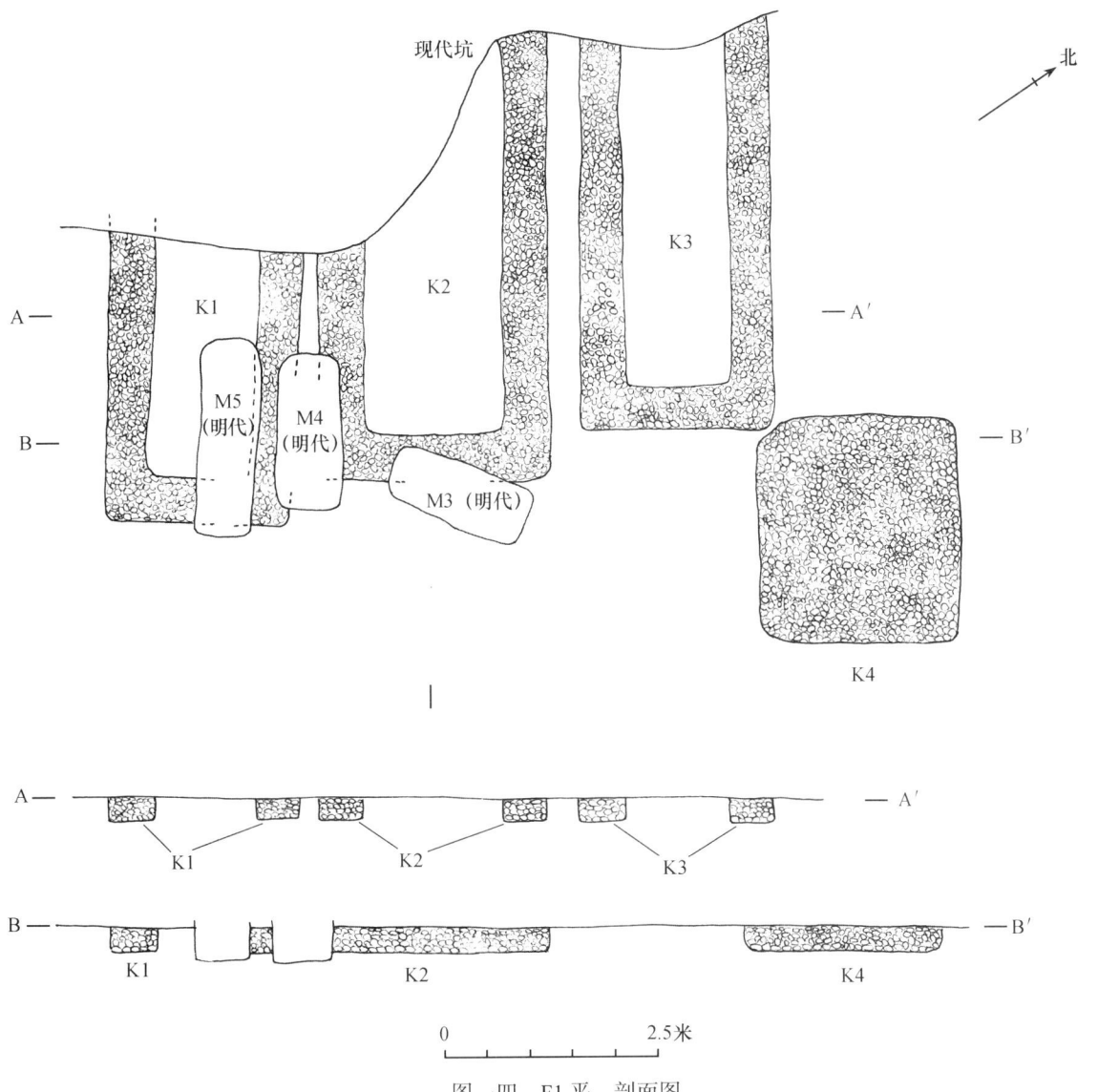

图一四 F1 平、剖面图

从用砖情况看，主要为素面砖，规格较为杂乱，薄厚不一，厚度通常在3～9厘米。除素面砖外，还夹杂使用较多的花纹砖，纹饰类型主要有莲花纹、卷草纹、缠枝纹、人物纹、纪年文字、联璧纹、组合纹、菱形纹、网格纹等（图版一六）。花纹砖的具体类型如下：

莲花纹砖　4件。莲花分作12瓣，花瓣细长。G2壁:1，厚5.6厘米（图一六，1）。G2壁:2，厚5.3厘米（图一六，2）。G2壁:3，厚5.2厘米（图一六，3）。G2壁:4，厚6.2厘米（图一六，4；图版一七，1）。

卷草纹砖　4件。根据卷草形制特征分为二型。

A型　2件。双线勾勒卷草轮廓，叶缘弯曲呈钩状。G2壁:5，厚6.9厘米（图一六，5）。G2壁:6，厚5.1厘米（图一六，6；图版一七，2）。

B型　2件。单线勾勒卷草于两个小框内，草叶呈爪状。G2壁:7，厚5厘米（图一六，

图一六　G2 出土花纹砖拓片

1~4. 莲花纹（G2壁：1、G2壁：2、G2壁：3、G2壁：4）　5、6. A型卷草纹（G2壁：5、G2壁：6）

7、8. B型卷草纹（G2壁：7、G2壁：8）

7；图版一七，3）。G2壁：8，厚5.1厘米（图一六，8）。

缠枝纹砖　4件。两个单体纹饰成组，缠枝向前分出两枝后弯曲交会，形成尖桃形图案，草叶细长。交会后再分开向后弯曲，末端内卷。G2壁：9，厚5.5厘米（图一七，1；图版一八，1）。G2壁：10，厚5.5厘米（图一七，2）。G2壁：11，厚6.1厘米（图一七，3；图版一八，2）。G2壁：12，厚5.4厘米（图一七，4）。

人物纹砖　1件。G2壁：13，人像着宽袖长袍，双手执杖于身前。厚6厘米（图一七；5；图版一八，3）。

纪年文字砖　1件。G2壁：14，模印阳文"大同六年造"。厚5.4厘米（图一七；6；图版二〇，1）。

联璧纹砖　13件。砖侧面饰圆形玉璧纹，中间以短线连接。G2壁：15，玉璧内饰"十"字纹。厚7.2厘米（图一八，1）。G2壁：16，玉璧内饰"十"字纹。厚6.4厘米（图一八，2）。G2壁：17，玉璧内饰"十"字纹。厚6.6厘米（图一八，3）。G2壁：18，玉璧内饰"十"字纹。厚6.7厘米（图一八，4）。G2壁：19，玉璧内饰"十"字纹。厚6.2厘米（图一八，5）。G2壁：20，玉璧内饰"十"字纹。厚6.8厘米（图一八，6）。G2壁：21，玉璧内饰"十"字纹。厚4.7厘米（图一八，9）。G2壁：22，玉璧内饰"十"字纹。厚5厘米（图一八，10；图版一九，1）。

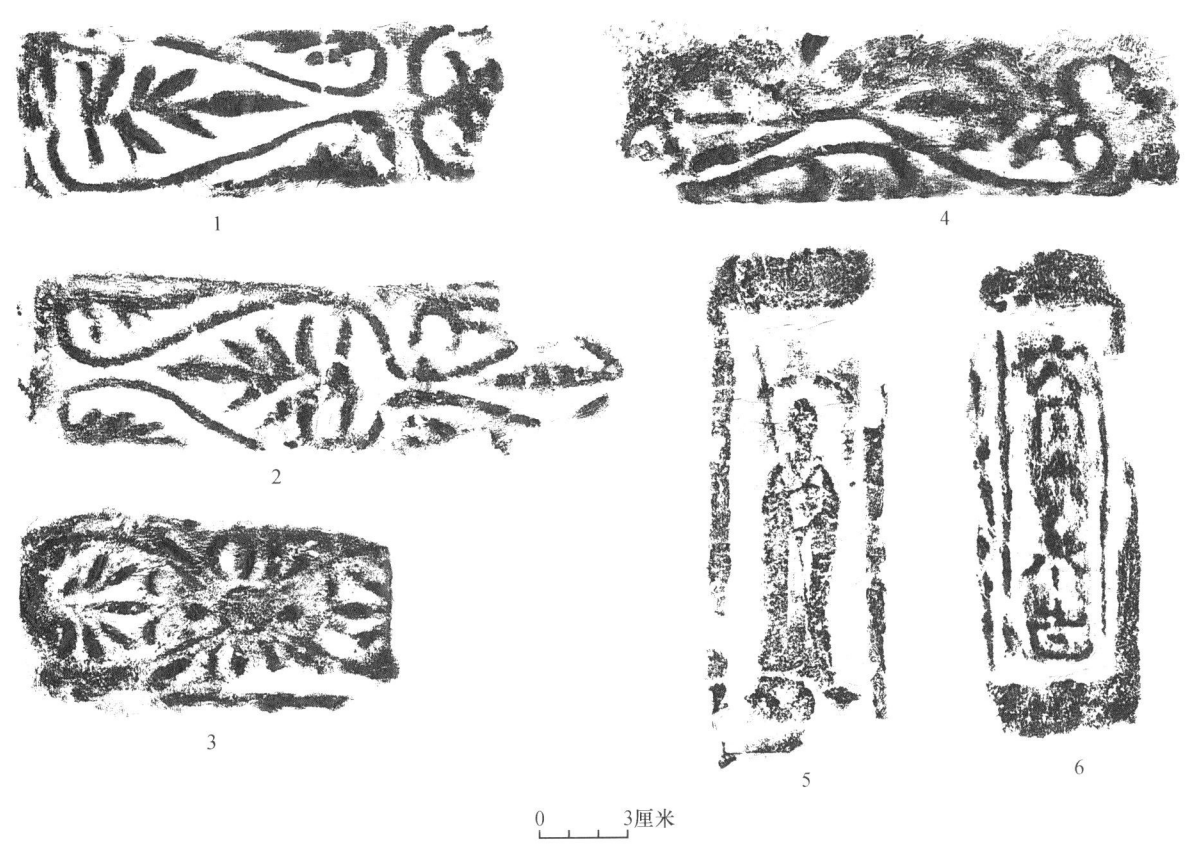

图一七　G2 出土花纹砖拓片

1~4.缠枝纹（G2 壁：9、G2 壁：10、G2 壁：11、G2 壁：12）　5.人物纹（G2 壁：13）　6.纪年文字（G2 壁：14）

G2 壁：23，厚 6.3 厘米（图一八，7；图版一九，2）。G2 壁：24，玉璧内饰"十"字纹。厚 6.6 厘米（图一八，8）。G2 壁：25，玉璧内饰"十"字纹。厚 7 厘米（图一九，1）。G2 壁：26，玉璧内饰"十"字纹，菱形内饰两个圆形方孔钱纹。厚 5.8 厘米（图一九，2；图版一九，3）。G2 壁：27，玉璧内饰"十"字纹、几何纹，玉璧纹间饰两个圆形方孔钱纹。厚 6 厘米（图一九，3）。

组合纹砖　10 件。根据纹饰差异分为四型。

A 型　5 件。钱币、菱形纹组合。G2 壁：28，以"×"形状为单位纹样横向运动，一侧为菱形纹，一侧为圆形方孔钱币纹。厚 4.2 厘米（图一九，4）。G2 壁：66，内层菱形纹内饰圆形纹。厚 5.4 厘米（图一九，5；图版二〇，2）。G2 壁：67，中间内层菱形纹内饰圆形纹，两侧菱形纹内饰网格纹。厚 5.4 厘米（图一九，11；图版二〇，3）。G2 壁：68，中间内层菱形纹内饰圆形纹，两侧菱形纹内饰网格纹。厚 5.2 厘米（图一九，12）。G2 壁：69，中间内层菱形纹内饰圆形纹，两侧菱形纹内饰网格纹。厚 5.1 厘米（图一九，13）。

B 型　3 件。玉璧、菱形纹组合。以"×"形、玉璧纹为单位横向运动。G2 壁：29，厚 5.6 厘米（图一九，6）。G2 壁：30，厚 6.2 厘米（图一九，7；图版二一，1）。G2 壁：31，厚 6.8 厘米（图一九，8；图版二一，2）。

C 型　1 件。胜纹、纪年文字组合。G2 壁：32，一侧模印胜纹、一侧模印阳文隶书"建宁

图一八　G2 出土联壁纹砖拓片

1. G2 壁：15　2. G2 壁：16　3. G2 壁：17　4. G2 壁：18　5. G2 壁：19　6. G2 壁：20
7. G2 壁：23　8. G2 壁：24　9. G2 壁：21　10. G2 壁：22

二年"。厚 5.2 厘米（图一九，9；图版二一，3）。

D 型　1 件。菱形、莲花纹组合。G2 壁：33，纹饰对称分布，内侧饰多重菱形纹，外侧饰莲花纹，莲花 8 瓣，莲瓣短圆。厚 6.8 厘米（图一九，10）。

菱形纹砖　56 件。根据菱形构图方式分为四型。

A 型　48 件。以"×"形状为单位纹样横向运动，构成带状的多重菱形图案。根据菱形分布方向分为二亚型。

Aa 型　43 件。多重菱形二方连续纹，运动 1～4 个单位，即构成 1～4 个完整的菱形样式，有些内层菱形纹饰简单几何纹，有"×"、"◆"、"○"、"●"、柿蒂纹等。G2 壁：34，内层菱形纹内饰"十"字、"十"字箭头纹。厚 6.4 厘米（图二〇，1）。G2 壁：35，厚 5.2 厘米（图二〇，2）。G2 壁：114，内层菱形纹内饰乳钉纹。厚 6 厘米（图二〇，3）。G2 壁：36，厚 5.2 厘米（图二〇，4）。G2 壁：37，内层菱形纹内饰"○"纹。厚 5 厘米

图一九　G2出土花纹砖拓片

1~3.联璧纹（G2壁：25、G2壁：26、G2壁：27）　4、5、11~13.A型组合纹（G2壁：28、G2壁：66、G2壁：67、G2壁：68、G2壁：69）　6~8.B型组合纹（G2壁：29、G2壁：30、G2壁：31）　9.C型组合纹（G2壁：32）　10.D型组合纹（G2壁：33）

（图二〇，5）。G2壁：38，厚5厘米（图二〇，6）。G2壁：39，内层菱形纹内饰"◆"纹。厚6.2厘米（图二〇，7）。G2壁：40，内层菱形纹内饰乳钉纹。厚6厘米（图二〇，8）。G2壁：41，内层菱形纹内饰"◆"纹。厚5.7厘米（图二〇，9）。G2壁：42，厚5.5厘米（图二一，1）。G2壁：43，内层菱形纹内饰柿蒂纹。厚5.6厘米（图二一，2；图版二二，1）。G2壁：44，内层菱形纹内饰柿蒂纹。厚6厘米（图二一，3）。G2壁：45，内层菱形纹内饰"◆"纹。厚6.4厘米（图二一，4；图版二二，2）。G2壁：46，内层菱形纹内饰乳钉纹。厚6.5厘米（图二一，5）。G2壁：47，内层菱形纹内饰乳钉纹。厚6.5厘米（图二一，6）。G2壁：48，内层菱形纹内饰乳钉纹。厚6厘米（图二一，7）。G2壁：49，内层菱形纹内饰"◆"纹。厚6.2厘米（图二一，8）。G2壁：50，内层菱形纹内饰乳钉纹。厚

图二〇　G2 出土 Aa 型菱形纹砖拓片

1. G2壁：34　2. G2壁：35　3. G2壁：114　4. G2壁：36　5. G2壁：37　6. G2壁：38　7. G2壁：39　8. G2壁：40　9. G2壁：41

6.7厘米（图二一，9）。G2壁：51，内层菱形纹内饰"◆"纹。厚3.6厘米（图二二，1）。G2壁：52，内层菱形纹内饰"◆"纹。厚6.2厘米（图二二，2）。G2壁：53，内层菱形纹内饰"十"字、"十"字箭头纹。厚6.5厘米（图二二，3）。G2壁：54，内层菱形纹内饰"十"字纹。厚6.4厘米（图二二，4；图版二二，3）。G2壁：55，内层菱形纹内饰"◆"纹。厚6.4厘米（图二二，5）。G2壁：56，内层菱形纹内饰乳钉纹。厚6.3厘米（图二二，6）。G2壁：57，内层菱形纹内饰"×"纹，四角饰乳钉纹。厚6.8厘米（图二二，7）。G2壁：58，内层菱形纹内饰乳钉纹。厚6.2厘米（图二二，8）。G2壁：59，内层菱形纹内饰"十"字、"十"字箭头纹。厚7.1厘米（图二二，9）。G2壁：60，内层菱形纹内饰"◆"纹。厚4.5厘米（图二二，10）。G2壁：61，内层菱形纹内饰乳钉纹。厚6.4厘米（图二三，1）。G2壁：62，内层菱形纹内饰"×"纹，四角饰乳钉纹。厚6.8厘米（图二三，2；图版二三，1）。G2壁：63，内层菱形纹内饰"十"字纹。厚6.3厘米（图二三，3）。G2壁：64，内层菱形纹内饰"◆"纹。厚5.8厘米（图二三，4）。G2壁：65，内层菱形纹内饰柿蒂纹。厚5.8厘米（图二三，5）。G2壁：70，内层菱形纹内饰乳钉纹。厚6.3厘米（图二三，6）。G2壁：71，内层菱形纹内饰乳钉纹。厚6.4厘米（图二四，1）。G2壁：72，内层菱形纹内饰"●"纹。

图二一　G2 出土 Aa 型菱形纹砖拓片

1. G2 壁：42　2. G2 壁：43　3. G2 壁：44　4. G2 壁：45　5. G2 壁：46
6. G2 壁：47　7. G2 壁：48　8. G2 壁：49　9. G2 壁：50

厚 4.3 厘米（图二四，2）。G2 壁：73，内层菱形纹内饰"◆"纹。厚 4.8 厘米（图二四，3）。G2 壁：74，内层菱形纹内饰乳钉纹。厚 5 厘米（图二四，4）。G2 壁：75，内层菱形纹内饰"◆"纹。厚 6 厘米（图二四，5）。G2 壁：76，内层菱形纹内饰乳钉纹。厚 6 厘米（图二四，6）。G2 壁：77，内层菱形纹内饰乳钉纹。厚 6.1 厘米（图二四，7）。G2 壁：78，内层菱形纹内饰乳钉纹。厚 6 厘米（图二四，8）。G2 壁：79，内层菱形纹内饰乳钉纹。厚 6.3 厘米（图二四，9）。G2 壁：80，内层菱形纹内饰"◆"纹。厚 6.2 厘米（图二四，10）。

Ab 型　5 件。多重菱形四方连续纹，以多重菱形为单位，向四周延伸扩展，构成多重菱形连续图案，内层菱形纹为空心。G2 壁：81，厚 5.4 厘米（图二五，1）。G2 壁：82，厚 6.2 厘米（图二五，2）。G2 壁：83，厚 6.1 厘米（图二五，3）。G2 壁：84，厚 6.2 厘米（图二五，4）。G2 壁：85，厚 4.8 厘米（图二五，5）。

图二二　G2出土Aa型菱形纹砖拓片
1. G2壁：51　2. G2壁：52　3. G2壁：53　4. G2壁：54　5. G2壁：55
6. G2壁：56　7. G2壁：57　8. G2壁：58　9. G2壁：59　10. G2壁：60

图二三　G2出土Aa型菱形纹砖拓片
1. G2壁：61　2. G2壁：62　3. G2壁：63　4. G2壁：64　5. G2壁：65　6. G2壁：70

图二四　G2 出土 Aa 型菱形纹砖拓片
1.G2壁：71　2.G2壁：72　3.G2壁：73　4.G2壁：74　5.G2壁：75　6.G2壁：76
7.G2壁：77　8.G2壁：78　9.G2壁：79　10.G2壁：80

B型　4件。以"∨"形状为横向运动，构成带状的多重菱形图案。G2壁：86，内层菱形纹内饰"十"字纹。厚6.2厘米（图二五，6）。G2壁：87，内层菱形纹内饰"◆"纹。厚5厘米（图二五，7）。G2壁：88，菱形纹间有竖线隔开，内层菱形纹内饰"◆"纹。厚6.6厘米（图二五，8）。G2壁：89，菱形纹间有竖线隔开，内层菱形纹内饰"◆"纹。厚7.5厘米（图二五，9；图版二三，2）。

C型　3件。两个"×"形中央组合成菱形，波折纹向两边扩展。G2壁：90，内层菱形纹内饰"◆"纹。厚5.4厘米（图二六，1）。G2壁：91，厚5.5厘米（图二六，2）。G2壁：92，内层菱形纹内饰乳钉纹。厚5.6厘米（图二六，3）。

图二五 G2出土菱形纹砖拓片

1~5.Ab型（G2壁：81、G2壁：82、G2壁：83、G2壁：84、G2壁：85） 6~9.B型（G2壁：86、G2壁：87、G2壁：88、G2壁：89）

D型 1件。G2壁：93，实心菱形上下两排向两边扩展。厚5.6厘米（图二六，4；图版二三，3）。

网格纹砖 20件。以单个菱形为单位纹样，向四周延伸扩展构成网格纹。网格纹内有"◆"纹。G2壁：94，厚5.9厘米（图二六，5）。G2壁：95，厚5.8厘米（图二六，6）。G2壁：96，厚6厘米（图二六，7）。G2壁：97，厚5.1厘米（图二六，8）。G2壁：98，厚3.5厘米（图二六，9）。G2壁：99，厚5.5厘米（图二六，10）。G2壁：100，厚6厘米（图二七，1）。G2壁：101，厚5.1厘米（图二七，2）。G2壁：102，厚5.4厘米（图二七，3）。G2壁：103，厚5.2厘米（图二七，4）。G2壁：104，厚5.4厘米（图二七，5）。G2壁：105，厚5.4厘米（图二七，6）。G2壁：106，厚5.4厘米（图二七，7）。G2壁：107，厚6厘米（图二八，1）。G2壁：108，厚6厘米（图二八，2）。G2壁：109，厚5.9厘米（图二八，3）。G2壁：110，厚5.8厘米（图二八，4）。G2壁：111，厚6.6厘米（图二八，5）。G2壁：112，厚5.6厘米（图二八，6）。G2壁：113，一侧网格无装饰，一侧有"◆"纹。厚5.9厘米（图二八，7）。

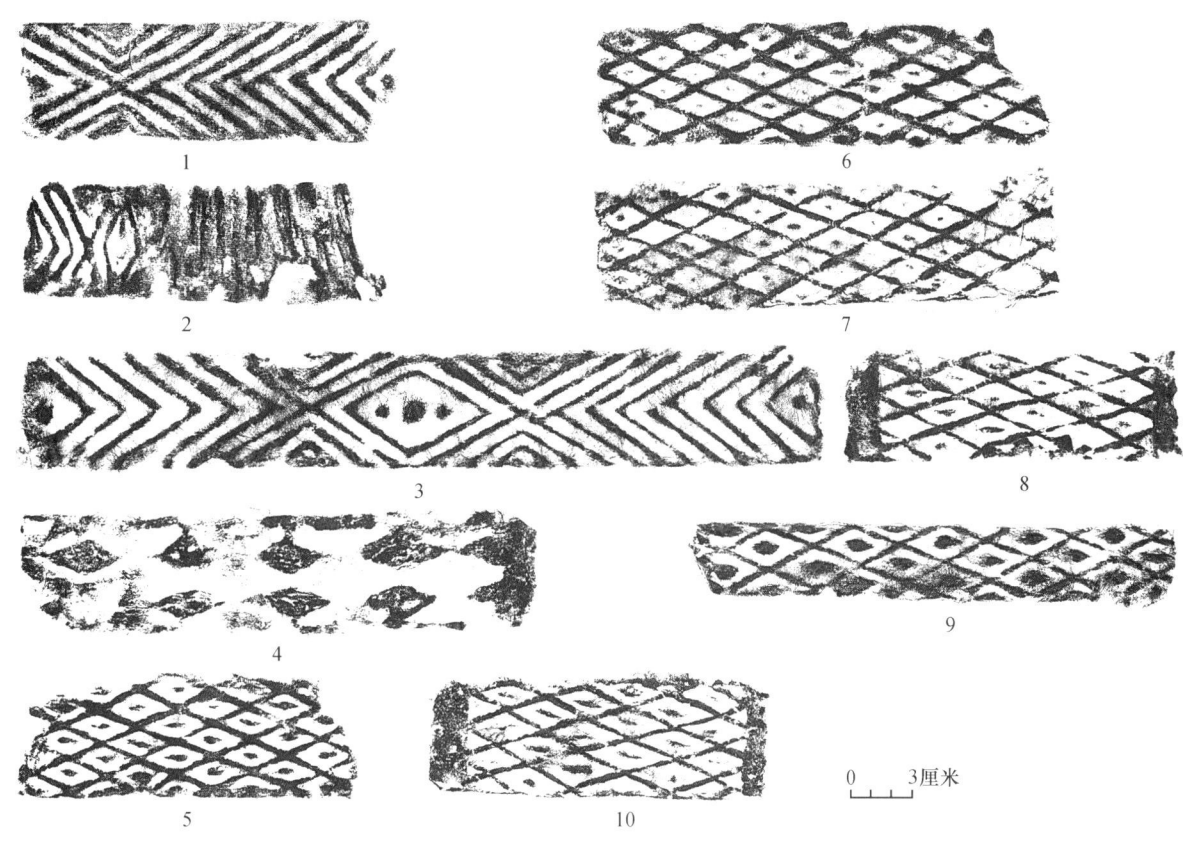

图二六　G2 出土花纹砖拓片

1~3. C 型菱形纹（G2 壁：90、G2 壁：91、G2 壁：92）　4. D 型菱形纹（G2 壁：93）
5~10. 网格纹（G2 壁：94、G2 壁：95、G2 壁：96、G2 壁：97、G2 壁：98、G2 壁：99）

沟内的回填堆积自上而下可分为2层：第1层为灰褐色土，厚0.75~0.95米，堆积较紧密，出土物除砖瓦等建筑构件外，另有大量生活用瓷器残片，可辨器形有碗、盏、罐、盆、钵、注壶、研磨器、器柄、器盖等；第2层为浅褐色土，厚0.4~1.15米，堆积较紧密，含沙量较第1层多，包含物除砖瓦等建筑构件外，另有较多的生活用瓷器残片，可辨器形有碗、盏、钵、罐、盆等。

G3　位于发掘区东部，分布于TN05E05、TN06E05、TN05E06、TN06E06内。叠压于第3层下。西南—东北走向，西南与池塘（C1）连通，应为C1的出水通道，东北端继续向发掘区外延伸。平面形状为长条状，暗沟，两侧沟壁为青砖垒砌，底部铺砖，沟壁上层铺砖逐渐内收呈叠涩顶，上部以平砖横铺封顶。沟下段剖面呈长方形，上段剖面呈"品"字形。沟长15、沟内宽0.26、深0.5米（图一五；图版一二）。沟内填土为灰褐色，紧密较黏，出土少量瓦砾。

五、池塘

1座。编号C1。位于发掘区中部偏西，分布于TN04E04、TN05E04、TN06E04、TN04E05、TN05E05、TN06E05内。叠压于第3层下，打破G2，东部与G3相连。平面形状

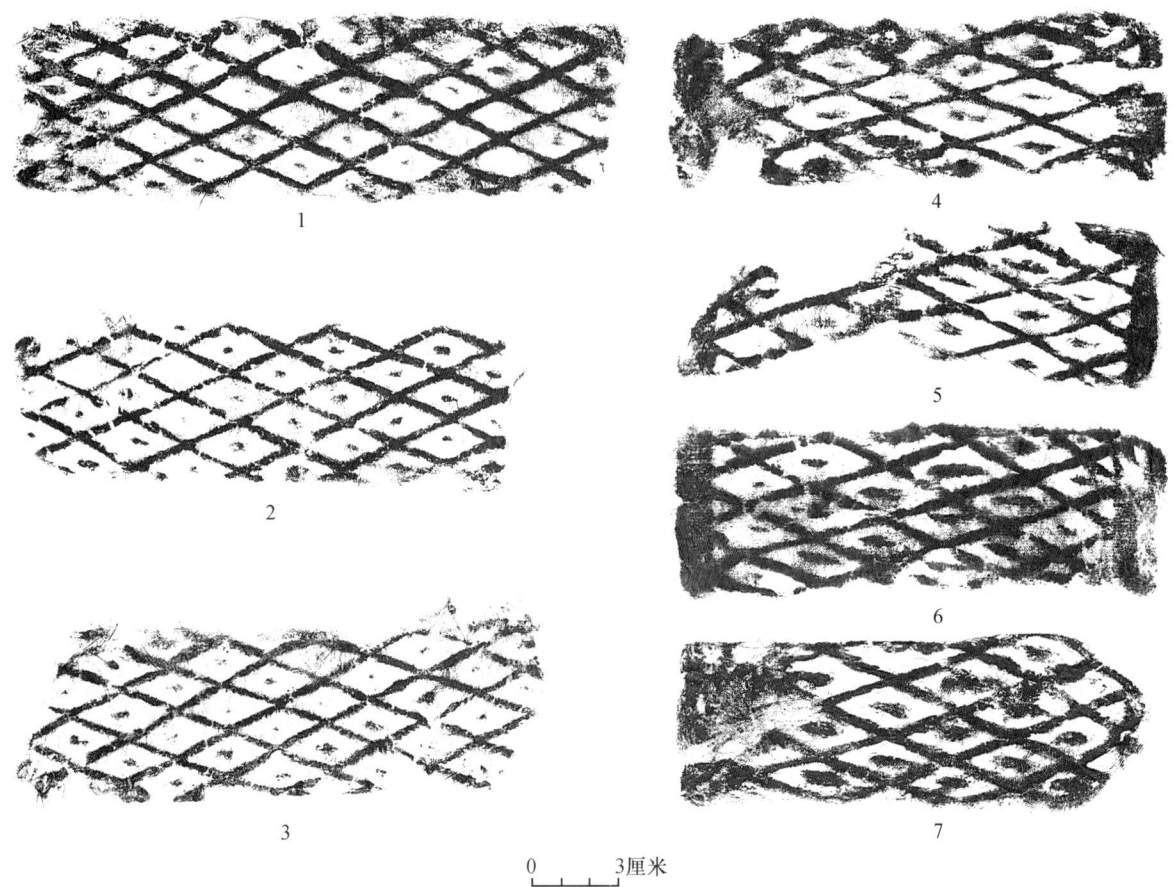

图二七　G2 出土网格纹砖拓片

1. G2 壁：100　2. G2 壁：101　3. G2 壁：102　4. G2 壁：103　5. G2 壁：104　6. G2 壁：105　7. G2 壁：106

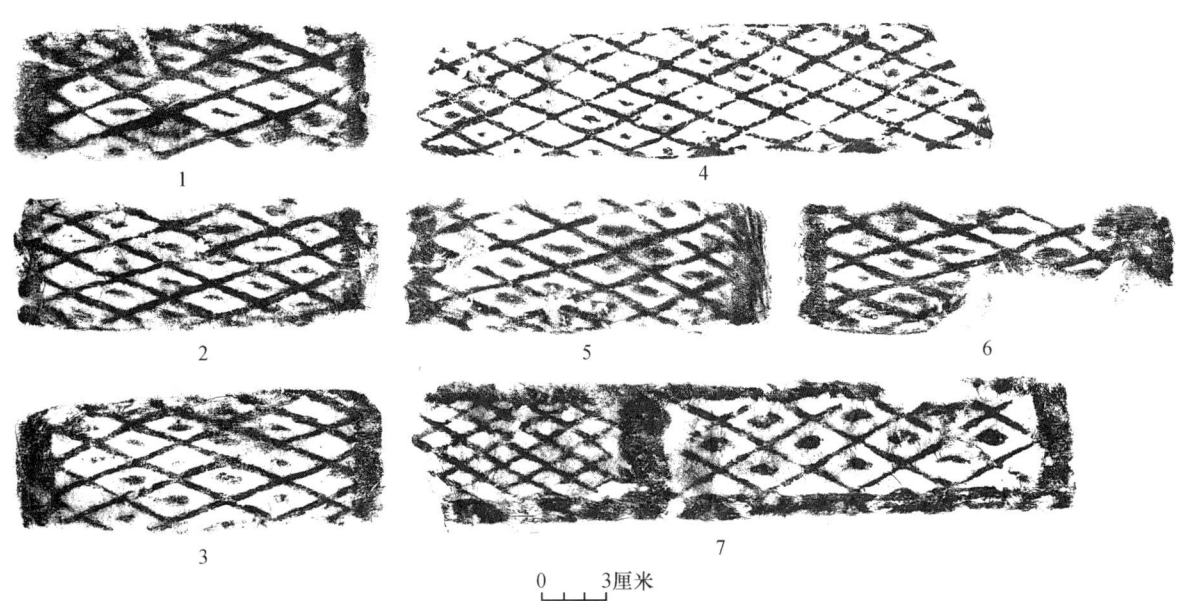

图二八　G2 出土网格纹砖拓片

1. G2 壁：107　2. G2 壁：108　3. G2 壁：109　4. G2 壁：110　5. G2 壁：111　6. G2 壁：112　7. G2 壁：113

不规则，东半部略带圆弧状，东西向直线跨度约16.3米，南北向直线跨度约21.4米，现存深度2～2.1米。池壁的东、西、南三面主要系借用G2东南端的部分沟壁改建而成，其中南壁的外侧砌有简易的台阶式踏道，踏道残宽5.1米，现存5级，每级进深0.15～0.2米。西北面的池壁为G2废弃后，在G2两壁之间用青砖砌筑拦水坝而成，拦水坝直接叠压于G2的废弃回填堆积之上。拦水坝的外立面呈倒梯形，顶宽8.4、底宽4.4、高0.75米，中部留有进水口，进水口外侧与沟渠（G1）相连，内侧与砖砌的斜坡导水道相连，保证排水通畅，导水道残长1.75、宽0.65米。池体南部残存一道西北—东南走向的砖砌挡墙，长10.3、残高0.73米，系C1在最后的使用阶段，池面范围缩减后所增补的南面池壁（图一五；图版一三～图版一五）。

C1的用砖情况与G2大体相同，主要为素面砖，规格较为杂乱，薄厚不一，厚度通常在3～9厘米。还夹杂一定数量的花纹砖，纹饰类型主要有莲花纹、卷草纹、联璧纹、缠枝纹、菱形纹、网格纹等。花纹砖的具体类型如下：

莲花纹砖　1件。C1壁：1，莲花分作12瓣，花瓣细长。厚4.5厘米（图二九，1）。

卷草纹砖　7件。根据卷草形制特征分为三型。

A型　5件。双线勾勒卷草轮廓，叶缘弯曲呈钩状。C1壁：2，厚6.8厘米（图二九，2）。C1壁：3，厚7厘米（图二九，3）。C1壁：4，厚6.2厘米（图二九，4）。C1壁：5，厚6.4厘米（图二九，5）。C1壁：6，厚6.4厘米（图二九，6）。

B型　1件。C1壁：7，卷草呈轴对称分布，中央为圆圈及小叶。两侧草茎呈"∽"形上下分布两条，草叶呈爪状。厚6.4厘米（图二九，7）。

C型　1件。C1壁：8。单线勾勒卷草于两个小框内，草叶呈爪状。厚5.8厘米（图二九，8）。

联璧纹砖　1件。C1壁：9，砖侧面饰圆形玉璧纹，上下以直线连接，呈菱形。厚5.5厘米（图二九，9）。

缠枝纹砖　4件。两个单体纹饰成组，缠枝向前分出两枝后弯曲交会，形成尖桃形图案，草叶细长。交会后再分开向后弯曲，末端内卷。C1壁：10，厚5.9厘米（图三〇，1）。C1壁：11，厚6.3厘米（图三〇，2）。C1壁：12，厚6.2厘米（图三〇，3）。C1壁：13，厚6.2厘米（图三〇，4）。

组合纹砖　6件。根据纹饰组合不同分为二型。

A型　5件。菱形纹与莲花纹组合。双重菱形纹四方连续分布，莲花纹居一侧，莲花短而宽大。C1壁：14，厚5.4厘米（图三〇，5）。C1壁：15，厚5.8厘米（图三〇，6）。C1壁：16，厚5.9厘米（图三〇，7）。C1壁：17，厚6.1厘米（图三〇，8）。C1壁：18，厚5.9厘米（图三〇，10）。

B型　1件。方孔钱纹与菱形纹组合。C1壁：19，圆形方孔钱纹居两侧，中央饰单个菱形二方分布，菱格内饰"×"形纹。厚4.9厘米（图三〇，9）。

菱形纹砖　23件。根据菱形构图方式分为二型。

A型　20件。以"×"形状为单位纹样横向运动，构成带状的多重菱形图案。根据菱形分布方向分为二亚型。

Aa型　11件。多重菱形二方连续纹，运动1～4个单位，即构成1～4个完整的菱形样

图二九　C1 出土花纹砖拓片
1. 莲花纹（C1 壁：1）　2~6. A 型卷草纹（C1 壁：2、C1 壁：3、C1 壁：4、C1 壁：5、C1 壁：6）
7. B 型卷草纹（C1 壁：7）　8. C 型卷草纹（C1 壁：8）　9. 联璧纹（C1 壁：9）

式，有些内层菱形纹饰简单几何纹，有"×"、"◆"、"○"、"●"等。C1 壁：20，内层菱形纹饰"×"形纹和"○"纹。厚 5.5 厘米（图三一，1）。C1 壁：21，厚 5.8 厘米（图三一，2）。C1 壁：22，厚 5.8 厘米（图三一，3）。C1 壁：23，内层菱形纹饰"●"纹。厚 6.6 厘米（图三一，4）。C1 壁：24，内层菱形纹饰"◆"纹。厚 6 厘米（图三一，5）。C1 壁：25，内层菱形纹饰"●"纹。厚 6.5 厘米（图三一，6）。C1 壁：26，内层菱形纹饰"◇"纹。厚 7.3 厘米（图三一，8）。C1 壁：27，内层菱形纹饰"◆"纹和"●"纹。厚 6.4 厘米（图三一，7）。C1 壁：28，内层菱形纹饰"◆"纹和"●"纹。厚 5.7 厘米（图三一，9）。C1 壁：29，内层菱形纹及四角饰"●"纹。厚 6 厘米（图三一，10）。C1 壁：30，厚 4.5 厘米（图三二，1）。

图三〇　C1出土花纹砖拓片

1~4.缠枝纹（C1壁：10、C1壁：11、C1壁：12、C1壁：13）　5~8、10.A型组合纹（C1壁：14、C1壁：15、C1壁：16、C1壁：17、C1壁：18）　9.B型组合纹（C1壁：19）

Ab型　9件。多重菱形四方连续纹，以多重菱形为单位，向四周延伸扩展，构成多重菱形连续图案，内层菱形为实心或空心。C1壁：31，内层菱形纹为空心。厚5.8厘米（图三二，2）。C1壁：32，内层菱形纹为空心。厚6厘米（图三二，3）。C1壁：33，内层菱形纹为空心。厚5厘米（图三二，4）。C1壁：37，内层菱形纹为空心。厚6.1厘米（图三二，5）。C1壁：38，内层菱形纹为空心。厚6.1厘米（图三二，6）。C1壁：39，内层菱形纹为空心。厚5.9厘米（图三二，7）。

B型　3件。以"∨"形状为横向运动，构成带状的多重菱形图案。C1壁：40，内层菱形纹为实心。厚6.4厘米（图三三，1）。C1壁：41，内层菱形纹为空心。厚6.8厘米（图三三，2）。C1壁：42，内层菱形纹为空心。厚5.8厘米（图三三，3）。

网格纹砖　3件。以单个菱形为单位纹样，向四周延伸扩展构成网格纹。C1壁：34，网格纹内饰实心菱形纹。厚6厘米（图三三，4）。C1壁：35，网格纹内饰实心菱形纹。厚5.8厘米

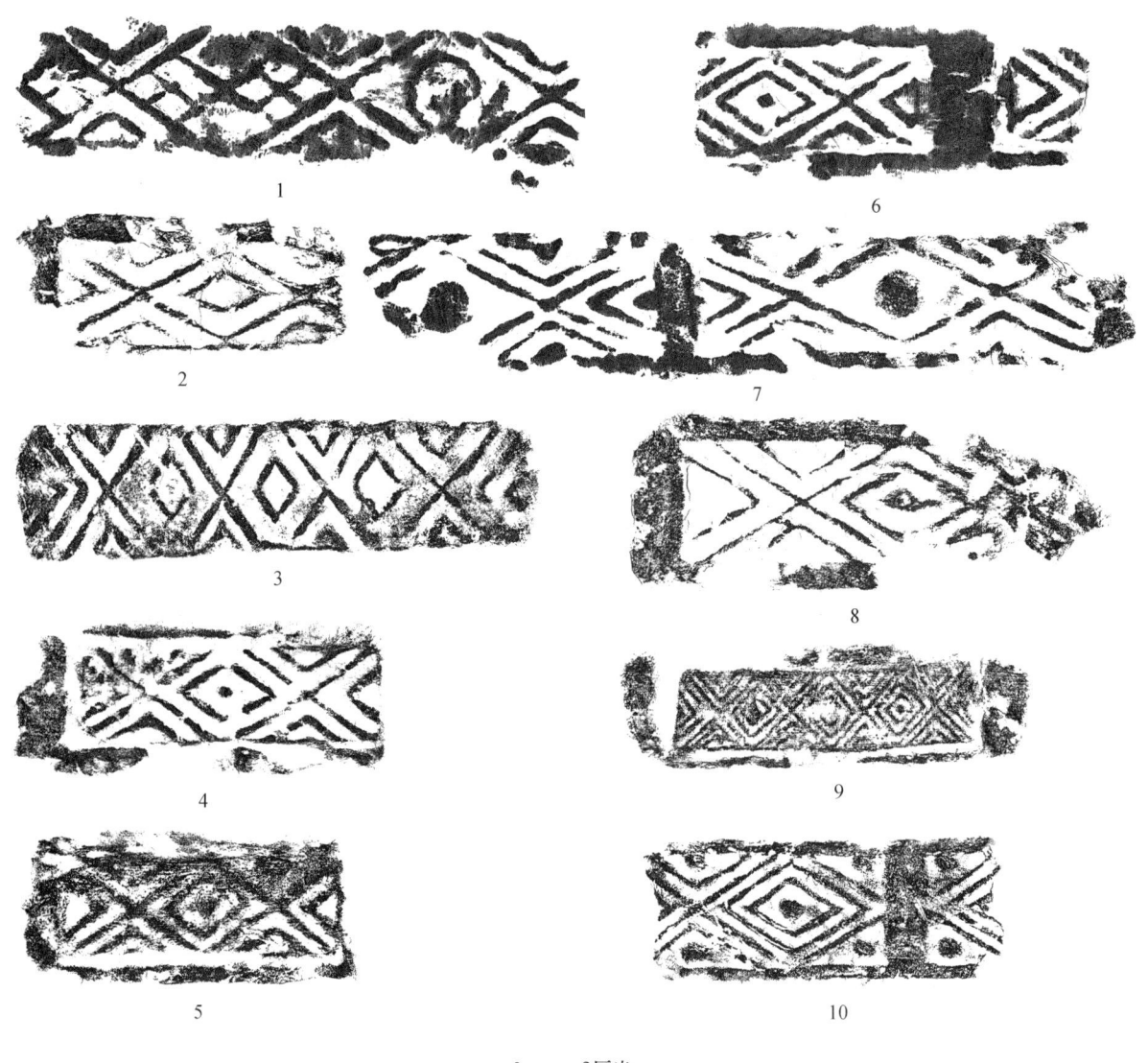

图三一 C1出土Aa型菱形纹砖拓片
1. C1壁:20　2. C1壁:21　3. C1壁:22　4. C1壁:23　5. C1壁:24
6. C1壁:25　7. C1壁:27　8. C1壁:26　9. C1壁:28　10. C1壁:29

（图三三，5）。C1壁:36，网格纹内饰实心菱形纹。厚5.4厘米（图三三，6）。

池内填土堆积自上而下共分为6层，分述如下：

第1层：深褐色块状土，堆积紧密较黏。厚0～0.58米。出土物以瓷器为主，可辨器形有碗、盏、钵、罐、盆、炉等。

第2层：黑色土，局部混杂少量黄土，堆积紧密较黏。厚0～0.53米。出土物以瓷器为主，可辨器形有碗、盏、钵、罐、盆、炉、盒、器盖等，另有少量的陶质生活用具及瓦当等建筑构件。

第3层：黄土略偏灰，堆积紧密较黏。厚0.18～0.55米。出土物明显增多，以瓷器为主，碗类为大宗，其他可辨器形有盏、钵、罐、盘、研磨器、注壶、盆、炉、盒、器盖、急须、钟等，陶质生活用具及瓦当等建筑构件的数量也较多，另有零星的石雕造像和钱币。

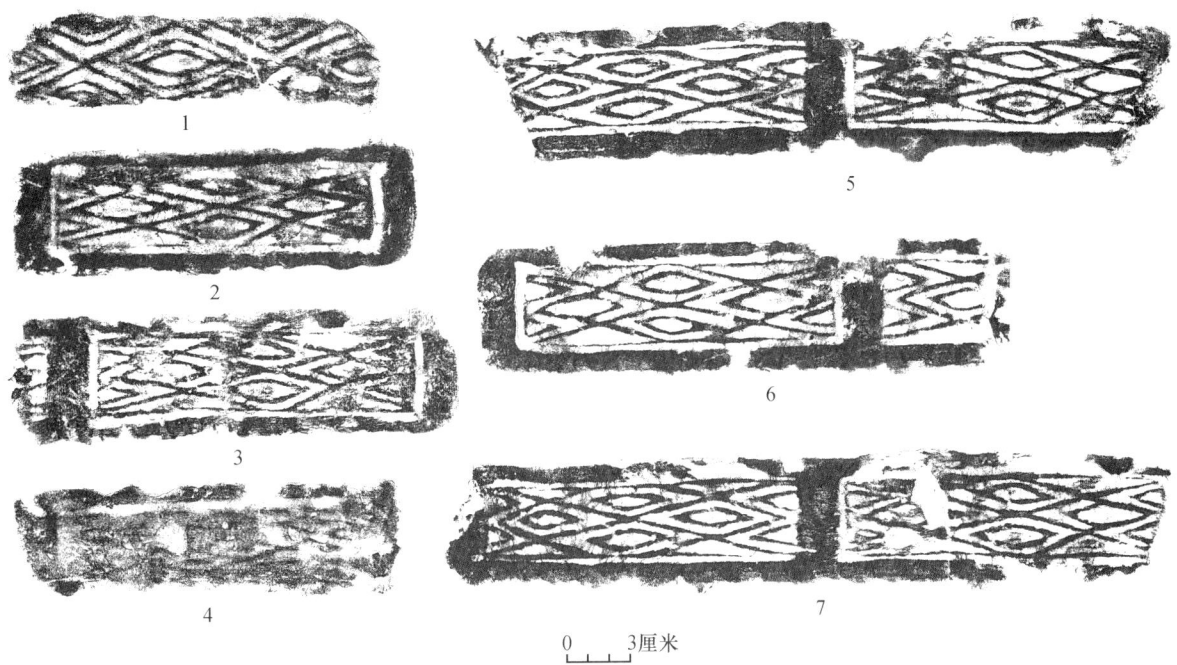

0   3厘米

图三二　C1 出土菱形纹砖拓片

1. Aa 型（C1 壁：30）　2～7. Ab 型（C1 壁：31、C1 壁：32、C1 壁：33、C1 壁：37、C1 壁：38、C1 壁：39）

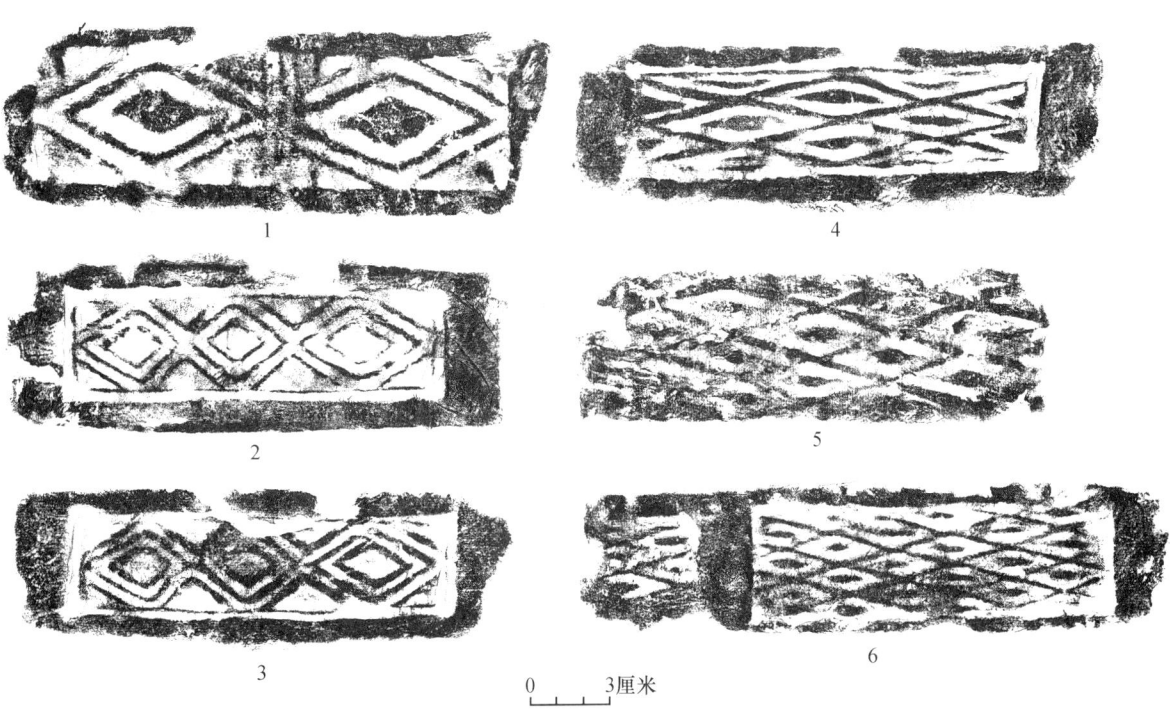

0   3厘米

图三三　C1 出土花纹砖拓片

1～3. B 型菱形纹（C1 壁：40、C1 壁：41、C1 壁：42）　4～6. 网格纹（C1 壁：34、C1 壁：35、C1 壁：36）

第4层：浅褐色土，堆积紧密较黏。厚0.28～0.85米。出土物以瓷器为主，可辨器形有碗、盏、钵、罐、盘、研磨器、注壶、盆、炉、器盖、钟等，陶质生活用具及瓦当等建筑构件的数量也较多，另有零星的石雕造像。

第5层：深褐色土，堆积紧密较黏。厚0.38～0.85米。出土物以瓷器为主，可辨器形有碗、盏、罐、盘、盆等，另有少量的陶质生活用具和铜器。

第6层：褐色土偏黑，堆积紧密较黏。厚0～1.9米。出土物以瓷器为主，可辨器形有碗、盏、钵、罐、盆、研磨器等，另有少量的陶质生活用具及瓦当等建筑构件。

第三章 出土遗物

出土遗物包括瓷器、陶器、石雕制品和铜器四大类，以瓷器和陶器的所占比重最大。

第一节 瓷 器

出土瓷器大多属于日常生活用具，也有少量的陈设器皿，按窑口产地可划分为青羊宫窑、琉璃厂窑、邛窑、长沙窑、邢窑等，以成都本地的青羊宫窑、琉璃厂窑和邛窑产品为大宗。另有少量白釉瓷器的窑口暂不确定，仅能根据胎釉特征判断为北方地区窑场所产。

一、青羊宫窑

数量最多，器形较丰富，具体可辨碗、盏、盘、罐、壶、盆、钵、杯、炉、急须、套盒、研磨器、器盖、器柄、钟等，其中碗、盏的所占比重最大。瓷器胎质较粗，胎色深沉，可见深褐、红褐、暗红、黑、灰黑、灰、粉黄等多种，胎面通常挂有化妆土，化妆土多呈粉黄、粉白、灰白、灰等色。外壁多施半截釉，底部露胎，釉色有淡青、青黄、青绿、青灰、酱青、酱黑、黑等，釉面极薄，且脱落的现象较普遍。器表以素面居多，仅见少量的褐、酱彩或刻划装饰，纹饰有连珠纹、草叶纹、弦纹、文字符号等。碗、盘等瓷器的内底往往残留有一周支钉垫烧痕。

碗 450件。根据口、腹及足部特征分为六型。

A型 158件。直口，圆弧腹。根据足部特征分为三亚型。

Aa型 127件。饼足，足端斜削一刀形成折面。根据足部特征分为二式。

Ⅰ式：1件。足径较小，底面内凹。H9：1，灰胎，青绿釉，内底残留支钉痕。口径14.8、底径4.4、高7.1厘米（图三四，1；图版二四，1）。

Ⅱ式：126件。足径较大，底面较平。TN06W01③：4，深褐胎，挂粉黄色化妆土，淡青釉，内底残留支钉痕。口径16、底径8.6、高5.5厘米（图三四，5）。TN05E03③：5，灰黑胎，挂粉白色化妆土，淡青釉，内底残留支钉痕。口径16、底径8、高6厘米（图三四，11；图版二四，5）。G2①：18，灰黑胎，挂粉白色化妆土，淡青釉，内底残留支钉痕。口径14.2、底径7.4、高5.3厘米（图三五，6）。G2①：22，灰黑胎，挂粉黄色化妆土，青黄釉，内底残留支钉痕。口径16、底径8.2、高6厘米（图三五，10）。G2①：81，红褐胎，挂粉白色化妆土，淡青釉，内底饰褐彩连珠纹，残留支钉痕。口径19.4、底径8、高6厘米（图三五，1）。

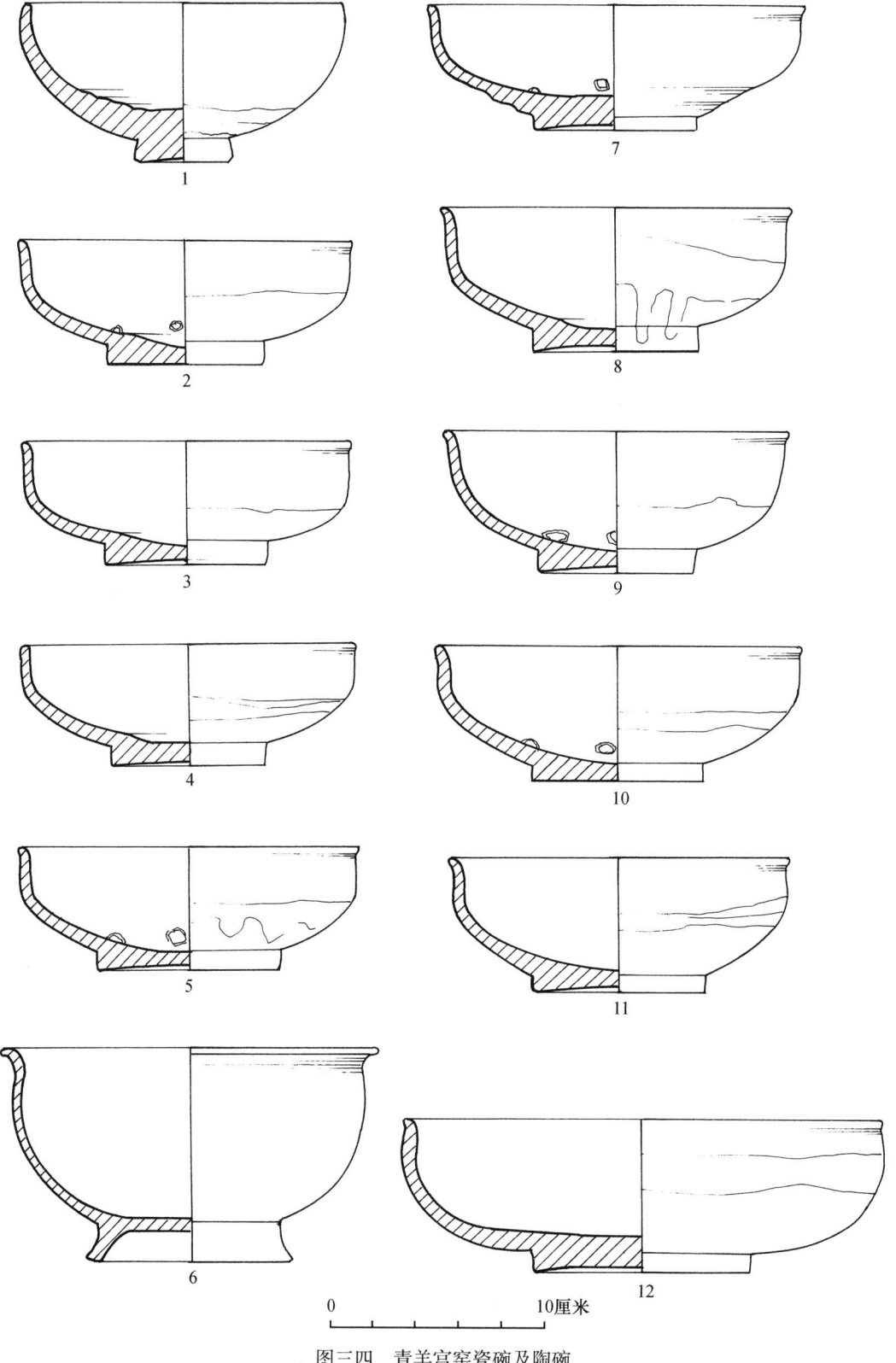

图三四 青羊宫窑瓷碗及陶碗

1.Aa型Ⅰ式瓷碗（H9∶1） 2~5、7~12.Aa型Ⅱ式瓷碗（J1∶11、G3∶15、H6∶27、TN06W01③∶4、H6∶3、J1∶23、J1∶18、C1②∶57、TN05E03③∶5、H7∶3） 6.Aa型陶碗（G2①∶158）

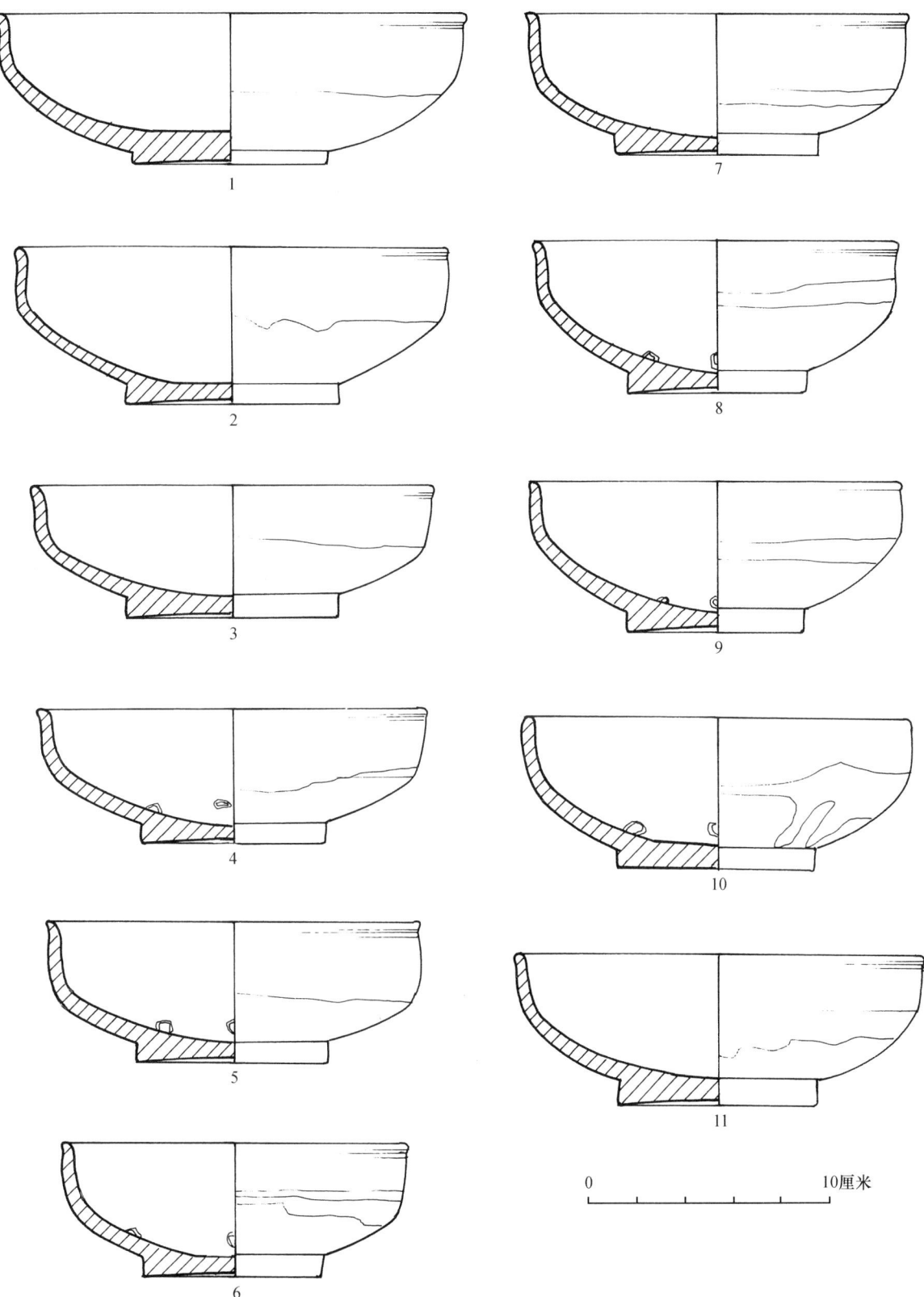

图三五 青羊宫窑 Aa 型 Ⅱ 式瓷碗

1.G2①:81 2.C1⑥:13 3.C1③:12 4.H8:9 5.H7:21 6.G2①:18
7.C1③:24 8.G2②:32 9.C1⑤:1 10.G2①:22 11.C1④:23

G2②：32，灰黑胎，挂粉黄色化妆土，釉面脱落，内底残留支钉痕。口径15.2、底径7.4、高6厘米（图三五，8；图版二四，2）。G3：15，红褐胎，挂粉黄色化妆土，淡青釉，内底残留支钉痕。口径15.4、底径7.6、高5.5厘米（图三四，3）。C1②：57，红褐胎，挂粉黄色化妆土，釉面脱落，内底残留支钉痕。口径17、底径8、高6厘米（图三四，10）。C1③：24，红褐胎，挂粉黄色化妆土，淡青釉，内底残留支钉痕。口径16、底径8.4、高5.6厘米（图三五，7）。C1③：12，深褐胎，挂粉白色化妆土，淡青釉，内底残留垫烧痕。口径16.6、底径8.8、高5.3厘米（图三五，3）。C1④：23，红褐胎，挂粉白色化妆土，淡青釉。口径17、底径8.4、高6厘米（图三五，11）。C1⑤：1，灰黑胎，挂粉黄色化妆土，釉面脱落，内底残留支钉痕。口径15.6、底径7.4、高6厘米（图三五，9；图版二四，3）。C1⑥：13，红褐胎，挂粉黄色化妆土，釉面脱落。口径17.8、底径8.8、高6.2厘米（图三五，2）。H6：3，灰黑胎，挂粉白色化妆土，淡青釉，内底残留支钉痕。口径17.4、底径7.4、高5.5厘米（图三四，7）。H6：27，深褐胎，挂粉白色化妆土，淡青釉，内底残留支钉痕。口径15.6、底径7.2、高5.4厘米（图三四，4）。H7：3，深褐胎，挂粉黄色化妆土，釉面脱落，内底残留支钉痕。口径22.4、底径10、高6.8厘米（图三四，12）。H7：21，红褐胎，挂粉黄色化妆土，青黄釉，内底残留支钉痕。口径15.4、底径7.8、高5.6厘米（图三五，5）。H8：9，红褐胎，挂粉黄色化妆土，釉面脱落，内底残留支钉痕。口径16、底径7.6、高5.3厘米（图三五，4）。J1：11，红褐胎，挂粉黄色化妆土，釉面脱落，内底残留支钉痕。口径15.6、底径7.4、高5.5厘米（图三四，2；图版二四，4）。J1：18，灰黑胎，挂粉黄色化妆土，淡青釉，内底饰褐彩"+"字形符号，残留支钉痕。口径16、底径7.2、高6.3厘米（图三四，9）。J1：23，深褐胎，挂粉白色化妆土，青灰釉，内底饰褐彩"×"形符号，残留支钉痕。口径16.4、底径7.6、高6.4厘米（图三四，8）。

Ab型　12件。玉璧足。TN07E02③：1，深褐胎，挂粉黄色化妆土，釉面脱落，内底残留支钉痕。口径15.8、底径8、高5.7厘米（图三六，1）。H9：5，灰黑胎，挂粉红色化妆土，釉面脱落。口径15.4、底径8、高6厘米（图三六，4；图版二四，6）。H7：23，红褐胎，挂粉白色化妆土，淡青釉，内底残留支钉痕。口径16.4、底径8.2、高6.2厘米（图三六，5）。G2②：24，红褐胎，挂粉黄色化妆土，青黄釉。口径15.8、底径8.6、高6厘米（图三六，2；图版二五，1）。C1③：80，红褐胎，挂粉黄色化妆土，淡青釉。口径15.4、底径8、高5.4厘米（图三六，3）。C1③：82，红褐胎，挂粉黄色化妆土，釉面脱落，内底残留支钉痕。口径15.4、底径8.6、高6.1厘米（图三六，6）。

Ac型　19件。圈足。G2①：21，灰黑胎，挂粉白色化妆土，淡青釉，内底残留支钉痕。口径16.2、足径8.6、高5.5厘米（图三六，8；图版二五，2）。G2①：25，灰黑胎，挂粉白色化妆土，淡青釉，内底残留支钉痕。口径15.6、足径8.2、高5.9厘米（图三六，9）。G2②：34，红褐胎，挂粉红色化妆土，釉面脱落。口径15.8、足径8.2、高5.6厘米（图三六，10；图版二五，3）。C1③：76，黑胎，挂粉黄色化妆土，青灰釉。口径16.2、足径7.8、高6.2厘米（图三六，11）。H7：35，灰黑胎，挂粉白色化妆土，淡青釉，内底残留支钉痕。口径16、足径8.8、高6.2厘米（图三六，7）。

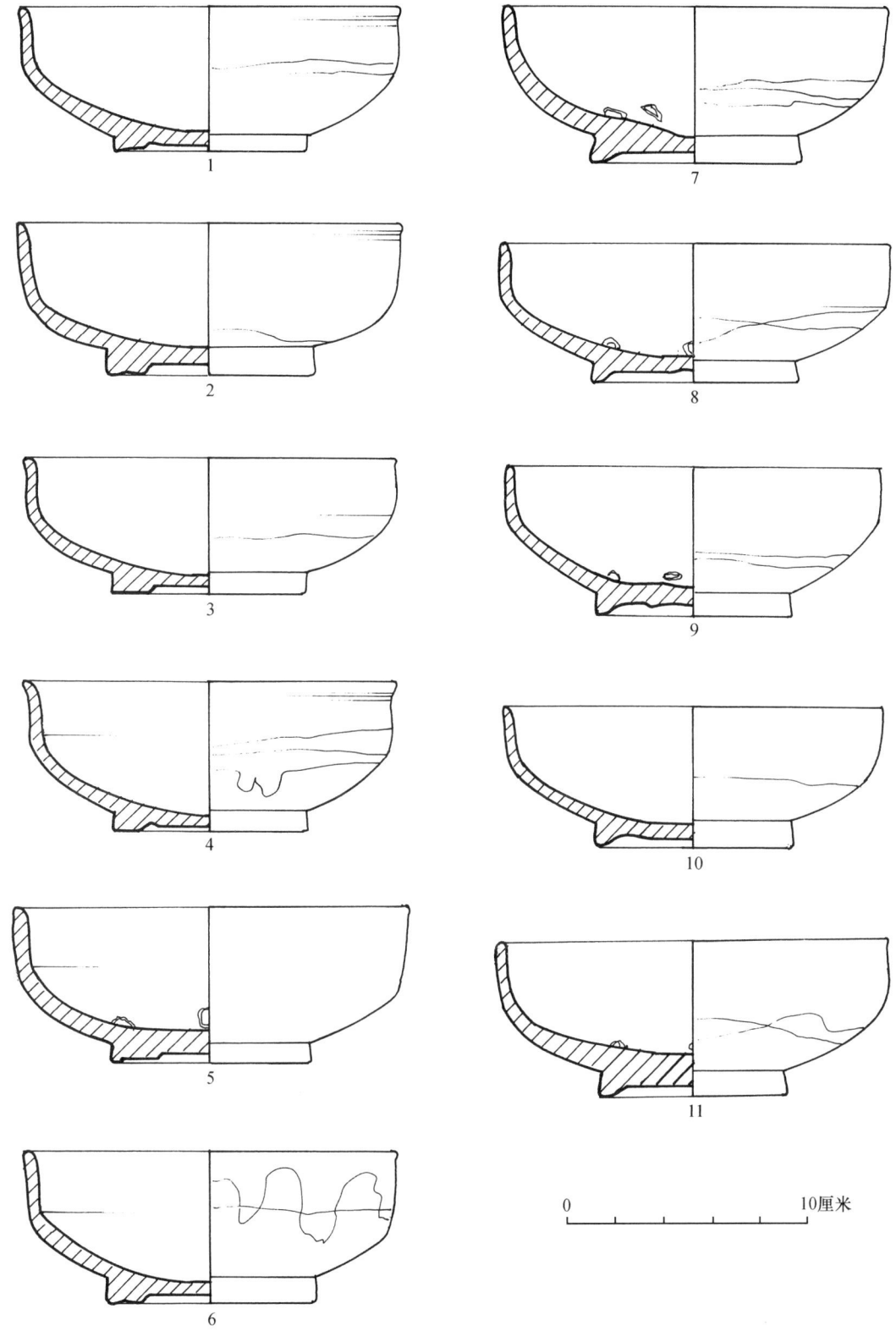

图三六 青羊宫窑瓷碗
1~6.Ab 型（TN07E02③：1、G2②：24、C1③：80、H9：5、H7：23、C1③：82）
7~11.Ac 型（H7：35、G2①：21、G2①：25、G2②：34、C1③：76）

B 型　84 件。侈口，折腹，上腹内曲，下腹斜直。TN04E04③：3，灰黑胎，挂粉白色化妆土，淡青釉，内底残留支钉痕。口径 16.4、底径 9、高 5.5 厘米（图三七，5）。TN07E02③：5，灰黑胎，挂粉白色化妆土，淡青釉，内底残留支钉痕。口径 16.4、底径 8.2、高 5 厘米（图三八，2）。C1③：116，红褐胎，挂粉白色化妆土，釉面脱落。内底饰褐彩"十"字形符号，残留支钉痕。口径 16、底径 8.4、高 5.4 厘米（图三八，5）。C1③：329，灰黑胎，挂粉黄色化妆土，青绿釉，内底以褐彩书一"上"字，残留支钉痕。口径 17.6、底径 8.8、高 6 厘米（图三七，1）。C1③：35，灰黑胎，挂粉黄色化妆土，淡青釉，内底残留支钉痕。口径 14.2、底径 6.5、高 5 厘米（图三八，4；图版二五，4）。C1③：290，灰黑胎，挂粉黄色化妆土，青黄釉，内底饰褐彩，内底残留支钉痕。口径 19、底径 8.6、高 6 厘米（图三八，7）。C1④：234，红褐胎，挂粉白色化妆土，淡青釉，内底残留支钉痕。口径 17.6、底径 8.2、高 6.5 厘米（图三八，6；图版二五，5）。C1⑥：5，灰胎，挂粉白色化妆土，淡青釉，内底残留支钉痕。口径 19、底径 8.6、高 7 厘米（图三七，2）。G2①：28，浅褐胎，挂粉黄色化妆土，青黄釉，内底饰褐彩，内底残留支钉痕。口径 18、底径 8.4、高 5.8 厘米（图三八，3）。G2①：39，灰胎，挂粉黄色化妆土，青黄釉，内底饰褐彩"×"形符号，内底残留支钉痕。口径 18.6、底径 8.8、高 6 厘米（图三八，1）。G2②：8，浅褐胎，挂粉白色化妆土，釉面脱落，内底残留支钉痕。口径 16、底径 7.8、高 5.8 厘米（图三七，6；图版二五，6）。J1：5，灰黑胎，挂粉白色化妆土，淡青釉，内底残留支钉痕。口径 16.6、底径 9、高 5.5 厘米（图三七，4）。G3：3，浅褐胎，挂粉白色化妆土，淡青釉，内底残留支钉痕。口径 16.2、底径 8.4、高 5.6 厘米（图三七，3；图版二六，1）。

C 型　197 件。敞口，斜直腹。根据口部特征分为二亚型。

Ca 型　95 件。口部有折沿或卷沿一周。根据足部特征分为三式。

Ⅰ式：88 件。饼足。TN02E04③：16，深褐胎，挂粉白色化妆土，淡青釉，内底残留支钉痕。口径 19.2、底径 7.6、高 6.4 厘米（图三九，2）。C1③：264，红褐胎，挂粉黄色化妆土，青黄釉，内底以褐彩书一"千"字，内底残留支钉痕。口径 19.6、底径 8、高 7 厘米（图三九，7）。C1③：101，深褐胎，挂粉白色化妆土，淡青釉，内底以褐彩书一"千"字，内底残留支钉痕。口径 18.2、底径 7.6、高 6.7 厘米（图四〇，1）。C1③：236，红褐胎，挂粉白色化妆土，青黄釉，内底残留支钉痕。口径 19、底径 8、高 6.5 厘米（图三九，4）。C1③：170，深褐胎，挂粉黄色化妆土，青黄釉，内底以褐彩书一"千"字，内底残留支钉痕。口径 19.4、底径 7.8、高 6.3 厘米（图四〇，2）。C1③：2，红褐胎，挂粉黄色化妆土，青黄釉，内底残留支钉痕。口径 20、底径 8、高 7 厘米（图三九，5；图版二六，2）。C1④：79，红褐胎，挂粉黄色化妆土，青黄釉，内底残留支钉痕。口径 18.6、底径 8、高 6.5 厘米（图三九，3；图版二六，3）。C1④：117，深褐胎，挂粉黄色化妆土，青黄釉，内壁有鼓泡，内底残留支钉痕。口径 19、底径 8、高 7 厘米（图三九，6）。G2①：155，灰黑胎，挂粉白色化妆土，淡青釉，内底残留支钉痕。口径 18.2、底径 8.2、高 5.5 厘米（图三九，1）。

Ⅱ式：2 件。玉璧足。C1⑤：27，灰黑胎，挂粉白色化妆土，釉面脱落，内底以褐彩书

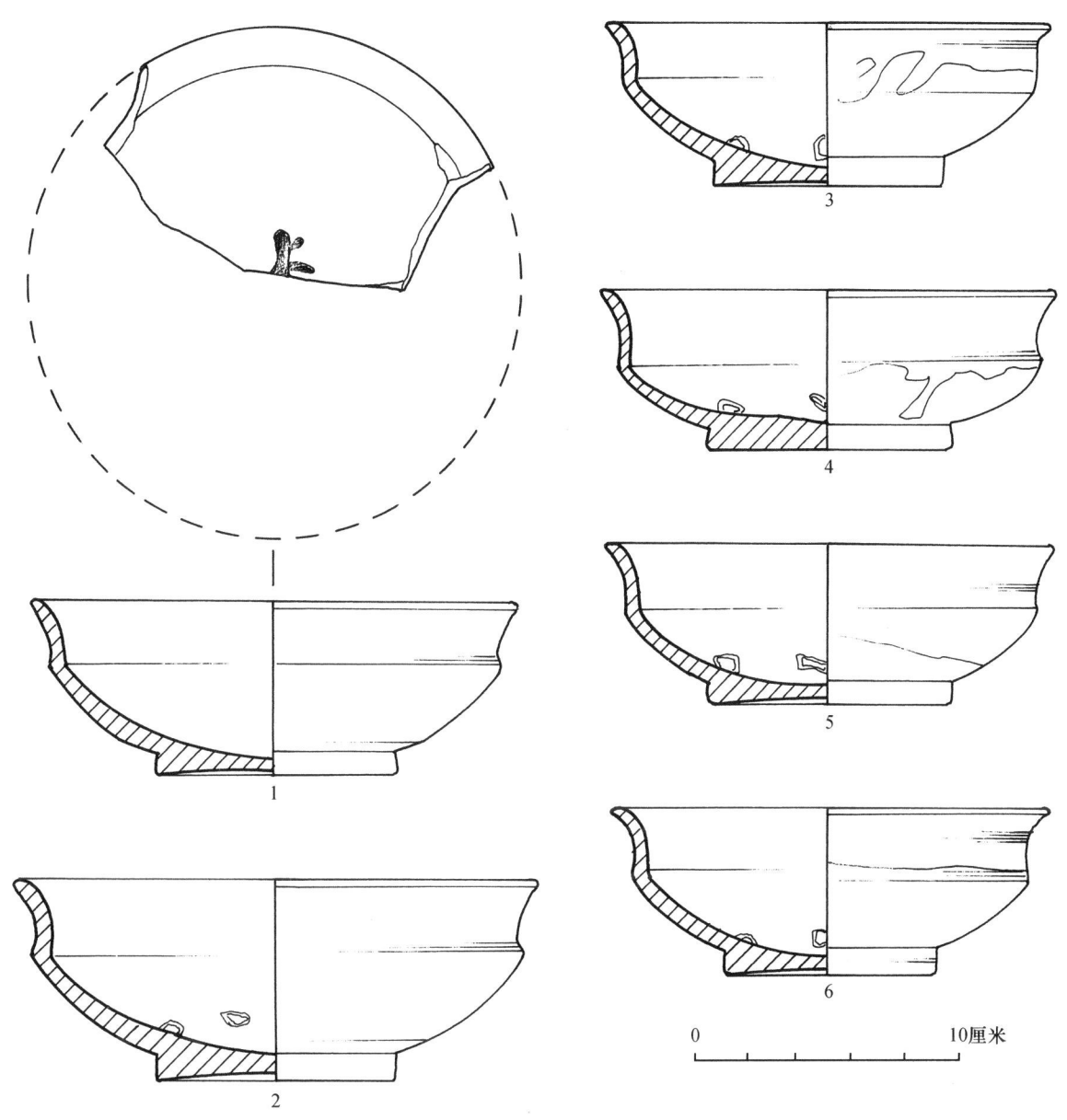

图三七　青羊宫窑 B 型瓷碗

1.C1③：329　2.C1⑥：5　3.G3：3　4.J1：5　5.TN04E04③：3　6.G2②：8

一"今"字，残留支钉痕。口径19.6、底径8、高6.6厘米（图三九，8）。G2①：53，灰黑胎，挂粉黄色化妆土，淡青釉，内底残留支钉痕。口径21、底径9、高6.5厘米（图四一，3）。

Ⅲ式：5件。圈足。G2②：53，灰黑胎，挂粉黄色化妆土，淡青釉。口径22.6、足径9.2、高6.6厘米（图四一，5；图版二六，4）。C1②：20，褐胎，挂粉黄色化妆土，淡青釉，内底残留支钉痕。花瓣口，内壁有出筋。口径20.6、足径9.4、高6.7厘米（图四一，2）。C1②：28，红褐胎，挂粉黄色化妆土，淡青釉，内底残留支钉痕。口径21.8、足径9.8、高7.5厘米（图四一，1）。C1③：62，褐胎，挂粉黄色化妆土，青黄釉，内底残留支钉痕。口径20.8、足径9.6、高7.4厘米（图四一，4）。C1④：127，灰黑胎，挂粉白色化妆土，淡青釉，

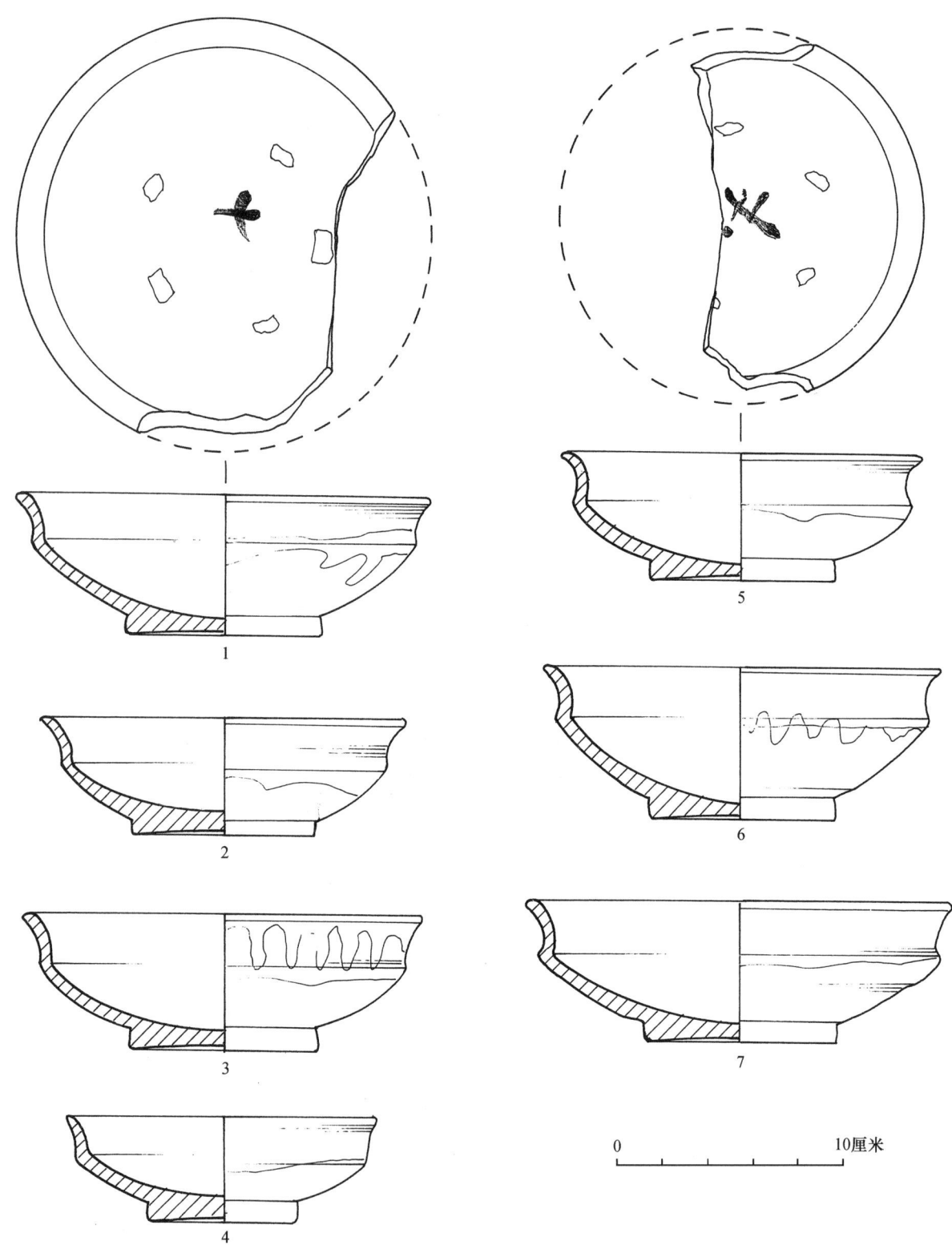

图三八 青羊宫窑 B 型瓷碗

1. G2①:39　2. TN07E02③:5　3. G2①:28　4. C1③:35　5. C1③:116　6. C1④:234　7. C1③:290

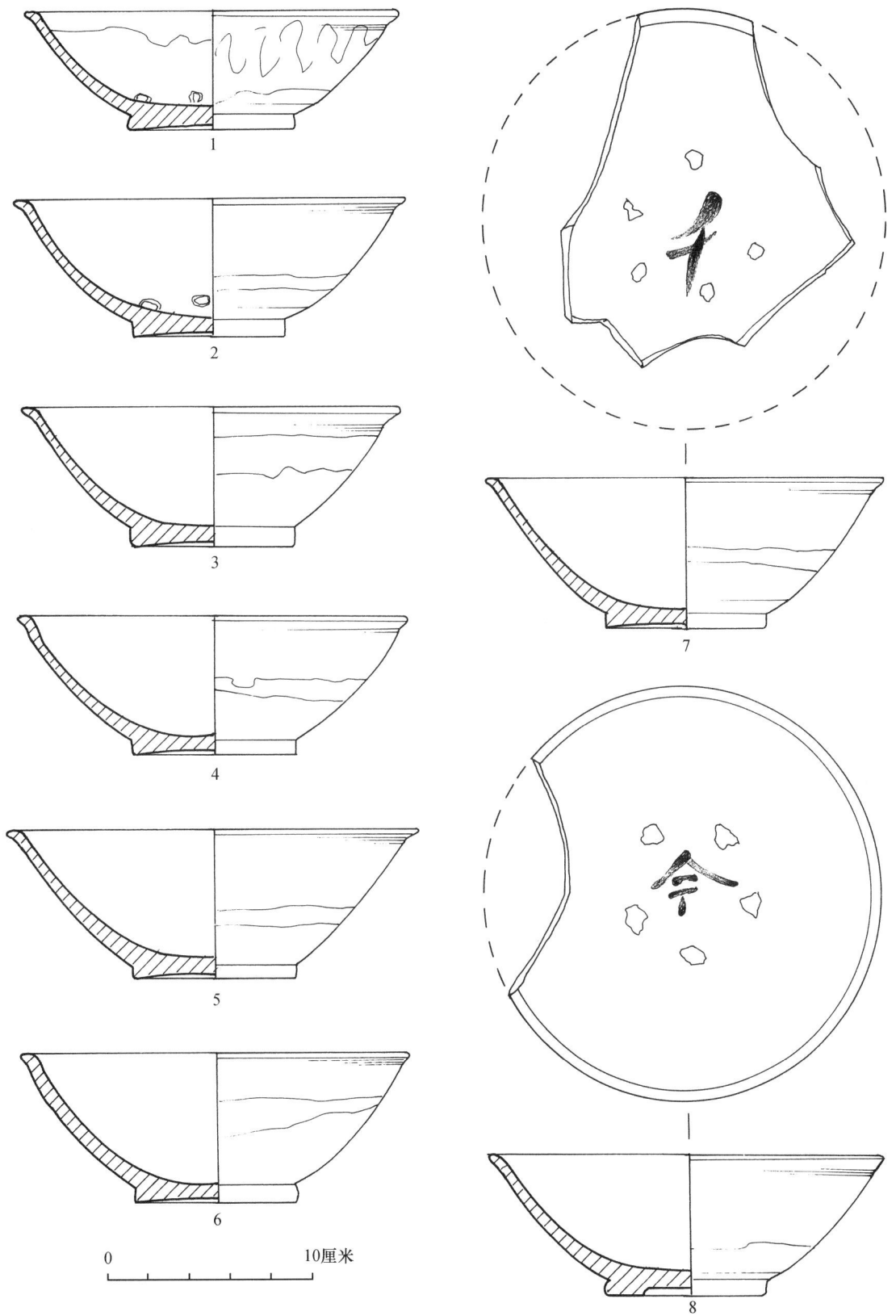

图三九 青羊宫窑瓷碗

1~7. Ca 型 I 式（G2①：155、TN02E04③：16、C1④：79、C1③：236、C1③：2、C1④：117、C1③：264）
8. Ca 型 II 式（C1⑤：27）

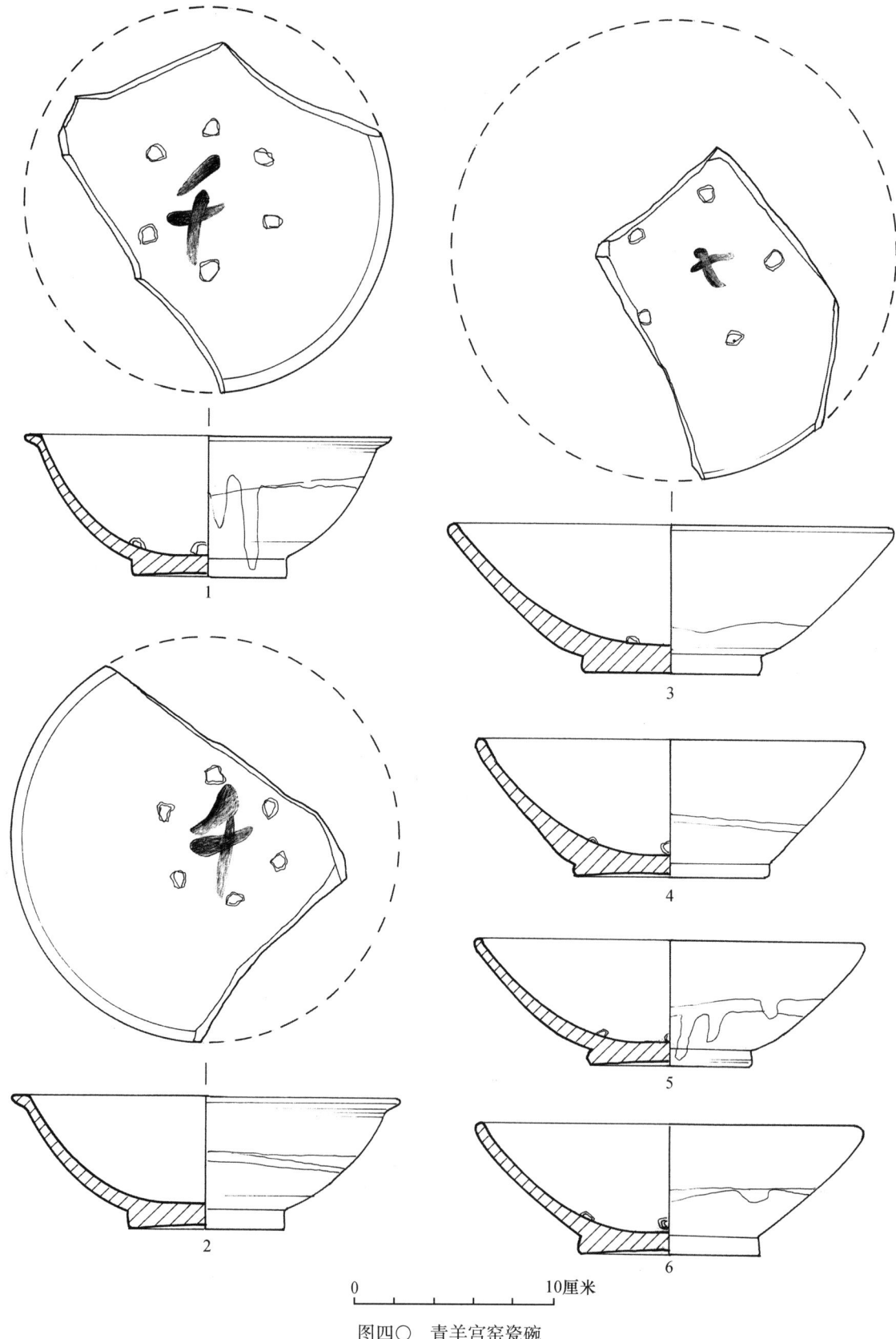

图四〇　青羊宫窑瓷碗

1、2.Ca型Ⅰ式（C1③：101、C1③：170）　3~6.Cb型Ⅰ式（C1③：124、C1③：47、TN07E01③：11、G2③：4）

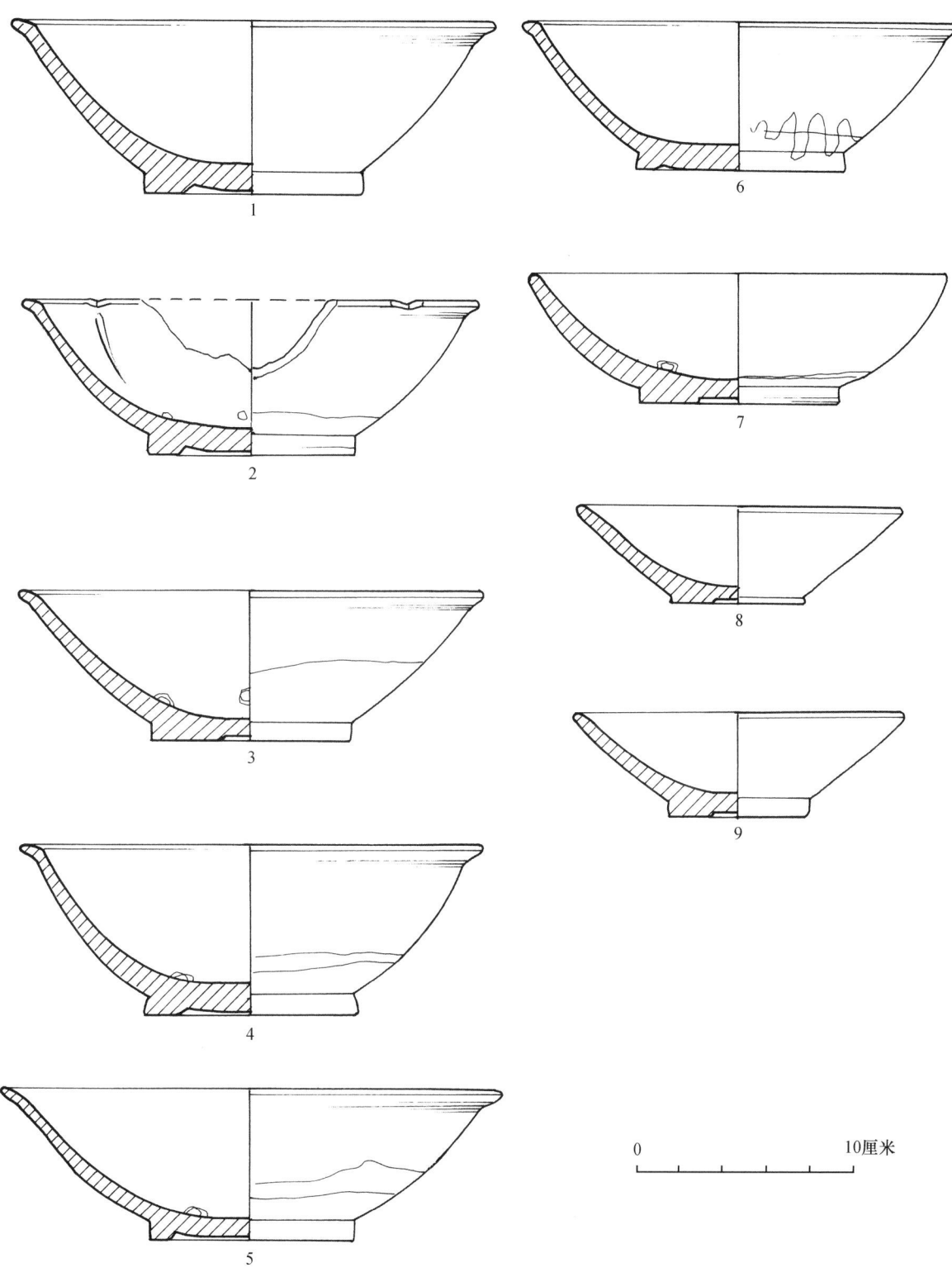

图四一 青羊宫窑瓷碗
1、2、4~6.Ca型Ⅲ式（C1②:28、C1②:20、C1③:62、G2②:53、C1④:127）
3.Ca型Ⅱ式（G2①:53） 7~9.Cb型Ⅱ式（C1④:135、C1③:150、C1③:103）

内底残留支钉痕。口径19.8、足径9.4、高6.4厘米（图四一，6）。

Cb型　102件。敞口，尖圆唇。根据足部特征分为二式。

Ⅰ式：98件。饼足。TN07E01③：13，深褐胎，挂粉黄色化妆土，淡青釉，内底残留支钉痕。口径19.2、底径9、高5.7厘米（图四二，7）。TN07E01③：11，红褐胎，挂粉黄色化妆土，淡青釉，釉面有开片，内底残留支钉痕。口径19.6、底径8、高6厘米（图四〇，5）。C1②：7，灰黑胎，挂粉黄色化妆土，釉面脱落，内底以褐彩书一"十"字，内底残留支钉痕。口径18.6、底径8.4、高6.3厘米（图四二，1）。C1②：37，深褐胎，挂粉白色化妆土，釉面脱落，内底带褐彩，内底残留支钉痕。口径19、底径9.4、高7厘米（图四二，5）。C1③：47，深褐胎，挂粉白色化妆土，淡青釉，内底残留支钉痕。口径19、底径9.6、高6.5厘米（图四〇，4；图版二六，5）。C1③：124，红褐胎，挂粉白色化妆土，内底以褐彩书一"十"字，内底残留支钉痕。口径22、底径8.8、高7厘米（图四〇，3）。C1④：38，灰褐胎，挂粉白色化妆土，釉面脱落，内底残留支钉痕。口径19、底径8.8、高6厘米（图四二，2；图版二六，6）。C1④：235，灰黑胎，青灰釉，内底残留支钉痕。口径18.8、底径8.8、高5.7厘米（图四二，3）。C1⑤：18，灰黑胎，挂粉白色化妆土，青灰釉，内底残留支钉痕。口径18、底径8.2、高5.6厘米（图四二，6；图版二七，1）。C1⑥：6，灰黑胎，挂粉黄色化妆土，青黄釉，内底残留支钉痕。口径18.8、底径9.4、高6.2厘米（图四二，4）。G2③：4，灰黑胎，挂粉黄色化妆土，釉面脱落，内底残留支钉痕。口径19、底径8.8、高6.2厘米（图四〇，6）。

Ⅱ式：4件。玉璧足。C1③：103，灰黑胎，挂粉白色化妆土，釉面脱落。口径15、底径6.4、高4.5厘米（图四一，9）。C1③：150，灰胎，挂粉白色化妆土，青黄釉。口径14.8、底径6、高4.2厘米（图四一，8）。C1④：17，红褐胎，挂粉黄色化妆土，青黄釉。口径14.6、底径6、高4.5厘米（图四二，8）。C1④：135，灰胎，挂粉白色化妆土，淡青釉，内底残留支钉痕。口径19、底径9、高5.6厘米（图四一，7；图版二七，2）。

D型　6件。侈口，圆弧腹。根据足部特征分为二亚型。

Da型　2件。饼足。TN03E06③：2，深褐胎，挂粉黄色化妆土，釉面脱落，内底残留支钉痕。口径16.6、底径8.2、高5.5厘米（图四三，10；图版二七，3）。H6：6，红褐胎，挂粉白色化妆土，釉面脱落，内底残留支钉痕。口径17.6、底径8.4、高5.7厘米（图四三，9）。

Db型　4件。圈足。TN05E04③：18，灰黑胎，挂粉黄色化妆土，青黄釉，釉面有开片，内底残留支钉痕。口径16.4、足径9、高5.6厘米（图四三，13）。G2①：8，深褐胎，挂粉黄色化妆土，釉面脱落，内底残留支钉痕。口径16.4、足径8.4、高6.4厘米（图四三，11；图版二七，4）。G2①：98，深褐胎，挂粉黄色化妆土，青黄釉，内底残留支钉痕。口径16.8、足径8.4、高6.5厘米（图四三，12）。G2②：42，红褐胎，挂粉黄色化妆土，青黄釉，内底残留支钉痕。口径16、足径7.8、高6厘米（图四三，14；图版二七，5）。

E型　4件。敞口，斜弧腹。G2②：29，灰胎，挂粉白色化妆土，釉面脱落，内底残留支钉痕。口径17.2、底径8.4、高5.8厘米（图四四，1）。C1③：360，红褐胎，挂粉黄色化妆土，青黄釉。口径14.8、底径7.8、高5.6厘米（图四四，2；图版二七，6）。

F型　1件。侈口，深弧腹。C1④：192，灰黑胎，挂粉白色化妆土，釉面脱落。口径

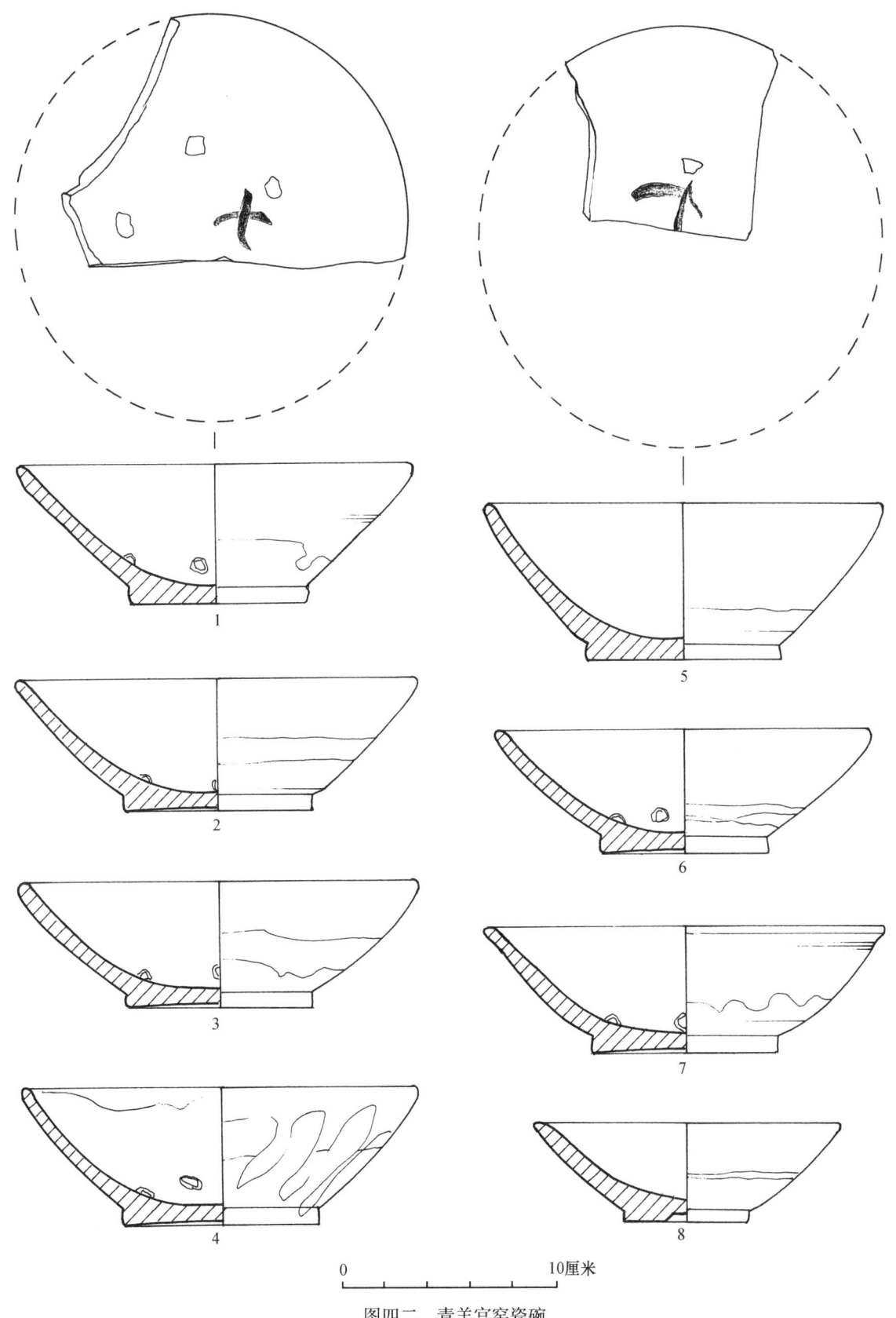

图四二 青羊宫窑瓷碗

1~7.Cb型Ⅰ式（C1②：7、C1④：38、C1④：235、C1⑥：6、C1②：37、C1⑤：18、TN07E01③：13） 8.Cb型Ⅱ式（C1④：17）

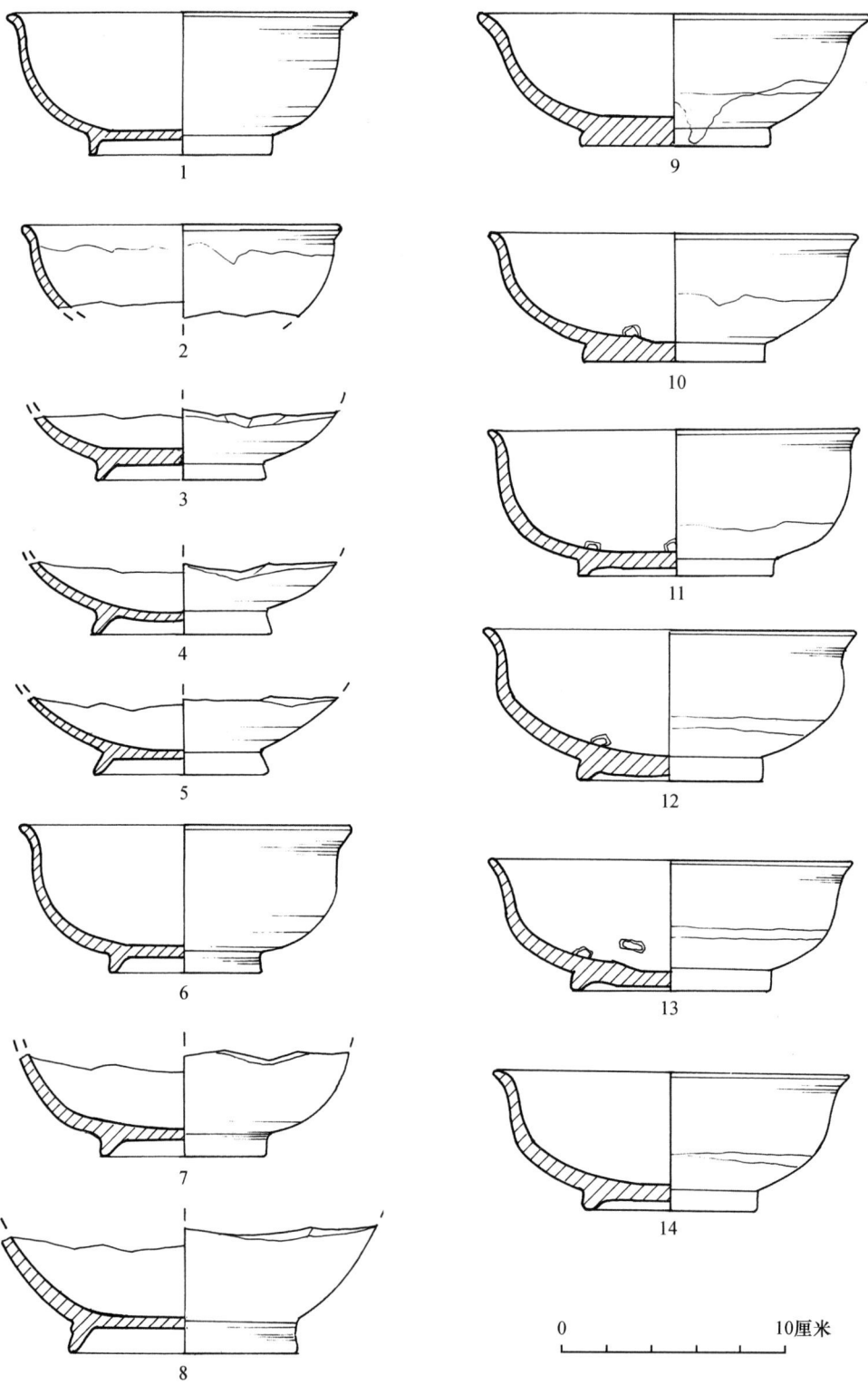

图四三 青羊宫窑瓷碗及陶碗

1~8.Ab 型陶碗（H7：44、G2①：104、H9：12、H9：10、H7：24、TN03E06③：1、H9：16、G2①：66） 9、10.Da 型青羊宫窑瓷碗（H6：6、TN03E06③：2） 11~14.Db 型青羊宫窑瓷碗（G2①：8、G2①：98、TN05E04③：18、G2②：42）

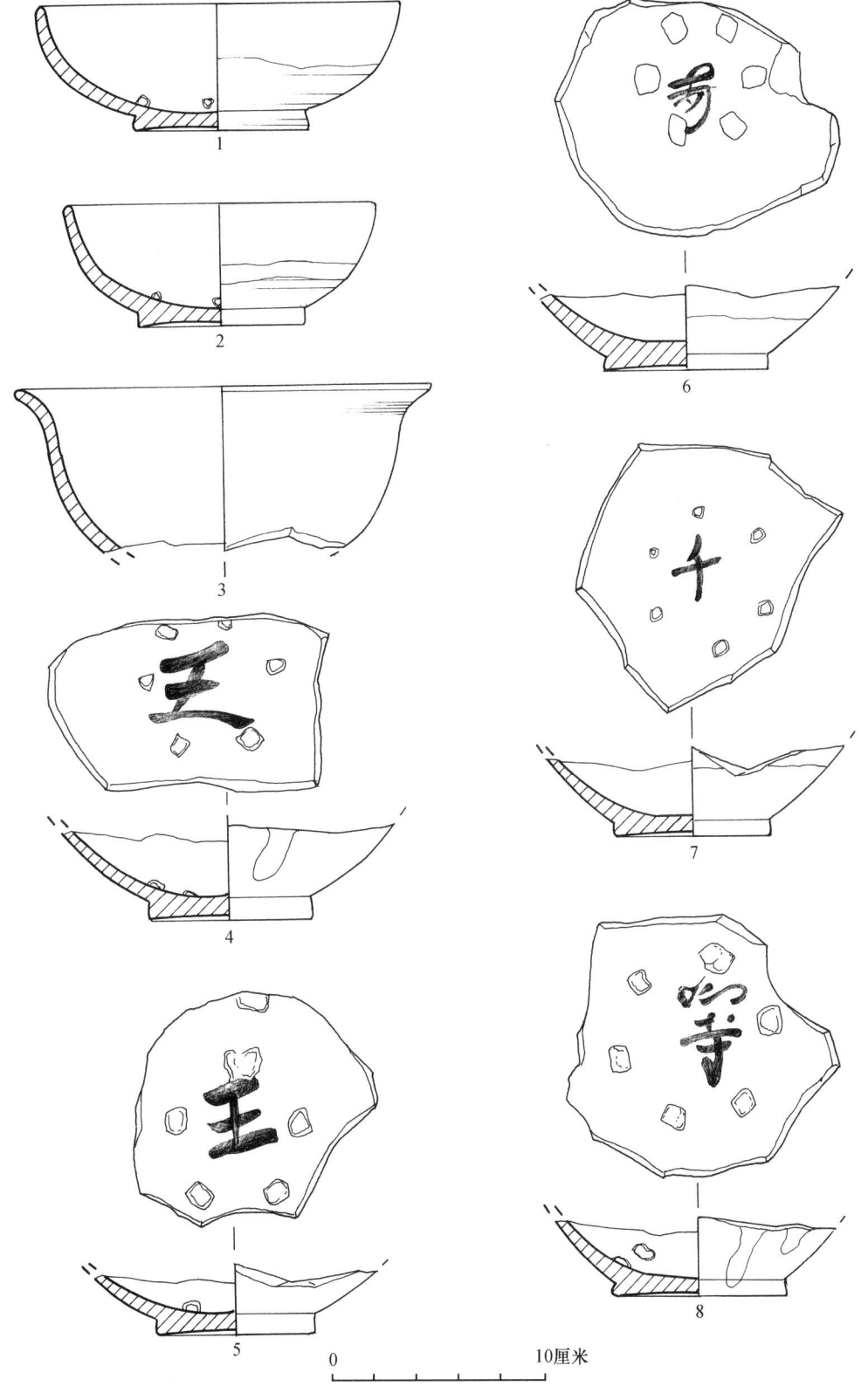

图四四　青羊宫窑瓷碗及碗足残片
1、2. E型瓷碗（G2②：29、C1③：360）　3. F型瓷碗（C1④：192）
4~8. 瓷碗足残片（C1④：54、C1③：354、C1③：199、C1③：270、C1②：1）

19.6、残高7.5厘米（图四四，3）。

碗足残片　19件。均为饼足，内底残留支钉痕。C1②：1，深褐胎，挂粉白色化妆土，青绿釉，釉面有开片，内底酱书"囗寺"二字。底径8.6、残高3.7厘米（图四四，8；图版二八，1）。C1③：49，深褐胎，挂粉黄色化妆土，釉面脱落，内底褐书文字不辨。底径8、残高3.1厘米（图四五，3）。C1③：74，灰胎，挂粉白色化妆土，釉面脱落，内底褐书一"故"字。底径8.2、残高3.4厘米（图四五，5；图版二八，2）。C1③：199，深褐胎，挂粉白色化妆土，青黄釉，内底酱书一"寺"字。底径8、残高4厘米（图四四，6；图版二八，3）。C1③：270，红褐胎，挂粉白色化妆土，釉面脱落，内底墨书一"千"字。底径7.6、残高4厘米（图四四，7；图版二八，4）。C1③：311，深褐胎，挂粉白色化妆土，青黄釉，内底酱书一"王"字。底径9、残高2.5厘米（图四五，1）。C1③：353，深褐胎，挂粉黄色化妆土，青黄釉，内底褐书一"化"字。底径7.8、残高3厘米（图四五，6；图版二八，5）。C1③：354，红褐胎，挂粉黄色化妆土，釉面脱落，内底墨书一"王"字。底径7.6、残高3厘米（图四四，5）。C1④：28，深褐胎，挂粉白色化妆土，釉面脱落，内底褐书文字残缺不可辨。底径8.6、残高2.6厘米（图四五，7）。C1④：54，红褐胎，挂粉白色化妆土，青黄釉，内底墨书一"王"字。底径7.6、残高4.3厘米（图四四，4）。G2①：83，灰胎，挂粉白色化妆土，青灰釉，内底褐书"大吉"二字。底径8、残高4厘米（图四五，4；图版二八，6）。G2①：85，深褐胎，挂粉白色化妆土，青黄釉，内底褐书一"年"字。底径8.2、残高4.3厘米（图四五，2；图版二八，7）。

盏　206件。根据口、腹部及足部特征分为五型。

A型　75件。敞口，斜直腹。根据口部特征分为二亚型。

Aa型　43件。尖圆唇。根据足部特征分为二式。

Ⅰ式：39件。饼足。TN06E03③：10，深褐胎，挂粉黄色化妆土，青灰釉，内底残留支钉痕。口径14.2、底径5.8、高5厘米（图四六，2）。C1②：11，深褐胎，挂粉白色化妆土，酱青釉，内壁有气泡，内底残留支钉痕。口径14、底径5.4、高5厘米（图四六，3）。C1②：17，灰褐胎，挂粉黄色化妆土，淡青釉，内底残留支钉痕。口径14.6、底径6.8、高4.4厘米（图四六，4）。C1③：159，红褐胎，挂粉白色化妆土，釉面脱落，内底残留支钉痕。口径13.4、底径5.6、高4.6厘米（图四六，13；图版二九，1）。C1④：139，深褐胎，挂粉白色化妆土，淡青釉，内底残留支钉痕。口径13.2、底径5.8、高4.8厘米（图四六，6；图版二九，2）。C1⑤：31，红褐胎，挂粉白色化妆土，釉面脱落，内底残留支钉痕。口径13.6、底径5.6、高4.3厘米（图四六，11）。C1⑥：27，红褐胎，挂粉白色化妆土，釉面脱落，内底残留支钉痕。口径15.8、底径7.6、高4.7厘米（图四六，1）。G2①：112，灰胎，挂粉白色化妆土，釉面脱落。口径11、底径4.4、高4.5厘米（图四六，8）。G2②：54，红褐胎，挂粉白色化妆土，釉面脱落，内底残留支钉痕。口径16、底径7.6、高4.8厘米（图四六，7）。

Ⅱ式：4件。玉璧足。C1①：11，灰胎，挂粉白色化妆土，釉面脱落。口径13.4、底径6、高4.6厘米（图四六，5；图版二九，3）。C1③：147，浅褐胎，挂粉黄色化妆土，淡青釉。口径13.6、底径4.8、高4.5厘米（图四六，12）。C1④：178，浅褐胎，挂粉黄色化妆土，青黄釉。

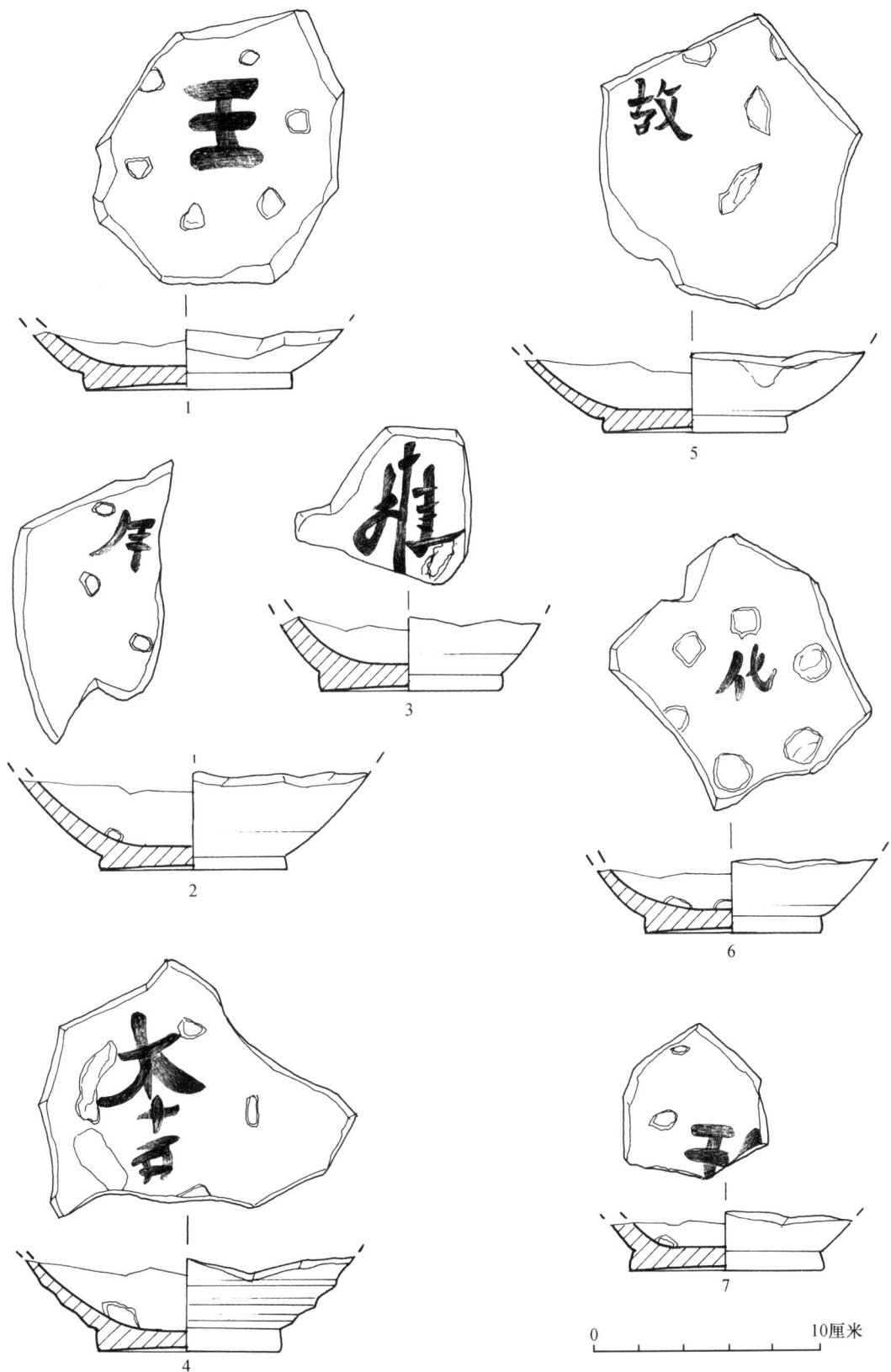

图四五　青羊宫窑瓷碗足残片
1. C1③:311　2. G2①:85　3. C1③:49　4. G2①:83　5. C1③:74　6. C1③:353　7. C1④:28

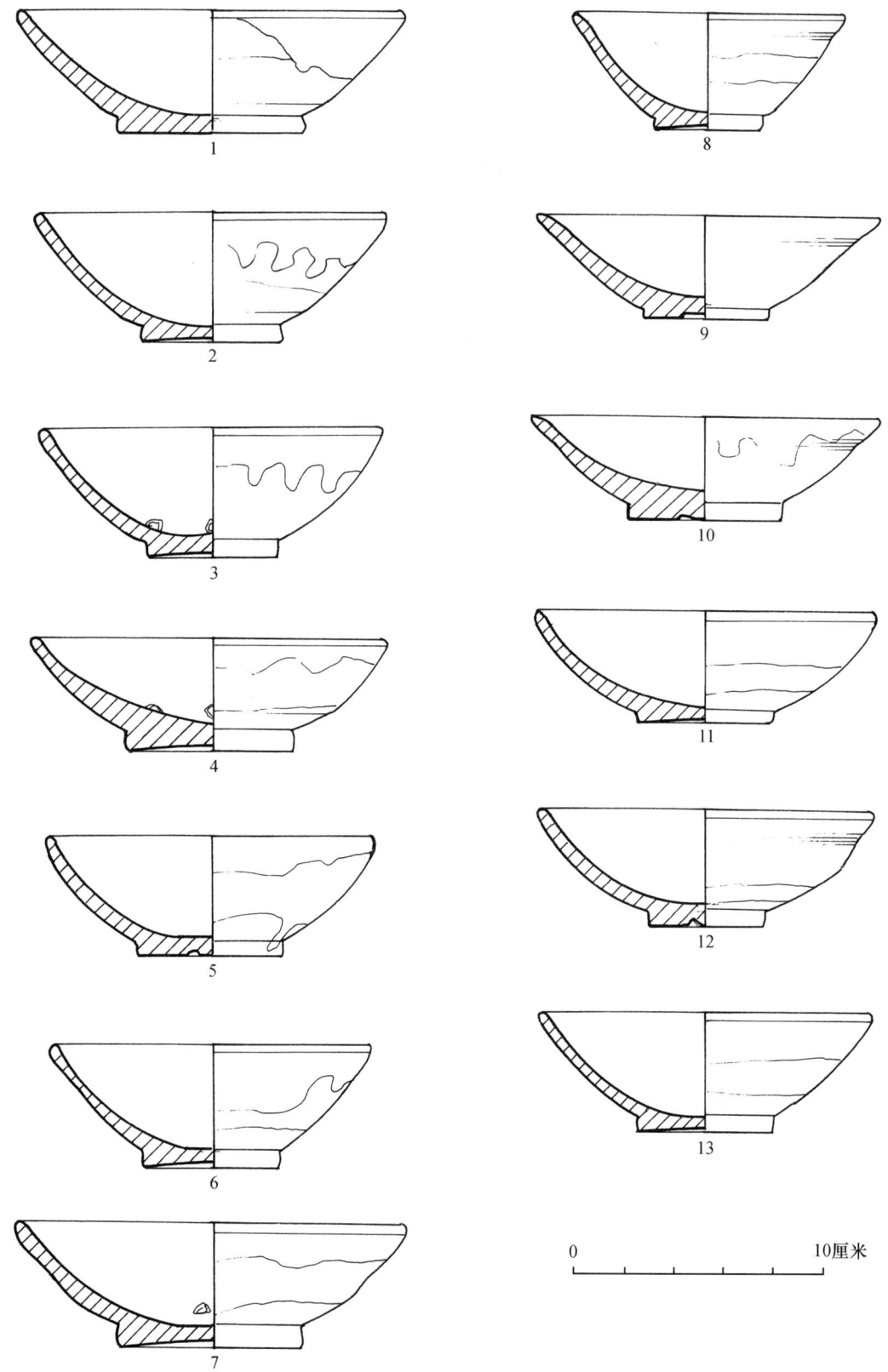

图四六　青羊宫窑瓷盏

1~4、6~8、11、13.Aa型Ⅰ式（C1⑥:27、TN06E03③:10、C1②:11、C1②:17、C1④:139、G2②:54、G2①:112、C1⑤:31、C1③:159）　5、9、10、12.Aa型Ⅱ式（C1①:11、C1④:178、G2①:58、C1③:147）

口径13.8、底径5.2、高4厘米（图四六，9）。G2①：58，灰褐胎，挂粉白色化妆土，淡青釉，釉面有开片。口径14、底径6.2、高4厘米（图四六，10）。

Ab型　32件。口部有折沿一周。根据足部特征分为二式。

Ⅰ式：25件。饼足。TN05E01③：3，深褐胎，挂粉黄色化妆土，青黄釉，内底残留支钉痕。口径13.2、底径5.6、高4.5厘米（图四七，5）。C1②：30，深褐胎，挂粉黄色化妆土，釉面脱落，内底残留支钉痕。口径13.8、底径5.8、高4.8厘米（图四七，2）。C1③：29，红褐胎，挂粉白色化妆土，青黄釉，内底残留支钉痕。口径14、底径5.4、高5厘米（图四七，7；图版二九，4）。C1③：32，深褐胎，挂粉白色化妆土，青灰釉，内底残留支钉痕。口径13.2、底径5.8、高4.6厘米（图四七，4；图版二九，5）。C1④：14，深褐胎，挂粉黄色化妆土，青黄釉，内底残留支钉痕。口径14、底径5、高4.5厘米（图四七，3）。C1④：157，红褐胎，挂粉黄色化妆土，青黄釉，内壁带褐彩，釉面有开片，内底残留支钉痕。口径14.2、底径5.8、高4.2厘米（图四七，1）。G2①：77，灰黑胎，挂粉白色化妆土，釉面脱落。口径11.6、底径5、高3.2厘米（图四七，6）。

Ⅱ式：7件。玉璧足。C1①：44，红褐胎，挂粉黄色化妆土，釉面脱落。口径15.2、底径6.8、高4.3厘米（图四七，8）。C1③：232，红褐胎，挂粉白色化妆土，釉面脱落。口径15.6、底径6.8、高4厘米（图四七，11）。C1④：131，红褐胎，挂粉白色化妆土，淡青釉，釉面有开片。口径14.8、底径7、高4.2厘米（图四七，10；图版二九，6）。G2①：52，灰黑胎，挂粉白色化妆土，淡青釉，釉面有开片，内底残留支钉痕。口径14、底径5.8、高4.3厘米（图四七，9）。

B型　1件。敞口，斜直腹，腹部较浅，平底。C1③：207，粉黄胎，内壁施黑釉。口径10.4、底径4.4、高3.6厘米（图四八，1；图版三〇，1）。

C型　4件。侈口，圆弧腹。根据足部特征分为二亚型。

Ca型　3件。饼足。TN05E04③：24，红褐胎，挂粉黄色化妆土，釉面脱落。口径10.6、底径5、高3.9厘米（图四八，2）。TN02E04③：15，灰黑胎，挂灰色化妆土，青灰釉，内底粘连砂砾。口径11.6、底径4.4、高3.6厘米（图四八，4）。C1⑤：19，红褐胎，挂粉白色化妆土，釉面脱落。口径11、底径5、高3.8厘米（图四八，3；图版三〇，2）。

Cb型　1件。圈足。H9：19，深褐胎，挂粉白色化妆土，釉面脱落。口径12.4、足径7、高4厘米（图四八，5）。

D型　7件。直口，圆弧腹，饼足。TN04E04③：14，红褐胎，挂粉黄色化妆土，青黄釉。口径8.6、底径4.2、高3.8厘米（图四八，9）。C1③：19，黑胎，挂粉白色化妆土，淡青釉，内底粘连砂砾。口径8.2、底径4、高3.6厘米（图四八，8）。H7：5，红褐胎，挂粉黄色化妆土，釉面脱落。口径9.2、底径4.4、高4.2厘米（图四八，11）。H7：6，深褐胎，挂粉白色化妆土，釉面脱落，内底粘连砂砾。口径11.4、底径6、高4.5厘米（图四八，7；图版三〇，3）。H7：42，深褐胎，挂粉黄色化妆土，釉面脱落。口径12.6、底径5.4、高4.1厘米（图四八，6）。H7：43，深褐胎，挂粉黄色化妆土，釉面脱落。口径8.6、底径4、高3.8厘米（图四八，10；图版三〇，4）。

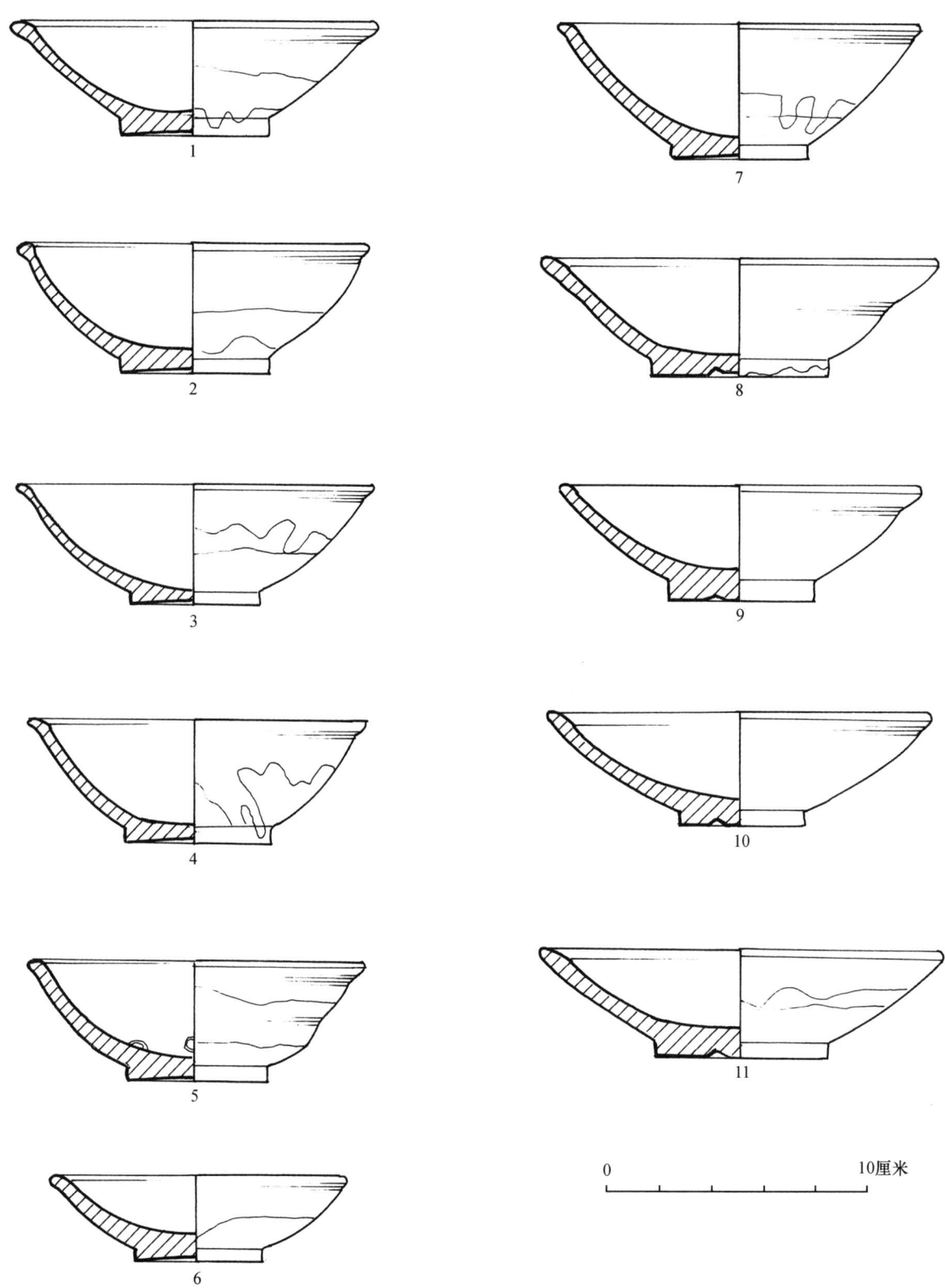

图四七　青羊宫窑瓷盏
1～7.Ab型Ⅰ式（C1④：157、C1②：30、C1④：14、C1③：32、TN05E01③：3、G2①：77、C1③：29）
8～11.Ab型Ⅱ式（C1①：44、G2①：52、C1④：131、C1③：232）

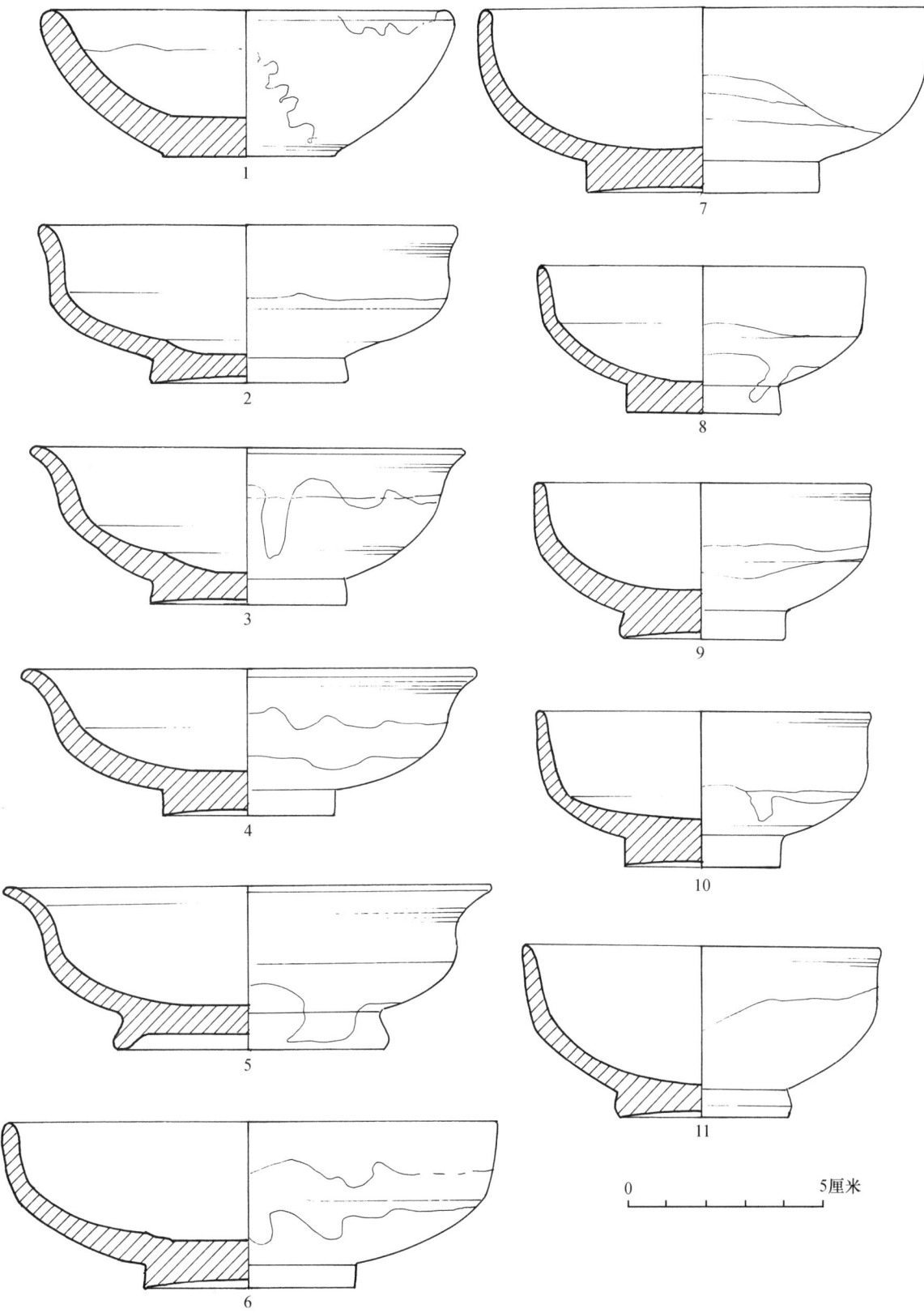

图四八　青羊宫窑瓷盏

1. B 型（C1③：207）　2~4.Ca 型（TN05E04③：24、C1⑤：19、TN02E04③：15）　5.Cb 型（H9：19）
6~11.D 型（H7：42、H7：6、C1③：19、TN04E04③：14、H7：43、H7：5）

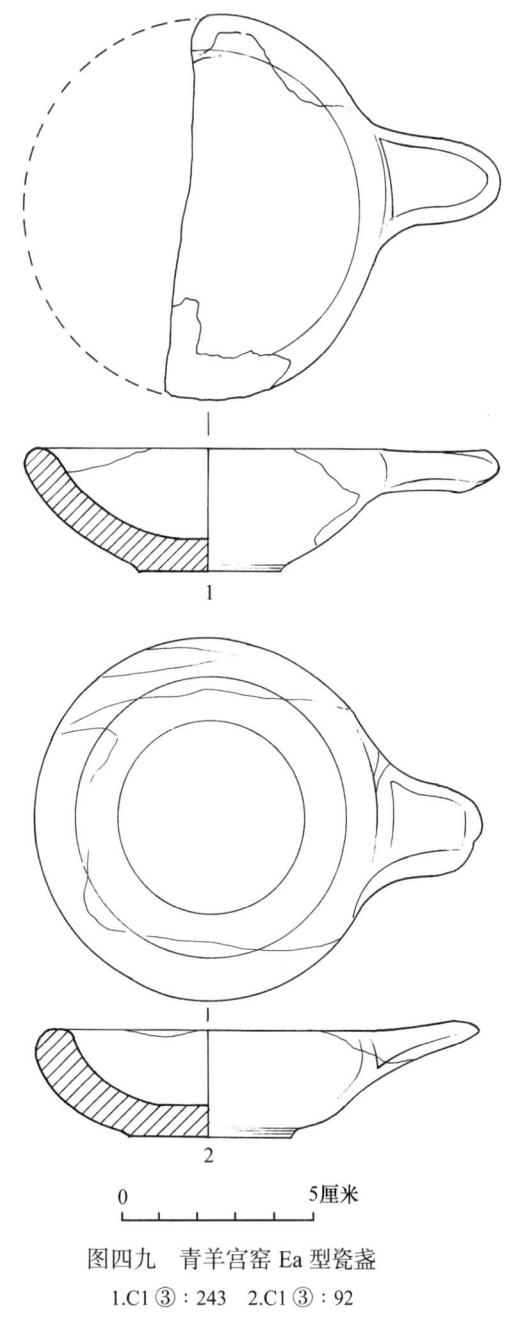

图四九 青羊宫窑 Ea 型瓷盏
1.C1③:243 2.C1③:92

E型 119件。圆唇，唇部较厚，浅斜腹，平底或饼足不明显。根据口沿是否带柄分为二亚型。

Ea型 2件。口沿一侧带柄。C1③:92，灰胎，挂粉黄色化妆土，釉面脱落。口径9、底径4.4、高2.7厘米（图四九，2；图版三〇，5）。C1③:243，深褐胎，挂粉黄色化妆土，釉面脱落。口径9、底径3.8、高3.1厘米（图四九，1）。

Eb型 117件。口沿一侧无柄。根据口部特征分为二式。

Ⅰ式：77件。口微敛。TN07E01③:3，深褐胎，酱青釉。口径9.8、底径4.2、高3.3厘米（图五〇，11）。C1③:50，深褐胎，酱青釉。口径10.2、底径3.6、高3.1厘米（图五〇，1；图版三一，1）。C1③:81，深褐胎，釉面脱落。口径9.4、底径4.4、高3厘米（图五〇，10）。C1④:256，深褐胎，酱黑釉。口径9、底径3.6、高3厘米（图五〇，8）。G2①:103，深褐胎，釉面脱落。口径9.6、底径4.2、高3.6厘米（图五〇，2）。G2②:3，深褐胎，釉面脱落。口径9.4、底径4.2、高3.1厘米（图五〇，3）。G2②:25，深褐胎，酱青釉。口径8.6、底径4.2、高3.2厘米（图五〇，9；图版三一，2）。G2②:33，深褐胎，釉面脱落。口径9、底径4、高3厘米（图五〇，4；图版三〇，6）。

Ⅱ式：40件。敞口，沿面较展。C1①:32，灰黑胎，釉面脱落。口径9.4、底径3.6、高2.6厘米（图五〇，5）。C1③:51，灰黑胎，挂粉黄色化妆土，酱釉。口径10.8、底径3.4、高3.2厘米（图五〇,7；图版三一,3）。C1③:149，深褐胎，挂粉黄色化妆土，酱釉。口径11、底径3.8、高3.3厘米（图五〇，12）。C1④:8，深褐胎，酱褐釉。口径11、底径5、高3.5厘米（图五〇，13）。G2②:14，灰胎，釉面脱落，有绿彩痕迹。口径10.6、底径4.4、高2.8厘米（图五〇，6）。

盘 4件。侈口，尖圆唇，饼足。根据腹部特征分为二型。

A型 2件。斜直腹。C1③:131，红褐胎，挂粉白色化妆土，釉面脱落，内底残留支钉痕。口径16.2、底径8、高4.2厘米（图五一，13；图版三一，4）。C1④:128，红褐胎，挂粉白色化妆土，釉面脱落，内底残留支钉痕。口径19.8、底径9.4、高3.4厘米（图五一，14）。

B型 2件。折腹，腹部转折处偏上。TN05W01③:6，红褐胎，挂粉黄色化妆土，淡

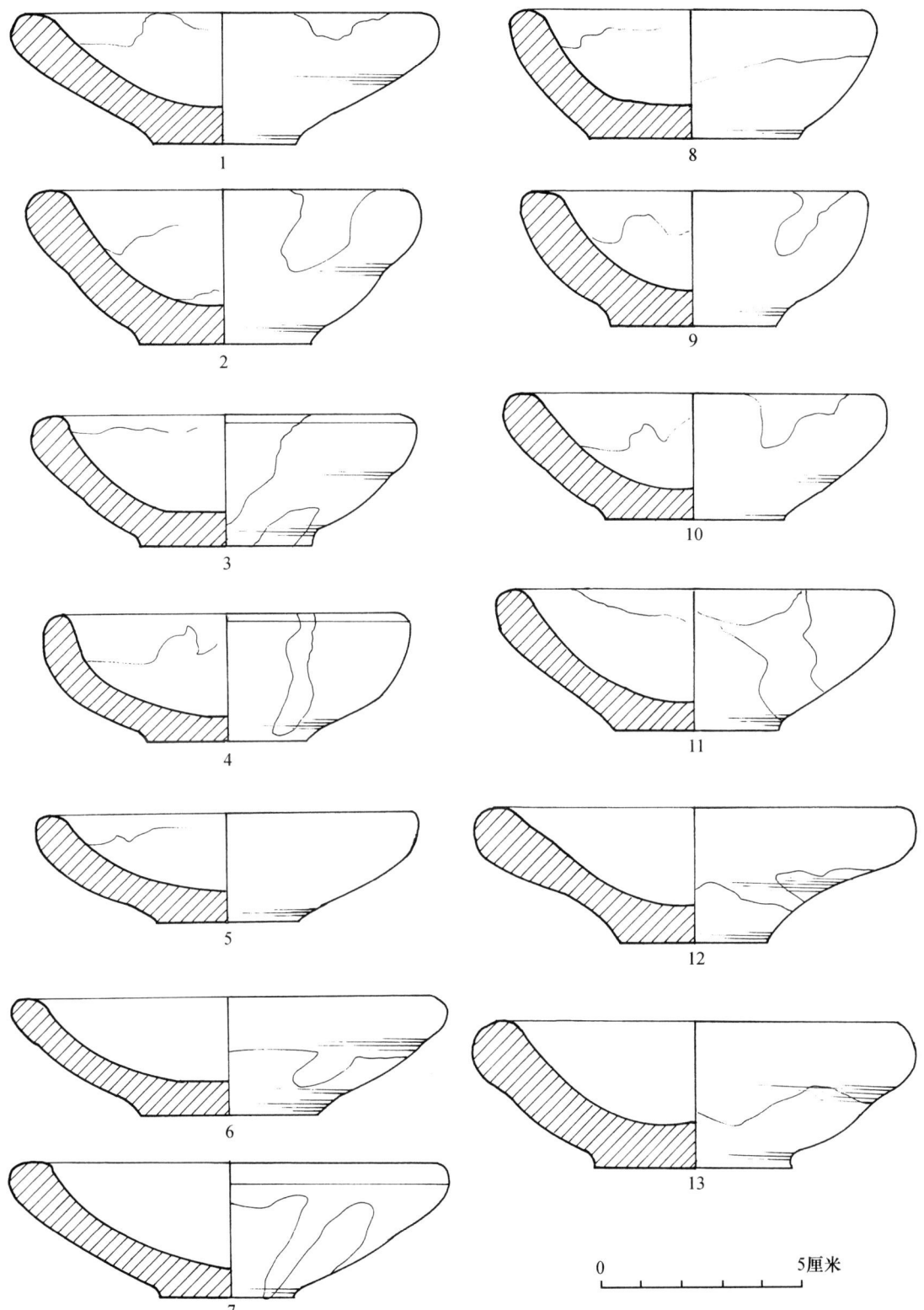

图五〇 青羊宫窑 Eb 型瓷盏

1~4、8~11. Ⅰ式（C1③∶50、G2①∶103、G2②∶3、G2②∶33、C1④∶256、G2②∶25、C1③∶81、TN07E01③∶3）

5~7、12、13. Ⅱ式（C1①∶32、G2②∶14、C1③∶51、C1③∶149、C1④∶8）

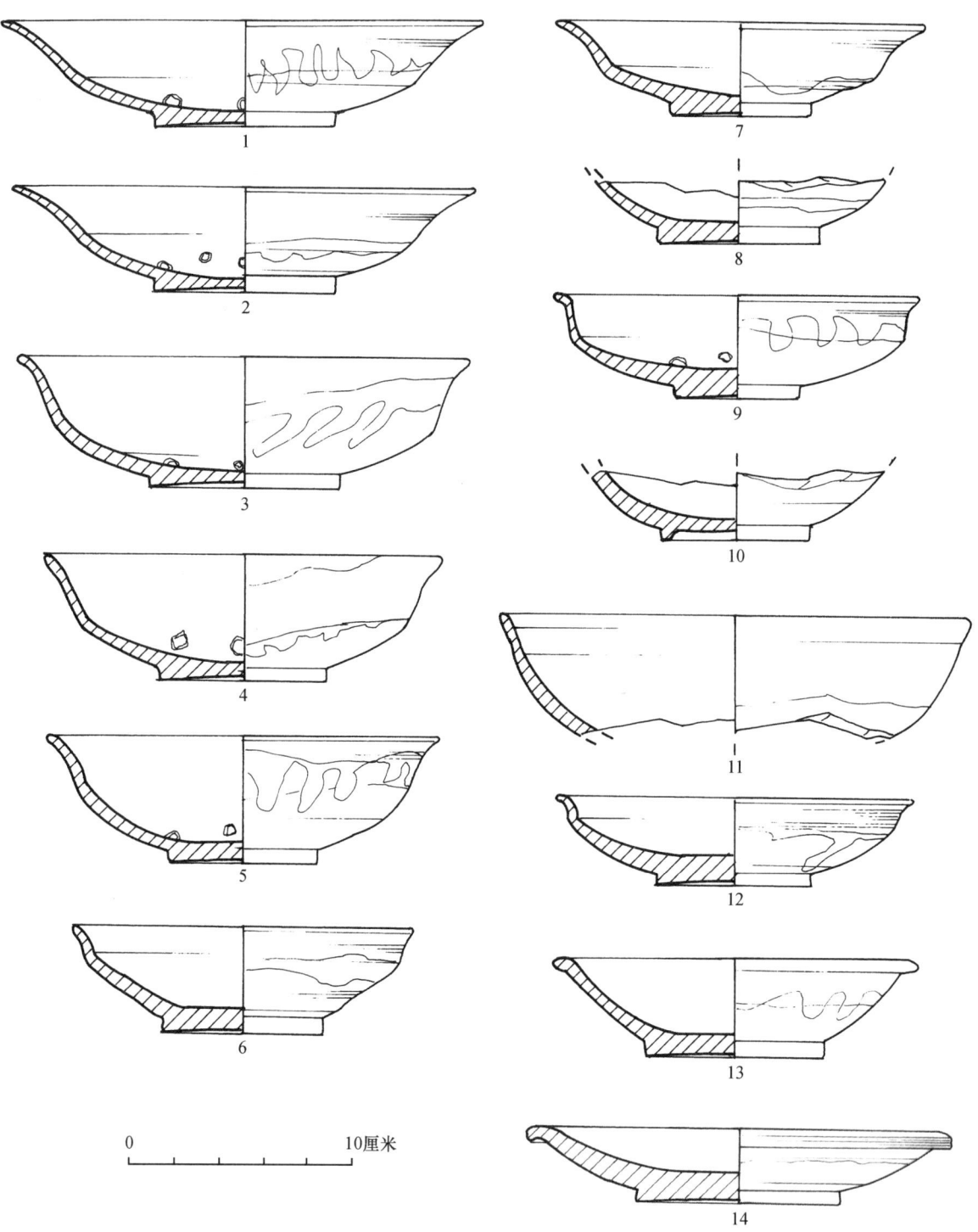

图五一 青羊宫窑瓷盘及琉璃厂窑瓷碗、瓷盘

1、2、7、8. 琉璃厂窑 A 型瓷盘（C1③：217、TN05E04③：19、TN06E03③：34、C1③：67） 3~5. 琉璃厂窑 A 型瓷碗（C1③：216、C1②：8、TN06E03③：36） 6、12. 青羊宫窑 B 型瓷盘（TN05W01③：6、C1⑤：25） 9. 琉璃厂 B 型瓷盘（C1③：135） 10、11. 琉璃厂 B 型瓷碗（TN06E02③：3、H8：1） 13、14. 青羊宫窑 A 型瓷盘（C1③：131、C1④：128）

青釉，内底粘连砂砾。口径15.6、底径7.4、高4.6厘米（图五一，6）。C1⑤：25，深褐胎，挂粉白色化妆土，淡青釉，釉面有开片，内底残留支钉痕。口径16、底径7、高3.8厘米（图五一，12；图版三一，5）。

研磨器 9件。侈口，尖圆唇，折腹，上腹内曲，下腹斜直，内壁有密集的戳孔，饼足。TN05W01③：7，深褐胎，挂粉白色化妆土，淡青釉。口径14.8、底径6.6、高4.7厘米（图五二）。C1③：98，红褐胎，挂粉白色化妆土，釉面脱落。口径15.2、底径7.2、高4.1厘米（图五三）。C1③：142，深褐胎，酱青釉。口径13.6、底径6.6、高5厘米（图五四，1）。C1④：1，深褐胎，挂粉黄色化妆土，酱青釉。口径14.8、底径6、高4.5厘米（图五五；图版三一，6）。C1④：111，深褐胎，釉面脱落。底径7、残高1.7厘米（图五四，4）。C1⑥：33，黑褐胎，挂粉白色化妆土，釉面脱落。底径6.6、残高2.9厘米（图五四，2）。G2①：90，褐胎，釉面脱落。底径7.8、残高2.2厘米（图五四，3；图版三二，1）。

钵 44件。根据口、肩及腹部特征分为四型。

A型 26件。敛口，溜肩，圆鼓腹。根据唇部特征分为二亚型。

Aa型 11件。圆唇。H9：7，深褐胎，挂粉黄色化妆土，淡青釉，外壁腹中部刻划一周弦纹。残高14厘米（图五六，1）。C1③：251，深褐胎，挂粉白色化妆土，淡青釉。残高8厘米（图五六，3）。C1③：254，深褐胎，挂灰白色化妆土，淡青釉。残高7.6厘米（图五六，2）。

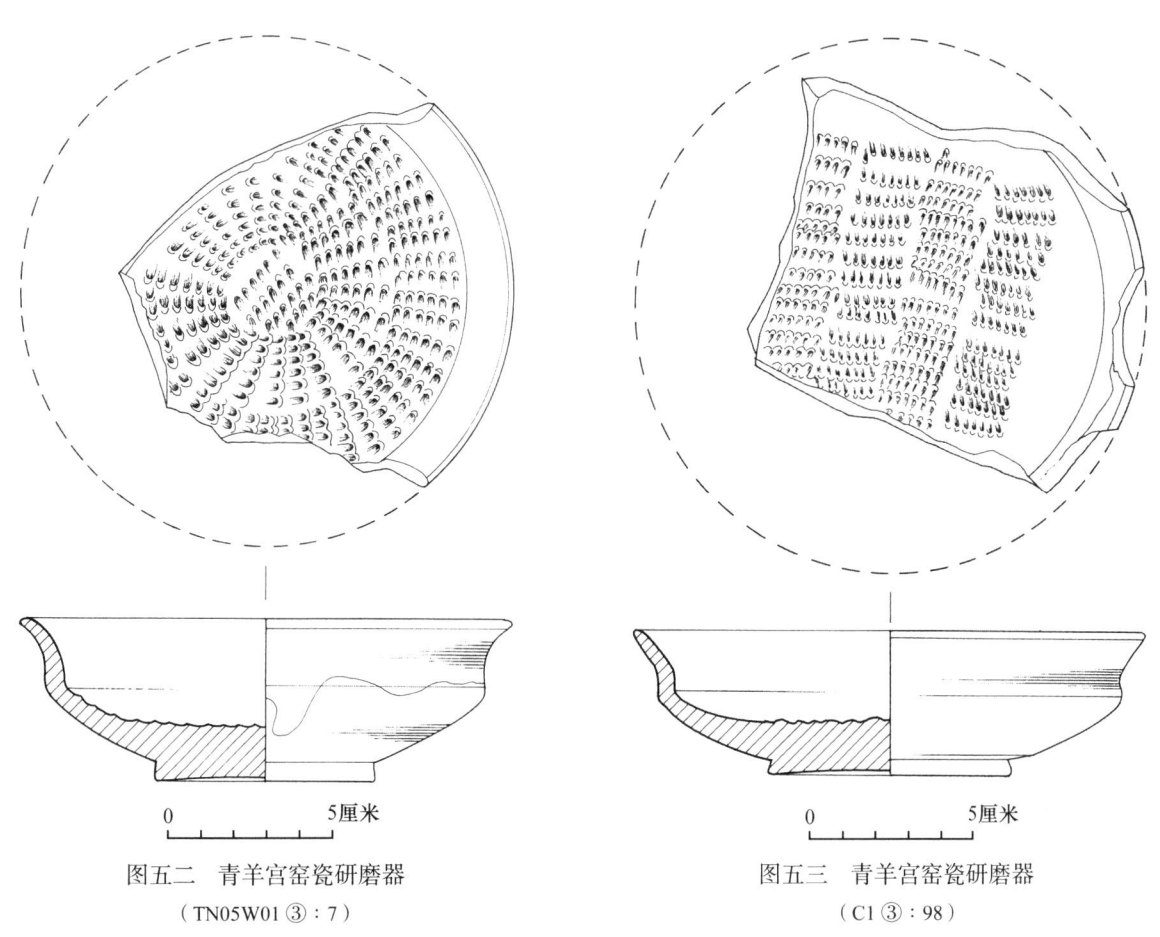

图五二 青羊宫窑瓷研磨器　　　　图五三 青羊宫窑瓷研磨器
（TN05W01③：7）　　　　　　　（C1③：98）

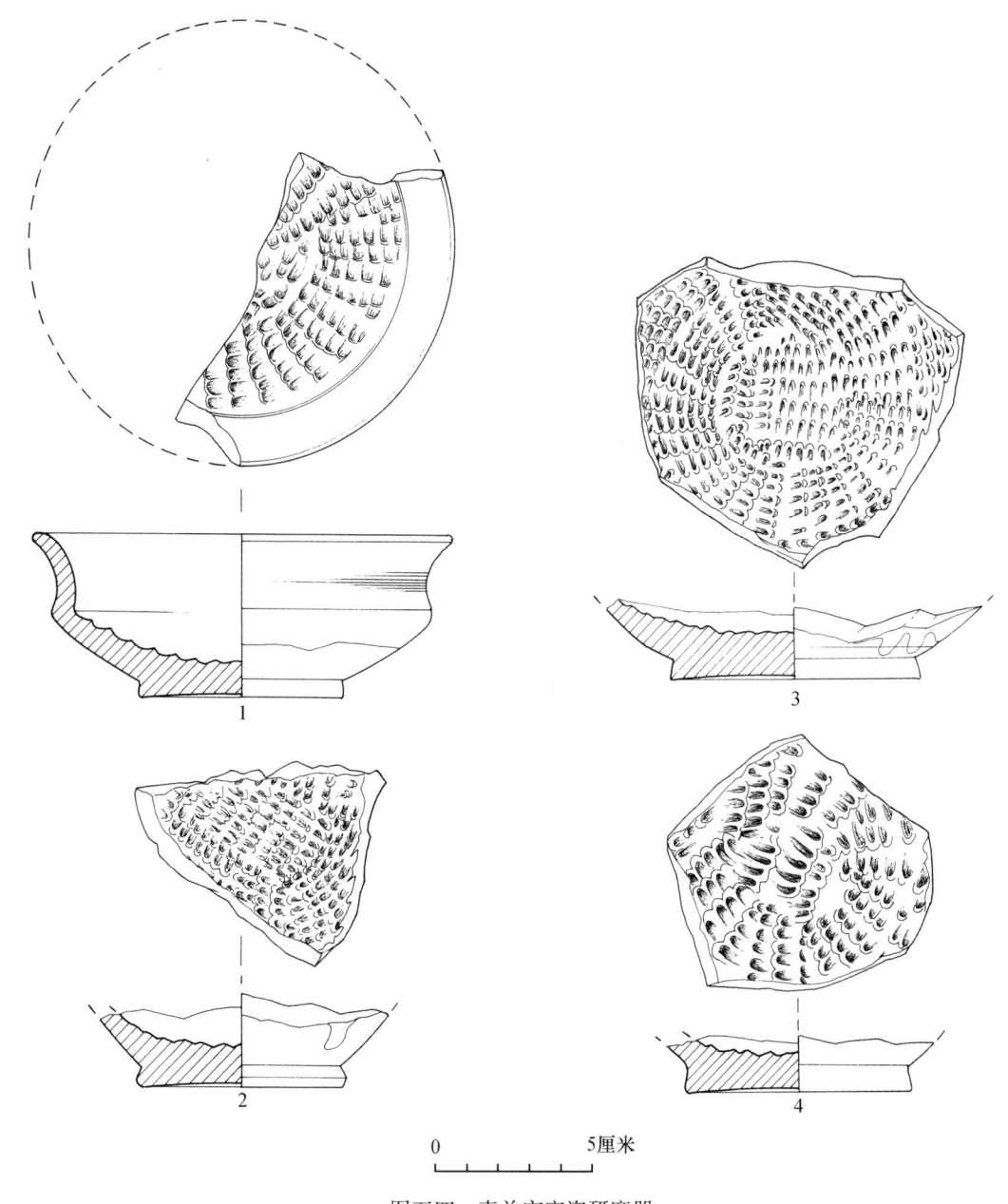

图五四 青羊宫窑瓷研磨器
1. C1③:142 2. C1⑥:33 3. G2①:90 4. C1④:111

C1③:318，红褐胎，挂粉黄色化妆土，淡青釉。残高6.6厘米（图五六，4）。C1④:161，深褐胎，挂灰色化妆土，外壁带褐彩装饰，釉面脱落。口径15.6、残高4.5厘米（图五六，5；图版三二，2）。

Ab型　15件。凸唇。C1③:336，深褐胎，挂灰色化妆土，釉面脱落。口径12.4、残高6.5厘米（图五六，8；图版三二，3）。C1③:349，深褐胎，挂灰白色化妆土，淡青釉。残高6.1厘米（图五六，10）。C1④:50，深褐胎，挂灰色化妆土，青绿釉，釉面有开片。口径13、残高3.5厘米（图五六，9）。C1⑥:18，红褐胎，挂粉白色化妆土，釉面脱落。口径14.4、残高6厘米（图五六，7；图版三二，4）。C1⑥:4，黑胎，挂粉白色化妆土，淡青釉。口径11.4、残高5.5厘米（图五六，6）。G2①：124，黑胎，酱青釉，釉面有开片。残高6.7厘米（图五六，11）。

B型 10件。敛口，折肩，肩部带一周凸棱，斜直腹，个别口沿两侧连接有提梁。TN05E04③：16，灰胎，挂粉白色化妆土，淡青釉，釉面有开片。残高7.5厘米（图五七，6）。TN05E04③：23，灰胎，挂粉白色化妆土，釉面脱落。口径22、残高7.3厘米（图五七，1）。C1③：8，红褐胎，挂粉黄色化妆土，青黄釉。口径15.8、底径7.2、高8.2厘米（图五七，3；图版三二，5）。C1③：84，灰黑胎，挂灰白色化妆土，釉面脱落。残高5.9厘米（图五七，7）。C1③：186，深褐胎，挂灰色化妆土，釉面脱落。残高10.5厘米（图五七，10）。C1③：247，深褐胎，挂粉白色化妆土，淡青釉，釉面有开片。口径27.2、残高9.3厘米（图五七，8）。C1④：125，深褐胎，挂粉白色化妆土，釉面脱落。口径21、残高5.5厘米（图五七，2）。

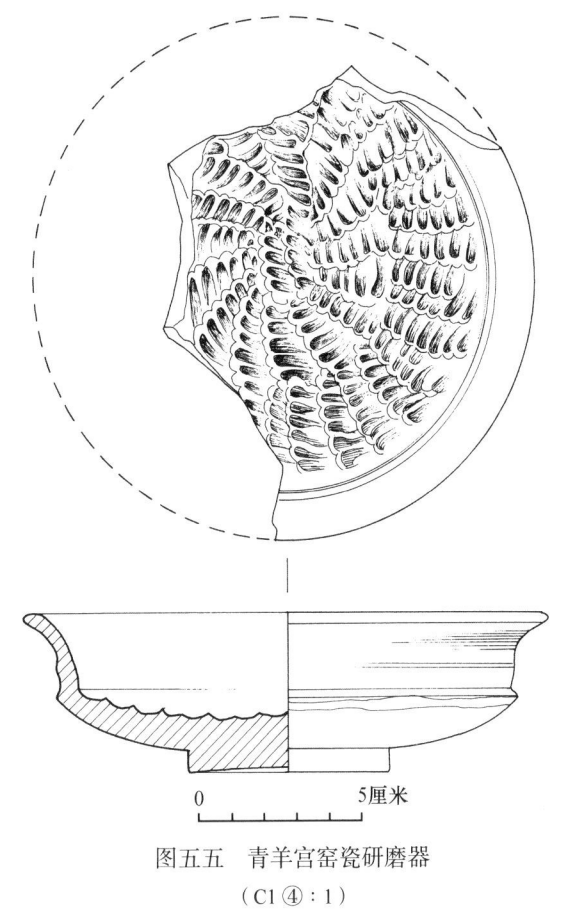

图五五 青羊宫窑瓷研磨器
（C1④：1）

C型 3件。侈口，口沿外卷，溜肩，圆弧腹。C1④：204，深褐胎，挂粉黄色化妆土，青黄釉。口径17.6、残高8.3厘米（图五七，4）。H9：18，深褐胎，挂灰白色化妆土，青黄釉。口径22.4、残高11.5厘米（图五七，5；图版三二，6）。G2②：50，红褐胎，挂粉白色化妆土，釉面脱落。口径18.8、残高7.5厘米（图五七，9）。

D型 5件。直口，折腹。根据腹部特征分为二亚型。

Da型 1件。腹部转折不甚明显。C1③：339，暗红胎，挂粉白色化妆土，釉面脱落。口径17.4、底径8.8、高7.5厘米（图五八，1；图版三三，1）。

Db型 4件。腹部转折处明显，带一周凸棱。C1④：189，深褐胎，挂粉白色化妆土，青灰釉。口径21.2、残高7厘米（图五八，2）。C1③：306，深褐胎，挂粉黄色化妆土，酱釉。口径16.8、残高6.2厘米（图五八，4）。C1②：42，深褐胎，挂灰色化妆土，青黄釉。残高5厘米（图五八，5）。C1③：169，红褐胎，挂粉黄色化妆土，青黄釉，外壁带褐彩装饰，内底残留支钉痕。口径16.6、底径8.4、高7.2厘米（图五八，6；图版三三，2）。

罐 87件。根据口、颈及腹部特征分为八型。

A型 17件。盘口，口、颈交接处带一周凸棱，颈部较粗。根据口、颈部特征分为三式。

Ⅰ式：12件。盘口较浅，颈部较长而束。H9：20，灰褐胎，青绿釉。口径13.6、残高8.6厘米（图五九，1）。G2①：80，灰黑胎，釉面脱落，颈部刻划数周弦纹装饰。口径10.6、残

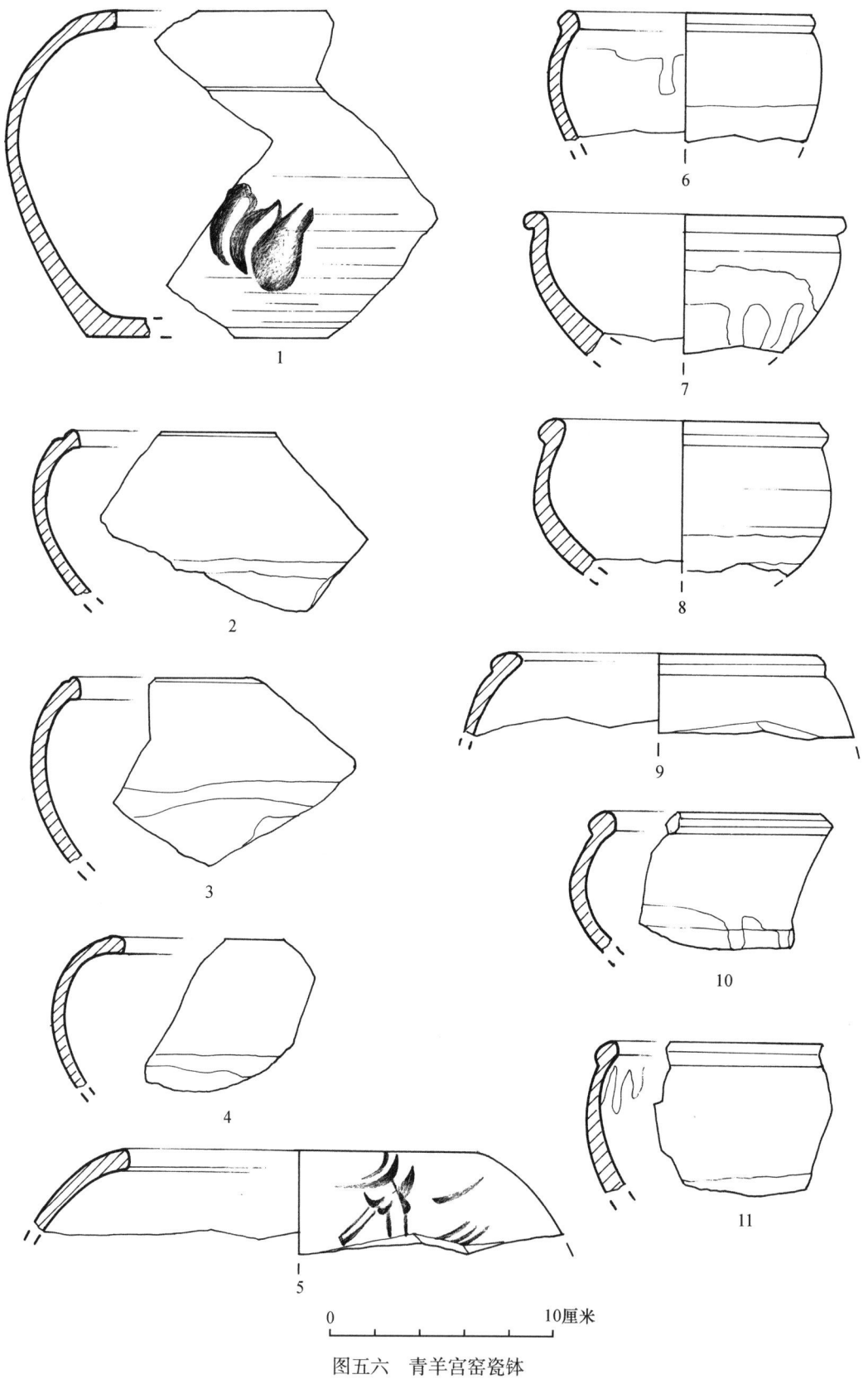

图五六 青羊宫窑瓷钵

1~5.Aa 型（H9∶7、C1③∶254、C1③∶251、C1③∶318、C1④∶161）

6~11.Ab 型（C1⑥∶4、C1⑥∶18、C1③∶336、C1④∶50、C1③∶349、G2①∶124）

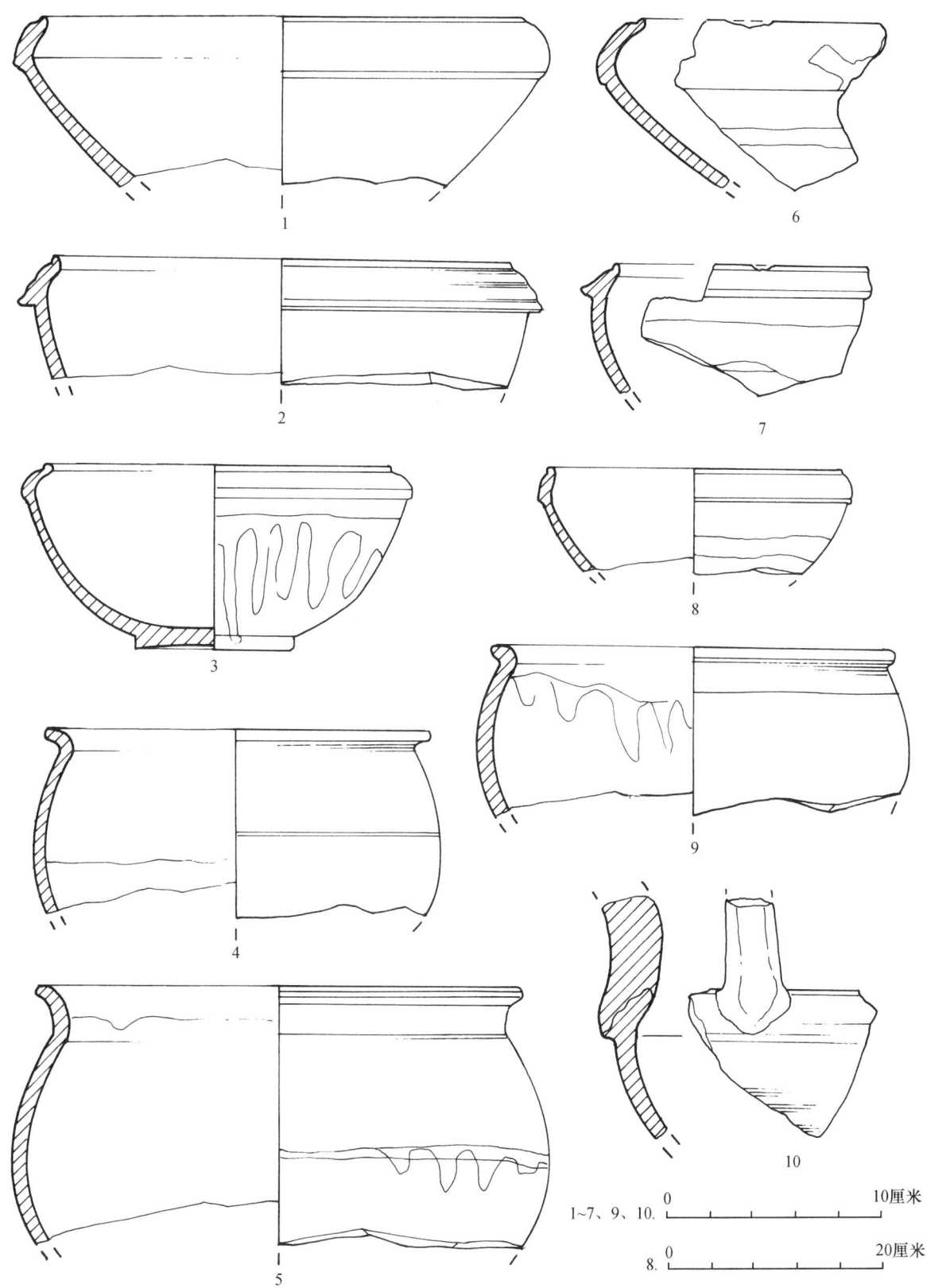

图五七　青羊宫窑瓷钵

1～3、6～8、10.B 型（TN05E04③：23、C1④：125、C1③：8、TN05E04③：16、C1③：84、C1③：247、C1③：186）
4、5、9.C 型（C1④：204、H9：18、G2②：50）

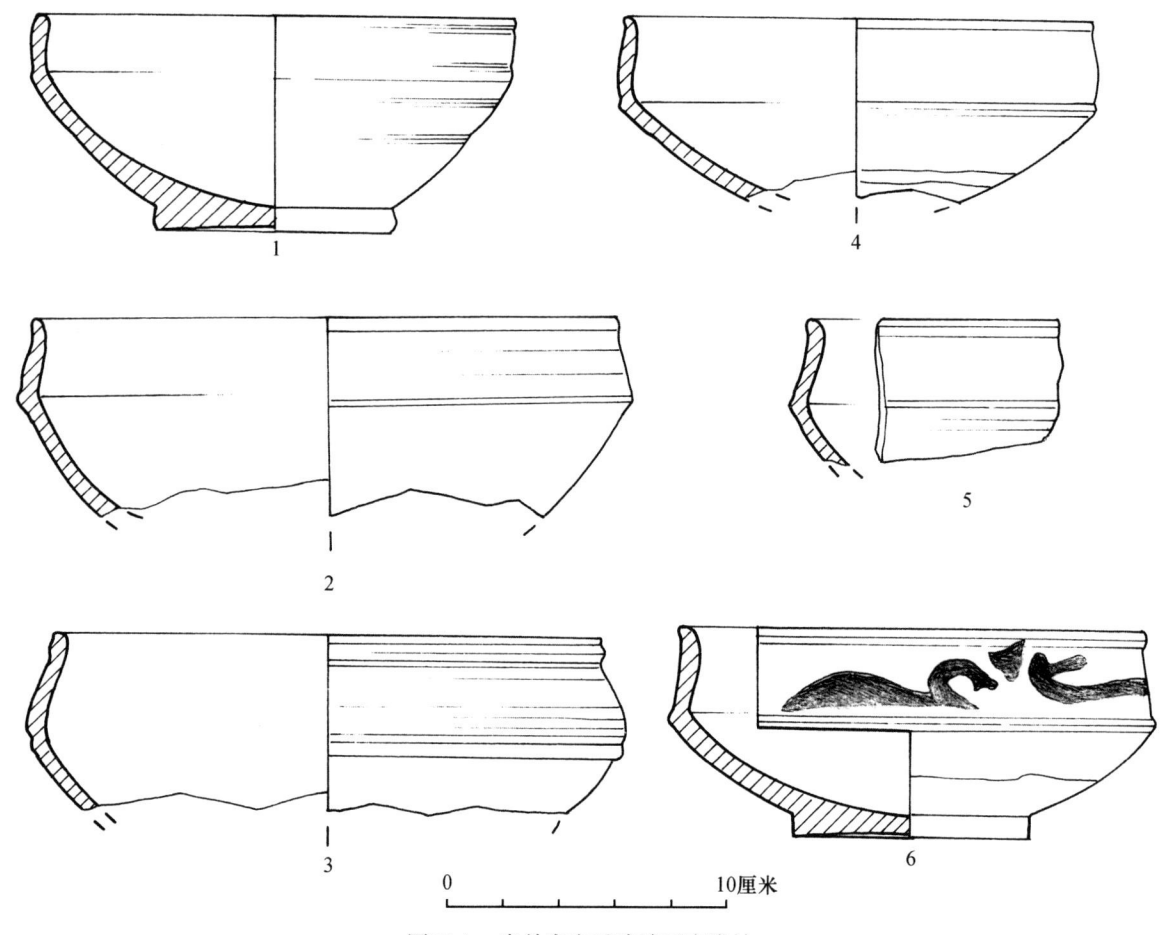

图五八　青羊宫窑及琉璃厂窑瓷钵
1. 青羊宫窑 Da 型（C1③：339）　2、4~6. 青羊宫窑 Db 型（C1④：189、C1③：306、C1②：42、C1③：169）
3. 琉璃厂窑（C1③：300）

高7.6厘米（图五九，2）。TN04E05③：2，深褐胎，青绿釉，颈部刻划数周弦纹装饰。残高11厘米（图五九，3；图版三三，3）。H9：14，深褐胎，酱青釉，颈部刻划数周弦纹装饰。残高8.2厘米（图五九，4）。

Ⅱ式：2件。器形变大，盘口加深，颈部变短，盘口与颈部之间凸棱明显。TN02E03③：14，深褐胎，釉面脱落，颈部刻划数周弦纹装饰。口径24、残高13.6厘米（图五九，6）。H9：32，深褐胎，青绿釉，颈部刻划数周弦纹装饰。口径23、残高13.3厘米（图五九，8；图版三三，4）。

Ⅲ式：3件。盘口进一步加深，盘壁内束。C1③：180，深褐胎，酱青釉，颈部刻划数周弦纹装饰。口径22.4、残高9.2厘米（图六〇，1）。C1③：184，深褐胎，酱釉，颈部刻划数周弦纹装饰。口径26、残高11厘米（图五九，7；图版三三，5）。C1③：204，红褐胎，酱青釉，颈部刻划数周弦纹装饰。口径27.2、残高12厘米（图五九，5）。

B型　5件。敛口，口沿外侧带一周凸棱，无颈，肩部带方桥形系。TN02E04③：4，红褐胎，酱青釉。口径21.2、残高16厘米（图六〇，3）。G2①：45，深褐胎，酱青釉，肩部刻

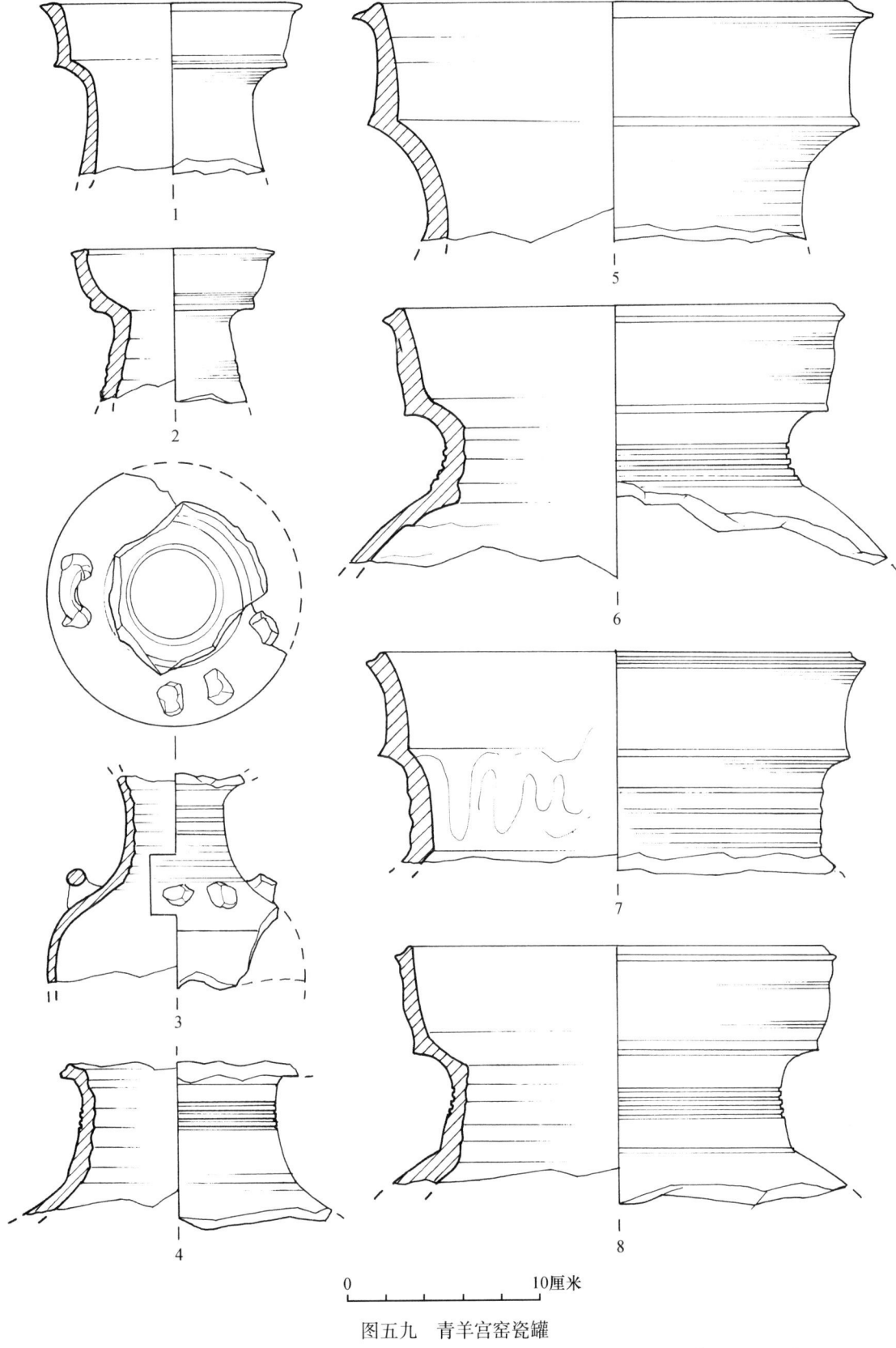

图五九 青羊宫窑瓷罐

1~4.A型Ⅰ式（H9：20、G2①：80、TN04E05③：2、H9：14） 5、7.A型Ⅲ式（C1③：204、C1③：184）
6、8.A型Ⅱ式（TN02E03③：14、H9：32）

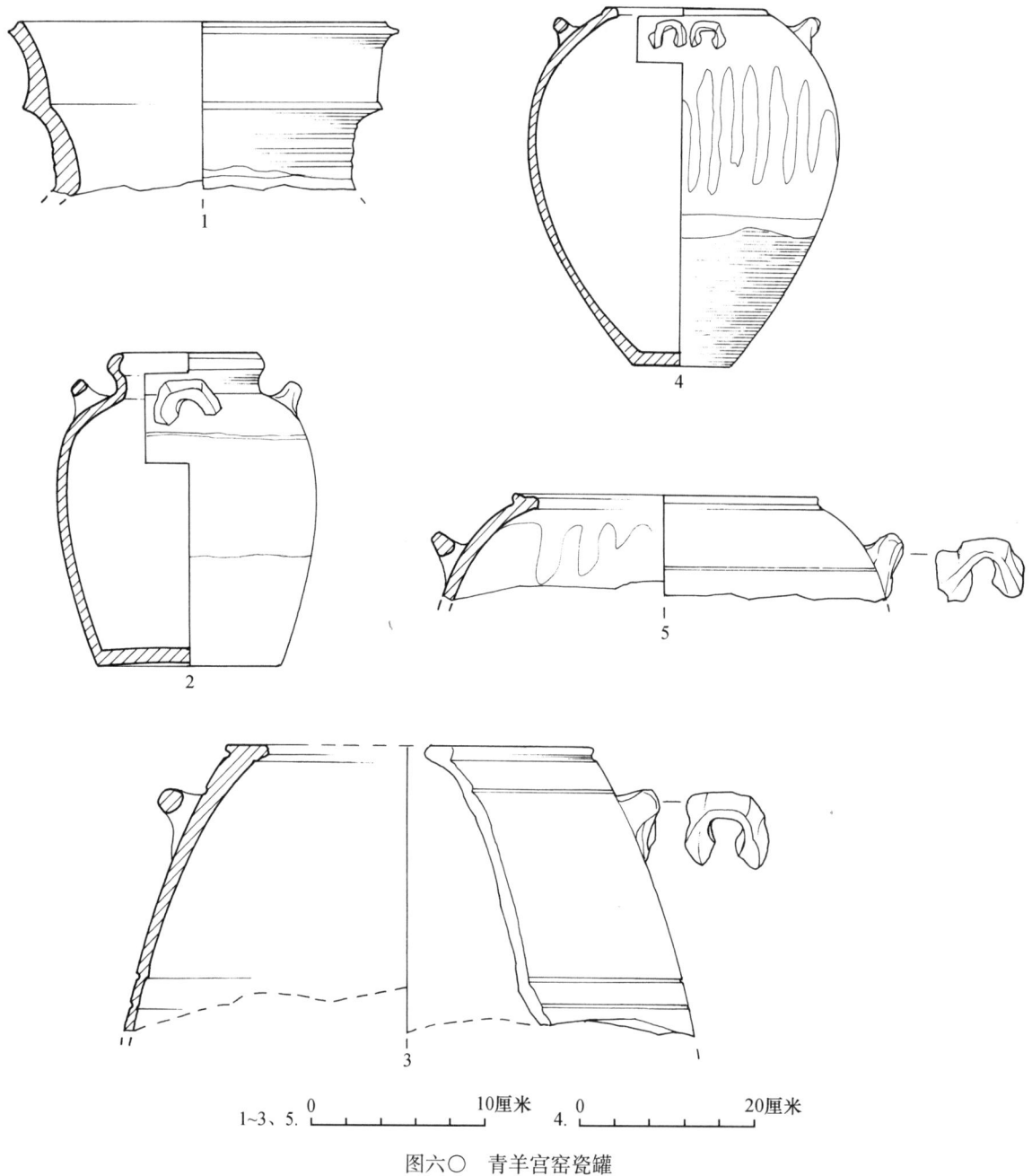

图六〇 青羊宫窑瓷罐
1.A型Ⅲ式（C1③：180） 2.Cb型（H7：1） 3~5.B型（TN02E04③：4、H7：55、G2①：45）

划一周弦纹装饰。口径17.2、残高5.6厘米（图六〇，5）。H7：55，灰黑胎，挂粉白色化妆土，淡青釉。口径18.4、最大腹径35.2、底径11.2、高39.6厘米（图六〇，4；图版三四，1）。

C型 30件。敛口，短颈，肩部带方桥形系，倒卵形腹，腹部较瘦高。根据颈部特征分为二亚型。

Ca型 28件。颈部斜直内倾。TN05W01③：5，深褐胎，挂灰白色化妆土，淡青釉，釉面有开片。口径8、最大腹径20.2、残高17.4厘米（图六一，1；图版三四，2）。J1：21，灰黑胎，挂灰白色化妆土，淡青釉，外壁带褐彩简体草叶装饰。口径11.9、最大腹径25.2、

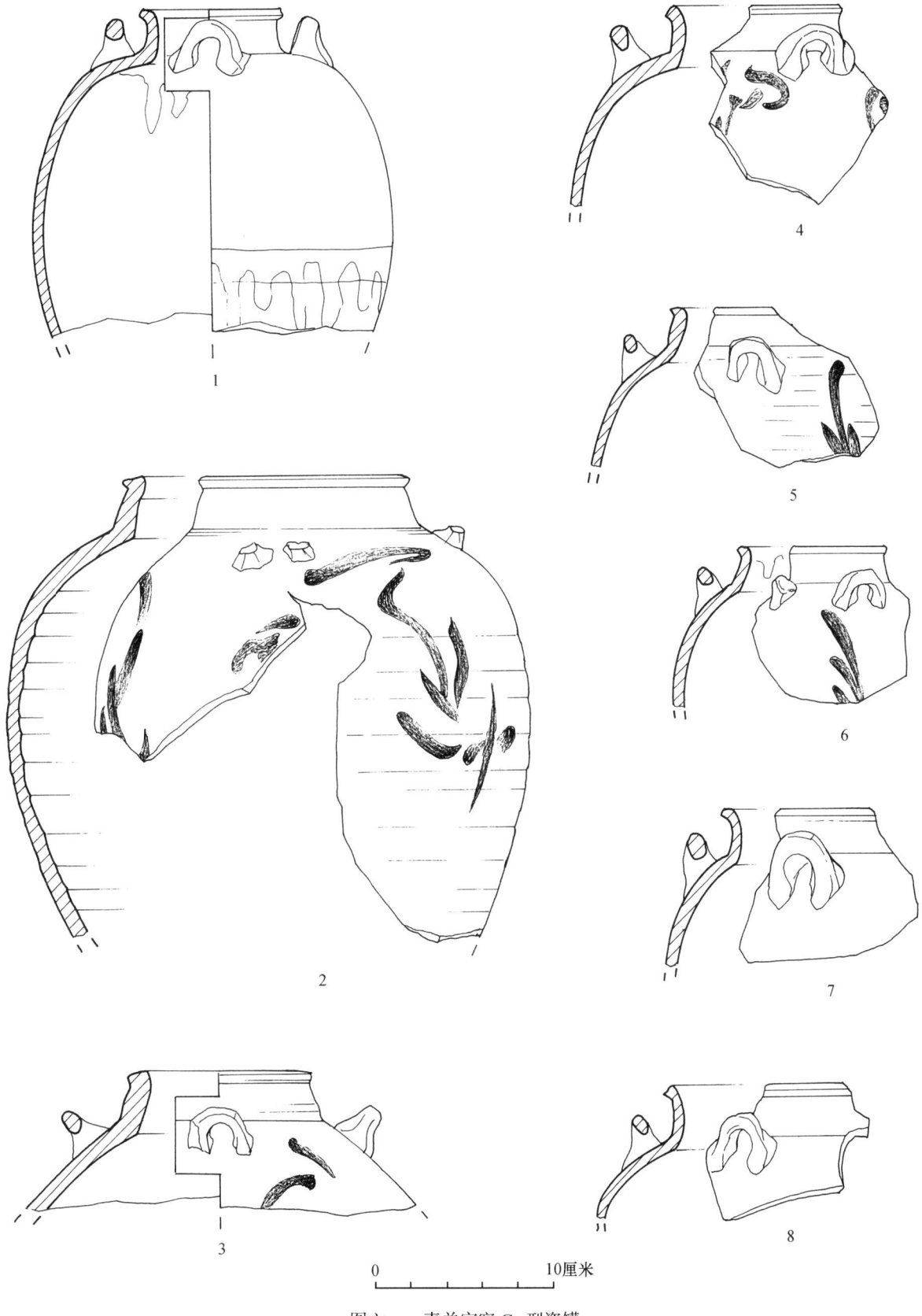

图六一 青羊宫窑 Ca 型瓷罐

1.TN05W01③:5 2.J1:21 3.C1③:260 4.C1⑥:25 5.G2①:117 6.C1①:12 7.C1⑤:6 8.C1④:120

残高25厘米（图六一，2；图版三四，3）。C1③：260，灰黑胎，挂灰白色化妆土，淡青釉，外壁带褐彩装饰。口径10.4、残高7.4厘米（图六一，3）。C1⑥：25，红褐胎，挂粉黄色化妆土，淡青釉，外壁带酱彩装饰。残高10.9厘米（图六一，4）。G2①：117，红褐胎，挂粉白色化妆土，釉面脱落，外壁带褐彩简体草叶装饰。残高8.7厘米（图六一，5）。C1①：12，黑胎，挂粉白色化妆土，釉面脱落，外壁带褐彩简体草叶装饰。口径6.8、残高8.6厘米（图六一，6）。C1⑤：6，深褐胎，挂粉白色化妆土，淡青釉，釉面有开片。残高8.5厘米（图六一，7）。C1④：120，红褐胎，挂粉黄色化妆土，釉面脱落。残高7.3厘米（图六一，8）。

Cb型　2件。束颈，颈部内壁带一周凸棱。H7：1，深褐胎，青绿釉，肩部刻划一周弦纹。口径8.4、最大腹径14.8、底径10.4、高17.3厘米（图六〇，2；图版三四，4）。

D型　14件。短颈，肩部带方桥形系，圆鼓腹，腹部较矮胖。根据口、颈部特征分为二亚型。

Da型　13件。侈口，颈部垂直或略束。J1：8，红褐胎，挂粉白色化妆土，釉面脱落，外壁带褐彩装饰。口径16、残高6.1厘米（图六二，1）。C1③：275，红褐胎，挂粉白色化妆土，淡青釉。口径13.4、最大腹径17.6、残高7.5厘米（图六二，2；图版三三，6）。J1：9，红褐胎，挂粉黄色化妆土，釉面脱落，外壁带褐彩装饰。残高7.4厘米（图六二，3）。C1②：14，红褐胎，挂粉黄色化妆土，釉面脱落。口径19、残高6.5厘米（图六二，4）。C1⑥：2，灰褐胎，挂灰白色化妆土，釉面脱落。口径13、最大腹径14.7、底径6.6、高9.6厘米（图六二，7）。G2①：125，黑胎，挂粉白色化妆土，釉面脱落。残高7.8厘米（图六二，8）。

Db型　1件。直口，颈部垂直，内壁带一周凸棱。C1③：266，深褐胎，酱黑釉。口径9.6、残高6.3厘米（图六二，5）。

E型　18件。短颈，肩部带双股纵系，倒卵形腹，腹部较瘦高。根据颈部特征分为二亚型。

Ea型　15件。颈部垂直。C1③：352，红褐胎，挂粉白色化妆土，釉面脱落，外壁带褐彩装饰。残高17.2厘米（图六三，1）。C1③：5，深褐胎，挂灰白色化妆土，淡青釉，外壁带褐彩装饰。口径10.4、最大腹径17.3、残高11.4厘米（图六三，2；图版三五，1）。C1③：261，灰黑胎，挂灰白色化妆土，釉面脱落。口径7.6、最大腹径12.3、残高6.6厘米（图六三，5）。C1④：240，深褐胎，挂粉黄色化妆土，釉面脱落。口径11.4、最大腹径17.9、残高9.7厘米（图六三，6）。

Eb型　3件。颈部斜直内倾，带一周凸弦纹。C1⑤：20，深褐胎，挂粉白色化妆土，淡青釉。口径11、残高5.8厘米（图六三，4）。C1③：48，深褐胎，挂粉白色化妆土，淡青釉。残高10厘米（图六三，7）。G2②：48，深褐胎，挂粉黄色化妆土，釉面脱落。口径7.2、残高9厘米（图六三，8）。

F型　1件。短颈，肩部带双股纵系，圆鼓腹，腹部较矮胖。C1③：274，红褐胎，挂粉黄色化妆土，釉面脱落，外壁带褐彩装饰。口径16.6、残高8.5厘米（图六二，9；图版三五，2）。

G型　1件。肩部带双股纵系，瓜棱腹。C1③：235，深褐胎，挂粉黄色化妆土，釉面脱落。残高7.1厘米（图六三，3）。

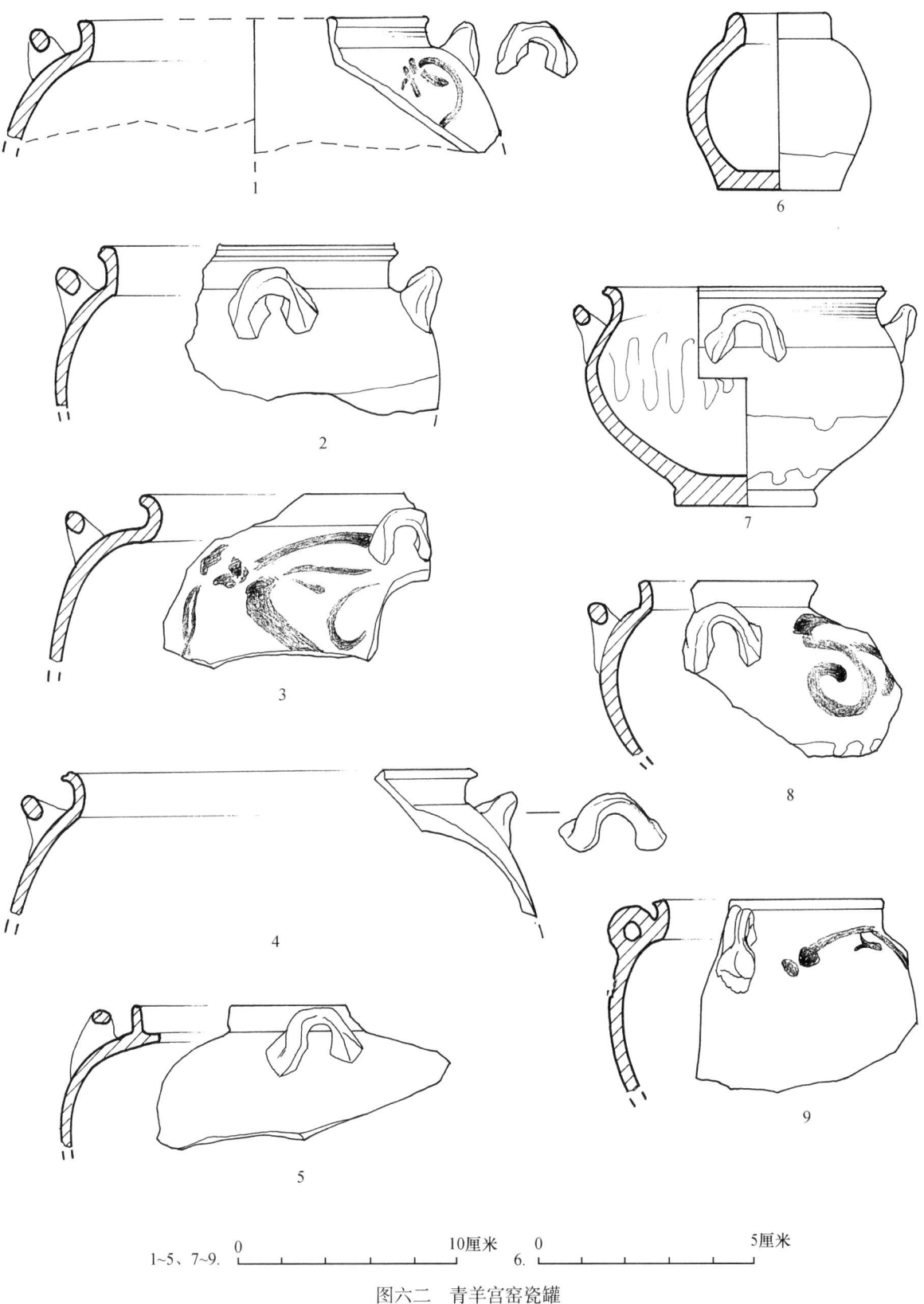

图六二 青羊宫窑瓷罐

1~4、7、8.Da 型（J1:8、C1③:275、J1:9、C1②:14、C1⑥:2、G2①:125） 5.Db 型（C1③:266）
6.H 型（C1③:21） 9.F 型（C1③:274）

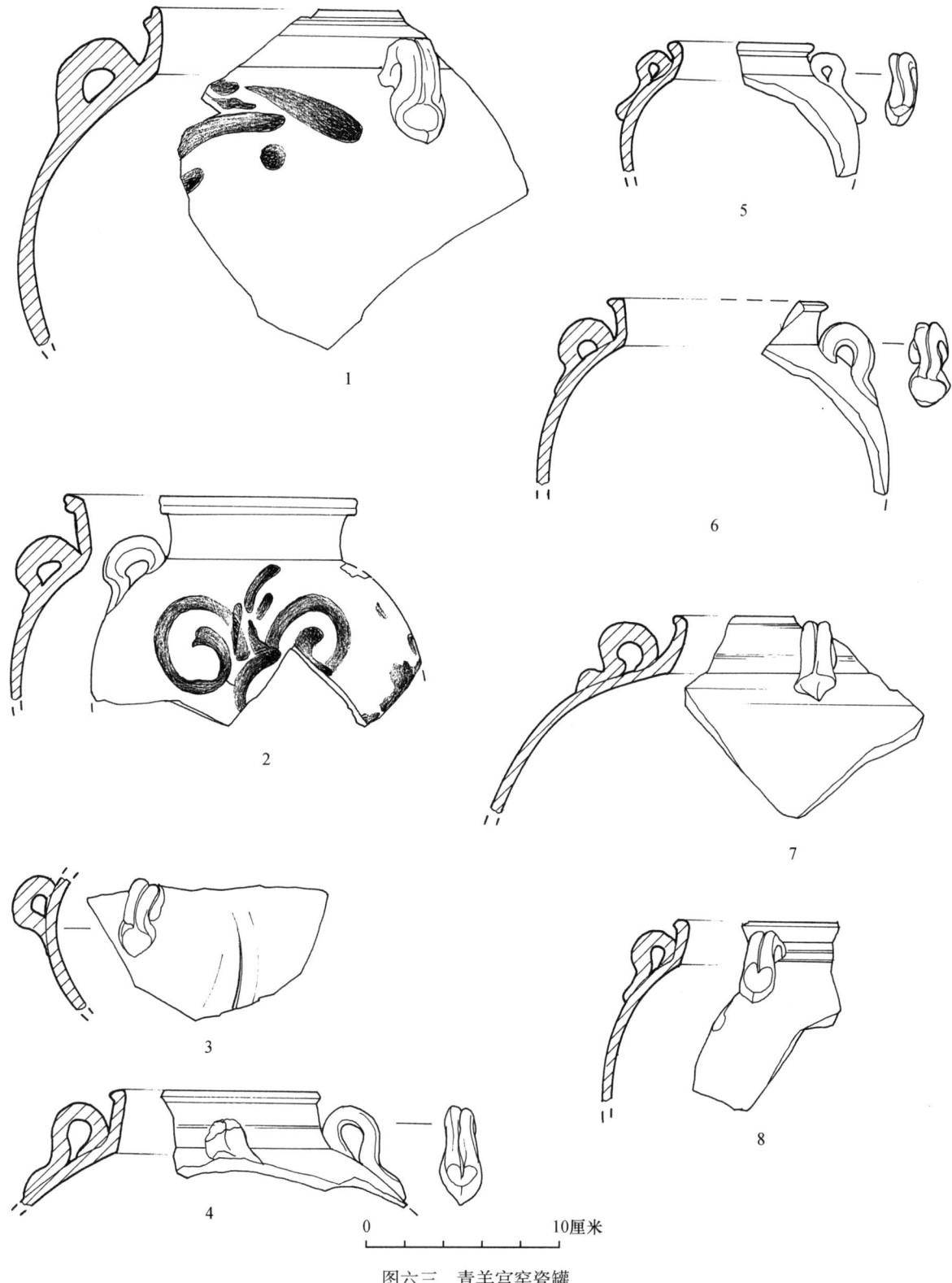

图六三 青羊宫窑瓷罐
1、2、5、6.Ea型（C1③:352、C1③:5、C1③:261、C1④:240） 3.G型（C1③:235）
4、7、8.Eb型（C1⑤:20、C1③:48、G2②:48）

H型　1件。器形较小，短束颈，圆鼓腹，平底。C1③：21，黑胎，挂粉白色化妆土，釉面脱落。口径2.4、最大腹径4.3、底径2.8、高3.9厘米（图六二，6；图版三五，3）。

注壶　21件。根据口、颈部特征分为五型。

A型　6件。喇叭口，束颈。根据颈部特征分为二亚型。

Aa型　3件。颈部较长。C1③：1，深褐胎，挂灰色化妆土，青黄釉，局部饰酱彩。口径8.8、最大腹径12.2、底径7.2、高14.4厘米（图六四，2；图版三五，4）。C1③：178，深褐胎，挂粉黄色化妆土，酱釉。口径11.4、残高10.7厘米（图六四，3）。C1④：208，灰黑胎，挂粉黄色化妆土，酱釉。口径12、最大腹径18、残高10.9厘米（图六四，6）。

Ab型　3件。颈部较短。TN05E01③：7，深褐胎，挂灰白色化妆土，青黄釉。口径8.8、最大腹径10.8、残高5.7厘米（图六四，4）。C1③：119，灰黑胎，挂粉白化妆土，淡青釉，腹部饰褐彩。口径7、残高4.8厘米（图六四，7）。C1③：146，深褐胎，挂灰色化妆土，青灰釉，腹部饰褐彩。口径11、最大腹径17.6、残高9.4厘米（图六四，8）。

B型　3件。盘口，束颈。G2①：140，灰胎，青绿釉，釉面有开片。口径5.8、残高2.7厘米（图六五，1）。

C型　5件。钵形口，束颈。C1④：149，暗红胎，挂粉白色化妆土，釉面脱落。口径9、残高5厘米（图六五，2）。C1④：27，深褐胎，挂粉白色化妆土，釉面脱落，腹部饰褐彩卷草纹。口径9、最大腹径17、残高8.7厘米（图六五，5）。C1③：4，深褐胎，挂粉黄色化妆土，青灰釉，腹部饰褐彩草叶纹。口径7.4、残高9厘米（图六五，6）。

D型　2件。直颈，颈部带凸棱状弦纹。根据颈部特征分为二亚型。

Da型　1件。颈部较长。TN06E03③：14，深褐胎，挂粉黄色化妆土，釉面脱落。口径10.6、残高6厘米（图六五，3）。

Db型　1件。颈部较短。C1③：162，深褐胎，釉面脱落，腹部饰褐彩草叶纹。口径9、残高8.3厘米（图六五，4；图版三五，5）。

E型　5件。敛口，口沿两侧以提梁相连，无颈，鼓腹。C1④：33，深褐胎，挂粉黄色化妆土，釉面脱落，腹部饰褐彩草叶纹。残高9.7厘米（图六五，7）。

盆　28件。根据口、腹部特征分为四型。

A型　13件。敛口，平折沿，腹部斜直或斜弧内收。根据沿面特征分为二亚型。

Aa型　8件。折沿面较宽。C1③：258，灰褐胎，挂粉白色化妆土，淡青釉，釉面有开片。口径38.4、残高7厘米（图六六，1）。C1③：145，暗红胎，挂粉白色化妆土，青绿釉，釉面有开片。口径36.4、残高13厘米（图六六，2）。TN05E04③：21，灰黑胎，挂灰白色化妆土，青灰釉。口径21.2、残高7.6厘米（图六六，3）。C1③：218，红胎，挂粉白色化妆土，釉面脱落。口径27.2、底径14、高7.6厘米（图六六，4）。G2②：40，灰黑胎，挂粉白色化妆土，淡青釉，釉面有开片。口径40、残高12厘米（图六七，5；图版三六，1）。

Ab型　5件。折沿面较窄。C1④：202，深褐胎，挂粉黄色化妆土，淡青釉。残高10.6厘米（图六六，5）。C1③：322，深褐胎，挂粉黄色化妆土，酱釉，釉面多脱落。残高13.4厘米（图六六，6）。H9：25，深褐胎，挂粉白色化妆土，淡青釉，釉面有开片。残高12厘米

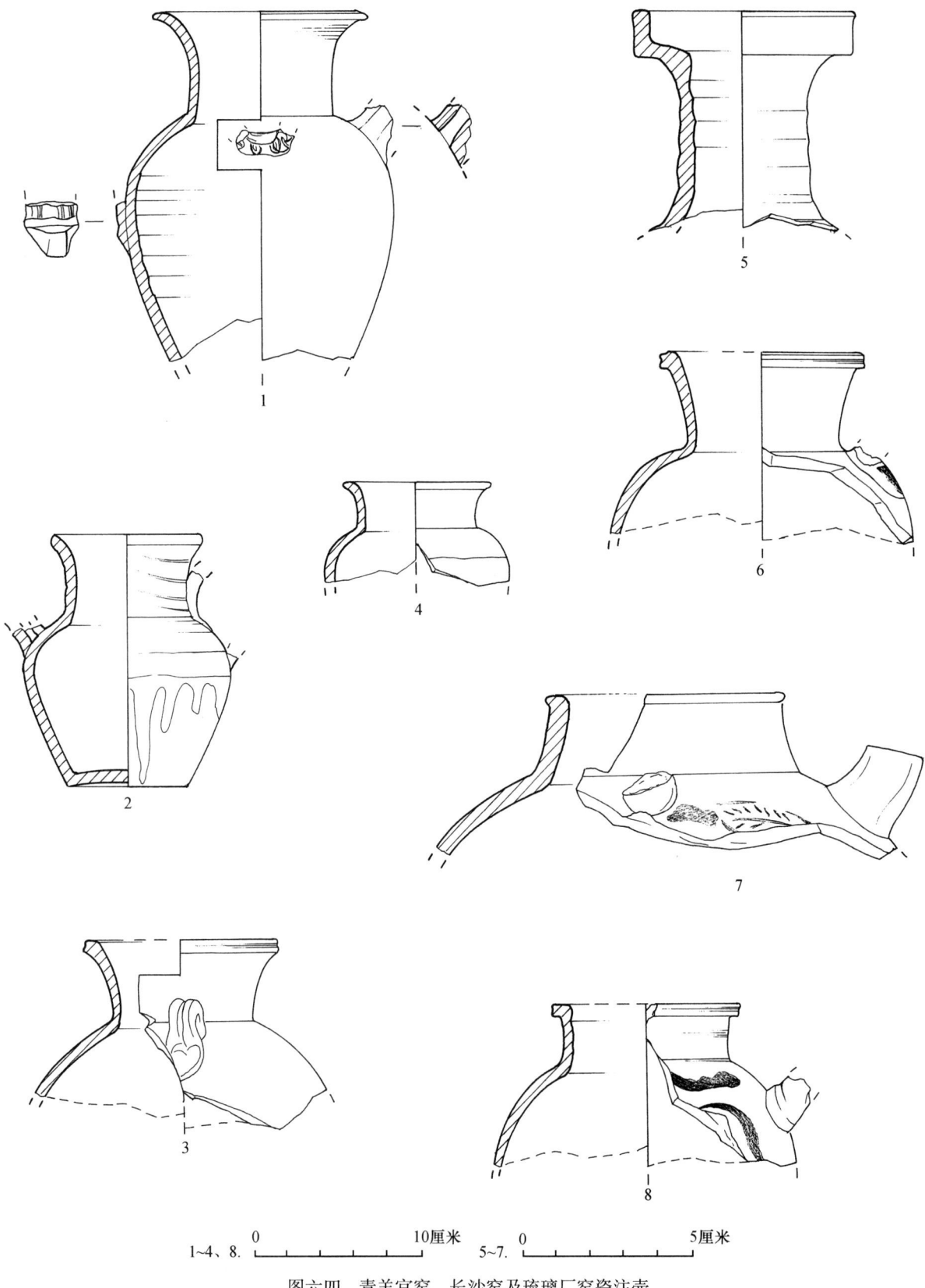

图六四　青羊宫窑、长沙窑及琉璃厂窑瓷注壶
1. 长沙窑（G2①∶1）　2、3、6. 青羊宫窑 Aa 型（C1③∶1、C1③∶178、C1④∶208）
4、7、8. 青羊宫窑 Ab 型（TN05E01③∶7、C1③∶119、C1③∶146）　5. 琉璃厂窑（C1③∶174）

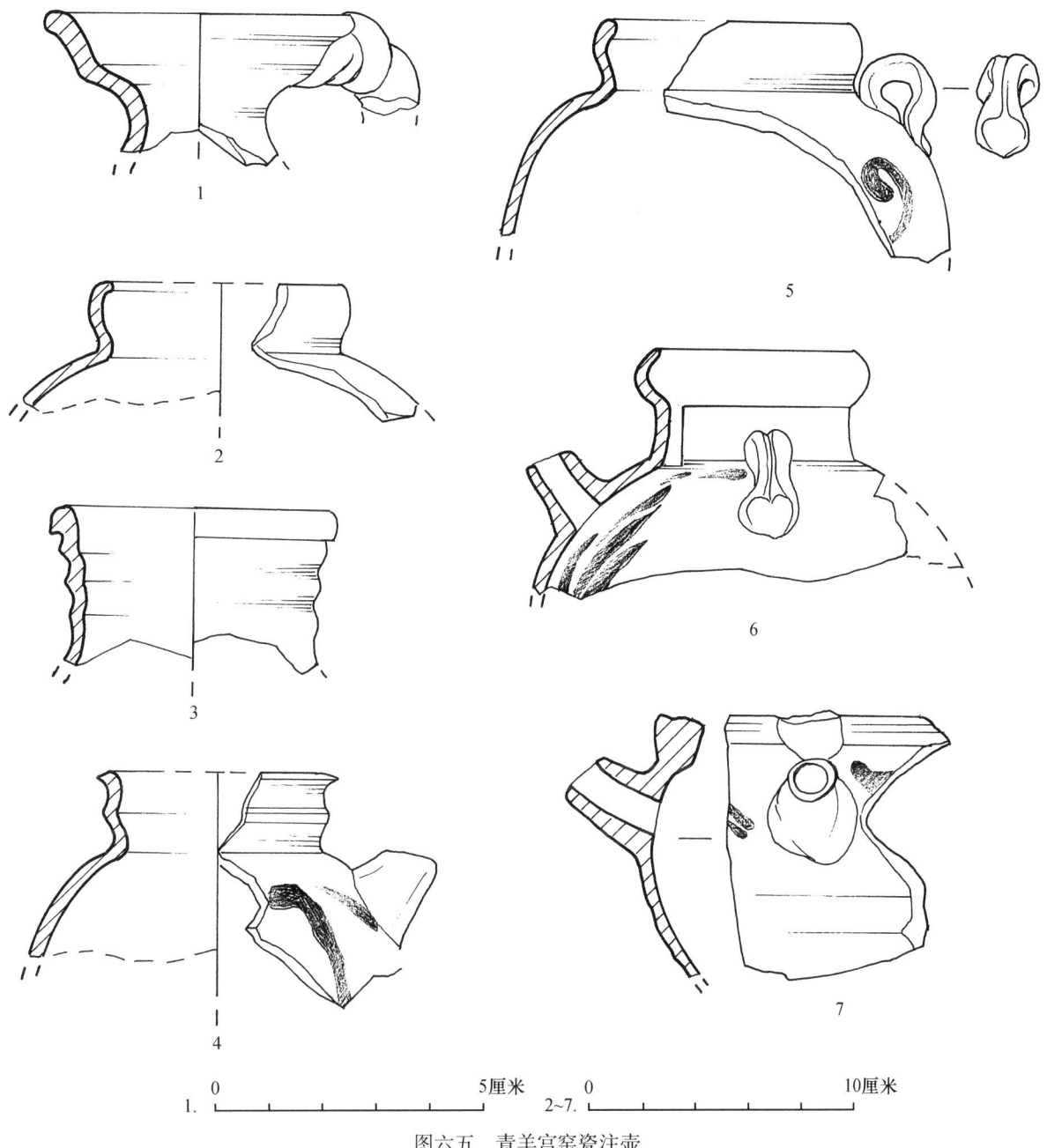

图六五 青羊宫窑瓷注壶
1.B型（G2①：140） 2、5、6.C型（C1④：149、C1④：27、C1③：4） 3.Da型（TN06E03③：14）
4.Db型（C1③：162） 7.E型（C1④：33）

（图六六，7）。TN06E03③：32，暗红胎，挂粉黄色化妆土，青黄釉，釉面有开片。口径28.8、底径22.4、高5.5厘米（图六六，8）。

B型 4件。敛口，圆唇，口沿外侧带一周凸棱，腹部斜直内收。TN06E03③：19，红褐胎，挂粉黄色化妆土，青黄釉，釉面有开片。口径26、底径16、高7.8厘米（图六八，5）。C1③：234，深褐胎，外壁施酱青釉，内壁为粗砂面。口径40、残高13厘米（图六八，4）。

C型 10件。敛口，凸唇，腹部斜直或斜弧内收。C1④：137，深褐胎，挂粉白色化妆

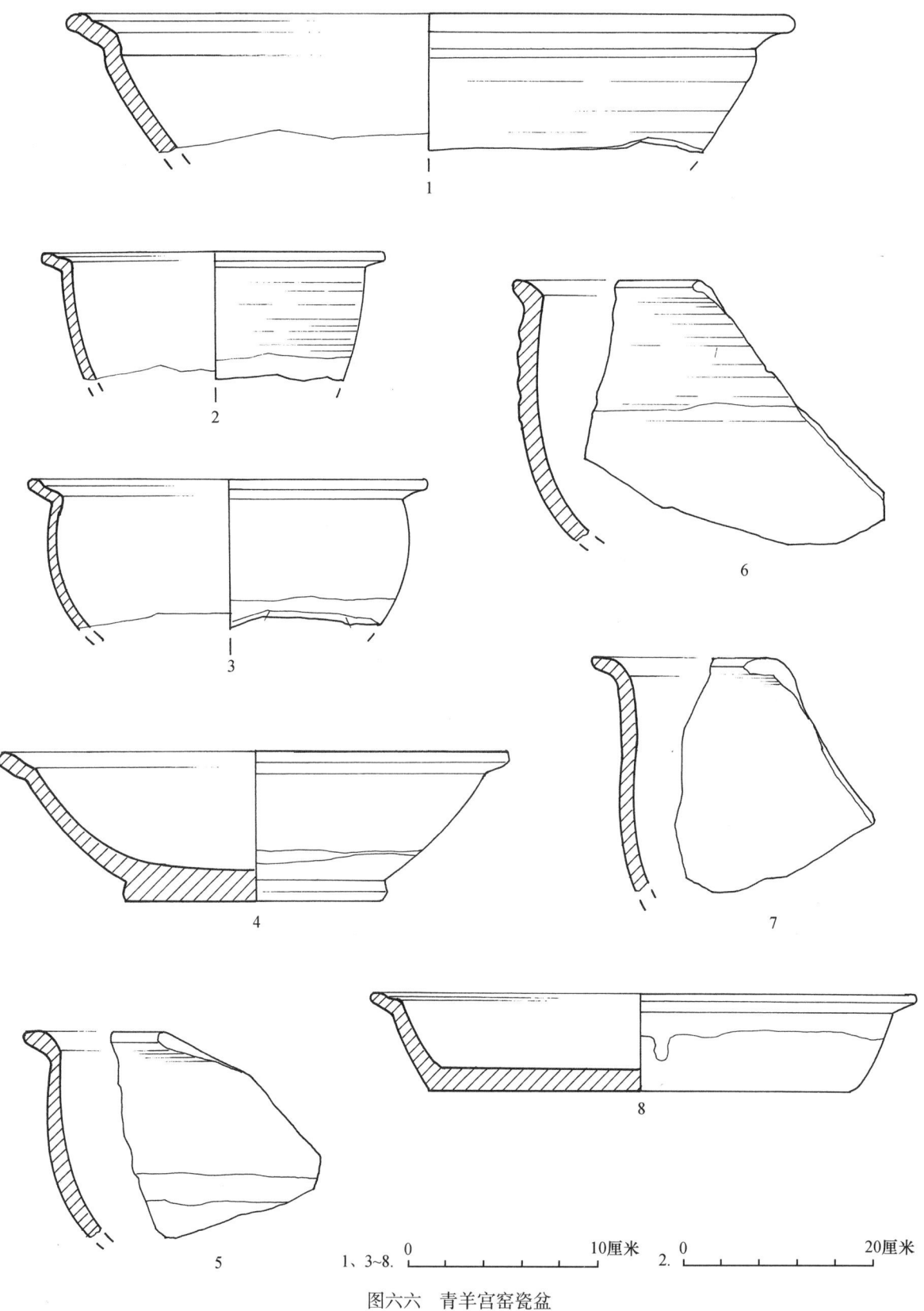

图六六　青羊宫窑瓷盆
1~4. Aa型（C1③:258、C1③:145、TN05E04③:21、C1③:218）
5~8. Ab型（C1④:202、C1③:322、H9:25、TN06E03③:32）

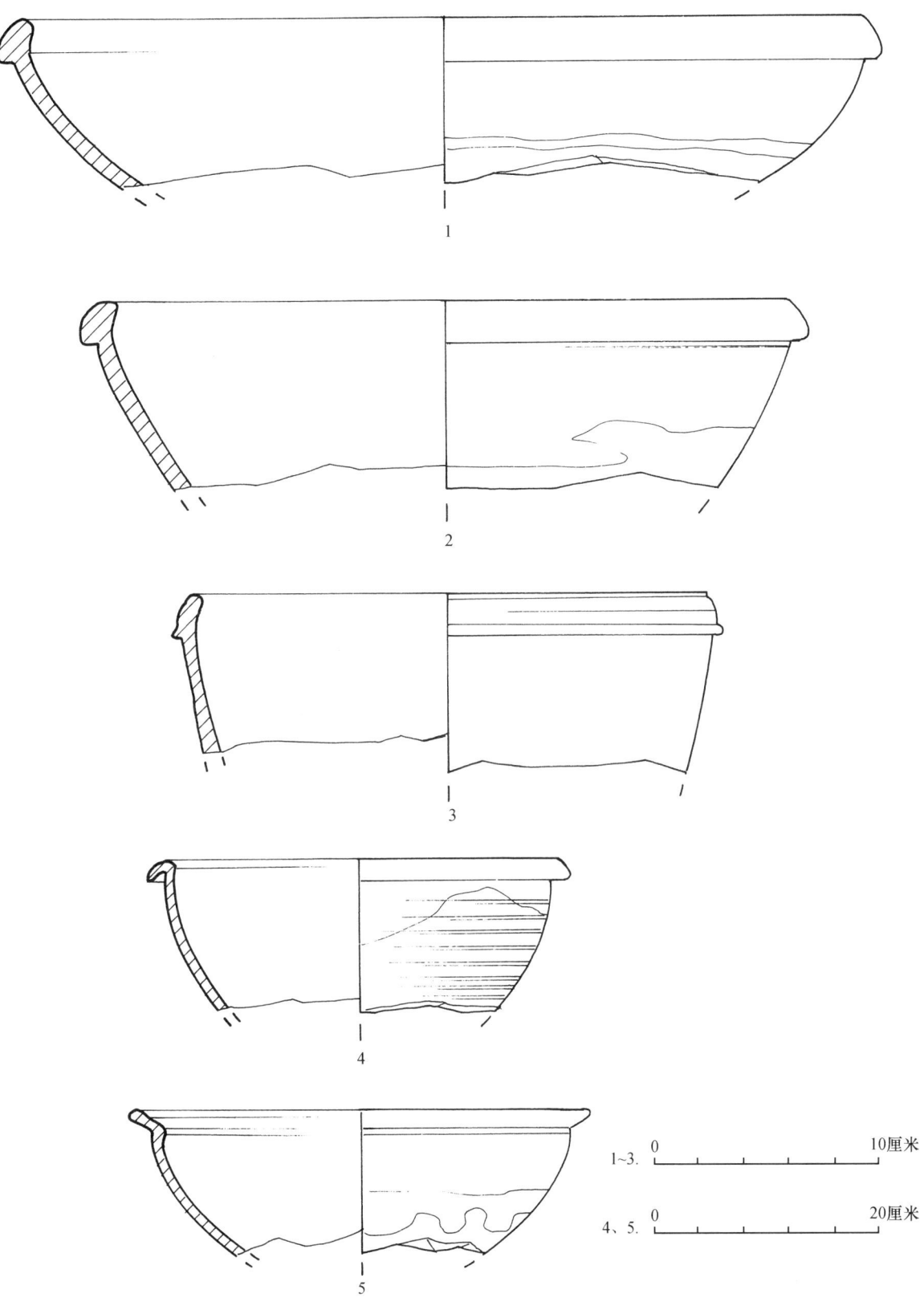

图六七 青羊宫窑瓷盆

1~3.C型（C1④：137、C1④：138、C1①：26） 4.D型（TN06E03③：23） 5.Aa型（G2②：40）

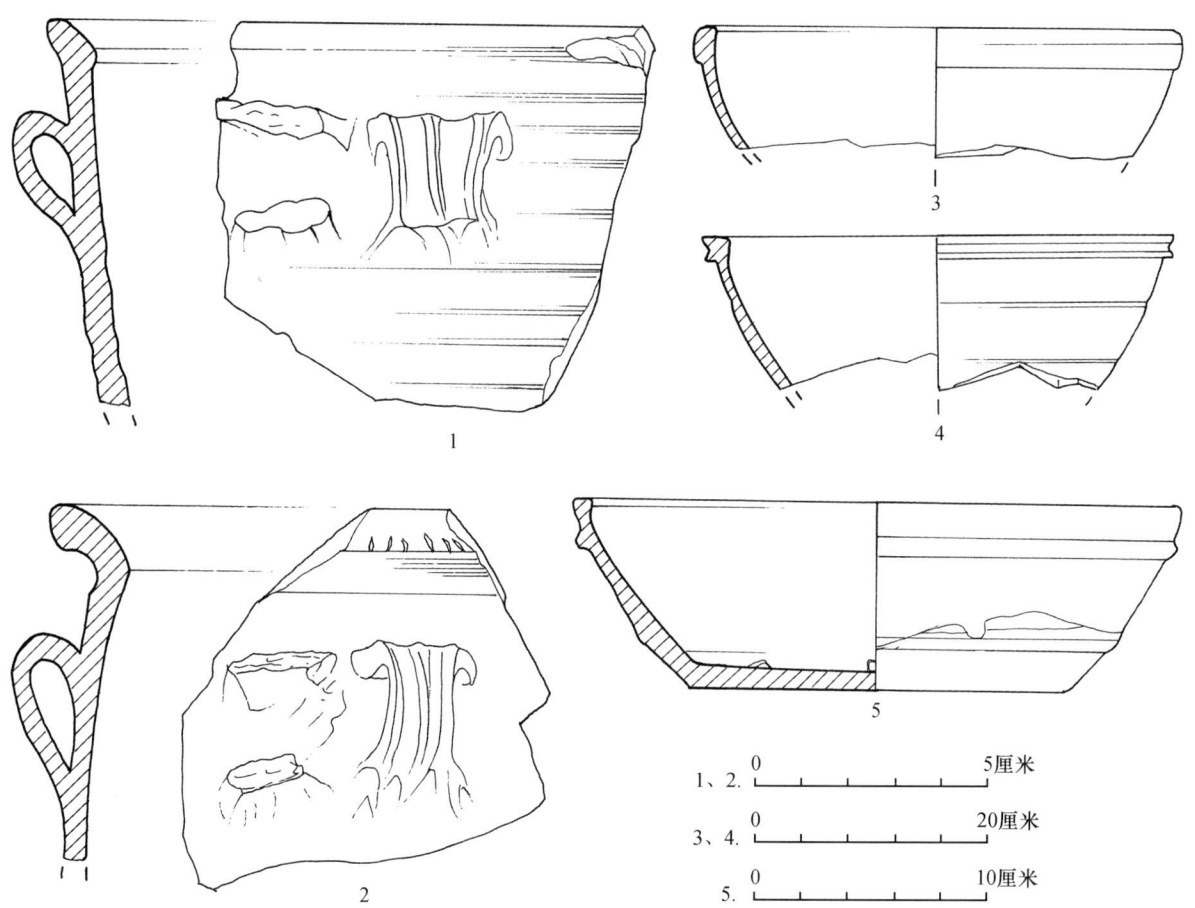

图六八 青羊宫窑瓷盆及陶盆
1、2.B 型陶盆（C1③：280、C1③：309） 3.C 型瓷盆（C1①：18） 4、5.B 型瓷盆（C1③：234、TN06E03③：19）

土，淡青釉，釉面有开片。口径36.8、残高7厘米（图六七，1）。C1④：138，深褐胎，挂粉白色化妆土，淡青釉，釉面有开片。口径31.6、残高8厘米（图六七，2）。C1①：26，深褐胎，挂粉白色化妆土，釉面脱落。口径24、残高7.6厘米（图六七，3）。C1①：18，深褐胎，挂粉白色化妆土，釉面脱落。口径41.6、残高10.6厘米（图六八，3）。

D 型　1件。敛口，卷沿下翻，腹部斜弧内收。TN06E03③：23，深褐胎，挂粉白色化妆土，青黄釉。口径34.4、残高13厘米（图六七，4；图版三六，2）。

炉　13件。根据口、腹及底部特征分为三型。

A 型　11件。侈口，口沿外卷，折腹较浅，腹部两侧带双系，饼足。C1①：9，红褐胎，挂灰白色化妆土，釉面脱落。口径16.8、底径6.4、高5.3厘米（图六九，1）。C1③：331，红褐胎，酱釉，釉面大部分脱落。口径17、底径7、高6.3厘米（图六九，2；图版三六，3）。C1④：119，深褐胎，釉面脱落。口径17.8、底径8.2、高5厘米（图六九，4；图版三六，4）。C1②：50，红褐胎，酱釉。高5厘米（图六九，6）。TN05E04③：22，深褐胎，挂粉白色化妆土，酱青釉。口径14.6、底径6、高6厘米（图六九，7）。TN05E03③：2，红褐胎，挂灰色化妆土，釉面脱落。口径15.4、底径8.6、高5.5厘米（图六九，8）。

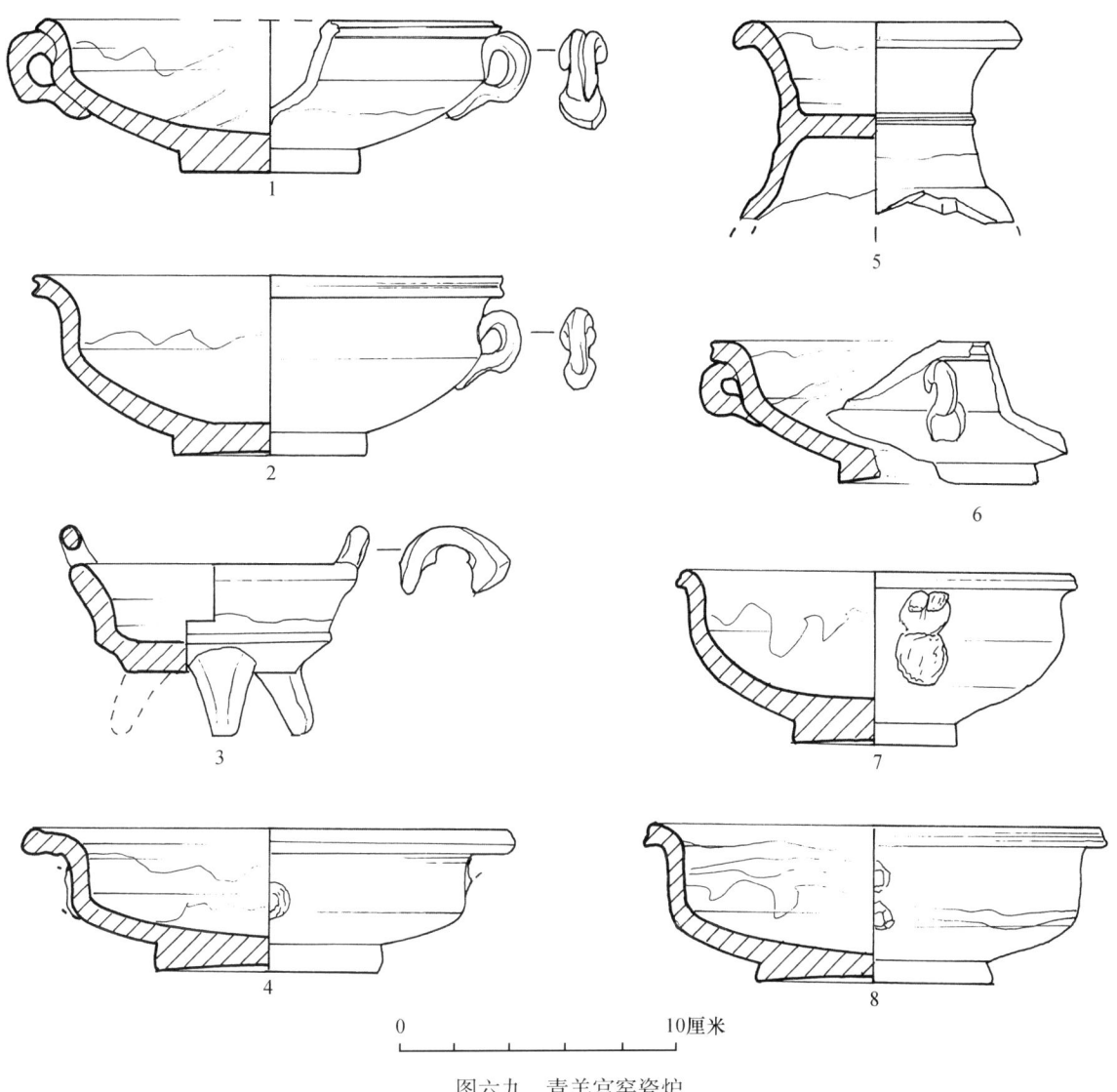

图六九 青羊宫窑瓷炉
1、2、4、6~8.A型（C1①：9、C1③：331、C1④：119、C1②：50、TN05E04③：22、TN05E03③：2）
3.C型（TN06E02③：4） 5.B型（TN05E04③：1）

B型　1件。侈口，卷沿较宽，束筒形腹，底部带喇叭形圈足。TN05E04③：1，红褐胎，酱黑釉。口径10.6、残高6.9厘米（图六九，5）。

C型　1件。敞口，口沿两侧带双系，盆形腹，底部带三只锥形短足。TN06E02③：4，红褐胎，酱釉。口径10.4、底径6、高7.1厘米（图六九，3；图版三六，5）。

器盖　15件。根据形制特征分为三型。

A型　13件。盖面隆起呈半球状，口部带一周折沿，顶部中央带圆孔。C1③：34，红褐胎，挂粉黄色化妆土，酱釉。直径17.2、高5厘米（图七〇，3）。C1③：315，红褐胎，挂粉黄色化妆土，酱釉，釉面有开片。直径17、残高6.2厘米（图七〇，4）。C1③：14，红褐胎，挂粉黄色化妆土，酱青釉，釉面不均匀。直径15.2、高6厘米（图七〇，5；图版三六，6）。C1④：24，红胎，挂粉黄色化妆土，釉面脱落。直径17.2、高6厘米（图

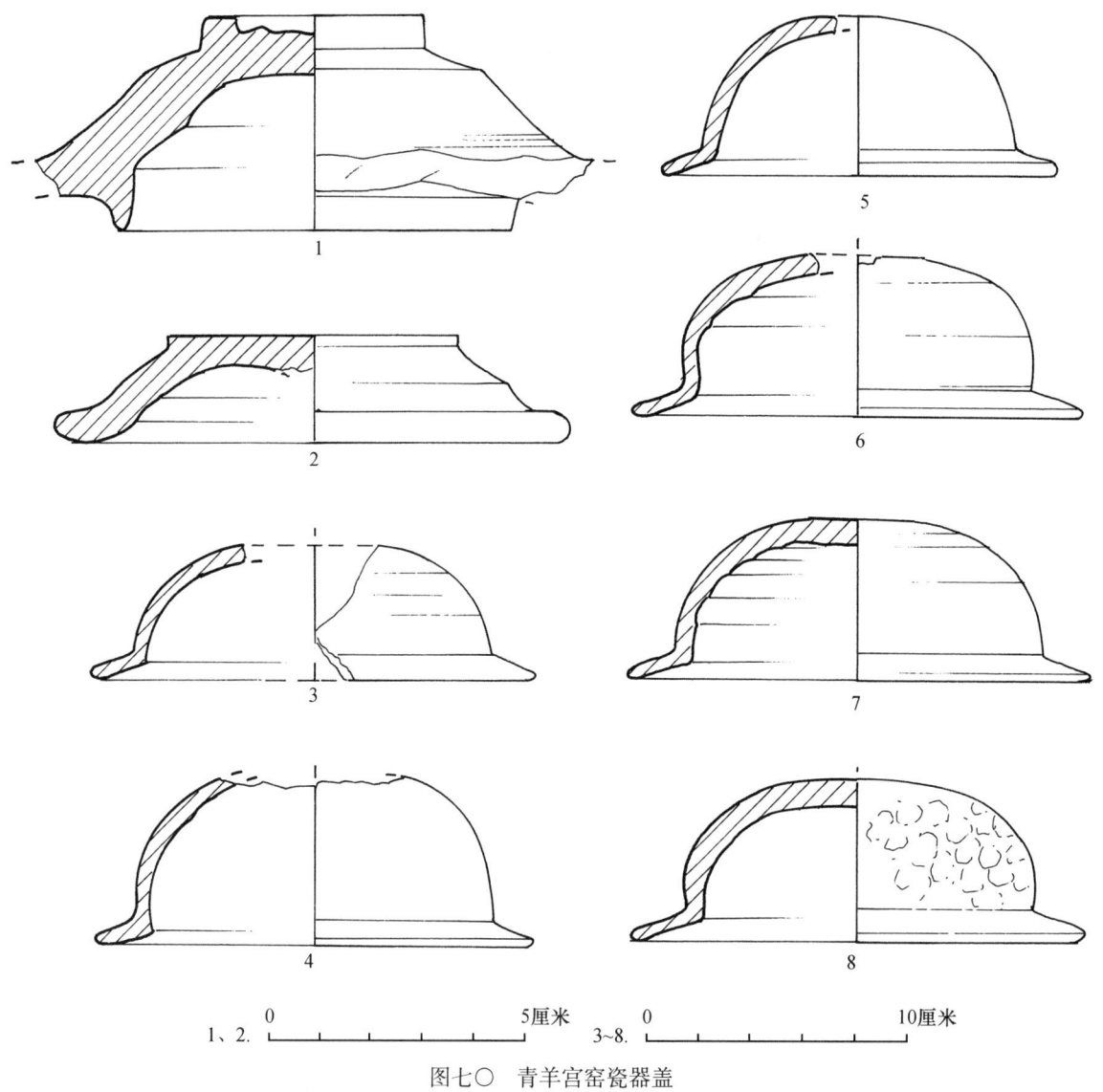

图七〇　青羊宫窑瓷器盖
1.C型（G3∶16）2.B型（TN05W01③∶9）3~8.A型（C1③∶34、C1③∶315、
C1③∶14、C1④∶24、C1③∶305、C1③∶351）

版三七，1）。C1③∶305，红胎，挂粉黄色化妆土，酱釉。直径17.6、高6厘米（图七〇，7）。C1③∶351，红褐胎，挂粉黄色化妆土，酱釉，釉面密布裂痕。直径17.4、高6厘米（图七〇，8）。

B型　1件。通体似盏，侈口，圆唇，平底，内底面带圆纽。TN05W01③∶9，灰胎，挂粉白色化妆土，淡青釉。直径10、高2厘米（图七〇，2；图版三七，2）。

C型　1件。子口，盖面斜直微隆起，顶部带圆纽。G3∶16，红胎，挂粉白色化妆土，淡青釉，釉面有开片。口径7.7、顶径4.3、高4厘米（图七〇，1；图版三七，3）。

钟　4件。平顶，顶部中央带圆孔，口沿外侈呈多曲花瓣状，钟壁斜直，壁面模印凸棱状几何图案。C1③∶63，灰黑胎，挂灰白色化妆土，淡青釉，釉面多脱落，局部带褐彩。残高15.1厘米（图七一，1；图版三七，4）。C1④∶153，灰褐胎，挂灰白色化妆土，青黄釉，釉面

第三章 出土遗物

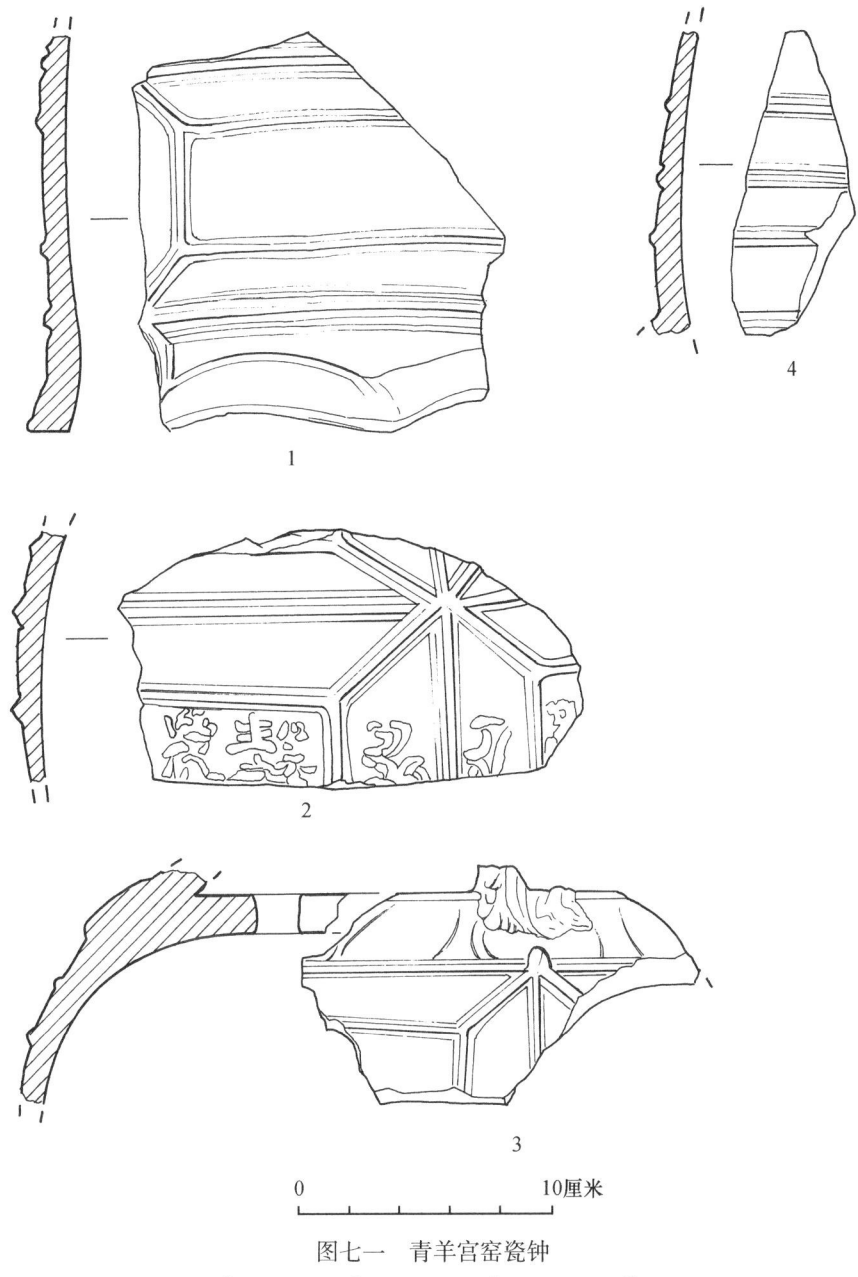

图七一 青羊宫窑瓷钟
1.C1③:63 2.C1④:153 3.C1④:152 4.C1④:154

有开片，腹壁书有褐彩文字符号，可辨"静众"二字。残高9.5厘米（图七一，2；图版三七，6）。C1④:152，灰褐胎，挂灰白色化妆土，青黄釉，釉面有开片，顶部带贴饰，局部饰褐彩。残高9.2厘米（图七一，3；图版三七，5）。C1④:154，灰胎，挂灰白色化妆土，淡青釉，釉面有开片。残高11.5厘米（图七一，4）。

杯　1件。TN05E04③:13，暗红胎，酱釉。直口，口沿两侧以提梁相连，垂腹鼓凸，饼足。口径6.3、底径4.8、高4.2厘米（图七二，5；图版三五，6）。

套盒　1件。TN06E03③:3，深褐胎，挂粉白色化妆土，青黄釉。子母口，直壁。腹部带一周镂空的壸门装饰。残高5.2厘米（图七三，10）。

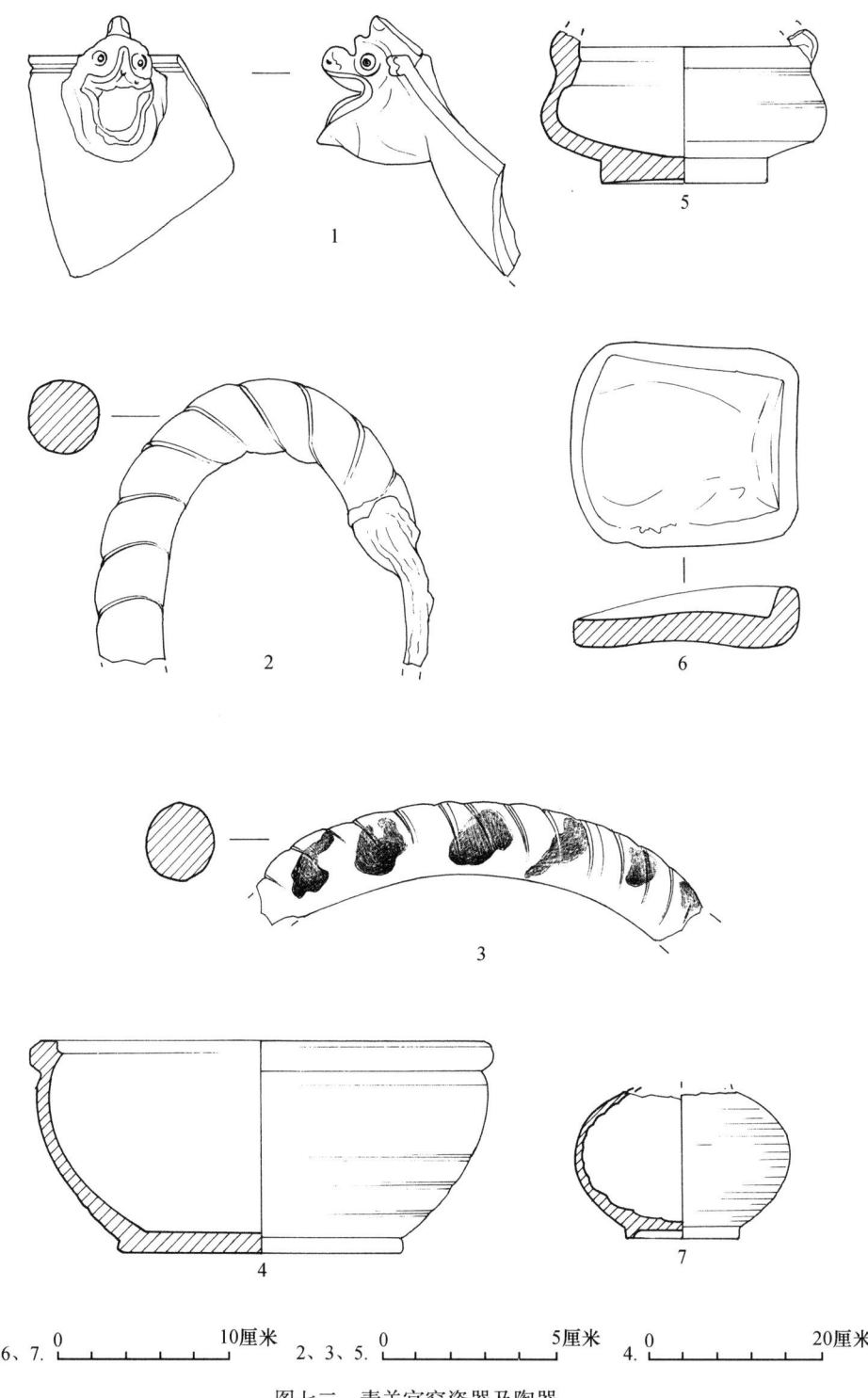

图七二 青羊宫窑瓷器及陶器
1. 青羊宫窑急须（C1③：6） 2、3. 青羊宫窑提梁（C1③：176、C1④：174） 4. A型陶盆（H7：18）
5. 青羊宫窑瓷杯（TN05E04③：13） 6. 陶砚台（C1④：10） 7. 陶盂（C1③：17）

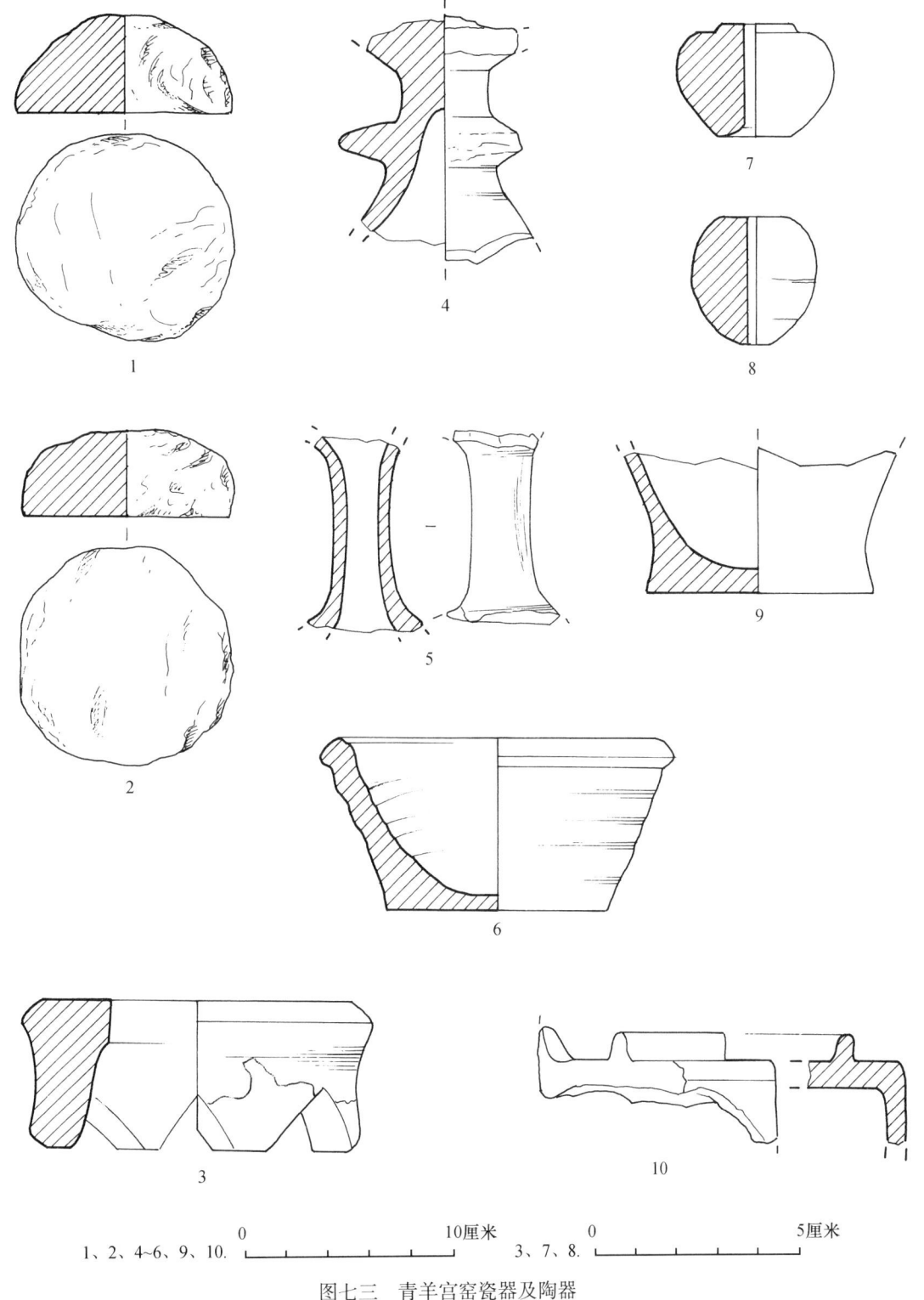

图七三　青羊宫窑瓷器及陶器

1、2. 陶拍（C1④：152、C1④：153）　3. 青羊宫窑瓷支钉（C1③：316）　4. 陶灯（C1④：73）　5. 青羊宫窑瓷器柄（G2①：11）
6、9. 陶碓臼（H9：6、H6：1）　7、8. 陶纺轮（TN05E05③：1、C1④：252）　10. 青羊宫窑瓷套盒（TN06E03③：3）

急须　1件。C1③：6，深褐胎，挂粉白色化妆土，淡青釉。直口，口沿两侧以提梁相连，直腹较深，口、腹部之间附加一兽头装饰，口部张开作流。残高14.7厘米（图七二，1）。

提梁　3件。通体呈圆条辫索状。C1③：176，深褐胎，挂粉白色化妆土，酱青釉。厚2~2.2厘米（图七二，2）。C1④：174，深褐胎，挂粉白色化妆土，青黄釉，局部带点状褐彩。厚2~2.3厘米（图七二，3）。

器柄　1件。G2①：11，红褐胎，挂粉白色化妆土，釉面脱落。通体呈内束的圆柱状，中空。残高9.2厘米（图七三，5）。

支钉　1件。C1③：316，深褐胎。齿尖宽而钝。直径8.4、高3.5厘米（图七三，3）。

二、琉璃厂窑

数量和器形较少，以日常生活用具为主，可辨碗、盘、盏、罐、注壶、钵、瓷塑等，其中碗、盘、盏和罐的所占比重较大。制作普遍粗糙，胎体粗且色调深沉，以深褐、暗红两种最常见，胎面流行挂粉黄色化妆土，釉色有青黄、青绿、淡青、酱、酱青等多种。器表以素面居多，碗、盘、盏的内底残留有支钉和石英砂粒两种垫烧痕迹。

碗　11件。根据腹、足部特征分为二型。

A型　3件。侈口，圆弧腹，饼足。TN06E03③：36，深褐胎，青黄釉，挂粉黄色化妆土，内底残留支钉痕。口径17.8、底径6.8、高5.5厘米（图五一，5）。C1②：8，暗红胎，挂粉黄色化妆土，青黄釉，内底残留支钉痕。口径18、底径7.6、高5.4厘米（图五一，4）。C1③：216，深褐胎，挂粉黄色化妆土，青黄釉，内底残留支钉痕。口径20.4、底径8.6、高5.6厘米（图五一，3；图版三八，1）。

B型　8件。斜弧腹，圈足。TN05E01③：1，深褐胎，酱釉，内底残留支钉痕。口径16.8、足径5.8、高5厘米（图七四，6）。TN06E02③：3，暗红胎，挂粉黄色化妆土，酱釉，内底残留支钉痕。足径6.6、残高2.9厘米（图五一，10）。H8：1，暗红胎，挂粉黄色化妆土，青绿釉，内壁刻划一周弦纹。口径21、残高5厘米（图五一，11）。

盘　7件。侈口，饼足。根据腹部特征分为二型。

A型　6件。折腹，内壁对应处有一周凹槽。TN05E04③：19，暗红胎，挂粉黄色化妆土，青黄釉，内底残留支钉痕。口径20.8、底径8.2、高4.5厘米（图五一，2）。TN06E03③：34，深褐胎，挂灰色化妆土，青黄釉，口沿一周饰酱彩，内底残留支钉痕。口径16.4、底径6.2、高4厘米（图五一，7；图版三八，2）。C1③：67，褐胎，挂粉黄色化妆土，釉面脱落，内底残留支钉痕。底径7.2、残高2.8厘米（图五一，8）。C1③：217，暗红胎，挂粉黄色化妆土，釉面脱落，内底残留支钉痕。口径21.6、底径8.2、高4.5厘米（图五一，1）。

B型　1件。斜弧腹。C1③：135，深褐胎，挂粉黄色化妆土，青黄釉，釉面有开片，内底残留支钉痕。口径16.4、底径5.6、高4.4厘米（图五一，9；图版三八，3）。

盏　10件。根据口、腹及底部特征分为三型。

A型　4件。敞口，浅斜直腹。根据唇部特征分为二亚型。

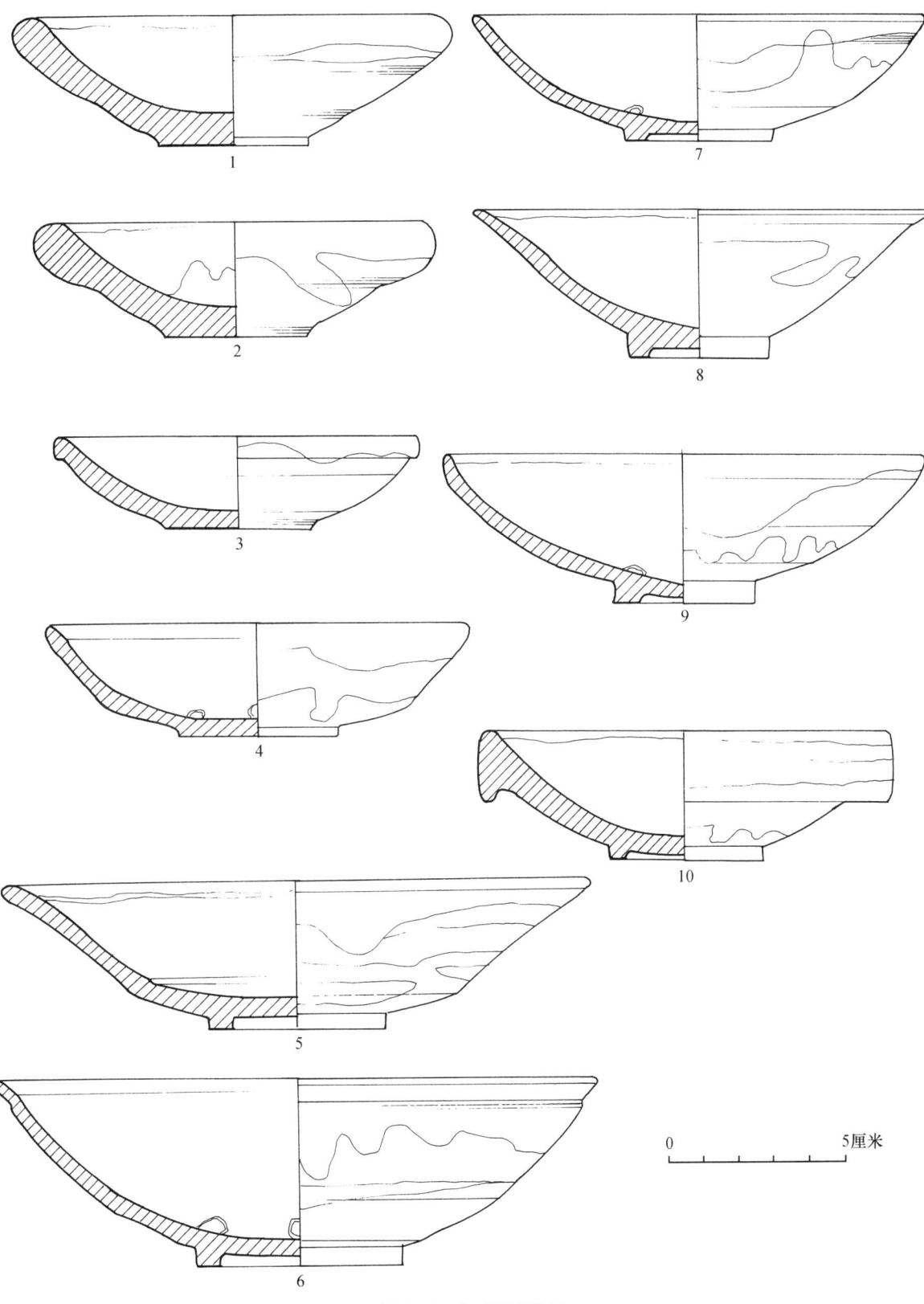

图七四 琉璃厂窑瓷器

1、2.Aa型盏（C1③：249、C1③：3） 3.Ab型Ⅱ式盏（H8：7） 4.B型盏（TN05E01③：4） 5、7~9.C型盏（H8：6、H8：3、H8：2、H8：12） 6.B型碗（TN05E01③：1） 10.Ab型Ⅰ式盏（H8：10）

Aa型 2件。厚圆唇。C1③：249，深褐胎，挂灰色化妆土，酱釉。口径12.2、底径4.2、高3.5厘米（图七四，1；图版三八，4）。C1③：3，深褐胎，挂粉黄色化妆土，酱釉。口径11.2、底径4、高3.1厘米（图七四，2）。

Ab型 2件。方唇。根据唇部特征分为二式。

Ⅰ式：1件。唇部较厚。H8：10，暗红胎，酱黄釉。口径11.6、足径4.4、高3.5厘米（图七四，10）。

Ⅱ式：1件。唇部较薄。H8：7，红褐胎，挂粉黄色化妆土，淡青釉。口径10.2、底径4、高2.5厘米（图七四，3）。

B型 1件。敞口，尖唇，浅弧腹，平底。TN05E01③：4，深褐胎，挂粉黄色化妆土，酱釉。口径11.8、底径4.4、高3厘米（图七四，4；图版三八，5）。

C型 5件。敞口，尖唇，斜直腹，底部带小圈足。H8：6，深褐胎，挂粉黄色化妆土，白釉，口沿一周施绿釉，内底残留石英垫烧痕。口径16.4、足径5、高4厘米（图七四，5）。H8：3，深褐胎，挂粉黄色化妆土，青黄釉，内壁带酱彩，内底残留垫烧痕。口径12.8、足径4.2、高3.4厘米（图七四，7）。H8：2，红褐胎，挂粉白色化妆土，釉面大多脱落，口沿一周施酱釉，内底残留石英垫烧痕。口径13、足径4、高4厘米（图七四，8；图版三八，6）。H8：12，红褐胎，挂粉白色化妆土，釉面大多脱落，口沿一周施酱釉。口径13.6、足径4、高4厘米（图七四，9）。

罐 17件。根据口、颈部特征分为二型。

A型 13件。直口，颈部近垂直，无纹，肩部带双股系。根据颈部特征分为二亚型。

Aa型 10件。颈部较短。C1②：12，深褐胎，挂灰色化妆土，酱青釉。口径10.8、残高6.2厘米（图七五，7）。C1③：175，暗红胎，挂灰色化妆土，酱釉。口径12、最大腹径18、残高11厘米（图七五，1；图版三九，1）。C1④：242，深褐胎，挂灰色化妆土，酱青釉。口径11.6、最大腹径16.2、残高12.6厘米（图七五，2；图版三九，2）。C1③：284，深褐胎，挂灰白色化妆土，酱青釉。口径12、最大腹径17.6、残高12.2厘米（图七五，4）。TN06E03③：6，红褐胎，挂粉黄色化妆土，酱釉。口径10.8、最大腹径18.6、残高12厘米（图七五，3；图版三九，3）。TN06E03③：17，红褐胎，挂粉黄色化妆土，酱釉。口径11.2、残高6.6厘米（图七五，6）。

Ab型 3件。颈部略长。C1③：335，灰黑胎，釉面脱落。口径10、残高8厘米（图七五，8）。TN06E03③：31，深褐胎，挂粉黄色化妆土，酱釉。口径7.6、残高8厘米（图七五，5；图版三九，4）。TN04E04③：10，深褐胎，挂粉黄色化妆土，酱釉。口径10.8、残高8厘米（图七五，9）。

B型 4件。短颈，颈部内斜，带数周凸起的弦纹，肩部带双股系。C1③：272，暗红胎，挂灰色化妆土，酱釉。口径16、残高9厘米（图七六，1；图版三九，5）。TN06E03③：15，红褐胎，挂粉黄色化妆土，釉面脱落。口径14、最大腹径32、残高10.4厘米（图七六，2）。TN05E04③：20，深褐胎，挂粉黄色化妆土，淡青釉。口径13.2、最大腹径26、残高8.8厘米（图七六，3）。TN06E04③：6，深褐胎，挂灰色化妆土，酱釉。口径8.8、最大腹径16.4、残

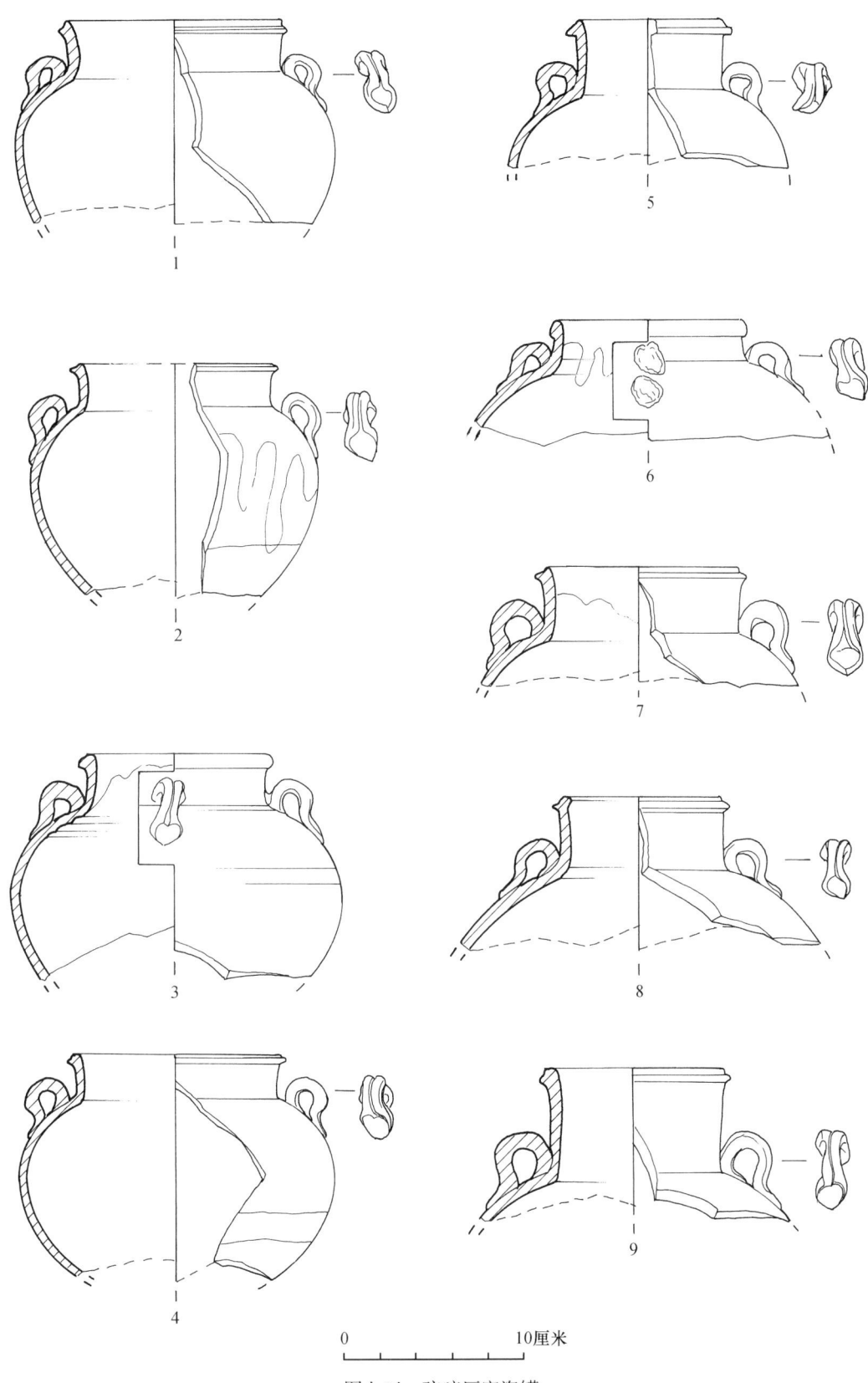

图七五 琉璃厂窑瓷罐

1~4、6、7. Aa 型（C1③：175、C1④：242、TN06E03③：6、C1③：284、TN06E03③：17、C1②：12） 5、8、9. Ab 型（TN06E03③：31、C1③：335、TN04E04③：10）

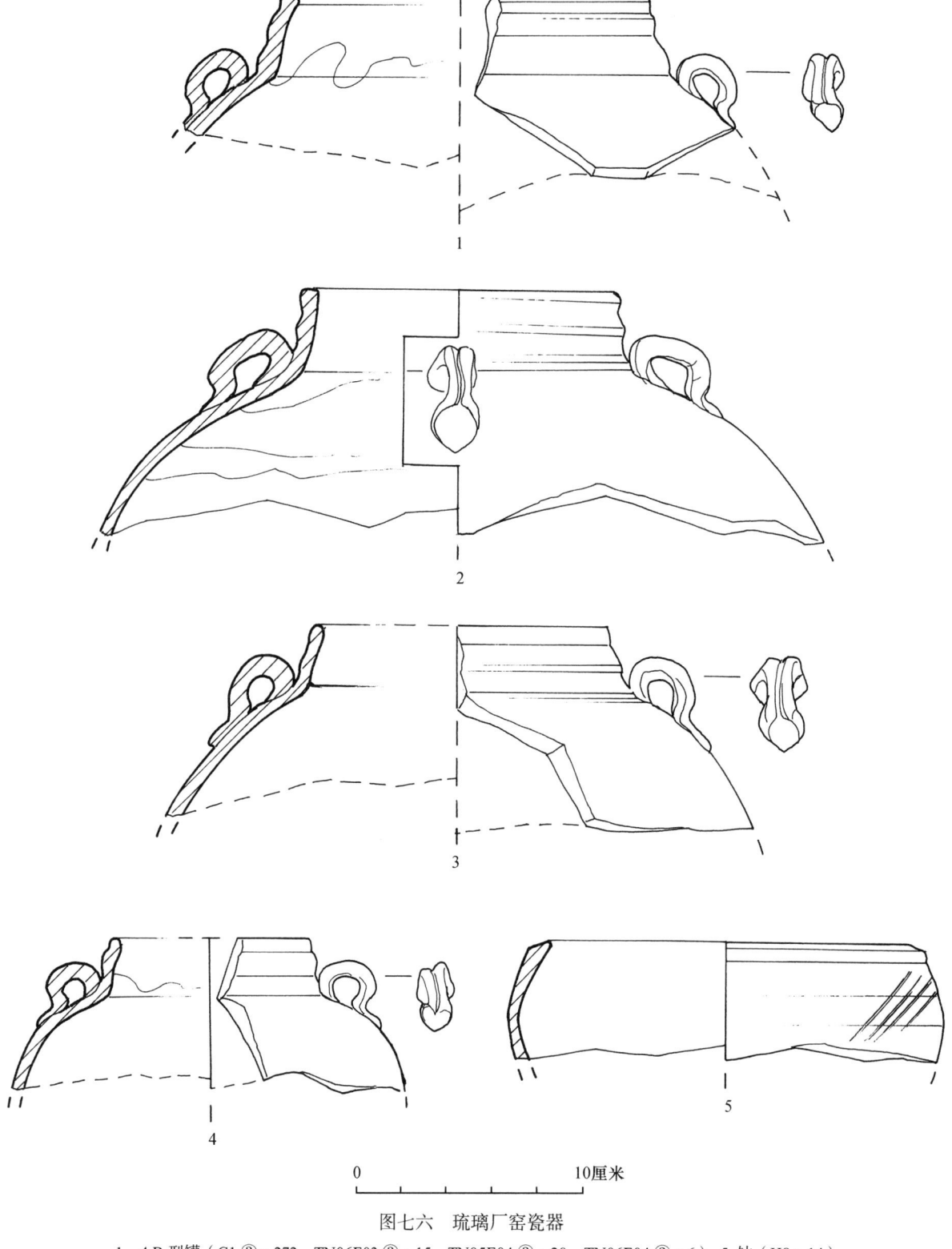

图七六 琉璃厂窑瓷器

1~4.B 型罐（C1③：272、TN06E03③：15、TN05E04③：20、TN06E04③：6） 5.钵（H8：14）

高 6.4 厘米（图七六，4）。

注壶　1 件。C1③：174，深褐胎，酱黑釉。盘口，颈部较细长。口径 6.6、残高 6.2 厘米（图六四，5）。

钵　2 件。敛口，扁鼓腹。C1③：300，深褐胎，挂粉黄色化妆土，青黄釉，釉面有开片，外壁饰团状酱彩。口径 19.6、残高 6 厘米（图五八，3）。H8：14，红褐胎，外壁用灰白色化妆土描画交错的斜线纹，釉面脱落。口径 17.2、残高 5 厘米（图七六，5）。

瓷塑模型　1 件。TN06E02③：5，通体呈蹲坐状，形似狮或狗，表面有刻划的鬃毛。红褐胎，挂粉黄色化妆土，青黄釉，釉面有开片，局部饰酱褐彩。残长 11.2 厘米（图七七；图版三九，6）。

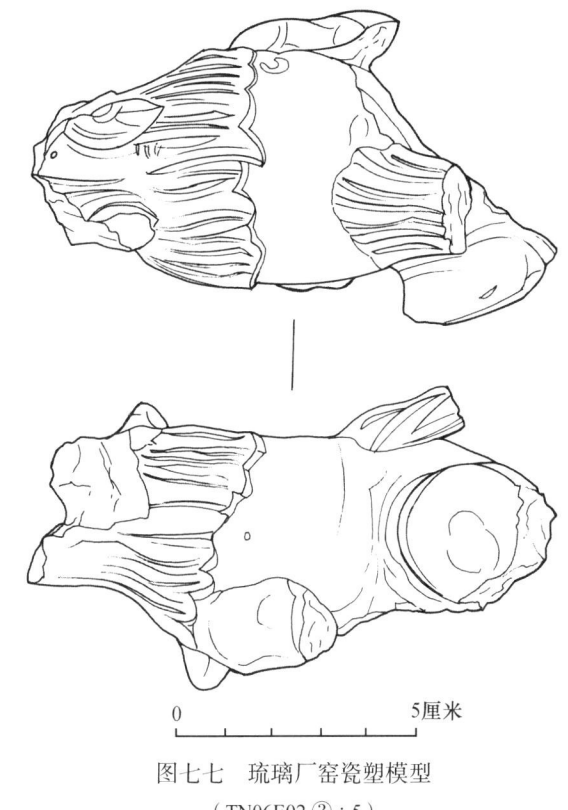

图七七　琉璃厂窑瓷塑模型
（TN06E02③：5）

三、邛窑

数量较少，但器形较丰富，多属于日常生活用具，可辨碗、盘、杯、盏、盏托、盆、罐、钵、炉、盒、急须、壶流、器盖、器足、器柄等，其中碗、盏、盆的数量较多。瓷器可分高温釉和低温釉两种，胎质普遍较粗，前者为一次烧成，胎色可见灰、深褐、红褐、暗红等多种，胎面通常挂有化妆土，化妆土多呈粉黄、粉白、灰白、灰等色。除青釉外，还有少量的绿釉，釉面玻璃质感较强，多有细开片，有的釉面呈乳浊失透状，外壁多施半截釉，底部露胎，个别有脱釉的现象，器表以素面居多，装饰技法以褐、酱、绿等色彩绘为主；后者为二次烧成，数量很少，胎色常见粉白、粉黄等，有黄釉和绿釉两种。

碗　9 件。根据口、腹及底部特征分为五型。

A 型　2 件。敞口，弧腹，玉璧足。C1③：286，灰胎，挂灰白色化妆土，青釉，釉面有开片。口径 15、底径 6、高 5.6 厘米（图七八，7）。C1③：237，灰胎，淡青釉。口径 13、底径 4.4、高 5 厘米（图七八，8）。

B 型　2 件。斜直腹，饼足。根据饼足特征分为二式。

Ⅰ式：1 件。足部较大。C1①：46，灰胎，挂粉白色化妆土，内壁施淡青釉，釉面有开片，外壁施酱釉，内底残留支钉痕。口径 15.2、底径 7.2、高 4.2 厘米（图七八，6）。

Ⅱ式：1 件。足部变小。TN06E03③：27，暗红胎，挂粉白色化妆土，明黄釉，釉面有细开片，内底残留芝麻点支钉痕。底径 5、残高 2.5 厘米（图七八，4）。

C 型　1 件。斜直腹，圈足。TN06E04③：7，灰胎，通体满施青釉，釉面有开片，足底残

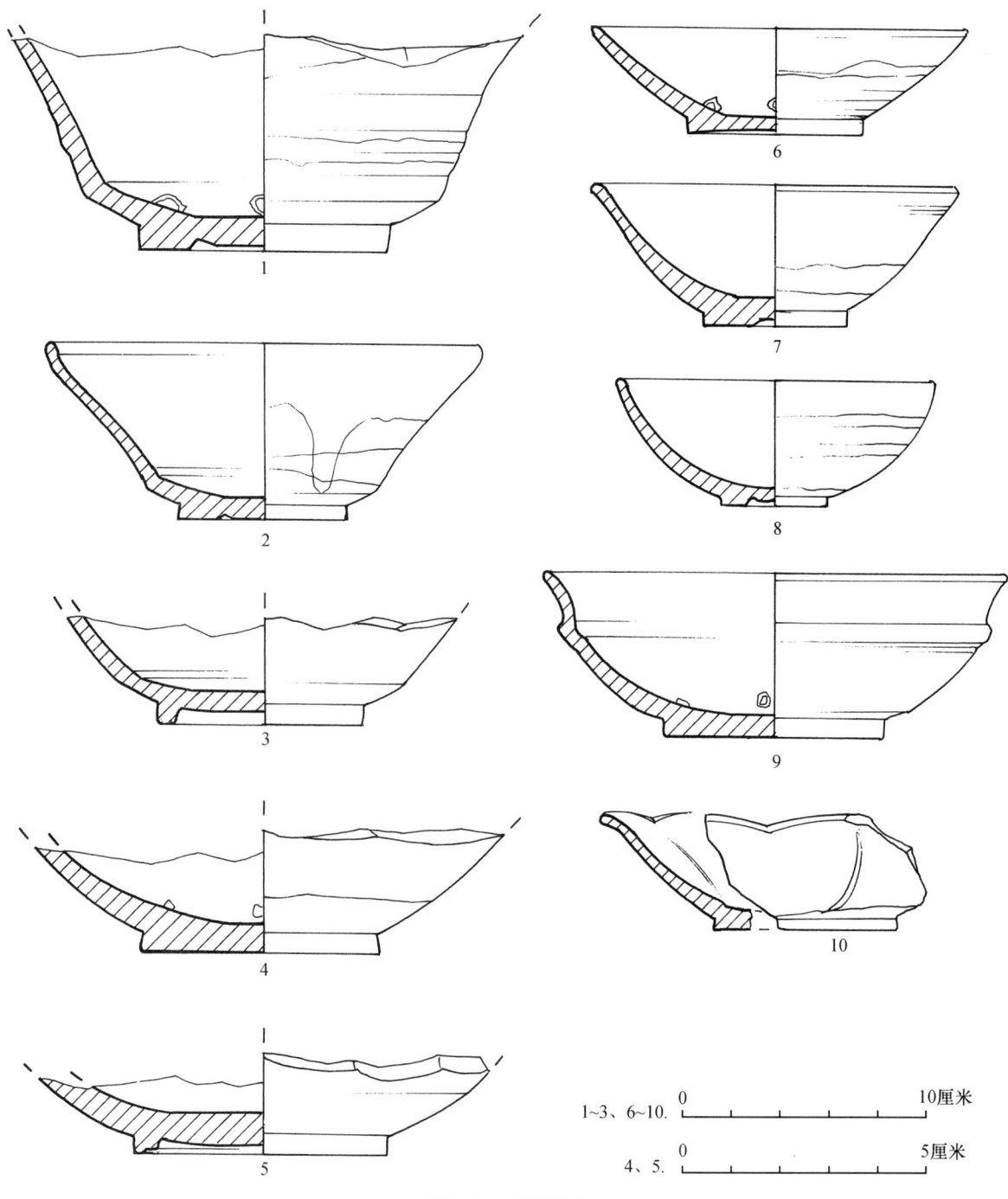

图七八　邛窑瓷器

1~3.D 型碗（TN06E03③：12、TN06E03③：21、C1③：208）　4.B 型Ⅱ式碗（TN06E03③：27）
5.C 型碗（TN06E04③：7）　6.B 型Ⅰ式碗（C1①：46）　7、8.A 型碗（C1③：286、C1③：237）
9.E 型碗（C1③：128）　10.B 型盘（TN05E04③：1）

留支钉痕。足径 5.2、残高 2 厘米（图七八, 5）。

D 型　3 件。斜直腹，下腹近底处形成一道转折。TN06E03③：12，暗红胎，挂粉黄色化妆土，青黄釉，内底残留支钉痕。底径 10.4、残高 8.6 厘米（图七八, 1）。TN06E03③：21，灰胎，挂粉黄色化妆土，青黄釉，内底残留支钉痕。口径 18、底径 7、高 7 厘米（图七八, 2；图版四〇, 1）。C1③：208，灰胎，淡青釉，釉面呈乳浊失透状。底径 8.4、残高 4.2 厘米（图七八, 3）。

E 型　1 件。折腹，腹部转折处靠上，形成一道凸棱，上腹略内曲。C1③：128，暗红胎，挂粉黄色化妆土，青黄釉，内底残留支钉痕。口径 18.8、底径 9、高 6.5 厘米（图七八, 9）。

盘　2 件。根据口、腹及足部特征分为二型。

A 型　1 件。斜直腹，下腹近底处形成一道转折，圈足外撇。TN06E03③：26，暗红胎，挂粉白色化妆土，明黄釉，釉面有细开片，内底残留芝麻点支钉痕。足径 7.8、残高 1.8 厘米（图七九, 7；图版四〇, 2）。

B 型　1 件。花口，斜弧腹，矮圈足。TN05E04③：1，灰胎，青灰釉。高 4.5 厘米（图七八, 10）。

杯　1 件。侈口，尖唇，腹壁内弧呈亚腰状，近底部转折形成一道凸棱，饼足。H9：8，灰胎，青灰釉，釉面多脱落。口径 8.7、底径 3.6、高 5.5 厘米（图八〇, 5；图版四〇, 3）。

盏　4 件。根据口、腹及足部特征分为二型。

A 型　3 件。敞口，厚圆唇，斜直腹，饼足。G2①：123，灰胎，淡青釉，内壁施绿釉。口径 12.6、底径 5、高 3.6 厘米（图八〇, 3；图版四〇, 4）。C1③：273，灰胎，酱釉，积釉处泛黑。口径 11.2、底径 4.4、高 3.4 厘米（图八〇, 4；图版四〇, 5）。

B 型　1 件。侈口，尖唇，弧腹，底部圈足外撇。C1③：265，灰胎，挂灰白色化妆土，淡青釉，釉面有细开片。口径 11、足径 5、高 4.2 厘米（图八〇, 2；图版四〇, 6）。

盏托　1 件。TN06E01③：5，暗红胎，挂粉白色化妆土，明黄釉，釉面有细开片。通体似盘，上部带托杯，底部圈足外撇。足径 7.4、残高 1.9 厘米（图七九, 6）。

盆　13 件。敛口，折沿，弧腹，饼足。C1④：48，腹部有瓜棱状出筋。深褐胎，挂粉白色化妆土，淡青釉，沿面及外腹壁饰褐彩。口径 21.6、底径 9.2、高 9.2 厘米（图八〇, 1；图版四一, 1）。C1③：263，灰胎，挂灰白色化妆土，淡青釉，沿面及外腹壁饰褐、绿二彩。残高 6.9 厘米（图八一, 1）。C1⑤：16，灰胎，挂灰白色化妆土，淡青釉，沿面及外腹壁饰褐、绿二彩。残高 7.6 厘米（图八一, 2）。C1③：358，灰胎，挂粉白色化妆土，淡青釉，沿面及外腹壁饰褐、绿二彩。残高 8 厘米（图八一, 3）。C1④：198，灰胎，挂灰白色化妆土，淡青釉，沿面及外腹壁饰褐、黑二彩。残高 6.4 厘米（图八一, 4）。G2①：128，灰胎，淡青釉，沿面饰褐彩。残高 4.9 厘米（图八一, 5）。C1⑥：20，灰胎，挂灰白色化妆土，淡青釉，沿面饰褐彩。残高 8.4 厘米（图八一, 6）。C1②：26，红褐胎，挂粉白色化妆土，青黄釉，内底饰褐、绿二彩。底径 9.8、残高 3.7 厘米（图八一, 7）。

钵　7 件。敛口。根据唇、腹部特征分为二型。

A 型　5 件。尖唇，折肩，转折处形成一道凸棱，斜直腹。C1③：139，深褐胎，挂粉

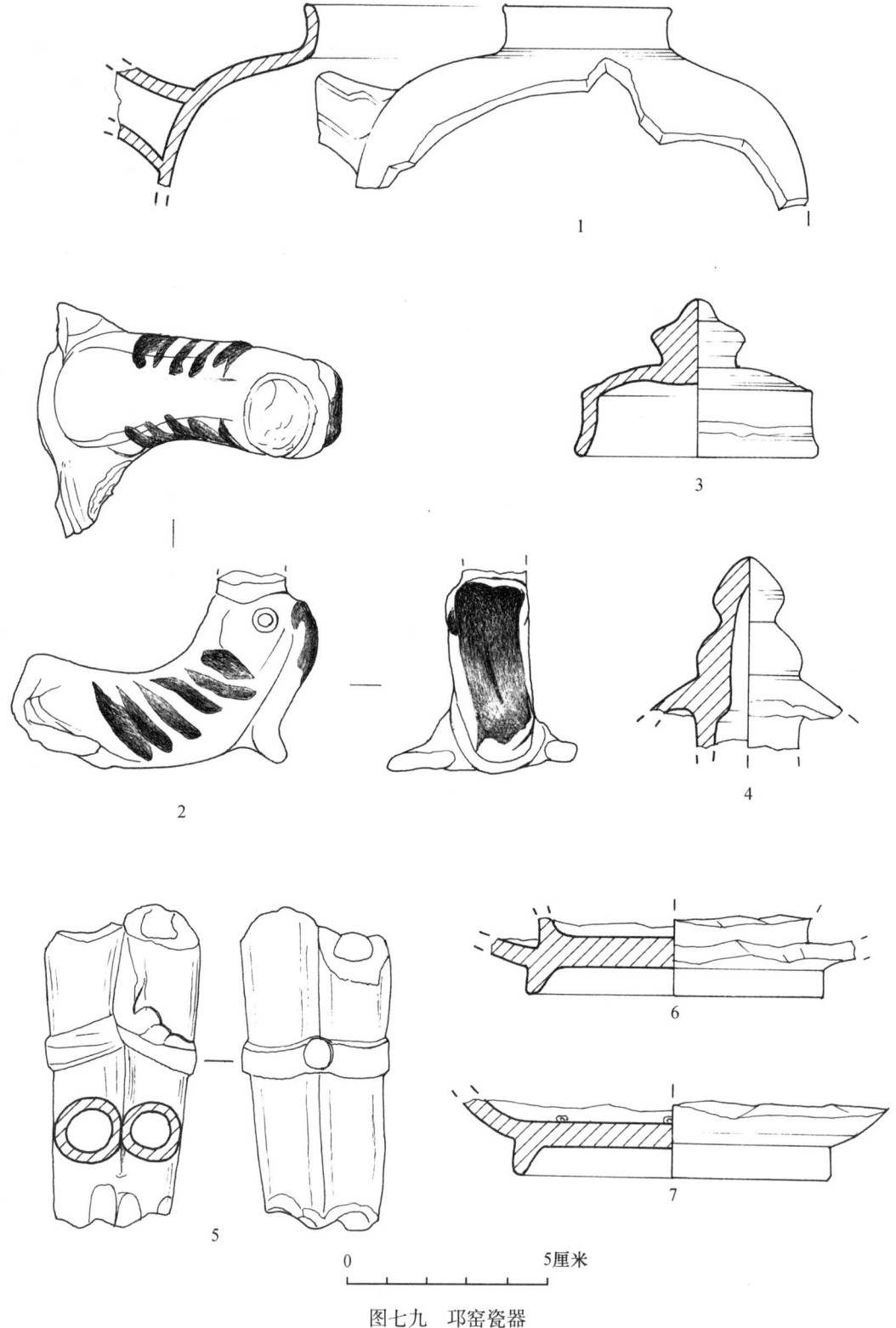

图七九　邛窑瓷器
1. 急须（C1③：22）　2. 器柄（C1④：248）　3、4.B 型器盖（C1③：18、TN05E01③：6）
5.B 型壶流（TN06E01③：2）　6. 盏托（TN06E01③：5）　7.A 型盘（TN06E03③：26）

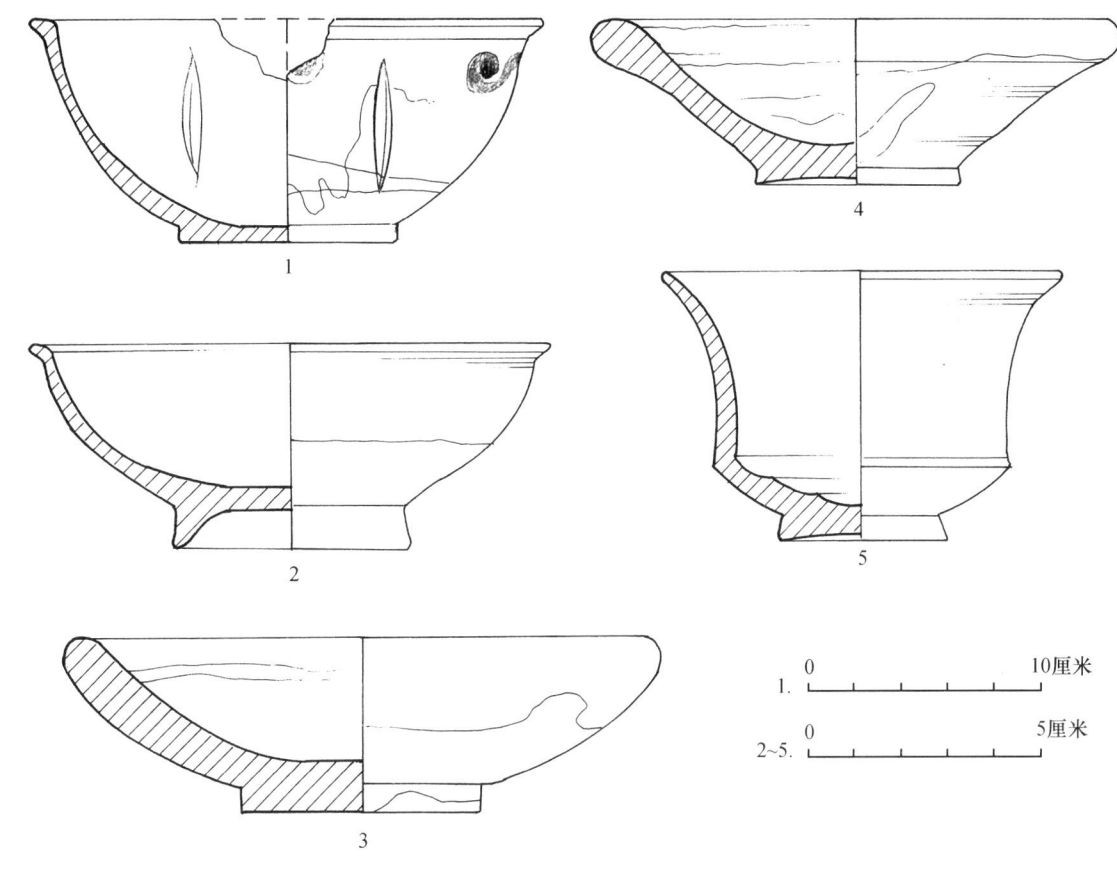

图八〇　邛窑瓷器
1.盆（C1④：48）　2.B型盏（C1③：265）　3、4.A型盏（G2①：123、C1③：273）　5.杯（H9：8）

黄色化妆土，青黄釉，外壁饰酱彩。残高6.4厘米（图八二，1）。C1④：175，深褐胎，挂灰白色化妆土，淡青釉，外壁饰褐、绿二彩。残高6.2厘米（图八二，4）。C1③：228，深褐胎，挂粉黄色化妆土，青黄釉，釉面有细开片，外壁饰酱彩。残高4.5厘米（图八二，5）。C1④：255，深褐胎，挂灰白色化妆土，淡青釉，外壁饰褐、绿二彩。口径15.6、残高8.5厘米（图八二，6）。C1③：233，深褐胎，挂灰白色化妆土，青灰釉，外壁饰褐彩。残高8.5厘米（图八二，7）。

B型　2件。圆唇，扁鼓腹。H9：11，暗红胎，挂粉白色化妆土，淡青釉，外壁饰酱、绿二彩。残高3.5厘米（图八二，2；图版四一，2）。C1①：27，深褐胎，挂粉白色化妆土，淡青釉，外壁饰酱、绿二彩。残高4.1厘米（图八二，3；图版四一，3）。

罐　2件。直口，短颈较垂直，溜肩，椭圆腹，肩部对称置桥形系。H7：54，深褐胎，挂灰白色化妆土，青灰釉，釉面有细开片，外壁饰褐彩。口径12、残高15.4厘米（图八三，3；图版四一，4）。G2①：127，灰胎，青灰釉。口径8.8、残高4.4厘米（图八三，4）。

盒　3件。形制基本相同，均为圆形子母口盒。C1③：7，灰胎，挂粉白色化妆土，淡青釉，釉面有细开片。口径13.6、底径8、高5.3厘米（图八四，5；图版四一，5）。C1②：44，粉黄胎，挂粉白色化妆土，淡青釉。高3.5厘米（图八四，6）。C1③：9，灰胎，绿釉泛蓝，

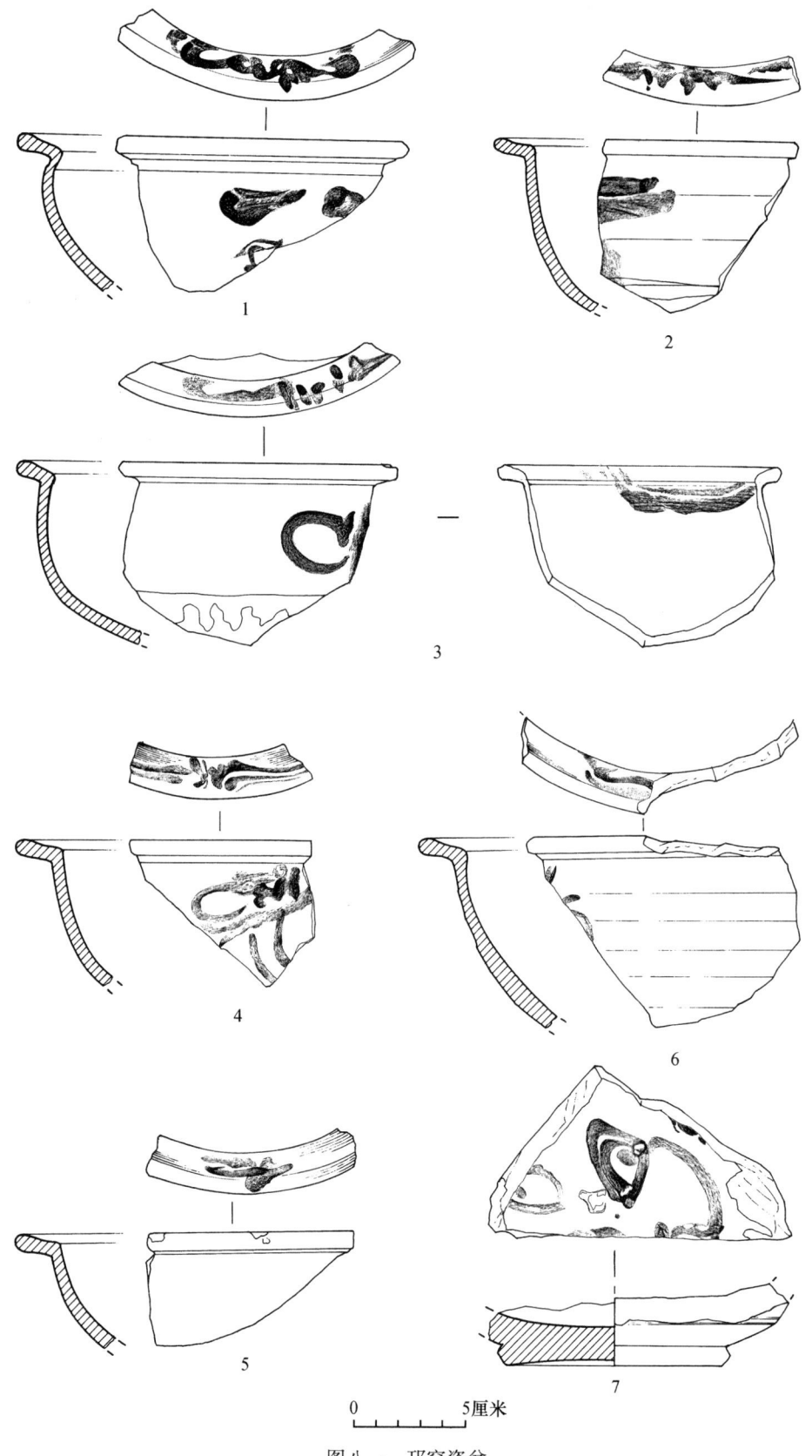

图八一 邛窑瓷盆

1.C1③:263　2.C1⑤:16　3.C1③:358　4.C1④:198　5.G2①:128　6.C1⑥:20　7.C1②:26

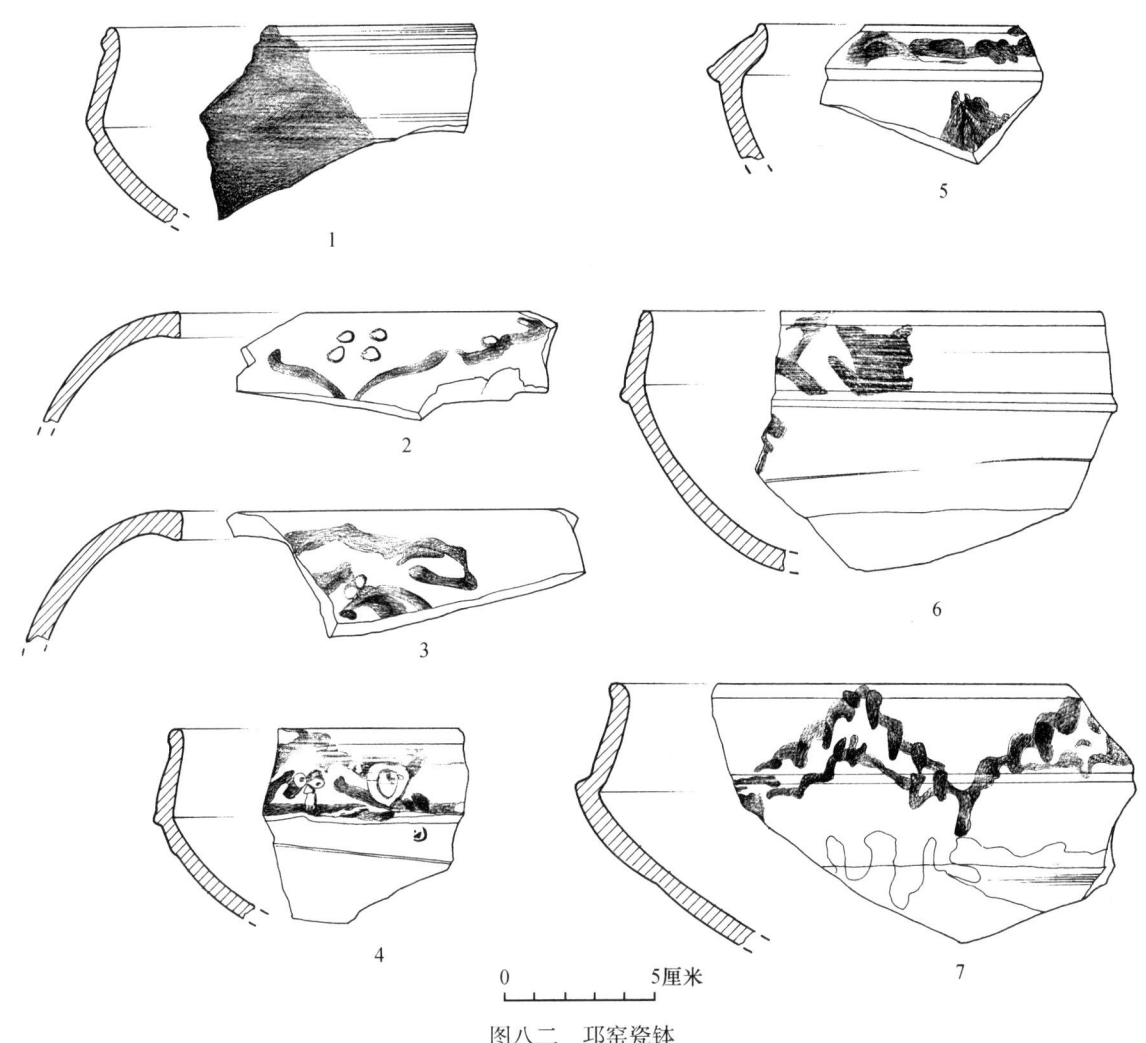

图八二 邛窑瓷钵

1、4~7.A型（C1③:139、C1④:175、C1③:228、C1④:255、C1③:233） 2、3.B型（H9:11、C1①:27）

釉面呈乳浊失透状。口径7.6、底径5、高3.8厘米（图八四，7；图版四一，6）。

炉 2件。形制基本相同，均为矮圆筒形腹，平底，带五只蹄足。TN06E03③:2，灰胎，淡青釉，釉面多脱落，局部饰褐彩。残高5.6厘米（图八三，1；图版四二，1）。TN06E02③:2，暗红胎，挂粉黄色化妆土，酱釉，釉面多脱落。残高5.5厘米（图八三，2）。

急须 1件。C1③:22，粉黄胎，挂粉白色化妆土，绿釉，釉面有细开片。直口，短颈，扁鼓腹，肩部置侧柄，流部缺失。口径4.2、最大腹径11.2、残高4.7厘米（图七九，1；图版四二，2）。

壶流 2件。分为二型。

A型 1件。单流，流部短而斜直上翘。C1④:186，灰胎，淡青釉，流部饰绿彩。残高3.7厘米（图八三，5）。

B型 1件。双流，流部较长，以贴饰的绳索缠绕相套。TN06E01③:2，灰胎，绿釉，釉面呈乳浊失透状。残高7.8厘米（图七九，5）。

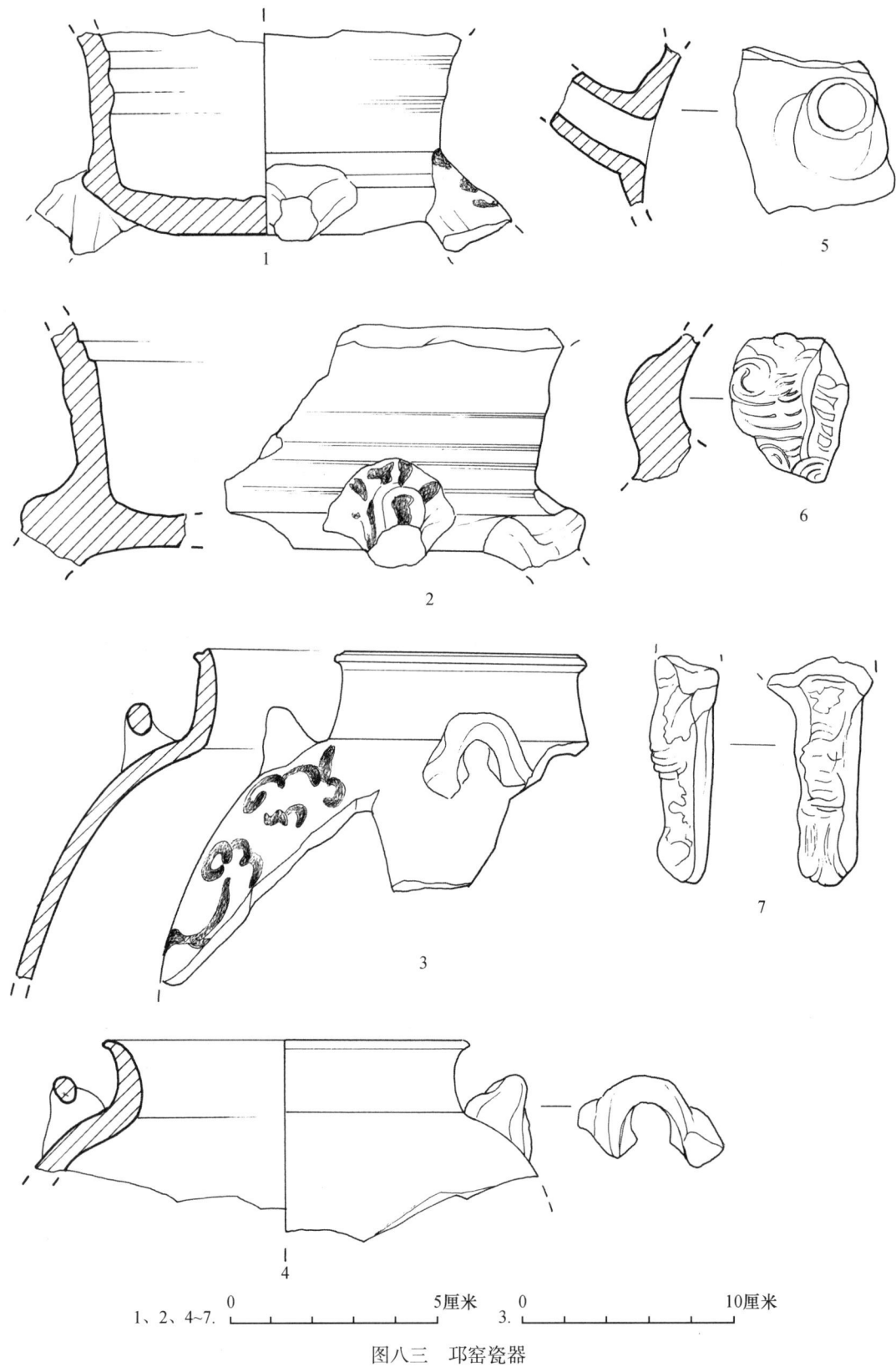

图八三　邛窑瓷器

1、2.炉（TN06E03③:2、TN06E02③:2）　3、4.罐（H7:54、G2①:127）　5.A型壶流（C1④:186）
6.瓷塑模型（TN06E03③:22）　7.器足（TN06E03③:28）

器盖 6件。分为二型。

A型 4件。直壁，盖面微隆起，为盒盖。C1③：292，粉黄胎，挂灰白色化妆土，青黄釉。直径20、高3厘米（图八四，1）。C1②：40，粉黄胎，挂灰白色化妆土，青黄釉。直径15.2、高2.2厘米（图八四，2）。C1②：41，粉黄胎，挂灰白色化妆土，青黄釉。直径12.6、高2.2厘米（图八四，3）。G2①：9，粉黄胎，挂粉白色化妆土，淡青釉，釉面有细开片。直径10.8、高2.5厘米（图八四，4）。

B型 2件。盖面隆起，中心带一宝塔形纽。C1③：18，红褐胎，通体大部分施绿

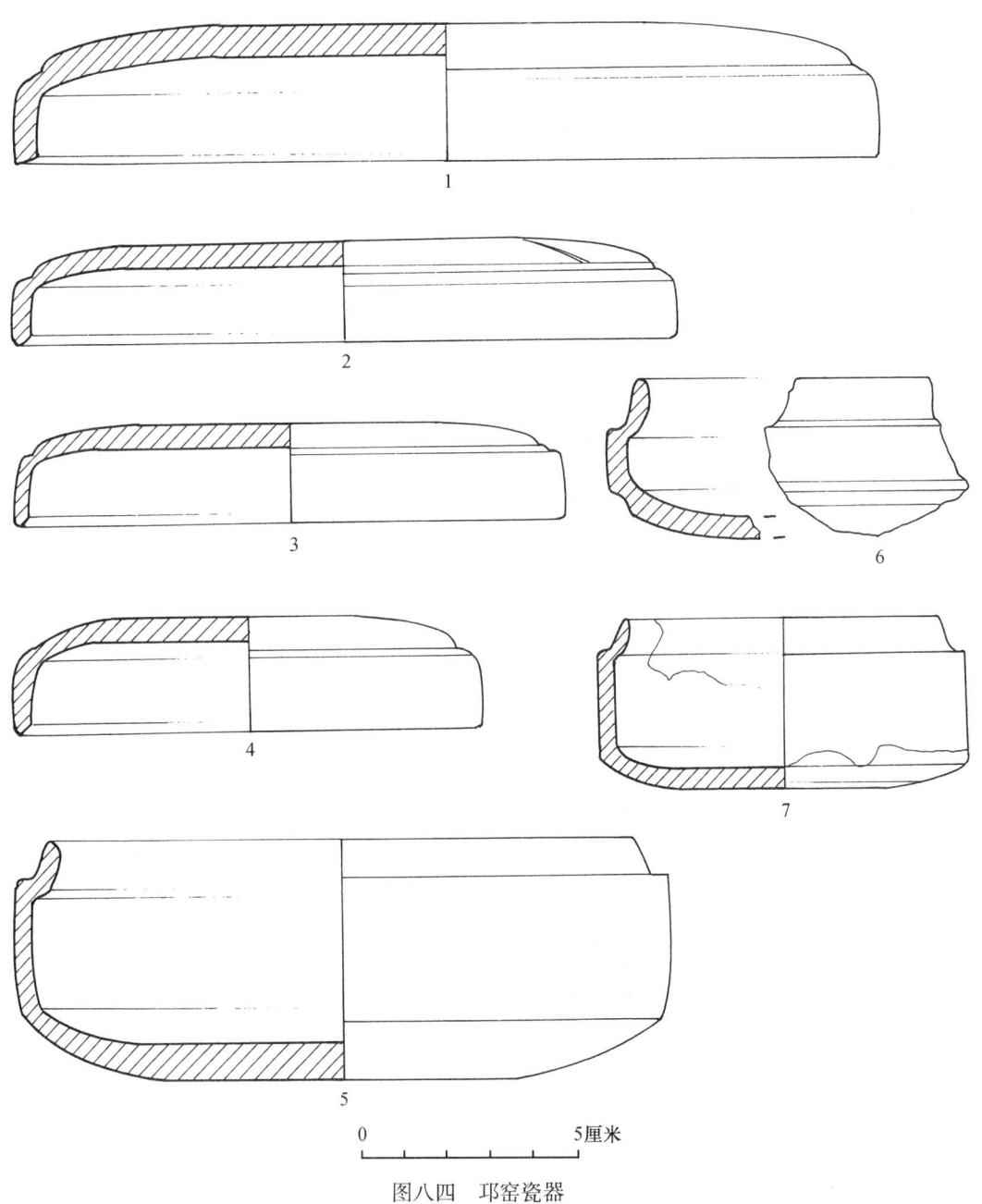

图八四 邛窑瓷器

1~4.A型器盖（C1③：292、C1②：40、C1②：41、G2①：9） 5~7.盒（C1③：7、C1②：44、C1③：9）

釉，局部施淡青釉，釉面有细开片。直径6、高3.8厘米（图七九，3；图版四二，3）。TN05E01③：6，粉黄胎，青绿釉，釉面有细开片。残高4.6厘米（图七九，4）。

器足　1件。为炉的蹄形足，足面有模印的兽头图案。TN06E03③：28，粉红胎，挂粉白色化妆土，绿釉。残高5.2厘米（图八三，7）。

器柄　1件。C1④：248，深褐胎，挂粉白色化妆土，淡青釉，局部饰酱、绿二彩。通体似一蜷局的鸟头。残高7.7厘米（图七九，2；图版四二，4）。

瓷塑模型　2件。TN06E03③：8，骑兽俑。粉白胎，绿釉。残高2.8厘米（图八五，6）。TN06E03③：22，外壁雕刻鬃毛。粉白胎，绿釉。残高3.4厘米（图八三，6）。

四、长沙窑

数量较少，均为青釉瓷器，器形以碗居多，少量注壶、器盖。制作较精细，胎体瓷化程度高，烧结致密，胎色浅灰或粉黄，有挂化妆土的做法，釉面玻璃质感强，有细密的开片，外壁施釉多不及底，色调有青灰、青黄、淡青等几种，器表素面无纹饰。

碗　14件。玉璧足。根据腹部特征分为二型。

A型　10件。斜直腹。C1③：324，粉黄胎，挂灰白色化妆土，淡青釉。口径14.4、底径

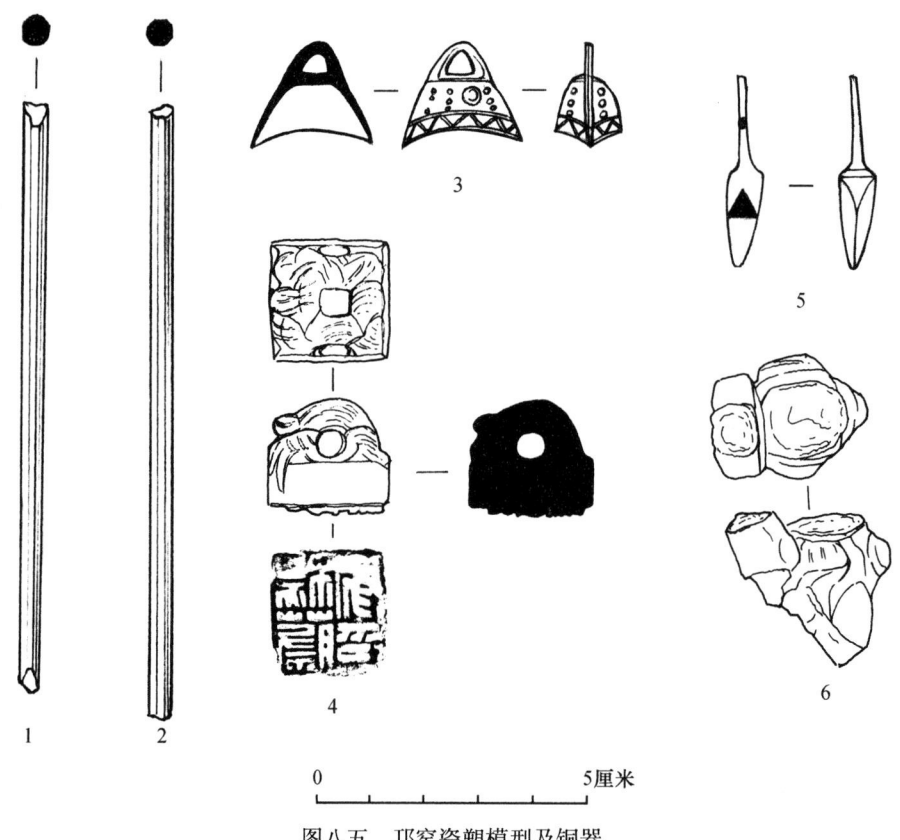

图八五　邛窑瓷塑模型及铜器

1、2.铜箸（G2①：26、C1③：321）3.铜铃铛（C1③：322）4.铜印章（C1①：8）5.铜箭镞（C1⑤：8）
6.邛窑瓷塑模型（TN06E03③：8）

5.4、高 4.2 厘米（图八六，4；图版四三，1）。C1③：151，粉黄胎，挂灰白色化妆土，青黄釉。口径 14.2、底径 5.6、高 4.5 厘米（图八六，5；图版四三，2）。C1③：226，灰胎，挂灰白色化妆土，淡青釉。口径 14.8、底径 6、高 4.5 厘米（图八六，7）。C1④：249，灰胎，挂灰白色化妆土，青灰釉。口径 14.4、底径 5.8、高 4.2 厘米（图八六，8）。C1③：296，粉黄胎，挂灰白色化妆土，青黄釉。口径 15、底径 6、高 4 厘米（图八六，9）。C1③：224，灰白胎，淡青釉。口径 14.8、底径 5.8、高 4.1 厘米（图八六，10）。C1③：70，灰胎，挂灰白色化妆土，淡青釉。口径 14.4、底径 5.4、高 4.1 厘米（图八六，11）。TN05E05③：7，粉黄胎，挂灰白色化妆土，青黄釉。口径 14.8、底径 5.4、高 4 厘米（图八六，12）。C1③：341，灰胎，挂灰白色化妆土，青灰釉。口径 15.4、底径 6.6、高 4 厘米（图八六，13）。

B 型　4 件。斜弧腹。C1④：52，灰胎，青黄釉。口径 20.4、底径 6.8、高 6.4 厘米（图八六，1；图版四三，3）。C1⑥：19，灰胎，青灰釉。口径 20.8、底径 7.2、高 7 厘米（图八六，2）。C1④：3，灰胎，挂灰白色化妆土，青黄釉。口径 14.6、底径 5.8、高 5 厘米（图八六，3）。G2①：55，粉黄胎，挂灰白色化妆土，青黄釉。口径 15.6、底径 6.6、高 5.3 厘米（图八六，6；图版四三，4）。

器盖　1 件。C1④：166，粉黄胎，青黄釉。圆形盖，盖面隆起。直径 14.1、高 3.5 厘米（图八六，14）。

注壶　1 件。G2①：1，灰胎，青黄釉。喇叭口，长颈，倒卵形腹，流部短直带棱，肩部带贴饰，柄部残缺。口径 12.8、最大腹径 16.2、残高 20 厘米（图六四，1；图版四三，5）。

五、邢窑

碗　1 件。C1③：120，白胎，白釉泛青，釉面光洁莹润。敞口，圆唇，唇部外凸，斜直腹，玉璧足。口径 15.6、底径 6.4、高 4.2 厘米（图八七，7；图版四三，6）。

六、北方白瓷窑口

数量很少，器形可辨碗、钵。制作较精细，胎体瓷化程度高，烧结致密，白胎，胎面无化妆土，釉色泛黄或泛灰，通体素面无纹饰。

碗　5 件。根据腹部特征分为二型。

A 型　2 件。弧腹。C1③：154，白胎，白釉泛灰。口径 18.6、足径 10、高 6.7 厘米（图八七，1；图版四二，5）。G2②：12，白胎，白釉泛黄。口径 10、足径 5.4、高 4.3 厘米（图八七，4；图版四二，6）。

B 型　3 件。斜直腹，个别口沿呈花瓣状，腹部带出筋做法。TN04E04③：13，白胎，白釉泛灰。足径 8.8、残高 4.5 厘米（图八七，3）。C1②：2，白胎，白釉泛灰。残高 3.6 厘米（图八七，5）。C1③：20，白胎，白釉泛灰。口径 15.6、残高 3.6 厘米（图八七，6）。

钵　1 件。C1③：294，白胎，白釉泛灰。扁鼓腹，平底。底径 8、残高 6.5 厘米（图八七，2）。

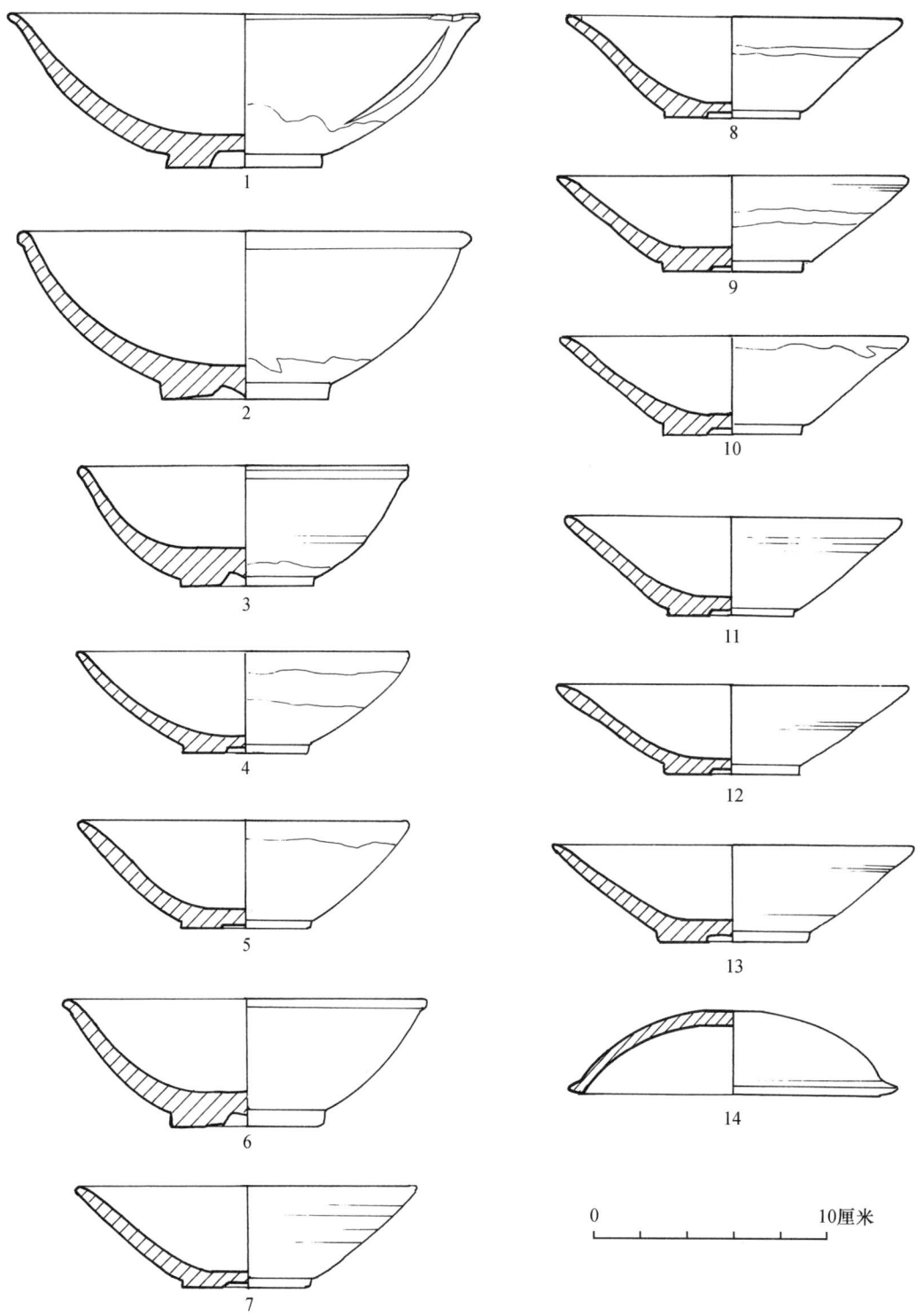

图八六 长沙窑瓷器

1~3、6.B 型碗（C1④：52、C1⑥：19、C1④：3、G2①：55） 4、5、7~13.A 型碗（C1③：324、C1③：151、C1③：226、C1④：249、C1③：296、C1③：224、C1③：70、TN05E05③：7、C1③：341） 14.器盖（C1④：166）

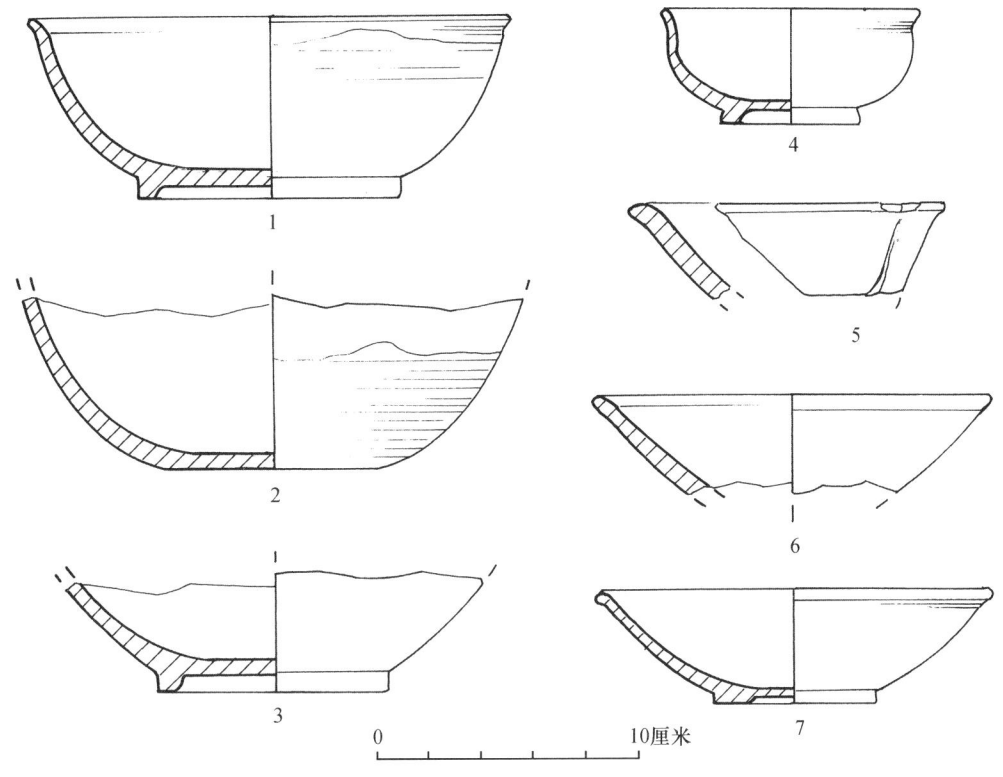

图八七　邢窑及北方白瓷窑口瓷器

1、4.北方白瓷窑口 A 型碗（C1③：154、G2②：12）　2.北方白瓷窑口钵（C1③：294）
3、5、6.北方白瓷窑口 B 型碗（TN04E04③：13、C1②：2、C1③：20）　7.邢窑碗（C1③：120）

第二节　陶　　器

数量较多，可分作生活用具和建筑构件两大类，以前者所占的比重较大。

一、生活用具

器形可辨碗、盘、钵、盂、盏、罐、盆、瓮、砚台、炉、灯、碓臼、器盖、纺轮、拍、印模等，以泥质灰陶、红褐陶、褐陶、灰黑陶最常见，胎体薄厚、轻重不一，有普通陶器和低温釉陶器两类：前者个别器表带黑色陶衣，大多素面无纹，少量内壁带刻划装饰；后者多为三彩器，器表挂有化妆土，釉色有褐、绿、白、蓝等。

碗　11件。侈口，尖唇，弧腹。根据足部特征分为二型。

A 型　9件。圈足外撇。根据腹、足部特征分为二亚型。

Aa 型　1件。腹部较深，圈足较高。G2①：158，泥质灰陶，器表泛红褐色。口径17.8、足径9.6、高9.6厘米（图三四，6；图版四四，1）。

Ab 型　8件。腹部较浅，圈足较矮。TN03E06③：1，泥质红褐陶，口沿内外带烟熏痕。口径15.2、足径7、高6.4厘米（图四三，6；图版四四，2）。H7：24，泥质灰陶。足径8、残高

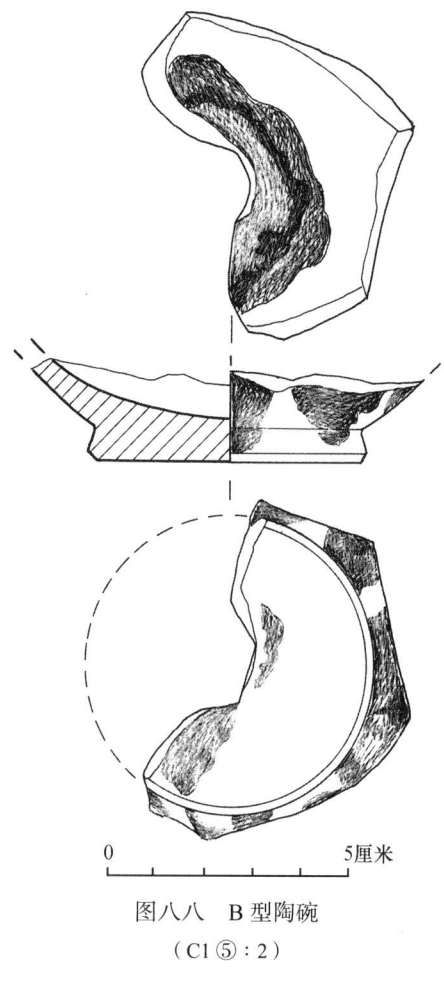

图八八　B型陶碗
（C1⑤∶2）

3.3厘米（图四三，5）。H7∶44，泥质红褐陶。口径15.8、足径8.4、高6.2厘米（图四三，1）。H9∶10，泥质灰陶。足径8.2、残高3.1厘米（图四三，4）。H9∶12，泥质灰陶。足径7.6、残高3厘米（图四三，3）。H9∶16，泥质红褐陶。足径7.6、残高4.4厘米（图四三，7）。G2①∶66，泥质灰陶。足径10.4、残高5.5厘米（图四三，8）。G2①∶104，泥质灰陶。足径14.6、残高4厘米（图四三，2）。

B型　2件。均为北方窑口的三彩釉陶器，饼足。C1⑤∶2，泥质红褐陶，挂粉白色化妆土，内、外壁施三彩釉，内底残留芝麻点支烧痕。底径5.6、残高1.8厘米（图八八）。C1⑥∶1，泥质红褐陶，挂粉白色化妆土，内、外壁施褐、绿、白三彩釉。口径13.4、底径5.4、高4厘米（图八九；图版四四，3）。

盘　7件。敞口，浅斜直腹，平底。H9∶9，泥质褐陶。口径14.4、底径10.4、高2厘米（图九〇，1）。H7∶46，泥质红褐陶。口径14.4、底径10.4、高2.4厘米（图九〇，2）。C1③∶73，泥质红褐陶。口径13.2、底径8.8、高2.5厘米（图九〇，3）。TN03E06③∶7，泥质红褐陶。口径13.2、底径7.6、高2.2厘米（图九〇，4）。G2①∶132，泥质灰陶。口径12.2、底径8、高2厘米（图九〇，5）。G2②∶11，泥质褐陶。口径10、底径6.7、高1.7厘米（图九〇，6）。C1⑤∶3，泥质红褐陶。口径8.2、底径6、高1.2厘米（图九〇，7）。

钵　2件。均为北方窑口的三彩釉陶器，侈口，尖唇，折腹，上腹内曲，底部带足墙较宽的圈足。G2②∶1，泥质红褐陶，挂粉白色化妆土，内、外壁施褐、绿、白三彩釉。足径11.2、残高2.9厘米（图九一，1；图版四四，4）。G2②∶2，泥质红褐陶，挂粉白色化妆土，内、外壁施褐、绿、白三彩釉。口径27.6、残高7.4厘米（图九一，2）。

盂　1件。C1③∶17，泥质灰白陶，釉面大部分脱落，局部残留蓝釉痕迹。敛口，尖唇，扁鼓腹，圈足。残口径6.4、最大腹径12.4、足径6.4、残高8.2厘米（图七二，7；图版四四，5）。

盏　7件。敞口，厚圆唇，浅斜直腹。G2①∶131，泥质红褐陶。口径8、底径4.2、高3.2厘米（图九二，1）。G2②∶6，泥质褐陶。口径10.2、底径6、高2.4厘米（图九二，2）。G2①∶144，泥质红褐陶。口径10.2、底径4、高3.1厘米（图九二，3）。G2②∶15，泥质灰陶。口径9.8、底径5、高2.5厘米（图九二，4）。G2②∶13，泥质灰陶。口径12.2、底径6、高3.4厘米（图九二，5）。C1⑤∶4，泥质灰黑陶。口径10.6、底径5、高2.6厘米（图九二，6；图版四四，6）。C1③∶39，泥质灰黑陶。口径10.4、底径5、高2.7厘米（图九二，7）。

罐　6件。根据口、肩部特征分为二型。

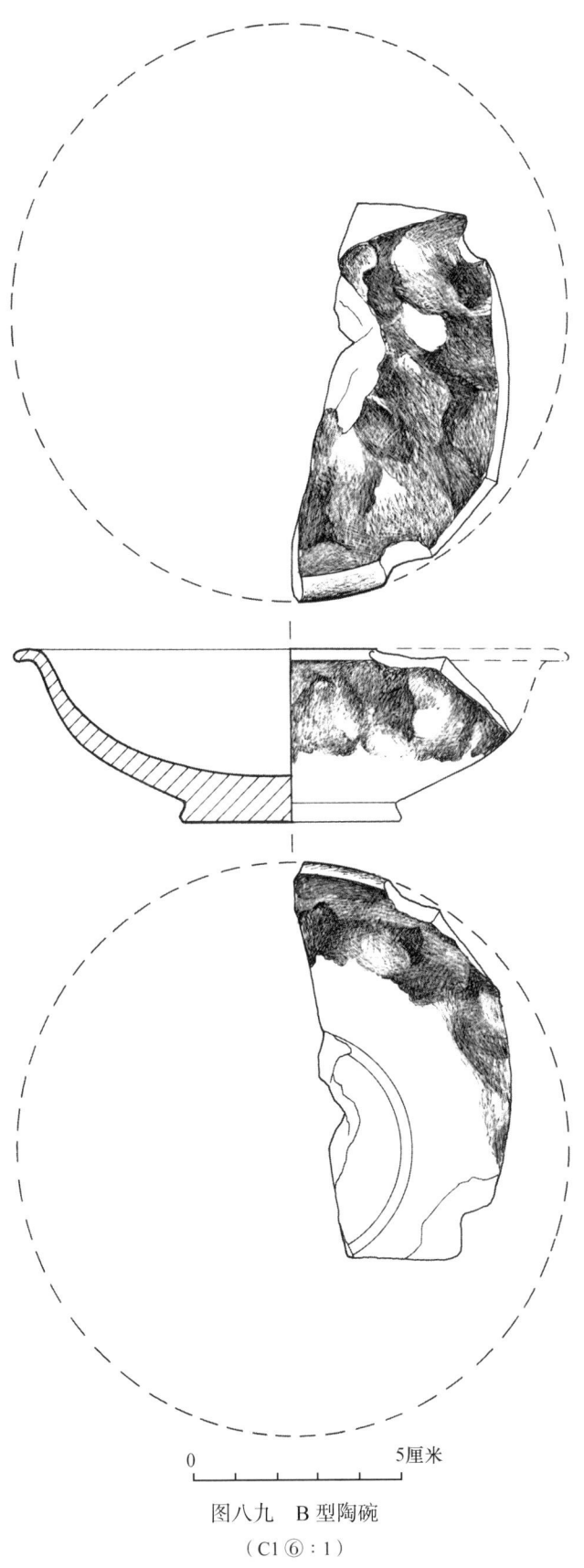

图八九　B型陶碗
(C1⑥:1)

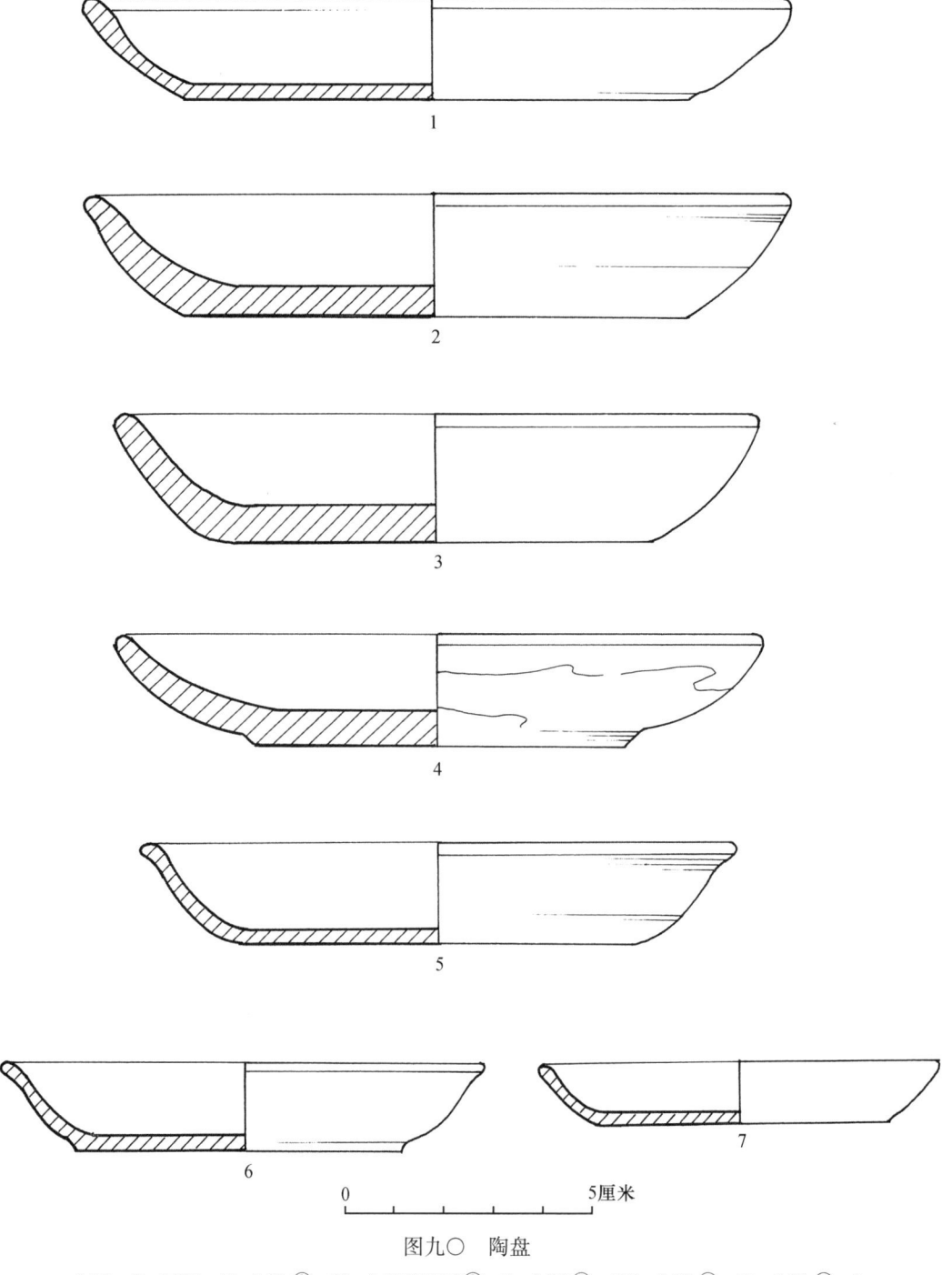

图九〇　陶盘
1.H9∶9　2.H7∶46　3.C1③∶73　4.TN03E06③∶7　5.G2①∶132　6.G2②∶11　7.C1⑤∶3

A型　5件。敛口，圆唇，唇部外凸，丰肩，肩部带宽而圆拱的桥形系。TN07W01③∶3，泥质棕褐陶。残高13.8厘米（图九三，1）。G2①∶138，泥质棕褐陶。残高8厘米（图九三，2）。C1③∶205，泥质灰陶。残高6.1厘米（图九三，3；图版四四，7）。H9∶24，泥质灰陶。口径14.6、残高6.5厘米（图九三，5）。C1④∶80，泥质灰陶。残高7.3厘米（图九三，6）。

B型　1件。敛口，双唇，溜肩，肩部无系。TN06E03③∶18，泥质灰陶，外壁呈褐色。

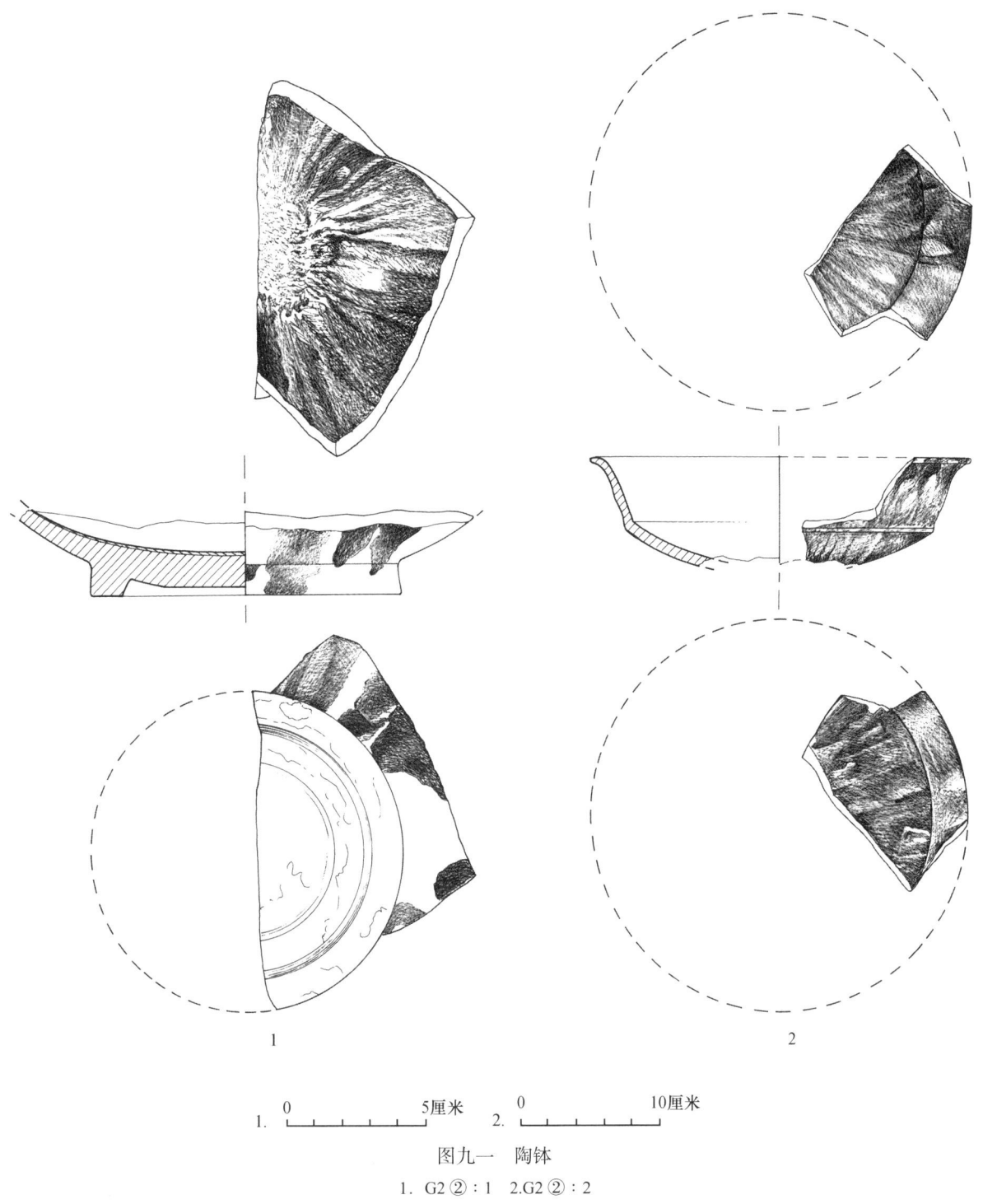

图九一 陶钵
1. G2②:1　2. G2②:2

口径10.6、残高5厘米（图九三,4）。

盆　35件。敛口。根据唇、腹部特征分为二型。

A型　24件。圆唇外凸，斜弧腹。H7:18，泥质灰陶。口径54.4、底径33.8、高23.8厘米（图七二,4）。C1④:129，泥质灰黑陶。口径64.6、残高13.4厘米（图九四,1）。G2①:14，泥质灰陶。口径49.6、残高9.4厘米（图九四,2）。C1③:350，泥质灰陶。

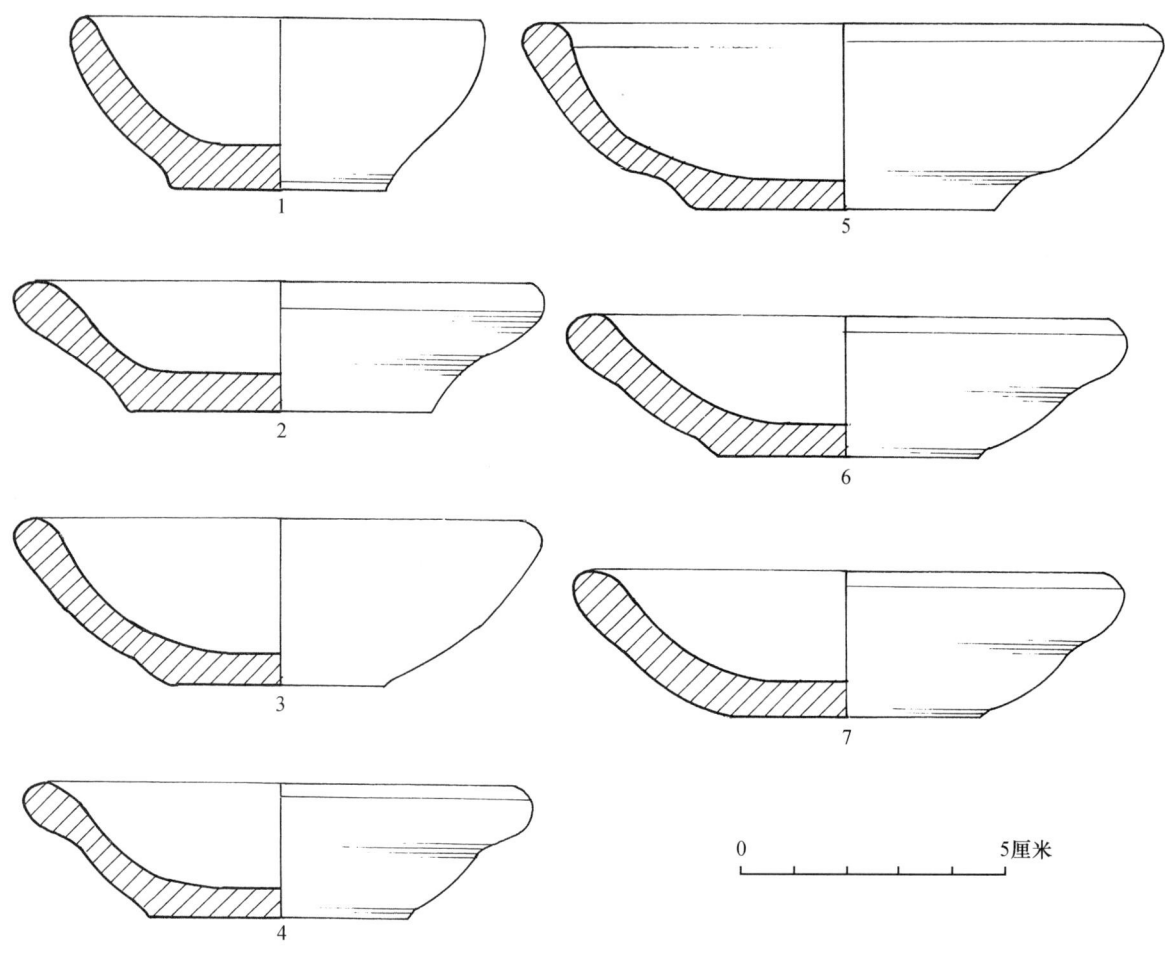

图九二 陶盏
1.G2①:131 2.G2②:6 3.G2①:144 4.G2②:15 5.G2②:13 6.C1⑤:4 7.C1③:39

口径50.4、残高14厘米（图九四，3）。C1②:21，泥质灰黑陶。口径45.6、残高10厘米（图九四，4）。TN06E04③:2，泥质灰陶。口径30.4、底径19.2、高8.6厘米（图九四，5；图版四五，1）。G2②:55，泥质灰陶。口径32、残高9.6厘米（图九四，6）。C1③:45，泥质灰陶。口径38.8、底径21.6、高15.6厘米（图九四，7）。C1③:238，泥质褐陶，带黑色陶衣。内壁刻划交错的线条纹。口径65.3、残高14厘米（图九五，6）。

B型 11件。折沿，圆唇，斜直腹，有的腹部带宽而圆拱的桥形系。C1④:19，泥质灰褐陶。口径50.4、残高15.2厘米（图九五，4）。C1③:241，泥质灰陶。口径43.6、残高16.2厘米（图九五，5）。C1②:19，泥质灰陶。口径37.2、残高7.4厘米（图九五，7）。C1③:230，泥质灰陶。内壁刻划鱼水纹。底径32.8、残高8.2厘米（图九六，1）。C1④:20，泥质灰陶。内壁刻划鱼水纹。底径30.8、残高13.9厘米（图九六，2；图版四五，2）。C1③:280，泥质灰陶。残高7.9厘米（图六八，1）。C1③:309，泥质灰陶。残高8.1厘米（图六八，2）。

瓮 18件。敛口，圆唇外凸，丰肩。C1⑥:34，泥质褐陶，带黑色陶衣。口径68、残高13.2厘米（图九五，1）。C1③:58，泥质灰褐陶。口径68.8、残高11.2厘米（图九五，2）。

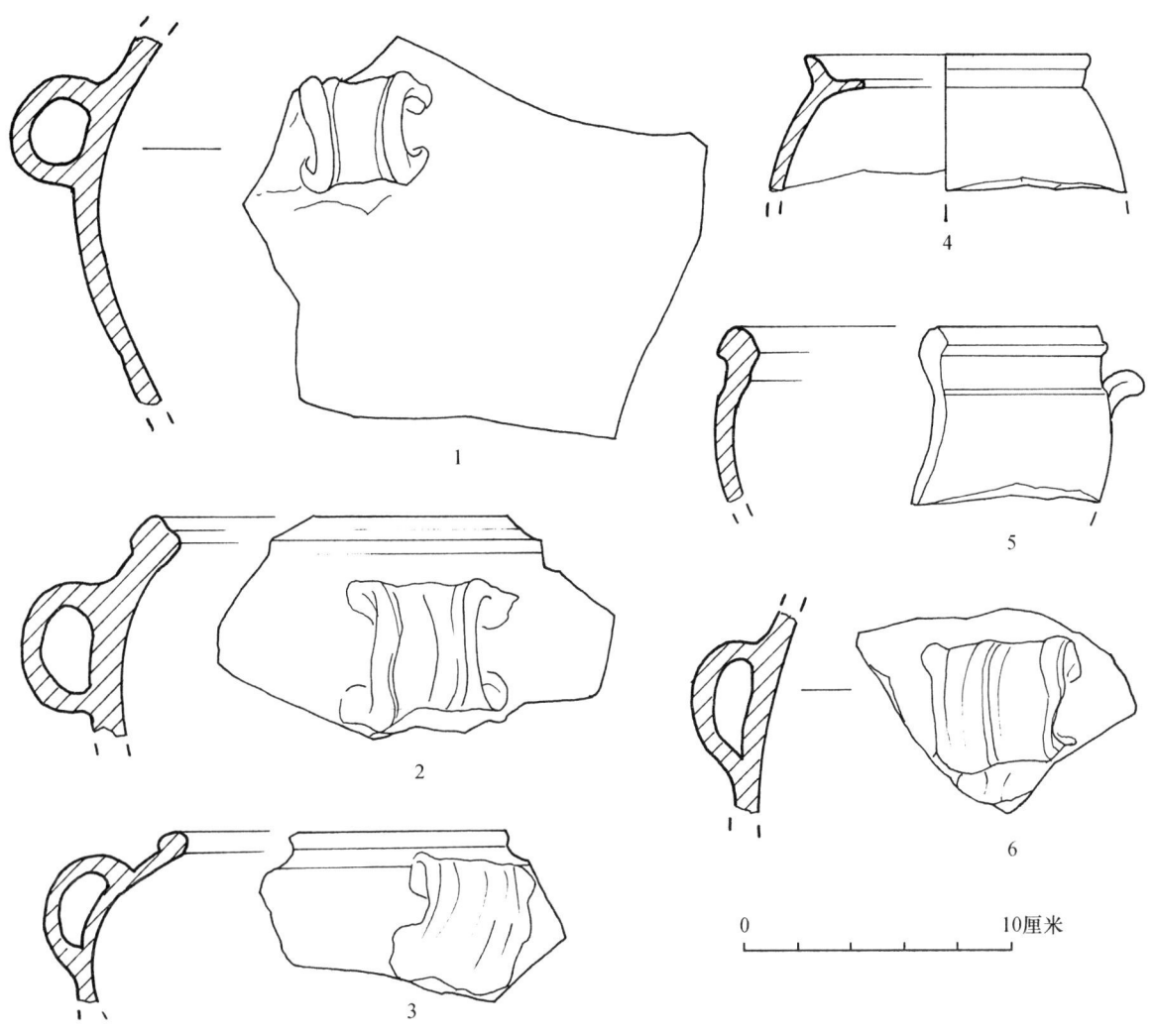

图九三　陶罐

1~3、5、6.A 型（TN07W01③：3、G2①：138、C1③：205、H9：24、C1④：80）　4.B 型（TN06E03③：18）

G2①：48，泥质灰黑陶。口径 65.6、残高 10.4 厘米（图九五，3）。

砚台　3 件。均为箕形砚。C1③：302，泥质灰陶。长 13.7、残高 4 厘米（图九七，1；图版四五，3）。C1①：16，泥质灰陶。残高 2.6 厘米（图九七，2）。C1④：10，泥质红陶。长 13.1、宽 11.2、高 3.4 厘米（图七二，6）。

炉　1 件。H8：16，泥质红褐陶，挂粉白色化妆土，绿釉。圆筒形腹，平底，底部带三只云头状足。腹壁残缺，可辨刻划的"安…弟…庆…丸…初…同…十…五"等文字。底径 21.5、残高 8 厘米（图九八；图版四五，4）。

灯　1 件。C1④：73，泥质灰陶。底座呈喇叭形，上接圆形灯柱，中部带两层灯盘。残高 11.2 厘米（图七三，4）。

器盖　1 件。C1③：269，泥质灰陶。折沿，盖面隆起，平顶。口径 9.8、顶径 2.8、高 4 厘米（图九九，3）。

碓臼　2 件。H6：1，泥质红褐陶。斜直腹，亚腰，平底。底径 11、残高 6.8 厘米（图

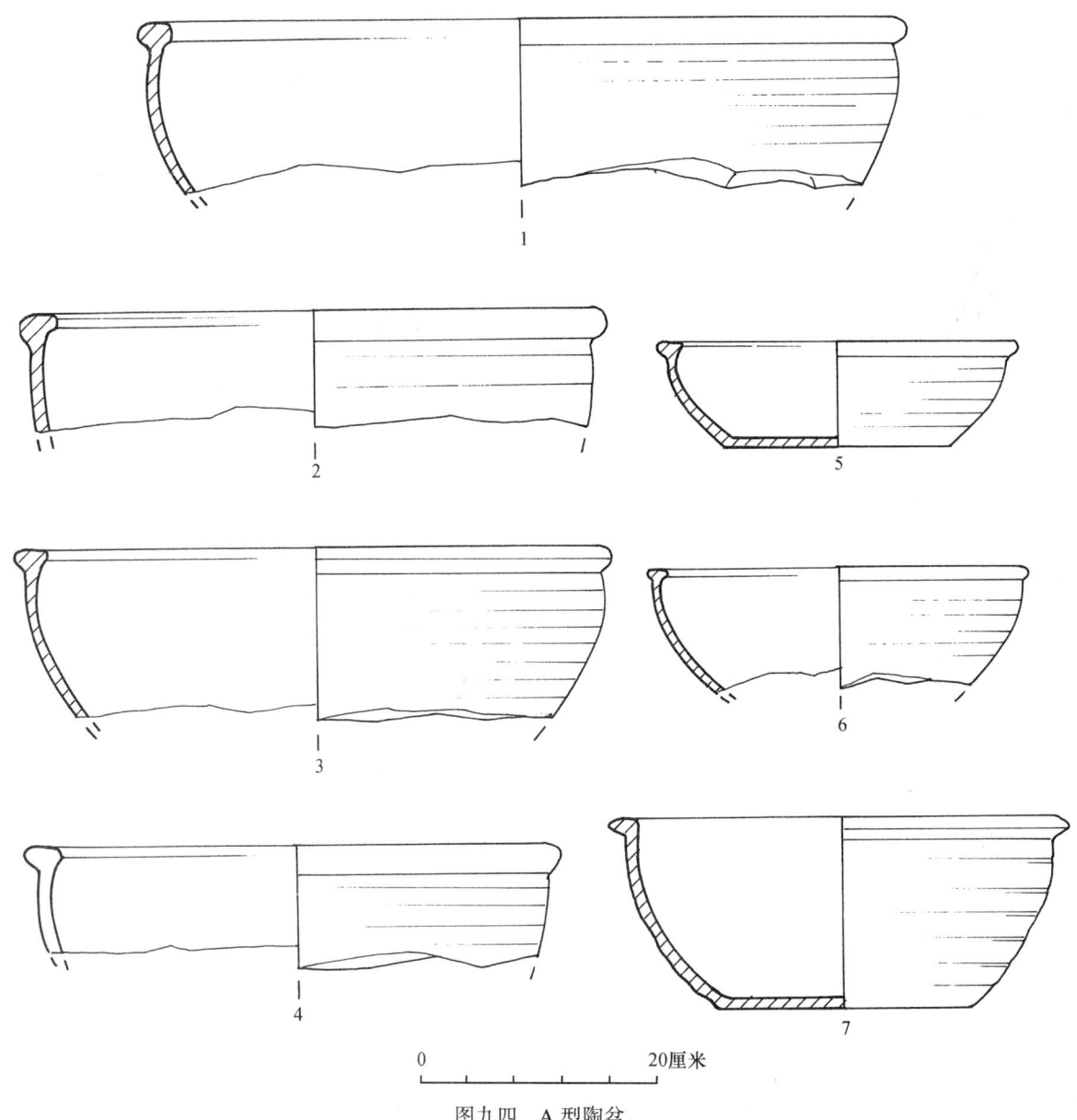

图九四 A 型陶盆
1.C1④：129 2.G2①：14 3.C1③：350 4.C1②：21 5.TN06E04③：2 6.G2②：55 7.C1③：45

七三，9）。H9：6，泥质灰陶。敞口，圆唇外凸，斜直腹，平底。口径17.2、底径10.6、高8.1厘米（图七三，6；图版四五，5）。

纺轮 2件。TN05E05③：1，泥质红褐陶。直径3.8、高2.6厘米（图七三，7）。C1④：252，泥质棕褐陶。直径3、高3厘米（图七三，8）。

拍 2件。通体呈馒头状。C1④：152，泥质灰陶。直径10.4、高4.5厘米（图七三，1）。C1④：153，泥质灰陶。直径10、高4厘米（图七三，2）。

印模 2件。C1④：6，泥质灰陶。印面带刻划的细线和网格纹。直径14.7、高4.3厘米（图九九，1；图版四五，6）。C1③：244，泥质灰陶。印面带刻划的细线和指掐纹。高6.2厘米（图九九，2）。

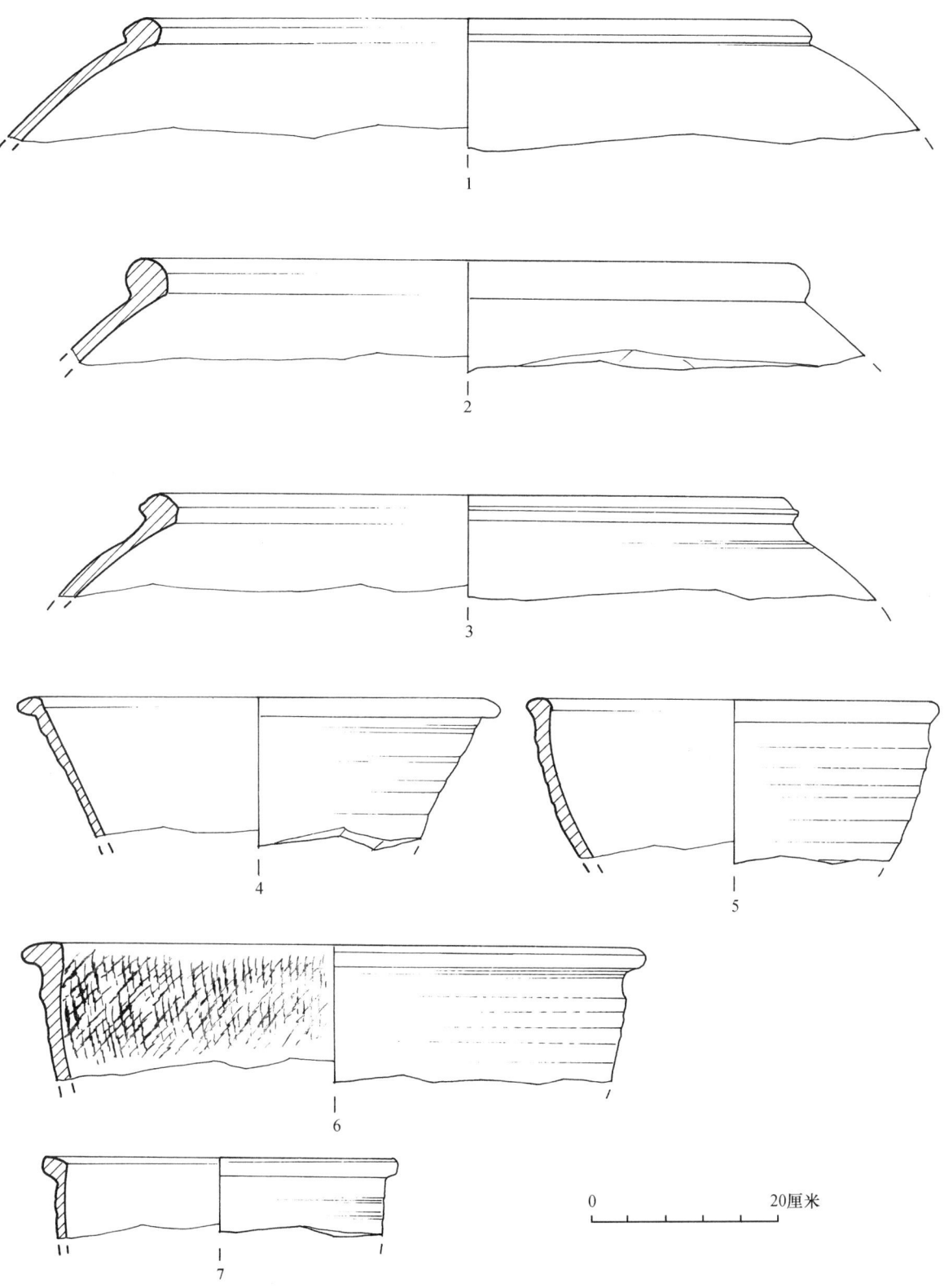

图九五 陶盆、陶瓮

1~3.瓮（C1⑥：34、C1③：58、G2①：48） 4、5、7.B型盆（C1④：19、C1③：241、C1②：19） 6.A型盆（C1③：238）

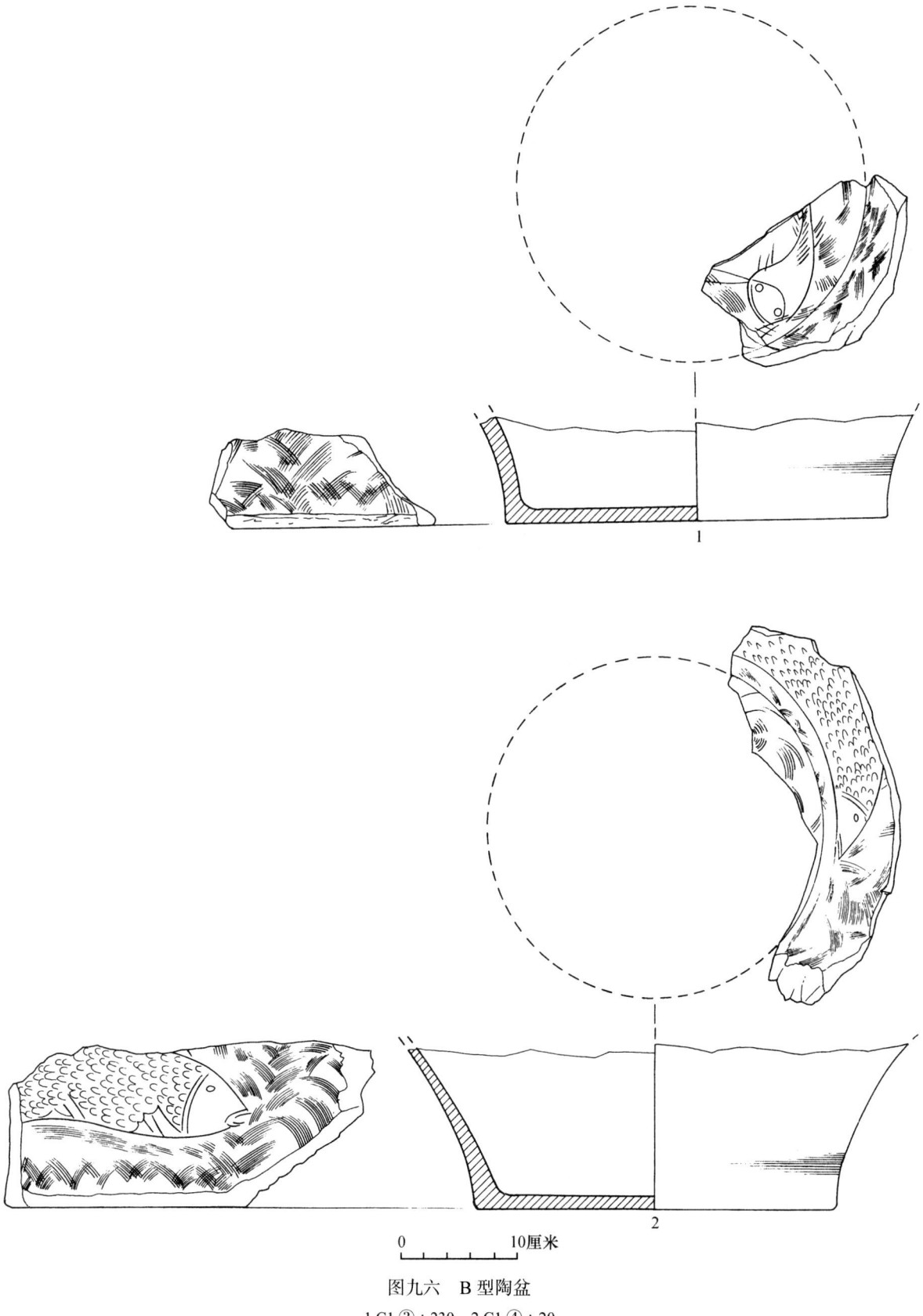

图九六 B型陶盆
1.C1③:230 2.C1④:20

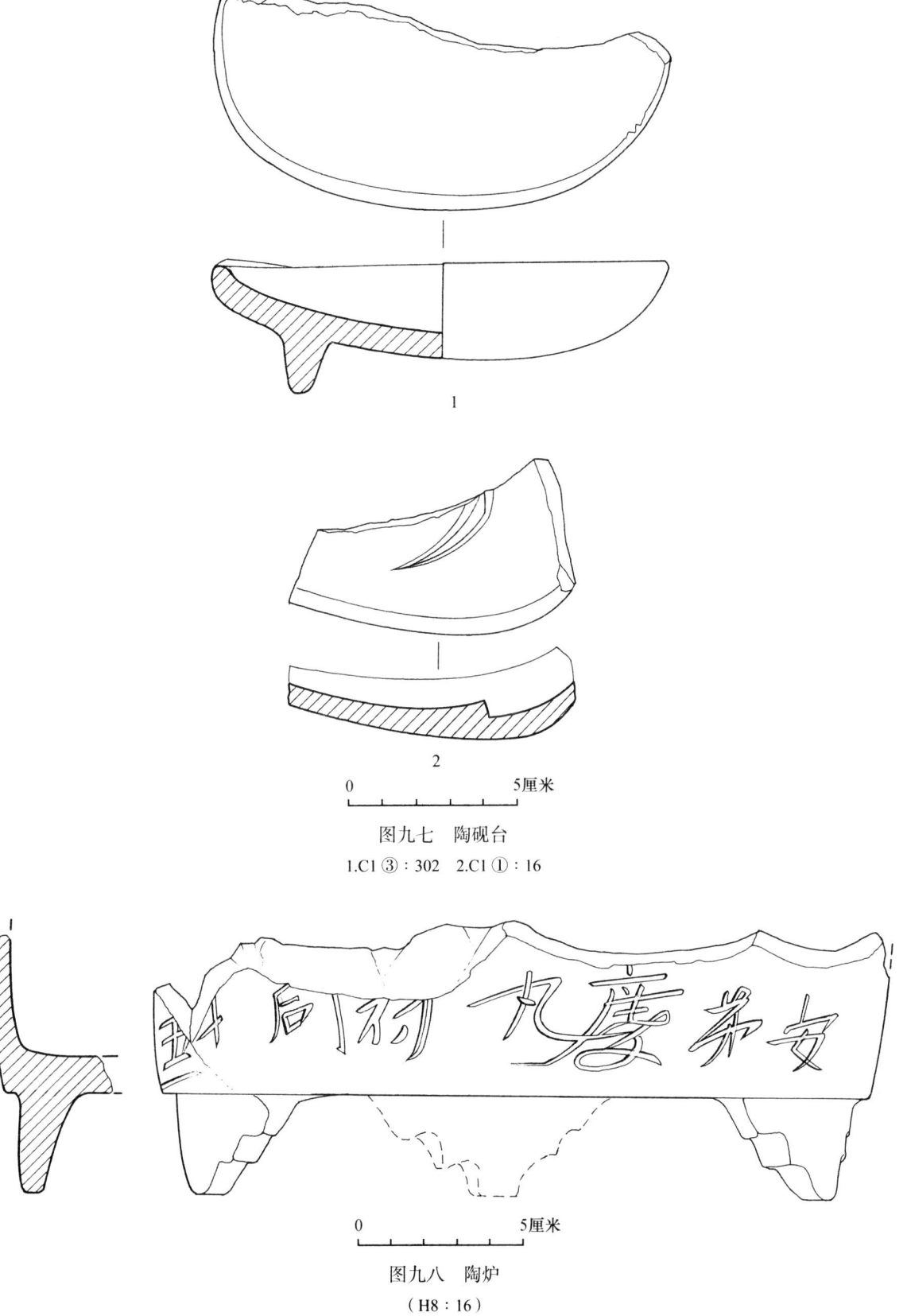

图九七 陶砚台
1.C1③:302 2.C1①:16

图九八 陶炉
（H8:16）

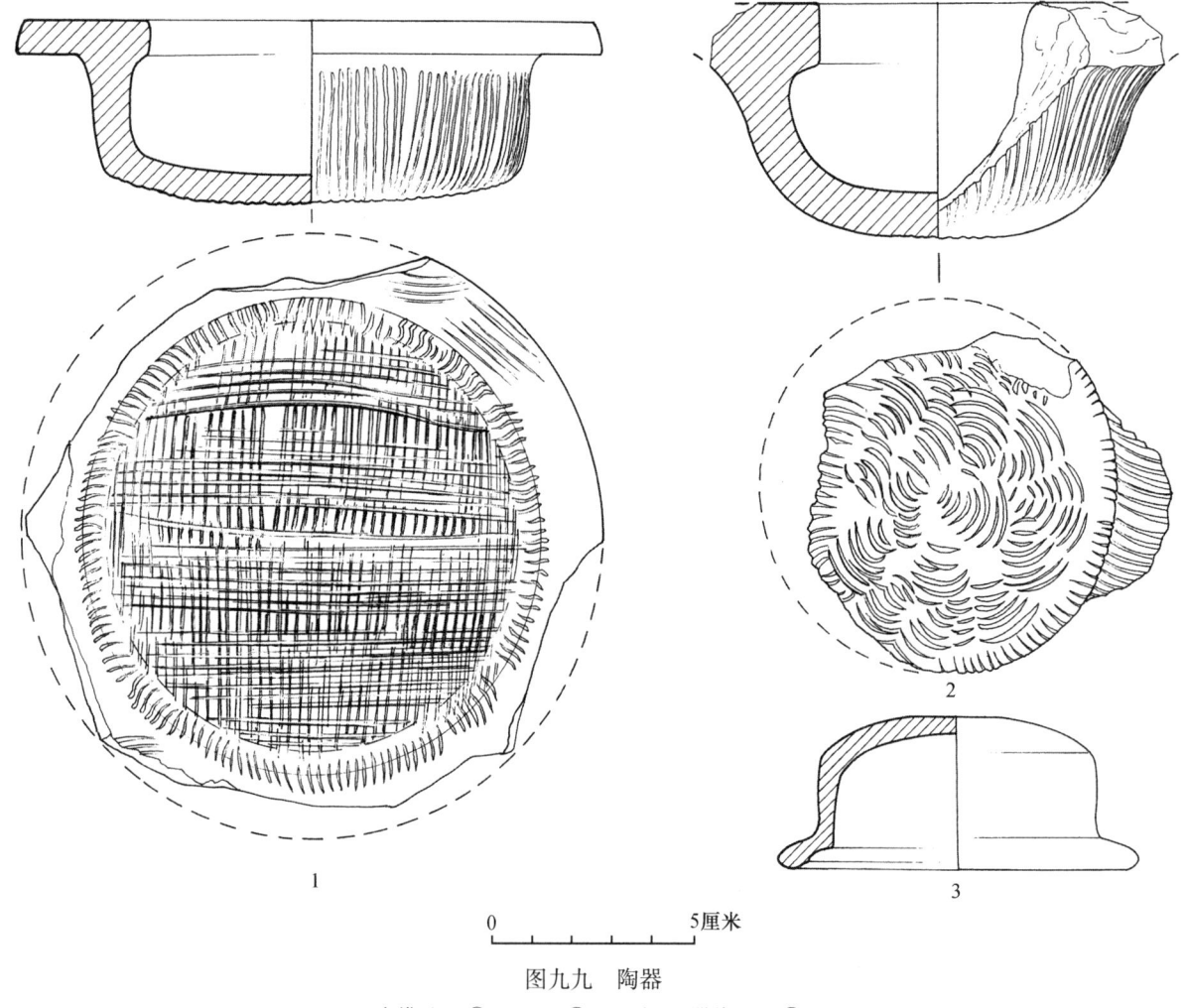

图九九　陶器
1、2. 印模（C1④：6、C1③：244）　3. 器盖（C1③：269）

二、建筑构件

器形可辨筒瓦、瓦当、滴水、兽面砖板、兽头构件、兽足构件、莲瓣构件、莲花纹铺地砖、佛塔纹方砖等，还有其他一些残构件未辨具体形制，以泥质灰陶和红褐陶最常见，个别器表施有低温釉。

筒瓦　16件。外壁素光，内壁带麻布纹。TN05W01③：10，顶面连接一兽足。泥质红褐陶，器表施绿釉。残高9.4厘米（图一〇〇，1）。H4：1，泥质灰陶。残长24.2、宽14.8、高7.8、厚2.2厘米（图一〇一，1）。H4：2，泥质灰陶。残长22.4、宽13.6、高7.6、厚1.7厘米（图一〇一，2）。TN05E04③：2，泥质灰陶。长25.8、宽10.2～10.6、高5.6、厚1.6厘米（图一〇一，3）。

瓦当　52件。根据当面纹饰图案的不同，可分作兽面纹瓦当、莲花纹瓦当和星月纹瓦当三类。

兽面纹瓦当　18件。兽面均与连珠纹相组合。根据细节特征分为四型。

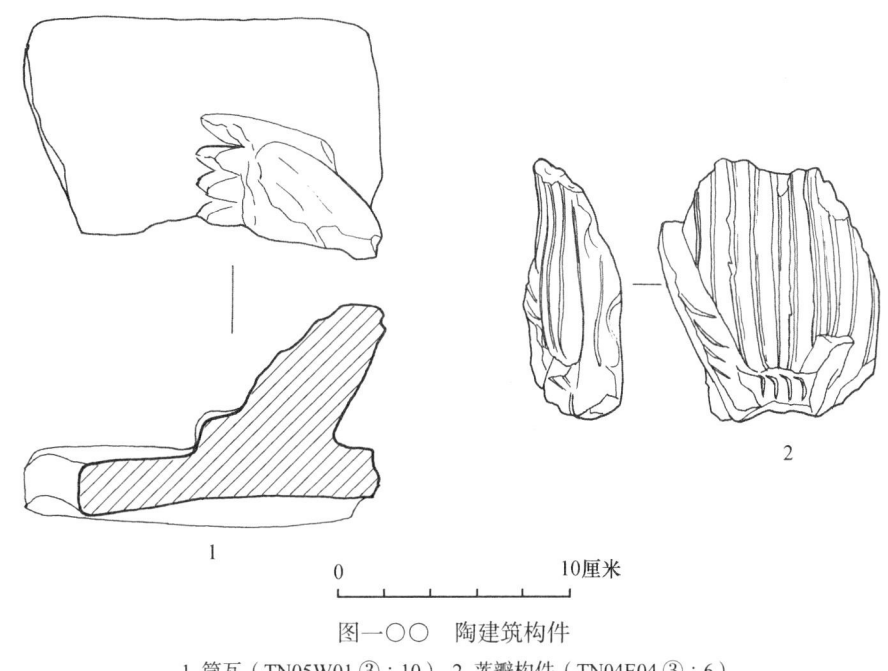

图一〇〇 陶建筑构件
1. 筒瓦（TN05W01③：10） 2. 莲瓣构件（TN04E04③：6）

A 型　4件。兽面浮雕程度较高，兽面的额部表现"王"字。分为三亚型。

Aa 型　2件。兽面两侧的鬃毛卷曲较繁复。C1③：33，泥质灰陶。直径14.2、厚2.7厘米（图一〇二，1；图版四六，1）。C1③：303，泥质灰陶。直径13.8、厚2.5厘米（图一〇二，2；图版四六，2）。

Ab 型　1件。兽面两侧的鬃毛卷曲较 Aa 型简化，口部之下表现有圆形铃铛，边轮一周带密集的莲瓣纹。TN05E01③：2，泥质灰陶。直径14.3、厚2.7厘米（图一〇二，3；图版四六，3）。

Ac 型　1件。兽面两侧的鬃毛不卷曲。TN06E03③：35，泥质灰陶。厚2.4厘米（图一〇二，4；图版四六，4）。

B 型　11件。兽面的浮雕程度较 A 型低，兽面的额部未表现"王"字。分为二亚型。

Ba 型　2件。兽面口部以下表现有圆形铃铛。TN06E03③：25，泥质灰陶。厚2.3厘米（图一〇二，5）。C1③：15，泥质灰陶。直径13.9、厚2.5厘米（图一〇二，6；图版四七，1）。

Bb 型　9件。兽面口部以下未表现圆形铃铛。TN06E03③：5，泥质灰陶。直径13.9、厚3厘米（图一〇三，1）。H4：4，泥质灰陶。直径12.4、厚2厘米（图一〇三，2；图版四七，2）。H4：5，泥质灰陶。厚2.4厘米（图一〇三，3）。H10：1，泥质灰陶。厚2.9厘米（图一〇三，4）。C1②：18，泥质灰陶。直径14、厚2.6厘米（图一〇三，5；图版四七，3）。C1③：250，泥质灰陶。直径14.1、厚2.4厘米（图一〇三，6）。

C 型　2件。兽面整体较圆润，兽面与连珠纹之间无弦纹相隔。TN01E01③：1，泥质灰陶，带黑色陶衣。直径12.7、厚2.6厘米（图一〇三，7；图版四七，4）。C1③：71，泥质灰陶。直径13.7、厚2.7厘米（图一〇三，8）。

D 型　1件。兽面较小，面容模糊不清，外绕数周放射状的短斜线纹。TN06E04③：5，泥质灰陶。直径13.6、厚2.8厘米（图一〇四，1；图版四八，1）。

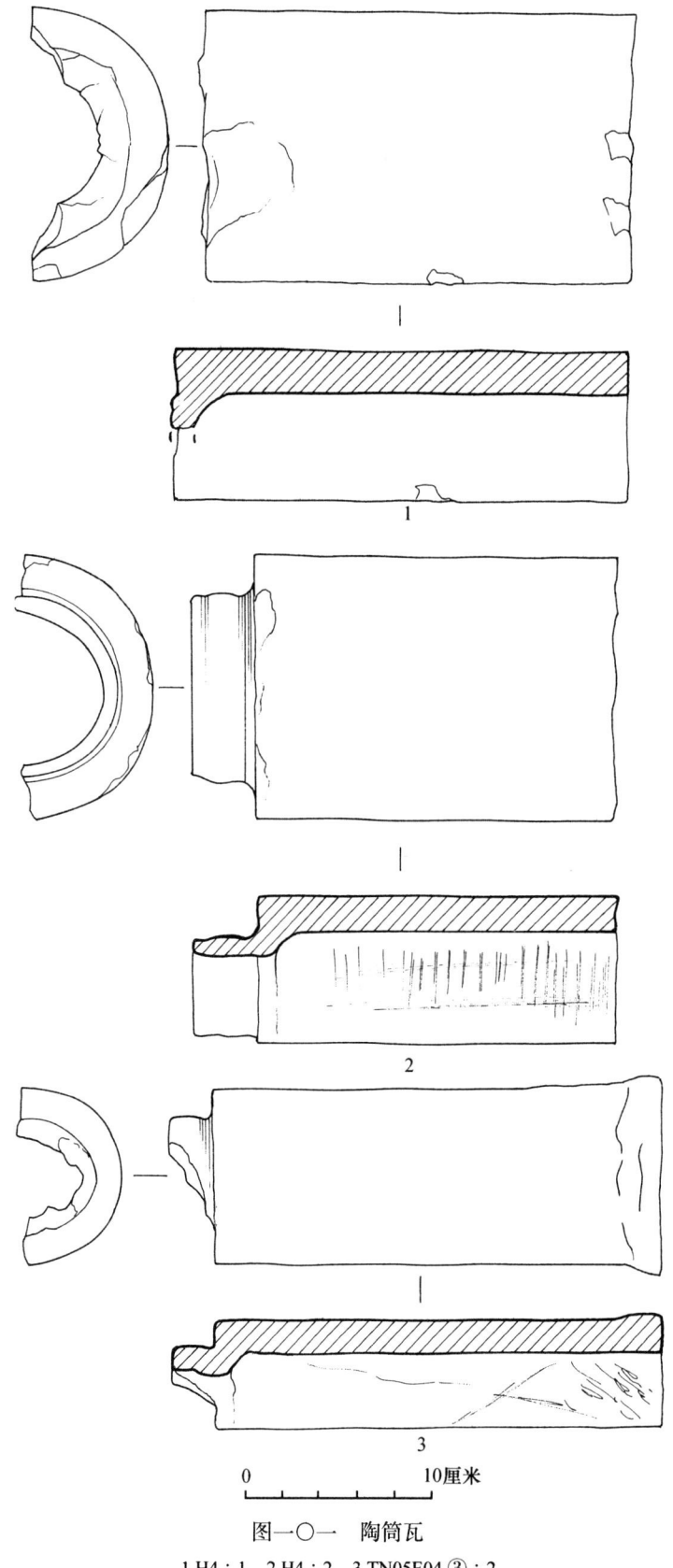

图一〇一 陶筒瓦
1. H4：1　2. H4：2　3. TN05E04③：2

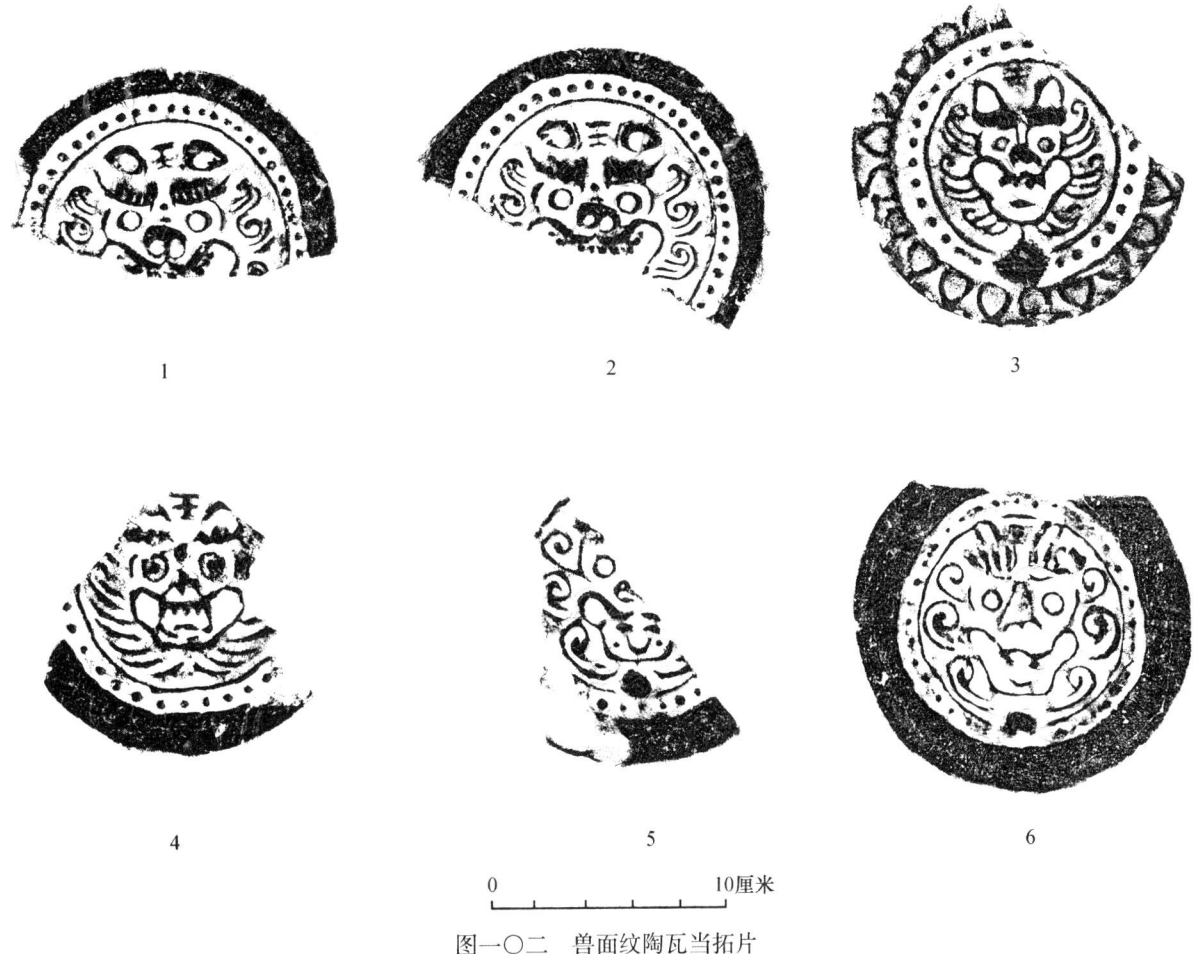

图一〇二 兽面纹陶瓦当拓片
1、2.Aa 型（C1③：33、C1③：303）3.Ab 型（TN05E01③：2）4.Ac 型（TN06E03③：35）
5、6.Ba 型（TN06E03③：25、C1③：15）

莲花纹瓦当 22 件。莲花纹均与连珠纹相组合。根据细节特征分为五型。

A 型 19 件。莲瓣较瘦小，瓣顶分叉，以线条化的"T"或"Y"形图案作分隔，当心为一圆乳突。分为二亚型。

Aa 型 9 件。瓣体和分叉规整、清晰。C1③：308，泥质灰陶。直径 14、厚 1.7 厘米（图一〇四，2）。C1③：56，泥质灰陶。厚 2.1 厘米（图一〇四，3）。C1③：209，泥质灰陶。直径 13.1、厚 1.8 厘米（图一〇四，4）。C1③：343，泥质灰陶。厚 2 厘米（图一〇四，5）。C1③：361，泥质灰陶。厚 2.4 厘米（图一〇五，1）。C1④：47，泥质灰陶。厚 1.9 厘米（图一〇五，2）。C1④：64，泥质灰陶。厚 1.8 厘米（图一〇五，3）。C1④：247，泥质灰陶。直径 13.2、厚 2 厘米（图一〇五，4；图版四八，2）。G2②：7，泥质灰陶。直径 12.7、厚 1.8 厘米（图一〇五，5；图版四八，3）。

Ab 型 10 件。瓣体和分叉模糊不清。C1③：16，泥质灰陶。直径 12.9、厚 1.8 厘米（图一〇六，1；图版四八，4）。C1③：148，泥质灰陶。直径 13.9、厚 2.7 厘米（图一〇六，2）。C1④：57，泥质灰陶。厚 2.2 厘米（图一〇六，4）。C1④：199，泥质灰陶。厚 1.8 厘米（图

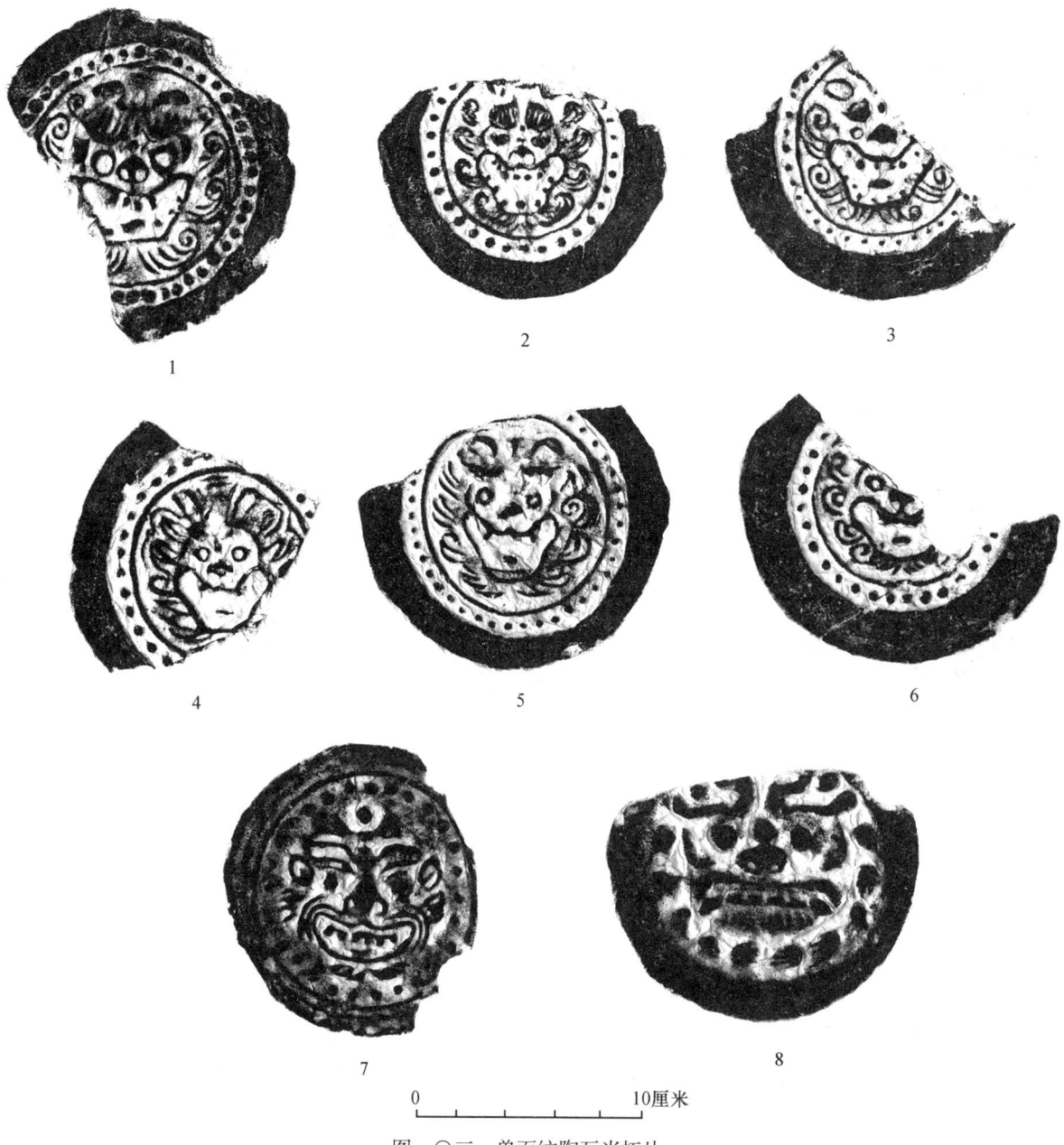

图一〇三 兽面纹陶瓦当拓片

1~6.Bb 型（TN06E03③：5、H4：4、H4：5、H10：1、C1②：18、C1③：250） 7、8.C 型（TN01E01③：1、C1③：71）

一〇六，5）。C1④：205，泥质灰陶。直径12、厚1.7厘米（图一〇六，6）。C1⑥：3，泥质灰陶。厚1.8厘米（图一〇七，4）。G2①：3，泥质灰陶。直径12.2、厚1.2厘米（图一〇七，1；图版四九，1）。G2①：13，泥质灰陶。直径12.1、厚1.6厘米（图一〇七，2）。G2①：82，泥质灰陶。直径12.6、厚1.3厘米（图一〇七，3）。G2②：28，泥质灰陶。厚0.8厘米（图一〇七，5）。

B型 8件。莲瓣较瘦小呈水滴状，以线条化的"T"或"Y"形图案作分隔，当心为一圆乳突。TN06E06③：1，泥质灰陶。直径13.3、厚1.4厘米（图一〇八，1）。C1②：23，泥

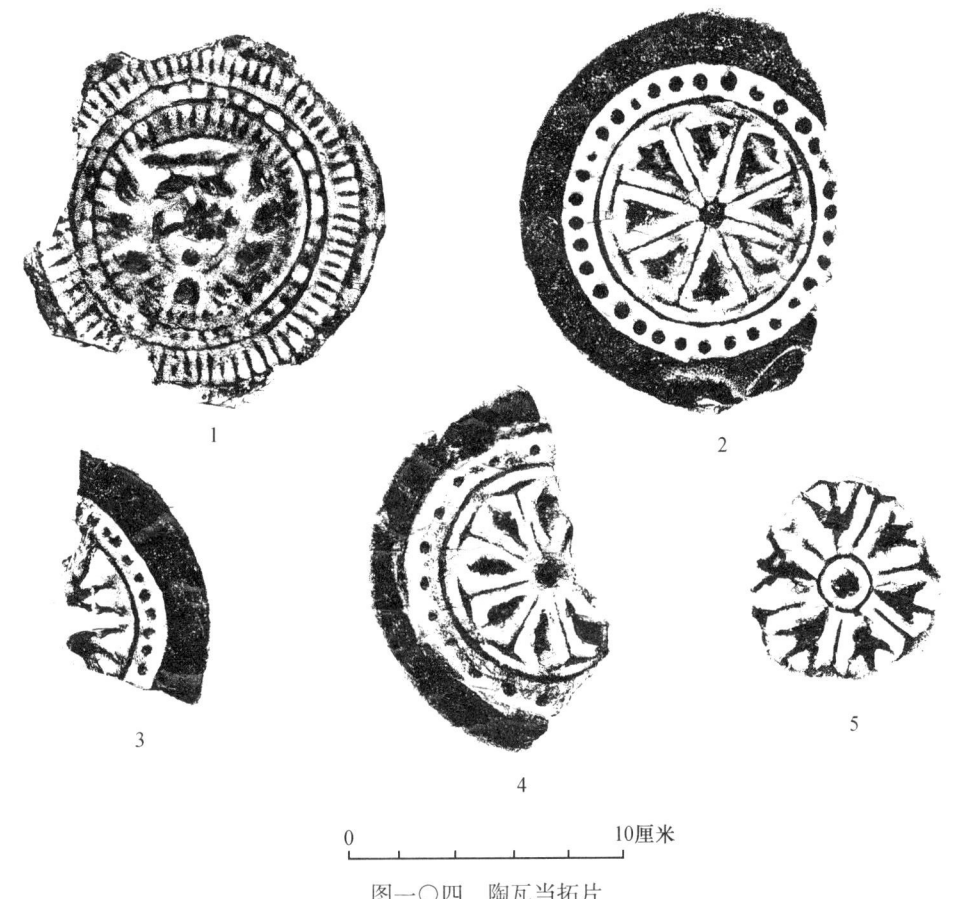

图一〇四 陶瓦当拓片

1.D型兽面纹（TN06E04③:5） 2~5.Aa型莲花纹（C1③:308、C1③:56、C1③:209、C1③:343）

质灰陶。直径12.8、厚1.6厘米（图一〇八，2）。C1③:278，泥质灰陶。厚2.1厘米（图一〇八，3）。C1③:307，泥质灰陶。直径11.3、厚1.9厘米（图一〇八，4）。C1③:326，泥质灰陶。直径13.1、厚1.8厘米（图一〇八，5）。G2①:12，泥质灰陶。直径12.5、厚1.7厘米（图一〇九，1；图版四九，2）。G2①:43，泥质灰陶。直径12.6、厚1.7厘米（图一〇九，2；图版四九，3）。C1④:143，泥质灰陶。厚1.5厘米（图一〇九，3）。

C型 1件。莲瓣宽肥，瓣体相接无分隔线，当心莲蓬隆起。C1④:22，泥质灰陶。厚1.9厘米（图一〇九，4；图版四九，4）。

D型 2件。莲瓣较宽肥，以短线作分隔，当心表现为莲蓬。C1③:246，泥质灰陶。厚1.7厘米（图一〇九，5；图版五〇，1）。C1④:156，泥质灰陶。厚1.3厘米（图一〇九，6）。

E型 2件。莲瓣较瘦小呈月牙状，当心为一圆乳突。TN06E03③:7，泥质灰陶。厚1.6厘米（图一〇九，7）。TN06E03③:11，泥质灰陶。直径12.5、厚1.9厘米（图一〇九，8；图版五〇，2）。

星月纹瓦当 1件。当面中部为星月图案，外绕一周连珠纹。G2①:59，泥质灰陶。直径13.1、厚1.8厘米（图一〇九，9；图版五〇，3）。

滴水 3件。弧形条状，当面模印卷草、连珠等纹饰。TN04E05③:4，泥质灰陶。残长18.8、厚1.8厘米（图一〇六，3；图一一〇，1；图版五〇，4）。TN05E04③:18，泥质灰陶。

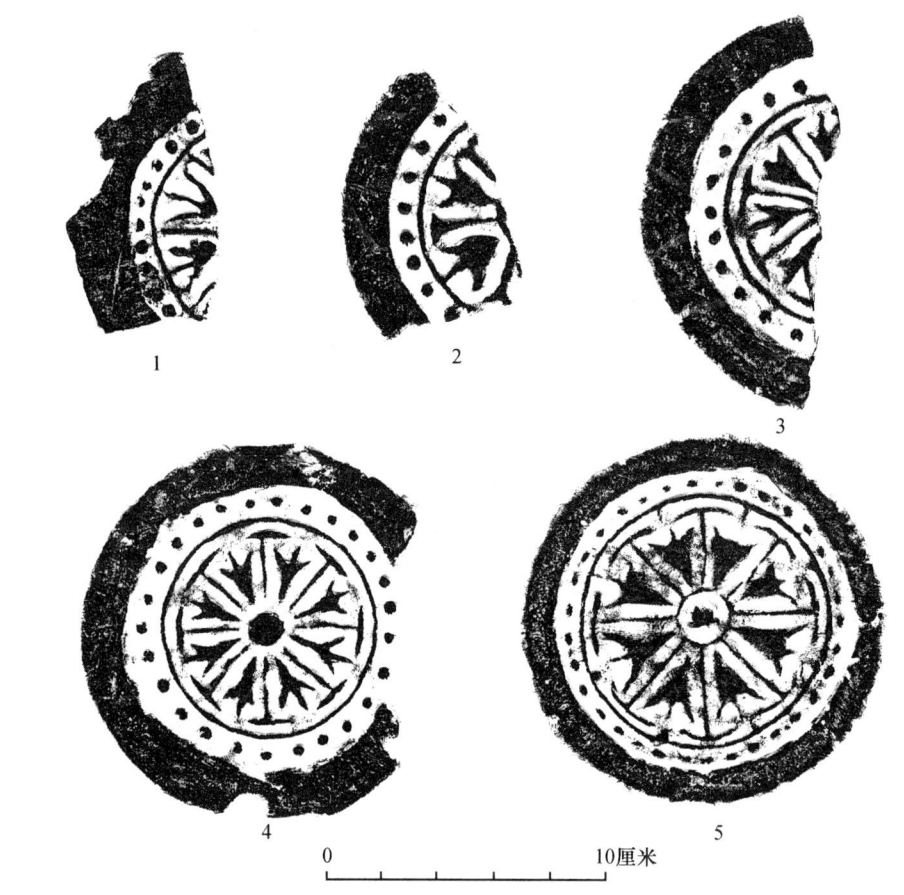

图一〇五　Aa 型莲花纹陶瓦当拓片
1.C1③：361　2.C1④：47　3.C1④：64　4.C1④：247　5.G2②：7

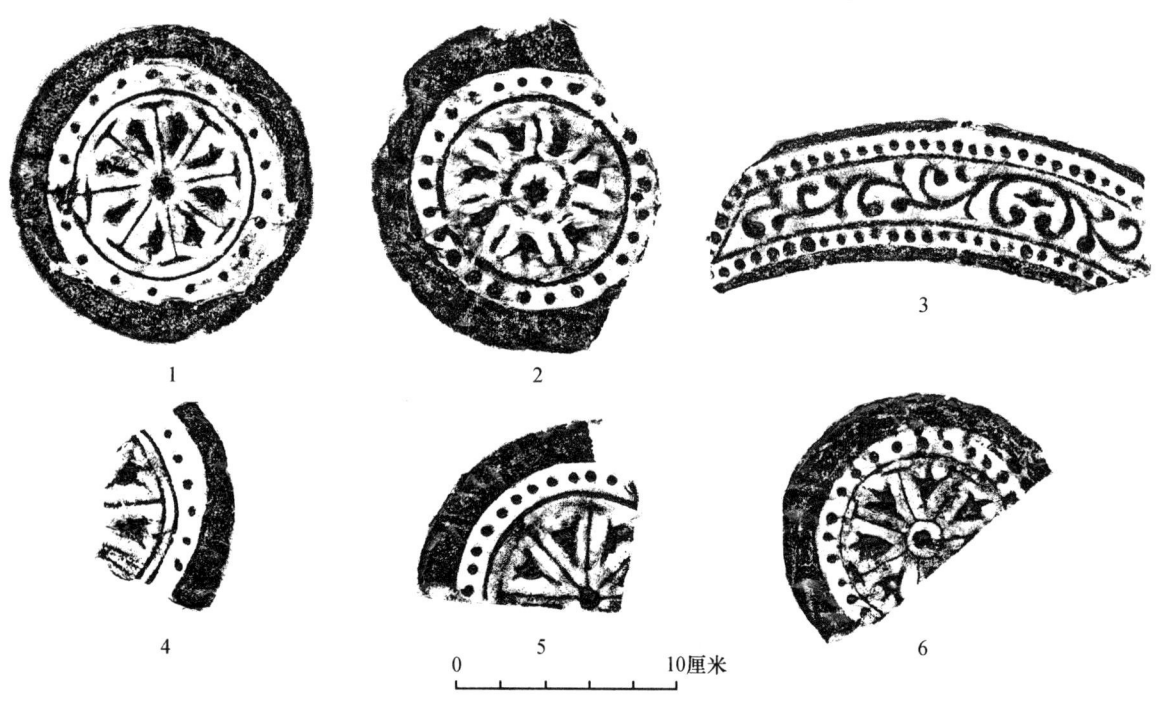

图一〇六　Ab 型莲花纹陶瓦当及滴水拓片
1、2、4~6. Ab 型莲花纹瓦当（C1③：16、C1③：148、C1④：57、C1④：199、C1④：205）　3. 滴水（TN04E05③：4）

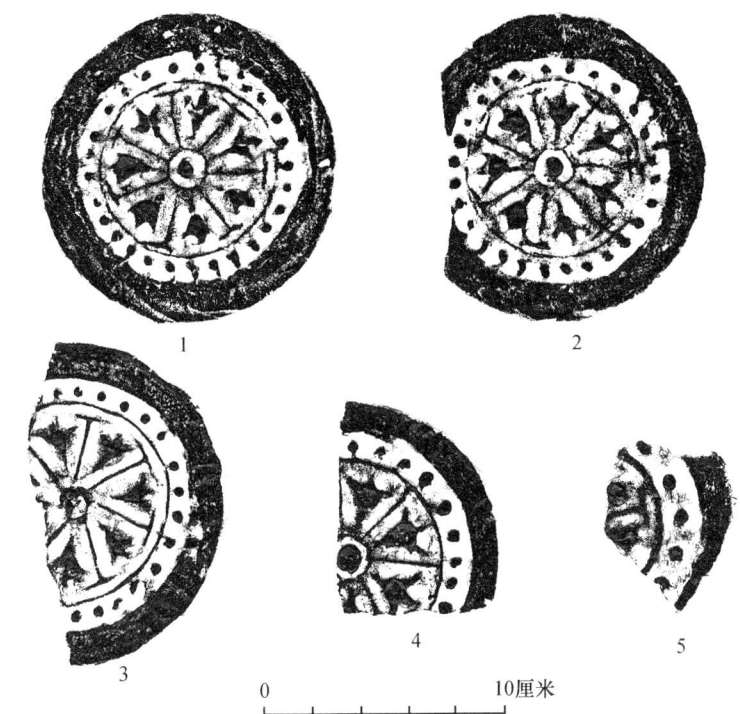

图一〇七　Ab 型莲花纹陶瓦当拓片
1.G2①：3　2.G2①：13　3.G2①：82　4.C1⑥：3　5.G2②：28

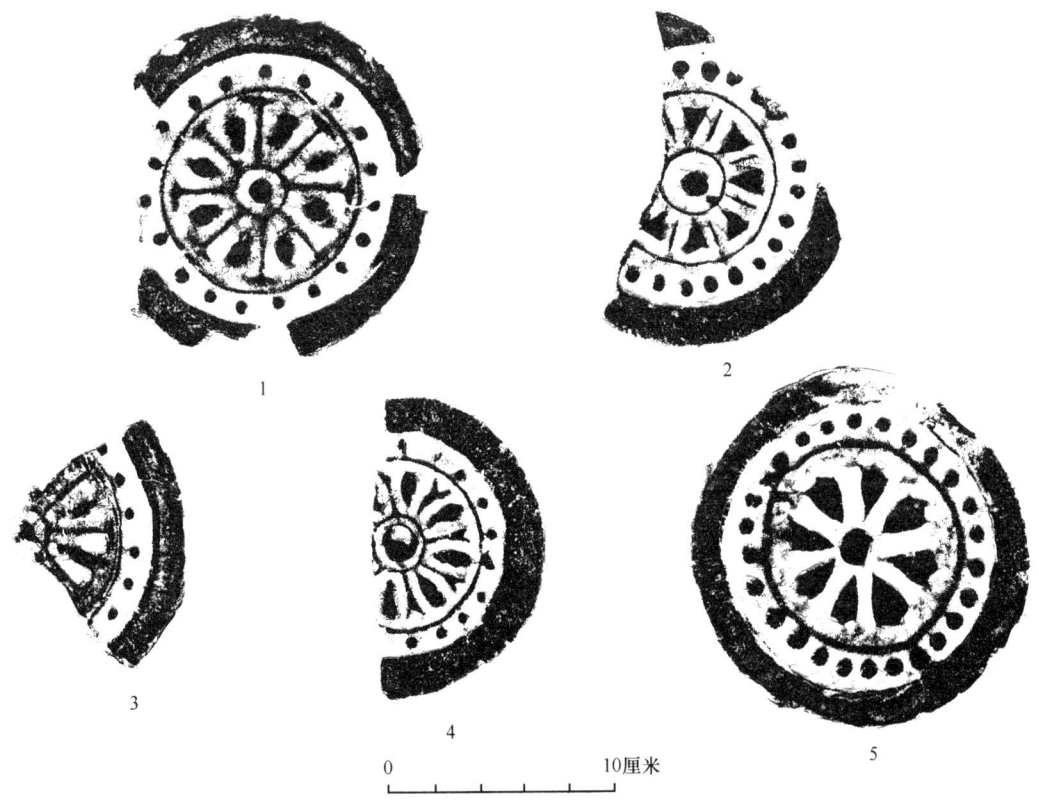

图一〇八　B 型莲花纹陶瓦当拓片
1.TN06E06③：1　2.C1②：23　3.C1③：278　4.C1③：307　5.C1③：326

图一〇九　陶瓦当拓片

1~3.B型莲花纹（G2①：12、G2①：43、C1④：143）　4.C型莲花纹（C1④：22）　5、6.D型莲花纹（C1③：246、C1④：156）　7、8.E型莲花纹（TN06E03③：7、TN06E03③：11）　9.星月纹（G2①：59）

残长10.5、厚1.7厘米（图一一〇，4、5）。C1③：342，泥质灰陶。残长10、厚2.6厘米（图一一〇，2、3）。

兽面板砖　1件。TN06E03③：1，泥质灰陶。残高20.8、残宽17.6、厚5厘米（图一一一，2；图版五一，1）。

兽形构件　4件。C1③：57，泥质灰陶。残高21.2厘米（图一一一，4；图版五一，2）。

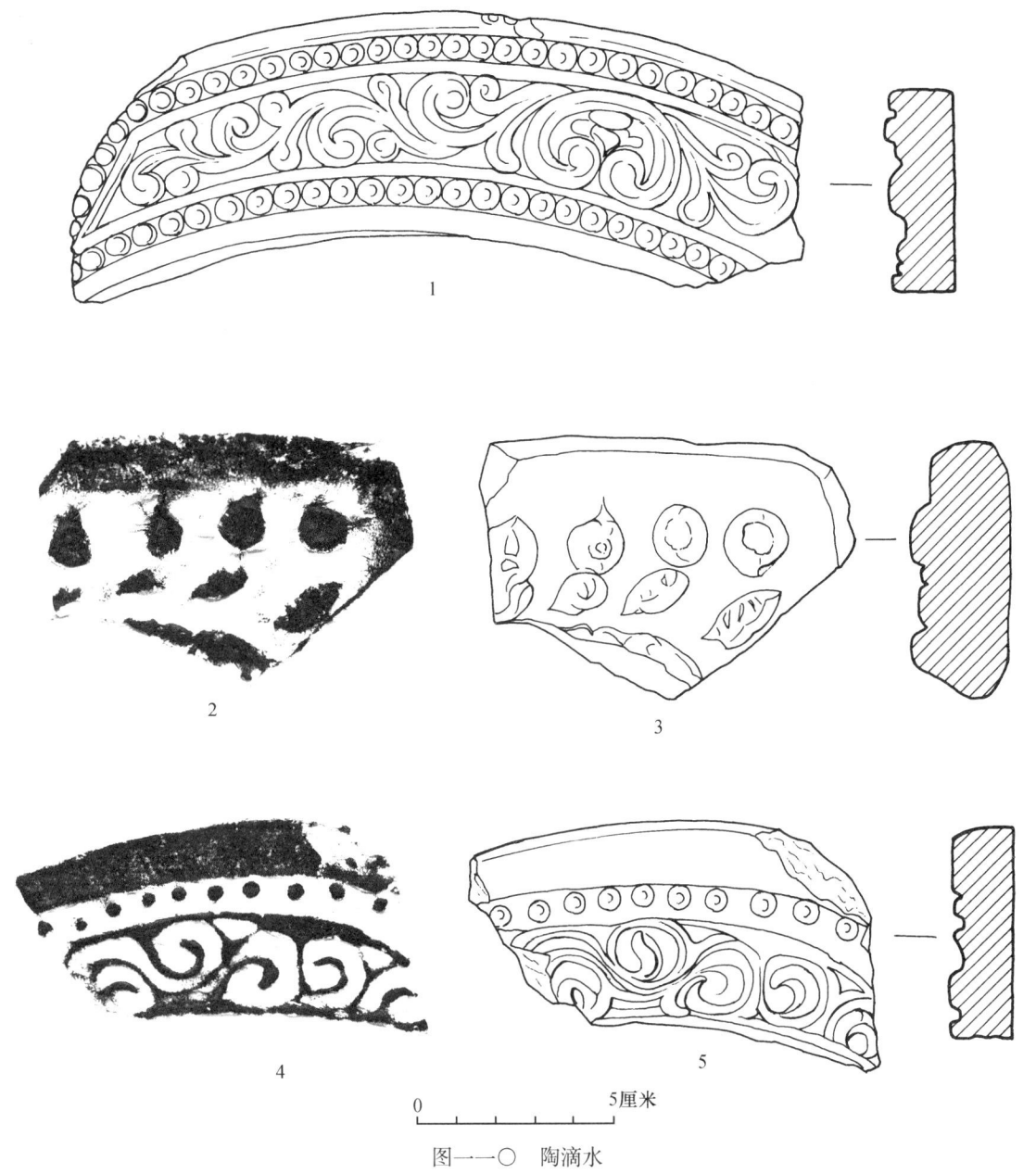

图一一〇　陶滴水
1.TN04E05③:4　2、3.C1③:342　4、5.TN05E04③:18

C1④:21，泥质灰陶。残高 15 厘米（图一一一，1；图版五一，3）。C1④:5，泥质灰陶。残高 10.3 厘米（图一一二，2）。

莲瓣构件　1 件。TN04E04③:6，泥质灰陶。残高 11 厘米（图一〇〇，2）。

未辨形残构件　13 件。TN06E03③:20，泥质红褐陶，器表施黄、绿二色釉。残长 18.4、厚 3.8 厘米（图一一一，3）。C1③:320，泥质灰陶。残长 21.2 厘米（图一一二，1）。C1③:30，泥质灰陶。残高 3.6 厘米（图一一二，3）。H9:29，泥质灰陶。残宽 23.2 厘米（图一一三，1）。H9:30，泥质灰陶。残宽 24.6 厘米（图一一三，2）。H10:2，泥质灰陶。残长 25.4、高 13.6 厘米（图一一四，1；图版五一，4）。H9:31，泥质灰陶。残宽 21.8 厘米（图一一四，2）。

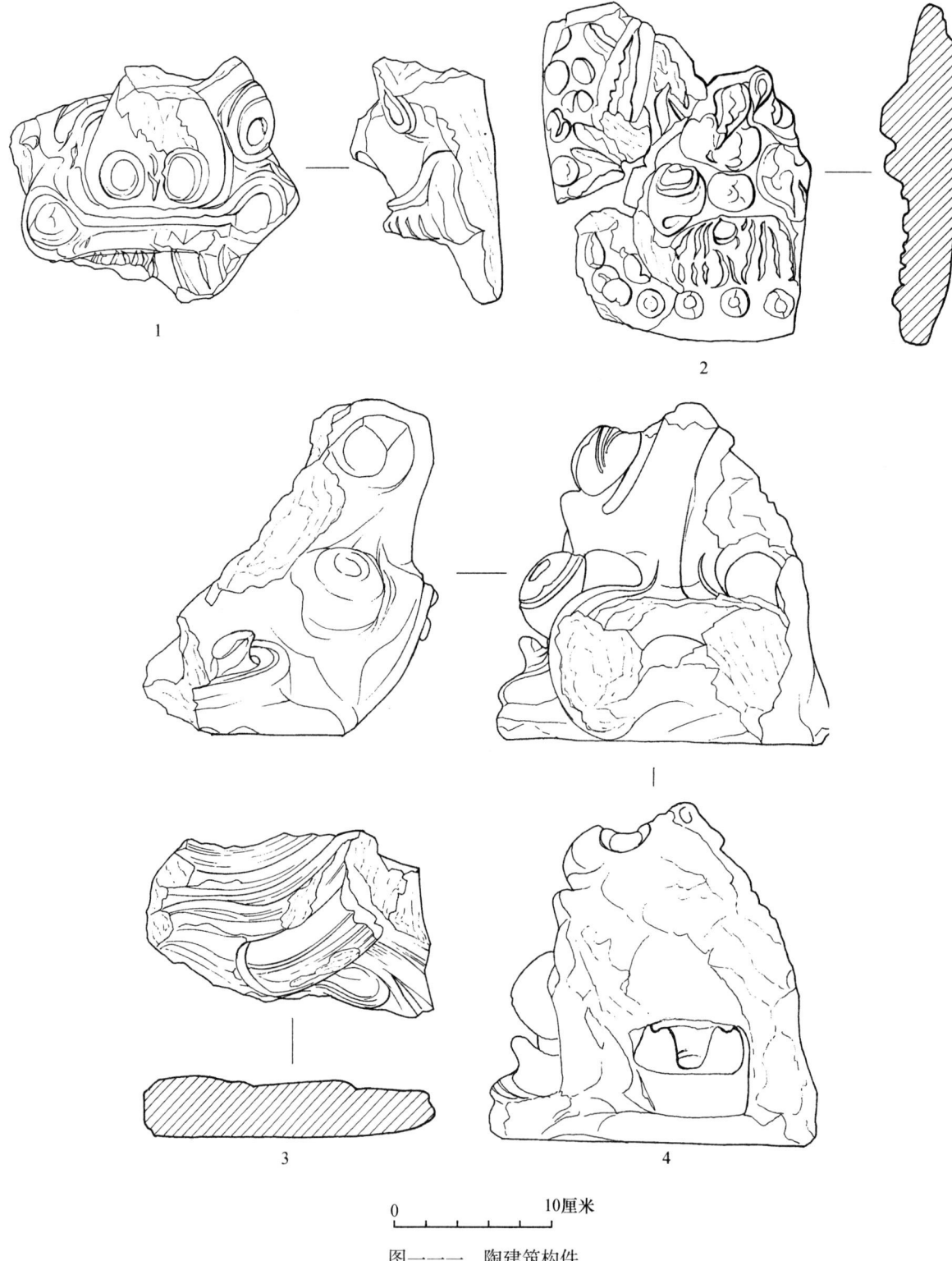

图一一一 陶建筑构件
1、4. 兽形构件（C1④：21、C1③：57） 2. 兽面板砖（TN06E03③：1） 3. 未辨形残构件（TN06E03③：20）

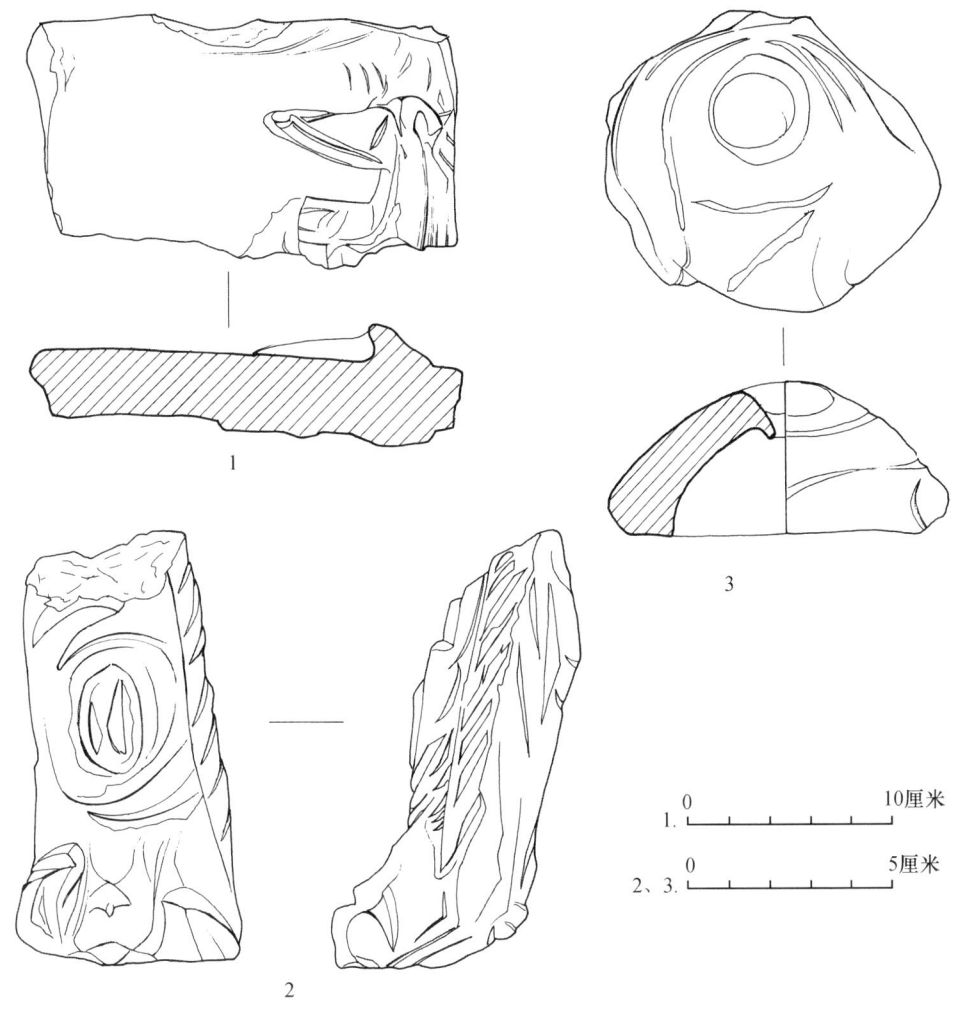

图一一二 陶建筑构件

1、3. 未辨形残构件（C1③：320、C1③：30） 2. 兽形构件（C1④：5）

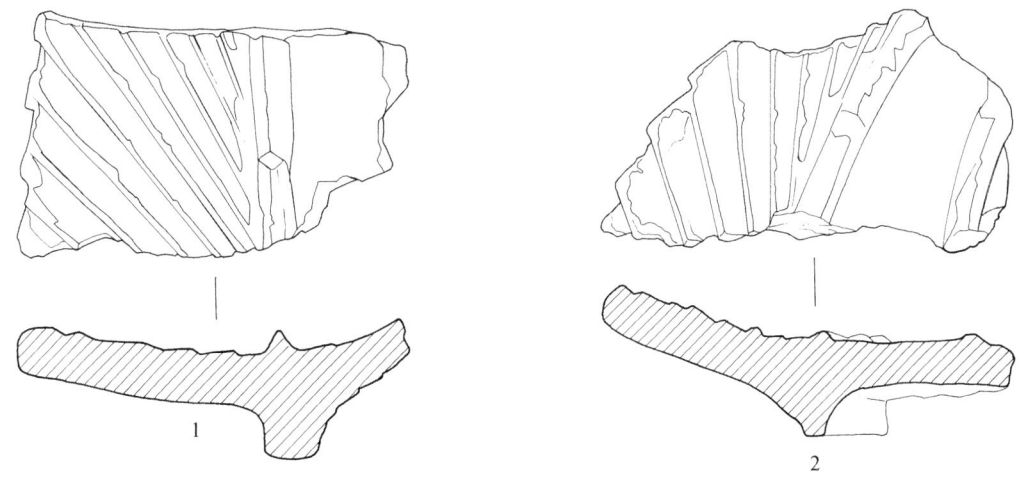

图一一三 未辨形残陶构件

1.H9：29 2.H9：30

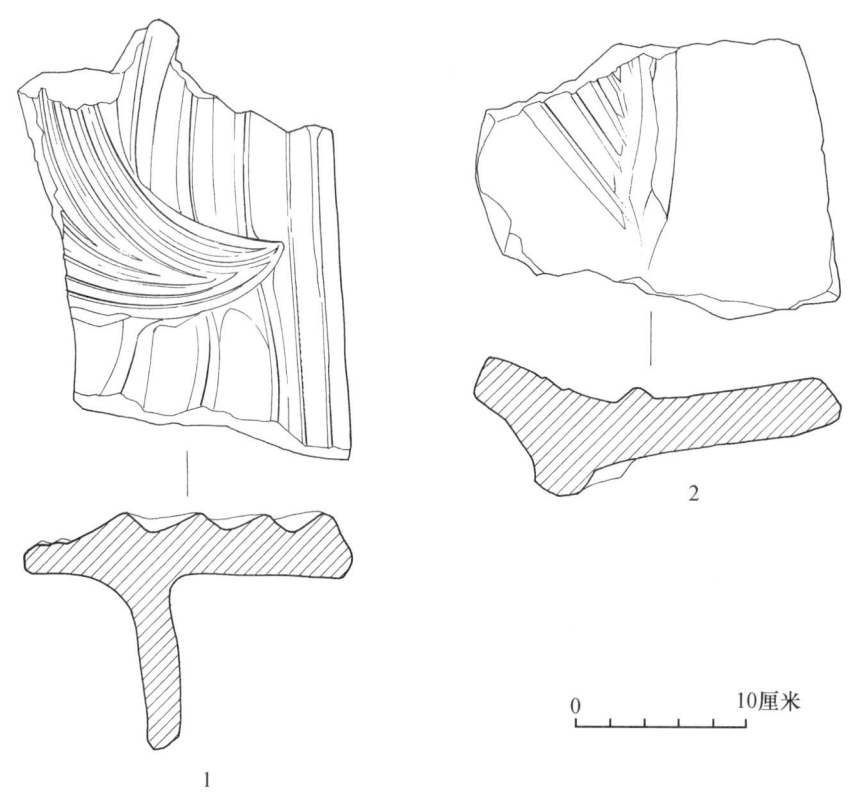

图一一四　未辨形残陶构件
1.H10∶2　2.H9∶31

莲花纹铺地砖　1件。G3∶6，泥质灰陶。厚5厘米（图版五一，5）。
佛塔纹方砖　1件。C1③∶13，泥质灰陶。厚12厘米（图版五一，6）。

第三节　石雕制品

可辨造像、基座、经幢、碓臼等。

造像　4件。C1③∶10，为圆雕菩萨残件，红砂石质。头部及膝部以下缺失，有头光发辫垂覆双肩。胸前有连珠纹项圈。帔帛自身后覆搭双肩，两端绕臂后下垂。连珠纹璎珞自双肩处垂下，右侧绕臂。左手托小罐于腹前，右手执杨柳枝上举，杨柳枝末端垂搭小罐上。上身赤裸，下着长裙，裙腰外翻。残高19.2、宽13.6、厚11厘米（图一一五；图版五二，1）。C1③∶31，为圆雕菩萨残件，红砂石质。仅存腿部局部，双腿间有连珠纹璎珞垂下，腿前衣纹呈圆弧形。残高9.9、宽8.5、厚5.3厘米（图一一六，1）。C1④∶4，为浮雕装饰残件，红砂石质。正面雕卷草纹，背面磨光。残高10.5、宽9.3、厚3.2厘米（图一一六，2；图版五二，2）。C1③∶362，为圆雕菩萨造像残件，红砂石质。身着长裙，璎珞垂双腿间。残高31厘米（图一一七；图版五二，3）。

基座　1件。C1④∶12，红砂石质。中有圆孔，单层覆莲瓣，莲瓣均为双瓣，花瓣鼓突呈椭圆形，边缘翘起。残长32.6、残高9.2厘米（图一一八；图版五二，4）。

第三章 出土遗物

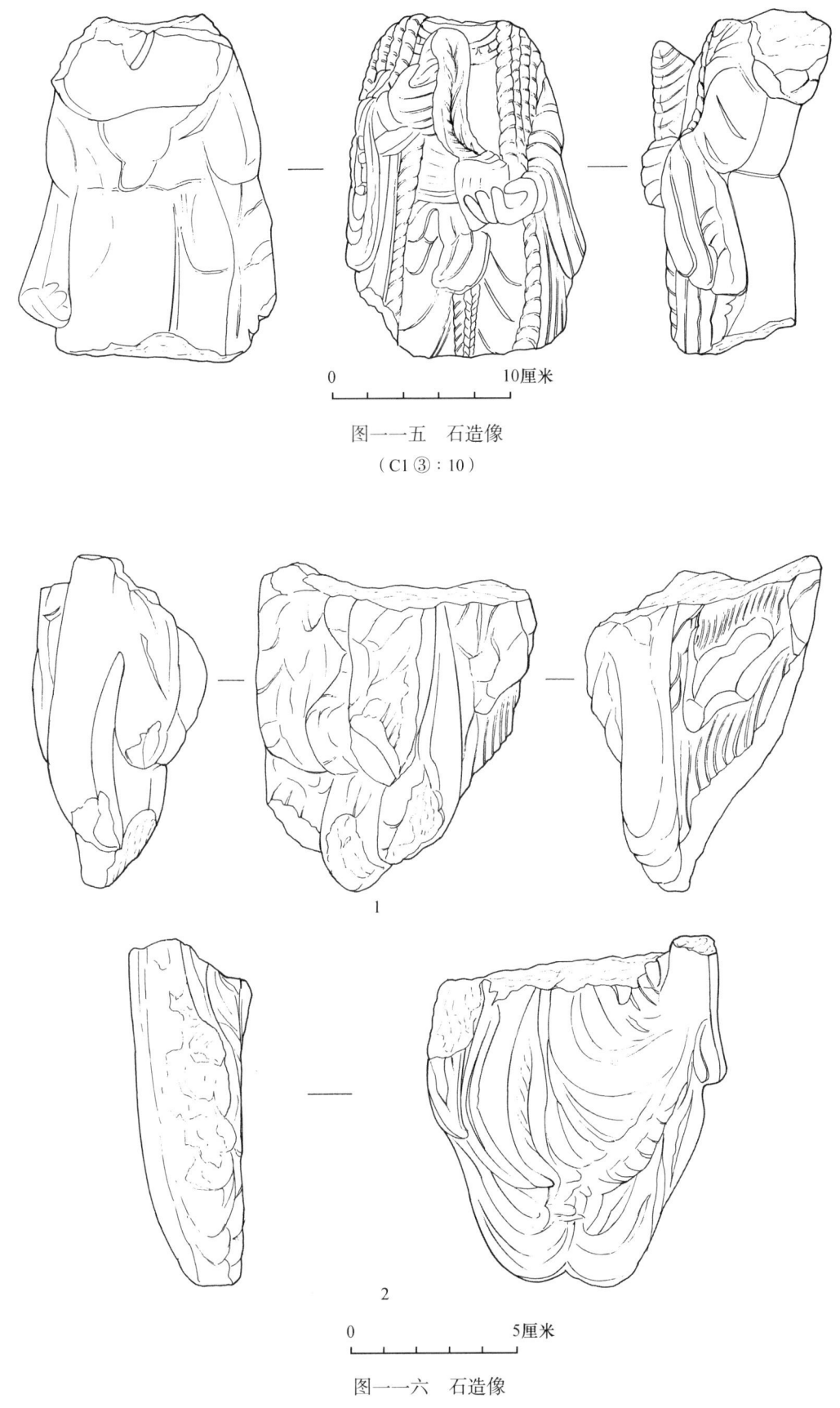

0　　　　10厘米

图一一五　石造像
（C1③：10）

0　　　　5厘米

图一一六　石造像
1. C1③：31　2. C1④：4

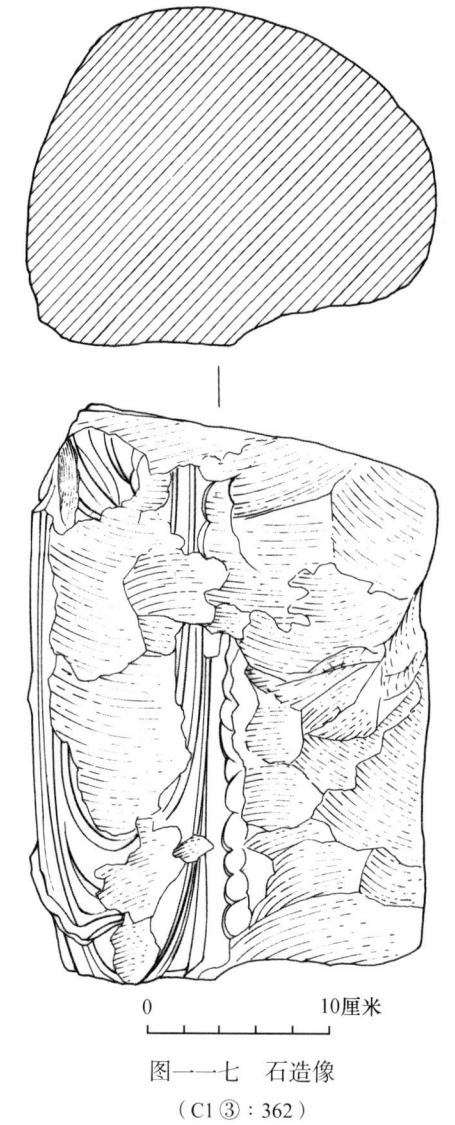

图一一七 石造像
(C1③:362)

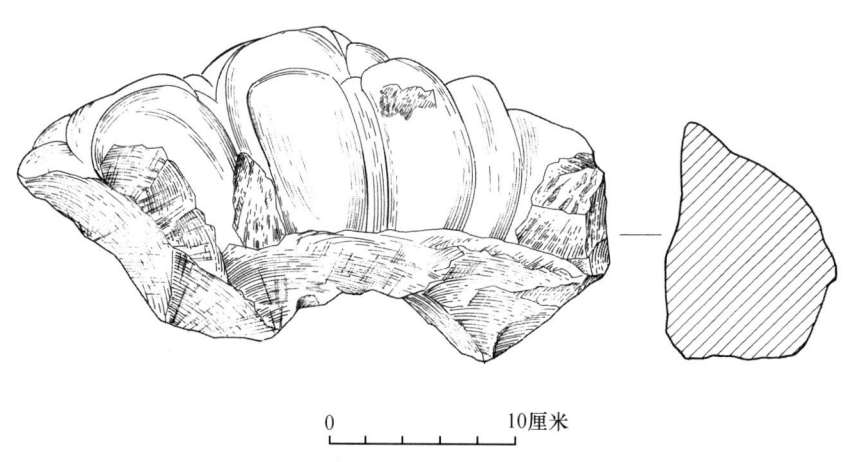

图一一八 石基座
(C1④:12)

经幢　1件。C1③∶277，青砂石质。两端为方形榫头，中部呈八边形，分三层，上下两层为连续分布方格纹，中部饰方格纹和圆珠。榫头与中部相接处雕伞形华盖，四角翘起，内侧饰一周双瓣莲瓣，花瓣鼓突呈椭圆形，边缘翘起。残高41厘米（图一一九；图版五二，6）。

碓臼　1件。H9∶3，红砂石质。平面呈方形，剖面呈倒梯形，上部残损，中央有圆形凹槽，外立面及底部磨光。残高9.8厘米（图一二〇；图版五二，5）。

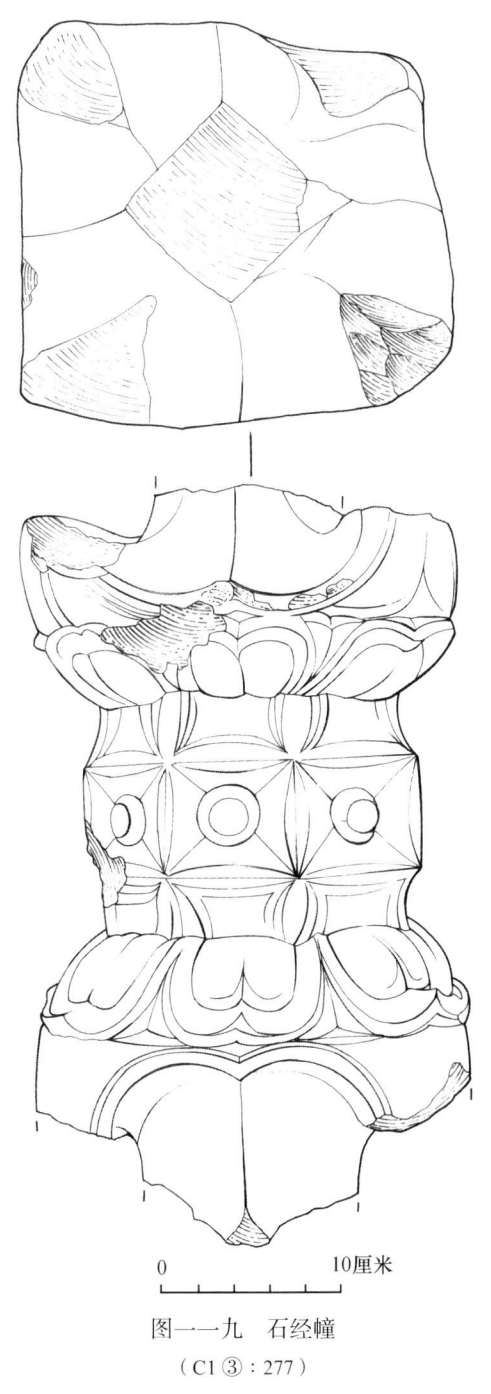

图一一九　石经幢
（C1③∶277）

第四节 铜　　器

可辨钱币、箸、铃铛、箭镞、印章等。

钱币　20枚。种类包括五铢、开元通宝、乾元重宝、崇宁通宝和嘉庆通宝。

五铢　1枚。TN06E06③:2，"五"交股较直，"铢"字不清。直径2.1、穿宽0.8厘米（图一二一，1）。

开元通宝　16枚。H9:33，直径2.4、穿宽0.7厘米（图一二一，2）。H9:34，直径2.3、穿宽0.7厘米（图一二一，3）。H9:35，掐纹位于背部穿上。直径2.5、穿宽0.8厘米（图一二一，4）。H9:36，掐纹位于背部穿下。直径2.3、穿宽0.7厘米（图一二一，5）。C1③:310，直径2.4、穿宽0.7厘米（图一二一，6）。C1③:311，直径2.4、穿宽0.7厘米（图一二一，7）。C1③:312，掐纹位于背部穿上。直径2.4、穿宽0.7厘米（图一二一，8）。C1③:313，掐纹位于背部穿下。直径2.4、穿宽0.7厘米（图一二一，9）。C1③:314，直径2.4、穿宽0.7厘米（图一二一，10）。C1③:315，直径2.5、穿宽0.7厘米（图一二一，11）。C1③:316，穿宽0.7厘米（图一二一，12）。C1③:317，直径2.4、穿宽0.7厘米（图一二一，13）。G2①:20，掐纹位于背部穿左。直径2.4、穿宽0.7厘米（图一二一，14）。TN05E04③:29，

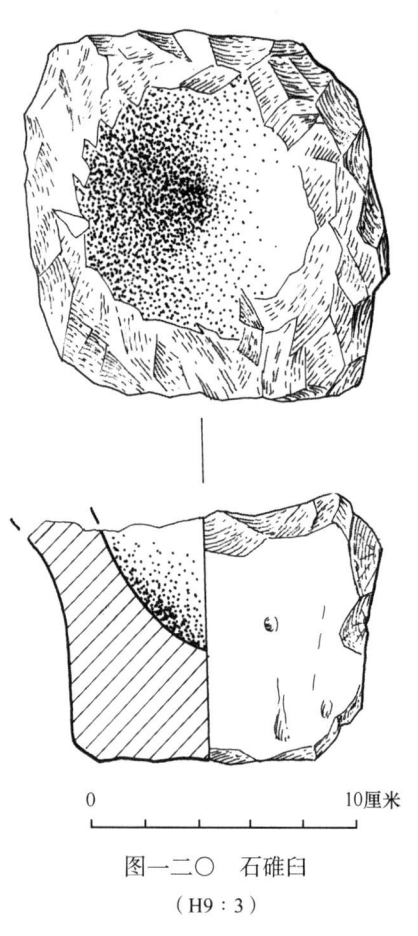

图一二〇　石碓臼
（H9:3）

直径2.3、穿宽0.7厘米（图一二一，15）。TN05E04③:30，直径2.3、穿宽0.7厘米（图一二一，16）。TN05W01③:2，直径2.3、穿宽0.7厘米（图一二一，17）。

乾元重宝　1枚。TN05W01③:14，钱郭磨灭不存。直径1.7、穿宽0.6厘米（图一二一，18）。

崇宁通宝　1枚。TN07E01③:5，直径3.3、穿宽1.4厘米（图一二一，19）。

嘉庆通宝　1枚。TN06E04②:1，直径2.5、穿宽0.6厘米（图一二一，20）。

箸　3件。C1③:321，残长11.1、直径0.4厘米（图八五，2）。G2①:26，残长10.7、直径0.4厘米（图八五，1）。

铃铛　1件。C1③:322，通体似编钟，表面带三角符号等纹饰。宽2.2、高1.9厘米（图八五，3）。

箭镞　2件。C1⑤:8，截面呈三角形。残长3.5厘米（图八五，5）。

印章　1件。C1①:8，龟钮，带方形高台，印面刻篆书"杨蔡家印"四字。边长2.1、高2厘米（图八五，4）。

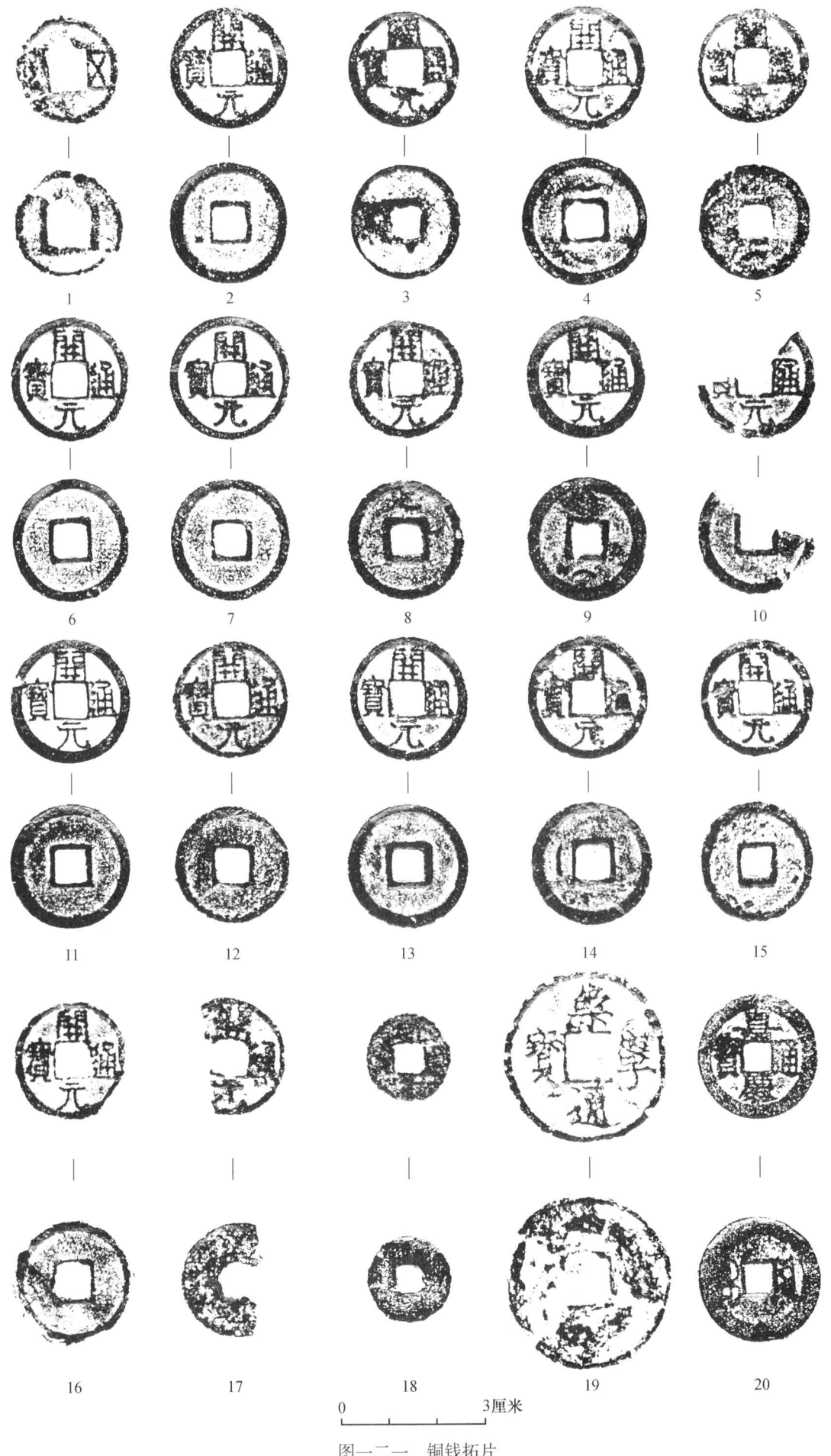

图一二一 铜钱拓片

1. 五铢（TN06E06③：2） 2~17. 开元通宝（H9：33、H9：34、H9：35、H9：36、C1③：310、C1③：311、C1③：312、C1③：313、C1③：314、C1③：315、C1③：316、C1③：317、G2①：20、TN05E04③：29、TN05E04③：30、TN05W01③：2） 18. 乾元重宝（TN05W01③：14） 19. 崇宁通宝（TN07E01③：5） 20. 嘉庆通宝（TN06E04②：1）

第四章 年代问题

第一节 出土遗物的分组、分期与年代推定

上述遗物均有明确的出土单位，但相对而言，瓷器在出土遗物中所占的比重最大，各地层和遗迹单位均有所发现，并且其器形最丰富，变化最为复杂，故可作为讨论年代问题的主要参考依据。根据这些瓷器在窑口、釉色品种、类型、纹饰、装烧方式等各个方面所反映的时代特征，可将其区分为四组。

第一组：数量很少，仅见青羊宫窑的Aa型Ⅰ式碗、A型Ⅰ式罐和Cb型罐。Aa型Ⅰ式碗的形制与成都外化成小区M2、绵阳白果林戏台梁子M2及三台牌坊垭唐代崖墓出土的青釉饼足碗相同，外化成小区M2的年代在隋末唐初[1]；戏台梁子M2属于绵阳地区崖墓发展序列中的末段，即第六期，墓葬年代下限可到隋至唐初[2]；牌坊垭崖墓的多数器物系墓地遭破坏后采集所得，这类碗的具体所属墓葬单位已不详，但与之共存的开元通宝钱币有的属于《试论唐开元通宝的分期》一文划分的A型Ⅰ式，发掘者推测墓葬的年代上限可以早到唐高祖武德四年（621年）左右[3]。此外，类似的饼足碗标本在成都周边的瓷窑遗址如邛崃固驿镇瓦窑山窑[4]、大渔村1号窑[5]、崇州公议镇天福村1号窑[6]等均有大量发现，其中瓦窑山窑的年代主要在隋代至唐代早期，大渔村1号窑的年代在隋代至中唐以前，而天福村1号窑的年代则集中在初唐和盛唐时期。成都十二桥遗址隋唐早期遗存中也包含了多件相同的瓷碗标本，应为明确的青羊宫窑产品，十二桥隋唐早期遗存的年代下限被定为唐代初期[7]。A型Ⅰ式罐的形制与成都化成村隋末唐初墓SM16出土的青瓷盘口壶[8]相同，类似的标本也见于成都青羊宫窑隋代

---

[1] 成都市文物考古研究所：《成都市西郊外化成小区唐宋墓葬的清理》，《考古》2005年第10期。

[2] 绵阳博物馆、成都文物考古研究所：《绵阳崖墓》，北京：文物出版社，2015年，第332~334页。

[3] 钟治：《三台县牌坊垭唐代崖墓清理简报》，《四川文物》2002年第2期。

[4] 四川省文物管理委员会、四川省文物考古研究所等：《四川邛崃县固驿瓦窑山古瓷窑遗址发掘简报》，《南方民族考古》（第三辑），成都：四川科学技术出版社，1991年，第345页。

[5] 成都文物考古研究所、北京大学考古文博学院等：《四川省邛崃市大渔村窑区调查报告》，《成都考古发现》（2005），北京：科学出版社，2007年，第308~336页。

[6] 成都文物考古研究所、崇州市文物管理所：《四川崇州公议镇天福窑址考古调查简报》，《成都考古发现》（2008），北京：科学出版社，2010年，第438页。

[7] 四川省文物考古研究院、成都文物考古研究所：《成都十二桥》，北京：文物出版社，2009年，第203、204页。

[8] 成都市文物考古研究所、成都市文物考古工作队：《四川成都市西郊化成村唐墓的清理》，《考古》2000年第3期。

地层①。

据以上推测，第一组的年代约在隋至唐代早期。

第二组：数量较多，代表器物有青羊宫窑的 Aa 型 Ⅱ 式碗、Ab 型碗、Ac 型碗、B 型碗、Da 型碗、Db 型碗、A 型盘、B 型盏、Ca 型盏、Cb 型盏、D 型盏、Ea 型盏、Eb 型 Ⅰ 式盏、Aa 型钵、Ab 型钵、A 型 Ⅱ 式罐、B 型罐、Ca 型罐等；邛窑的 E 型碗、杯、B 型钵、罐；北方白瓷窑口的 A 型碗等。青羊宫窑 Da 型碗和 Db 型碗的形制与十方堂邛窑五号窑包出土的 A 型 ⅩⅥ 式碗（84QS5YT12③：32）②接近，这件碗的外壁题书有"先天二年二月八日适记泗"字样，先天二年为 713 年。其他同形断代材料还可举成都抚琴唐代中期墓③、成都筒车田唐代中期墓④、河南鹤壁唐开元二十六年（738 年）王仁波墓⑤、河南偃师唐天宝十三年（754 年）郑夫人墓⑥出土的瓷碗，表明它的流行时间集中在 8 世纪上半叶的盛唐阶段。青羊宫窑 B 型碗的年代与 Da 型碗和 Db 型碗基本一致，即盛唐阶段，各地的对比材料比较丰富，如成都金沙堰村唐代中期墓⑦、陕西富平唐景云元年（710 年）节愍太子墓⑧、西安东郊唐开元二十一年（733 年）韦美美墓⑨出土的瓷碗都与之相仿。青羊宫窑 Eb 型 Ⅰ 式盏的形制与福建永春唐永徽二年（651 年）墓⑩、湖北郧县唐嗣圣元年（684 年）李徽墓⑪、成都筒车田唐代中期墓出土的陶、瓷盏接近。青羊宫窑 Aa 型钵与邛窑 B 型钵形制相同，对比材料如陕西乾县唐神龙二年（706 年）永泰公主墓出土的三彩陶钵⑫。

据以上推测，第二组的年代约在唐代中期。

第三组：数量多，代表器物有青羊宫窑的 Ca 型 Ⅰ 式碗、Ca 型 Ⅱ 式碗、Ca 型 Ⅲ 式碗、Cb 型 Ⅰ 式碗、Cb 型 Ⅱ 式碗、E 型碗、F 型碗、Aa 型 Ⅰ 式盏、Aa 型 Ⅱ 式盏、Ab 型 Ⅰ 式盏、Ab 型 Ⅱ 式盏、Eb 型 Ⅱ 式盏、B 型盘、B 型钵、C 型钵、A 型 Ⅲ 式罐、Ea 型罐、Eb 型罐、Aa 型注壶、Ab 型注壶、C 型注壶、Da 型注壶、Db 型注壶、Aa 型盆、Ab 型盆、B 型盆、套盒等；琉璃厂窑的 A 型碗、A 型盘、B 型盘、Aa 型盏、Aa 型罐、Ab 型罐、B 型罐、注壶、钵等；邛窑的 A 型碗、B 型 Ⅰ 式碗、B 型 Ⅱ 式碗、C 型碗、D 型碗、A 型盘、B 型盘、A 型

---

① 四川省文管会、成都市文管会：《成都青羊宫窑址发掘简报》，《四川古陶瓷研究》（二），成都：四川省社会科学院出版社，1984 年，第 137 页。
② 陈显双等：《邛窑古陶瓷研究——考古发掘简报》，耿宝昌主编：《邛窑古陶瓷研究》，合肥：中国科学技术大学出版社，2002 年，第 131 页。
③ 刘雨茂、朱章义：《四川地区唐代砖室墓分期研究初论》，《四川文物》1999 年第 3 期。
④ 成都市文物考古工作队：《成都市西郊土桥村筒车田唐墓》，《四川文物》1999 年第 3 期。
⑤ 王文强、霍保成：《鹤壁市发现一座唐代墓葬》，《中原文物》1988 年第 2 期。
⑥ 中国社会科学院考古研究所：《偃师杏园唐墓》，北京：科学出版社，2001 年，第 125 页。
⑦ 成都市文物考古研究所：《成都市西郊金沙堰村唐宋墓葬发掘简报》，《成都考古发现》（2001），北京：科学出版社，2003 年，第 194~199 页。
⑧ 陕西省考古研究所、富平县文物管理委员会：《唐节愍太子墓发掘报告》，北京：科学出版社，2004 年，第 119 页。
⑨ 呼林贵、侯宁彬等：《西安东郊唐韦美美墓发掘记》，《考古与文物》1992 年第 5 期。
⑩ 福建博物院：《福建博物院文物珍品》，福建教育出版社，2002 年，图版 42。
⑪ 湖北省博物馆、郧县博物馆：《湖北郧县唐李徽、阎婉墓发掘简报》，《文物》1987 年第 8 期。
⑫ 陕西省文物管理委员会：《唐永泰公主墓发掘简报》，《文物》1964 年第 1 期。

盏、B型盏、盏托、盆、盒、炉、A型器盖、B型器盖等；长沙窑的A型碗、B型碗、器盖、注壶；邢窑的碗和北方白瓷窑口的B型碗等。青羊宫窑Cb型Ⅰ式碗和Aa型Ⅰ式盏均为敞口，斜直腹，饼足，较早的对比材料见于成都桐梓林唐贞元二年（786年）爨公墓[①]，该墓出土的盘与青羊宫窑B型盘也基本一致。Ca型Ⅰ式碗和Ab型Ⅰ式盏相比于Cb型Ⅰ式碗和Aa型Ⅰ式盏，主要变化在于沿部明显折出，成都及周边地区墓葬出土的相关材料集中在晚唐五代，如唐元和十年（815年）王怀珍墓[②]、唐大中四年（850年）鲜腾墓[③]、前蜀乾德五年（923年）王宗侃墓[④]、青白江大夫村唐代晚期M9[⑤]及金堂李家梁子唐末五代M47[⑥]出土的碗。青羊宫窑A型Ⅲ式罐的形制与金堂李家梁子唐末五代M44[⑦]、双流竹林村后蜀广政二十七年（964年）徐公墓[⑧]及彭州下梁山唐代晚期至北宋初M6[⑨]出土的青釉盘口罐（壶）相同。琉璃厂窑A型碗在四川地区主要流行于五代时期，以广汉烟堆子M3[⑩]（随葬前蜀"乾德元宝"钱）、后蜀广政十一年（948年）张虔钊墓[⑪]、后蜀徐公墓出土的瓷碗为代表。琉璃厂窑B型罐的突出特征为颈部的数固弦纹装饰，类似的罐在前蜀王建墓（918年）[⑫]、后蜀张虔钊墓、成都永陵公园后蜀广政二十六年（963年）墓[⑬]及成都洪河大道南延线M1[⑭]等几座年代明确的五代墓葬都有发现，有的罐腹部还有彩绘图案。邛窑的B型Ⅱ式碗（TN06E03③:27）、盏托（TN06E01③:5）、器足（TN06E03③:28）和瓷塑模型等均属于该窑典型的低温釉瓷器，釉色以黄、绿釉为主，有研究者认为这类瓷器集中烧造于五代的前、后蜀时期，是属于当时

[①] 成都市文物考古研究所：《成都市南郊桐梓村唐代爨公墓发掘》，《成都考古发现》（1999），北京：科学出版社，2001年，第202～210页。

[②] 成都文物考古研究所：《成都市西郊红色村唐代王怀珍墓》，《成都考古发现》（2005），北京：科学出版社，2007年，第301～307页。

[③] 成都文物考古研究所：《成都市金沙村唐墓发掘简报》，《成都考古发现》（2004），北京：科学出版社，2006年，第312～322页。

[④] 成都文物考古研究所、龙泉驿区文物保护管理所：《成都市龙泉驿五代前蜀王宗侃夫妇墓》，《考古》2011年第6期。

[⑤] 成都文物考古研究所、青白江区文物保护管理所：《成都青白江区艾切斯工地唐、宋墓葬发掘简报》，《成都考古发现》（2006），北京：科学出版社，2008年，第241页。

[⑥] 成都文物考古研究所、金堂县文物保护管理所：《金堂赵镇李家梁子唐宋墓发掘简报》，《成都考古发现》（2007），北京：科学出版社，2009年，第573页。

[⑦] 成都文物考古研究所、金堂县文物保护管理所：《金堂赵镇李家梁子唐宋墓发掘简报》，《成都考古发现》（2007），北京：科学出版社，2009年，第570页。

[⑧] 成都文物考古研究所、双流县文物管理所：《成都双流籍田竹林村五代后蜀双室合葬墓》，《成都考古发现》（2004），北京：科学出版社，2006年，第360页。

[⑨] 成都文物考古研究所、彭州文物保护管理所：《彭州市下梁山唐宋墓发掘简报》，《成都考古发现》（2012），北京：科学出版社，2014年，第535页。

[⑩] 四川省文物考古研究院、德阳市文物考古研究所等：《2004年广汉烟堆子遗址晚唐、五代墓地发掘简报》，《四川文物》2005年第3期。

[⑪] 翁善良：《成都市东郊后蜀张虔钊墓》，《文物》1982年第3期。

[⑫] 冯汉骥：《前蜀王建墓发掘报告》，北京：文物出版社，2002年，第64页。

[⑬] 成都文物考古研究所：《2008年度永陵公园古遗址发掘简报》，《成都考古发现》（2008），北京：科学出版社，2010年，第394页。

[⑭] 成都市文物考古研究所、龙泉驿区文物保管所：《成都市龙泉驿区洪河大道南延线唐宋墓葬发掘简报》，《成都考古发现》（2001），北京：科学出版社，2003年，第171页。

高等级机构或场所使用的器具①。

据以上推测，第三组的年代约在唐代晚期至五代或北宋初。

第四组：数量较少，均为琉璃厂窑瓷器，包括 B 型碗、Ab 型 I 式盏、Ab 型 II 式盏、B 型盏、C 型盏、钵等。B 型碗的形制与成都二仙桥南宋绍兴二十二年（1152 年）墓出土的瓷碗②相同。Ab 型 I 式盏突出特征为较厚的方唇和圈足，与成都琉璃厂窑址出土的 B 型酱釉灯碟③完全相同，后者的内壁带有北宋"政和四年"刻划题记；Ab 型 II 式盏的对比材料丰富，年代集中在南宋中晚期，如成都金鱼村淳熙九年（1182 年）墓④、三圣乡花果村庆元六年（1200 年）墓⑤、石岭村嘉定六年（1213 年）墓⑥、外化成小区端平二年（1235 年）墓⑦出土的瓷盏；B 型盏的形制则与成都海滨村北宋绍圣二年（1095 年）墓出土的瓷盏⑧接近。钵（H8∶14）的外壁用灰白色化妆土描画交错的斜线纹，这种装饰技法在南宋琉璃厂窑瓷器上较为普遍，如成都石墙村南宋嘉定四年（1211 年）墓出土的瓷双系罐和双系壶等⑨。

据以上推测，第四组的年代约在北宋晚期至南宋。

第二节　遗迹单位的年代推定

根据叠压、打破关系以及出土遗物的分组和断代结果，可将上述地层和遗迹单位的年代初步推定如下。

第 3 层的出土瓷器虽有相当一部分属于第二、三组，但最晚的则属于第四组，故其年代下限应在南宋。

H1 叠压于第 3 层下，打破 M1（隋至唐代早期墓，详见附录二），出土物中残砖、瓦砾较多，陶瓷器很少，年代只能大致确定在唐五代时期。

H4 和 H10 叠压于第 3 层下，出土瓷器十分零星，所见兽面纹瓦当都属于 Bb 型，与成都

---

① 易立：《试论邛窑低温釉瓷器的几个问题》，《边疆考古研究》（第 18 辑），北京：科学出版社，2015 年，第 247~263 页。
② 成都市文物考古研究所：《成都市二仙桥南宋墓发掘简报》，《成都考古发现》（1999），北京：科学出版社，2001 年，第 218 页。
③ 成都文物考古研究所：《成都市琉璃厂古窑址 2010 年试掘报告》，《成都考古发现》（2010），北京：科学出版社，2012 年，第 373 页。
④ 成都市文物考古工作队：《四川成都市西郊金鱼村南宋砖室火葬墓》，《考古》1997 年第 10 期。
⑤ 成都市文物考古研究所：《成都市成华区三圣乡花果村宋墓发掘简报》，《成都考古发现》（2001），北京：科学出版社，2003 年，第 209 页。
⑥ 成都市文物考古研究所：《成都市青龙乡石岭村宋墓发掘简报》，《成都考古发现》（2003），北京：科学出版社，2005 年，第 411 页。
⑦ 成都市文物考古研究所：《成都市外化成小区南宋墓发掘简报》，《成都考古发现》（1999），北京：科学出版社，2001 年，第 248 页。
⑧ 成都市文物考古研究所：《成都市青龙乡海滨村墓葬发掘简报》，《成都考古发现》（2003），北京：科学出版社，2005 年，第 292 页。
⑨ 成都市文物考古研究所：《成都市高新区石墙村宋墓发掘简报》，《成都考古发现》（1999），北京：科学出版社，2001 年，第 258 页。

天府广场东北侧古遗址 H27①、下同仁路造像坑 H6② 出土的兽面纹瓦当相同，前者的年代约在唐代中期，后者其他共存遗物的年代下限约在五代至北宋初。此外，上汪家拐街遗址晚唐五代地层（第 3A 层）亦见有类似的瓦当残片③。故这两座灰坑的年代应在唐代中晚期至五代或北宋初。

H6 叠压于第 3 层下，出土瓷器属于第二组，其年代应在唐代中期。

H7 叠压于第 3 层下，出土遗物除少量汉代云纹瓦当外，瓷器主要属于第二组，其年代也在唐代中期。

H8 打破第 3 层，出土瓷器属于第四组，其年代应在南宋或略晚。

H9 叠压于第 3 层下，出土瓷器主要属于第二组，间杂少量第三组，其年代应在唐代晚期至五代或北宋初。

H12 因出土物太少，年代暂不能确定。

另外，G1、G2、G3、C1、J1、F1 等多个建筑遗迹均叠压于第 3 层下，分布位置相邻、有序，作为主体的沟渠和池塘之间存在明确的相互串联、续接、增补和沿用的情况，使用的建筑材料和出土遗物的面貌亦极为接近，构成了一组关联性较强的建筑群。从细节观察，该建筑群从修筑、使用到最终废弃，大约经历了四个阶段：

第一阶段：主体为沟渠（G2），分作东、西两段，平面大体呈"人"字形。

第二阶段：在"人"字顶部、沟渠体较宽处的西侧形成第一道挡墙，沟渠的西段由此被填塞、废弃，仅保留了沟渠的东段。

第三阶段：分作两步。第一步，在沟渠东段居中略偏东南的较宽处，形成第二道挡墙，挡墙西北部的 G2 被填塞、废弃，另在挡墙处增筑 G1 和进水口。第二步，利用原来 G2 东南端的走势，对挡墙东南部的 G2 加以改造，拆毁其局部砖墙，同时保留局部，再于局部重新增筑墙体，由此形成池塘（C1），此阶段的建筑群主体仅保留有池塘（C1）和小型排水沟（G1、G3）。

第四阶段：在 C1 的南部构筑一道西北—东南走向的砖砌挡墙，南面池壁内收，池塘范围由此而缩减。

总体而言，该建筑群在使用过程中，呈现出不断缩减和衰败、残破的趋势。至最后阶段，施建维护者的经济实力已十分有限，这从池壁增筑墙体的用砖和砌筑情况可以窥见。

关于该建筑群的始建年代，主要有以下三点参考依据：

第一，从最早修筑的 G2 墙体砌砖情况看，除素面砖外，间杂使用花纹砖，纹饰类型主要有缠枝纹、莲花纹、卷草纹、人物纹、纪年文字、联璧纹、组合纹、菱形纹、网格纹等。其中卷草纹、联璧纹、组合纹、菱形纹、网格纹砖在成都地区常见于东汉至六朝的墓葬，有的纪年文字砖带有"大同六年"字样，可知明确属于南朝萧梁时期。相对而言，缠枝纹砖和莲花纹砖的流行年代则较晚，缠枝纹由多个卷曲相连的桃心状图案组成；莲花纹有两种，花瓣均呈放

---

① 成都文物考古研究所：《成都天府广场东北侧古遗址发掘报告》，北京：文物出版社，2016 年，第 168 页。
② 成都文物考古研究院：《成都下同仁路——佛教造像坑及城市生活遗址发掘报告》，北京：文物出版社，2017 年，第 153 页。
③ 成都市文物考古队、四川大学历史系：《成都市上汪家拐街遗址发掘报告》，《南方民族考古》（第五辑），成都：四川科学技术出版社，1993 年，第 353 页。

射状分布，一种瓣体较短，一种瓣体瘦长且尖部突出，这些特征都与成都北郊驷马桥化工厂隋墓①、新津普兴隋开皇元年（581年）墓②、武汉东湖岳家嘴隋大业年间墓③出土的几种花纹砖相同或相近。因此，这两类花纹砖均可视作隋代流行的建筑材料。

第二，从出土遗物尤其是瓷器看，尽管包含有第一组（隋至唐代早期）瓷器，但数量过于零星，尚不足以证明其与建筑群之间的共存关系。相对而言，第二组（唐代中期）和第三组（唐代晚期至五代或北宋初）瓷器不仅数量众多，且类型丰富，当属于建筑群使用、存续过程中遗留下来的生活用具，反映了其由初创到成形再到繁盛的发展脉络。另外，出土钱币中有的（如G2①：20、C1③：312、C1③：313等）属于《试论唐开元通宝的分期》一文划分的B型Ⅱ式和B型Ⅲ式，流行年代的上限约始于玄宗开元年晚期④。

第三，从建筑群所在区域及周边分布的墓葬遗存（发掘简报参见附录二）看，第一期的年代范围从隋代至唐代早期，第二期的年代则直接跨越到两宋时期。很明显，第一、二期之间存在着一个相当长的空白，这个空白期恰好与建筑群出土遗物所反映的主体时代面貌基本吻合。因此，第一期墓葬的年代下限应当与建筑群始建年代的上限极为接近。

综合以上三点考虑，我们认为该建筑群的始建年代可界定在唐代中期或略早，即7世纪末至8世纪上半叶。

建筑群最晚的废弃回填堆积见C1内，这些堆积虽按土质土色有层次区分，但各层填土内的包含物面貌差异并不显著，均以陶瓷器和建筑构件为主，且陶瓷器的窑口、胎质、釉色、器形等特征比较一致，如C1的第2~6层同时出土了青羊宫窑的Aa型Ⅱ式碗、Cb型Ⅰ式碗、Aa型Ⅰ式盏和邛窑的敛口折沿盆。另外，其他众多的陶瓷器类型尽管不是每层必见，但在某些出土量较大的堆积单位（如C1②、C1③、C1④等）的出现频率仍然很高。由此推测，这些堆积层次并不代表明显的时间早晚差异，而有较大可能是属于池体自身废弃后，短时间内倾倒生活和建筑垃圾而一次性形成的。关于其形成年代，主要有两点参考依据：其一，第二期墓葬的年代上限在北宋晚期，考虑到建筑群的性质（详见后文）与墓葬活动无关，并且有的墓葬（如M14）还打破了池塘（C1）的回填堆积，可知建筑群的存续时间当不会晚至此；其二，回填堆积内所见年代最晚的瓷器等遗物属于第三组，下限在北宋初。基于这些表象，可推测建筑群最后废弃的年代约在北宋初年或略晚。

---

① 罗伟先：《成都化工厂隋墓清理简报》，《四川文物》1986年第4期。
② 四川省博物馆：《四川牧马山灌溉渠古墓清理简报》，《考古》1959年第8期。
③ 武汉市文物管理处：《武汉东湖岳家嘴隋墓发掘简报》，《考古》1983年第9期。
④ 徐殿魁：《试论唐开元通宝的分期》，《考古》1991年第6期。

第五章 遗址的功能与性质

该遗址以建筑群为主体，除 G2 和 C1 外，附属设施发现有房屋基址、井和小型排水沟，其中房屋基址仅发现 F1 一座，保存情况很差，已无法复原。从 G2 的结构与形制看，与成都中心城区大科甲巷[①]、正科甲巷[②]、江南馆街[③]、内姜街[④] 等地点发现的唐末五代市政沟渠存在明显差异：首先，G2 直墙体的砌筑方式全部采用长方形砖错缝平铺，且向外收分较大，墙体明显外倾，而市政沟渠的直墙底部多为平砖和丁砖交错垒砌，且一般收分很小，构筑成几近垂直的墙体；其次，G2 的直墙体由于向外收分明显，故顶部未见搭建券拱的痕迹，应为明沟（渠），而市政沟渠通常带有拱形券顶且埋设于地表之下；再次，G2 的平面蜿蜒曲折，无一定的走向规律，急转处回水形成倒流，容易造成淤塞，显然不同于一般的市政沟渠呈垂直分布，且与周边街道平行或垂直相交的特点。可以确定，建筑群属于市政给排水系统的性质并不成立。

值得注意的是，这种凿渠（池）引水、渠（池）蜿蜒相连、周边附带其他设施的布局形态，早在秦汉时期已应用于园林、池苑等游览观赏场所的构筑中。1995 年和 1997 年，在广州老城区中心先后发现了规模宏大、保存完好的南越国宫苑遗址，宫苑区由一条曲流石渠和一座大型石构水池（蓄池）组成，水池位于宫苑区北部，呈长方形斗状，经钻探得知其分布面积近 4000 平方米；曲流石渠位于水池南面，渠体自东北而南，再曲折向西，已揭露部分长达 180 余米。石渠中设有急弯、弯月形水池、陡坡等特殊构造，是专为营造不同水体景观而设计的[⑤]。至隋唐五代，引泉凿池的造园理念更加成为皇家及地方园林、别业营造意匠的主流[⑥]，以文献史料为例，如隋东都之西苑，总体布局以人工开凿的广阔水域"北海"为中心，海的东面有曲池塘和曲水殿，是"上巳饮禊之所"。海的北面有水道即"龙鳞渠"，渠宽二十步，曲折萦回地流经"十六院"而注入海，又"置四品夫人十六人，各主一院"，院外龙鳞渠环绕，三门皆临渠，

[①] 成都市文物考古工作队：《成都市一九九五年田野考古工作概述》，《成都文物》1996 年第 1 期。

[②] 易立、张雪芬、江滔：《成都市正科甲巷唐宋遗址》，《中国考古学年鉴》(2015)，北京：中国社会科学出版社，2016 年，第 301 页。

[③] 成都文物考古研究所：《成都江南馆街唐宋时期街坊遗址》，《成都文物》2009 年第 3 期；谢涛、何锟宇：《成都江南馆街唐宋时期街坊遗址》，国家文物局编：《2008 中国重要考古发现》，北京：文物出版社，2009 年，第 150~155 页。

[④] 成都文物考古研究所：《成都市内姜街遗址发掘报告》，《成都考古发现》(2004)，北京：科学出版社，2006 年，第 370~372 页。

[⑤] 南越王宫博物馆筹建处、广州市文物考古研究所：《南越宫苑遗址：1995、1997 年考古发掘报告》，北京：文物出版社，2008 年，第 16~143 页；南越王宫博物馆：《南越国宫署遗址：岭南两千年中心地》，广州：广东人民出版社，2010 年，第 38~53 页。

[⑥] 李浩：《唐代园林别业考论》(修订版)，西安：西北大学出版社，1996 年，第 36~54 页；侯迺慧：《诗情与幽境——唐代文人的园林生活》，台北：东大图书股份有限公司，1991 年，第 202~212 页。

渠上跨飞桥。所谓十六院即十六组建筑群，它们之间以水道串联成完整的水系，提供水上游览和交通运输的方便[①]；位于成都子城内的摩诃池，自隋代以来便是官府和皇家园林所在，前蜀乾德年间，后主王衍临池起宣华苑，"结绘为山，及宫殿楼观于其上……山前穿渠通禁中，或乘船夜归，令宫女秉蜡烛千余，居前船却立照之，水面如昼"[②]；前蜀高祖王建的养子通王宗裕于成都罗城北门清远江东所建的私家苑囿，亭台榭池塘俱全，"骈植花竹，泉石萦绕，流杯九曲，为当时之甲也"[③]；位于成都少城之北的徐卿草堂，在岑参诗文中亦留有"曲池荫高树，小径穿丛筻"的景象构成[④]；又如北方地区著名的衙署园林——绛守居园池，隋开皇十六年（596年）由内军将军、临汾县令梁规"导鼓堆泉开渠……蓄为池沼，中建洞涟亭，旁植竹木花柳"，后历经多次添建修饰。陈尔鹤根据唐长庆三年（823年）绛州刺史樊宗师《绛守居园池记》一文，对唐时的园池规模和内容做了初步的复原研究："园池中水面约五亩，为全园总面积的四分之一强……水自园西北入口泻入西部池塘后，即由池塘泄入园东的苍塘中……池、塘以渠相通，渠形似弯月。园池的水景有动、静之分，静以为主。静水为池塘、苍塘，而动水则有由渡槽引来的'悬瀑'和由池入塘的渠水，园中悬泉泻窦流水，水波微艳，使园中之水静中有声，更增园池生趣"[⑤]。从考古发现看，亦不乏对应例证：如唐东都之上阳宫，池塘是整个园林遗址的核心构成要素，并将池两岸的廊房、水榭、假山、石子路有机地连接在一起，其平面呈不规则长条形，东西长53米，口宽3~5米，底宽1.2~3米，深1.5米，南北两岸随地势屈曲，池底夯筑并铺砌卵石，边壁用太湖石或卵石层层垒砌，高低错落，犬牙交互[⑥]；唐东都履道坊白居易宅院遗址，宅院西墙外为"伊水渠"，水渠南部有水道通向私家园林"南园"，南园仅做过局部发掘，但钻探出大片池沼淤土堆积，池塘形状不规则，深1.9~3.2米，面积约3300平方米，据载南园有大面积的池塘，池中有岛，岛上建亭，环池建有书库、仓廪、琴亭，池岸与岛屿有高桥相连[⑦]。此外，日本奈良平城京遗址也发现过类似遗迹，在平城京左京三条二坊贵邸遗址中，一条小河屈曲穿过，池底和护岸全部用卵石铺砌，局部还有斜坡的滩，另在宫城内东南角的"东院"还有园池，池近于曲尺形，屈曲的池岸及池底也是满铺卵石，池中有岛，北部有桥，年代属8世纪中期的盛唐、中唐之交[⑧]。

另一方面，建筑群的出土物对于判断遗址的功能和性质也具有重要的参考价值：其一，大量的瓷器主要产自成都附近的青羊宫窑、琉璃厂窑、邛窑，且几乎都属于粗朴耐用的生活日用

[①] 周维权：《中国古典园林史》，北京：清华大学出版社，2008年，第193、194页。
[②] （宋）司马光撰：《资治通鉴》卷二百七十一，北京：中华书局，1956年，第8861页。
[③] （宋）黄休复撰，李梦生点校：《茅亭客话》卷八，上海：上海古籍出版社，2012年，第128页。
[④] （清）彭定求等编：《全唐诗》卷一百九十八，北京：中华书局，1960年，第2041、2042页。
[⑤] 陈尔鹤：《绛守居园池考》，《文物季刊》1989年第1期。
[⑥] 中国社会科学院考古研究所：《隋唐洛阳城：1959~2001年考古发掘报告》，北京：文物出版社，2014年，第三册，第937、938页。
[⑦] 中国社会科学院考古研究所：《隋唐洛阳城：1959~2001年考古发掘报告》，北京：文物出版社，2014年，第一册，第98~105页。
[⑧] 《平城京》9，贵族の邸宅Ⅱ，27，东院，1978年4~11月东京平城京展览会图录。转引自傅熹年主编：《中国古代建筑史》第二卷《三国、两晋、南北朝、隋唐、五代建筑》，北京：中国建筑工业出版社，2001年，第491页。

器具，尤以碗、盏类的所占比重最大，其他精细瓷器和陈设类用具则很少见到。总体而言，这批瓷器普遍质量粗糙，器形单一，仅能够满足基本的生活需求，表明它们的所有者或使用人群可能社会阶层不高，生活水准偏低，经济实力较弱；其二，G2和C1的回填堆积内出土了石刻的菩萨造像、经幢、莲花基座等，佛教文化色彩浓重，数量虽少，但足以证明建筑群的周边应存在佛教寺院或相关遗存；其三，瓷碗的内壁常以釉彩书写文字或符号，类似的做法在邛崃龙兴寺遗址出土的唐代瓷碗上多有发现[1]，还有个别瓷器如钟、碗的残片书写有"静众"、"□寺"、"寺"等文字，无疑都与寺院生活关系密切。

　　瓷钟、碗表面书写的"静众"、"□寺"、"寺"等文字，很可能与成都城西的著名佛教寺院——净众寺相对应。净众寺即俗称之"万佛寺"，其地理方位在明清两代的方志中有明确记录，如正德《四川志》言在成都治西北[2]，《天启新修成都府志》和《康熙成都府志》皆言在府城西北[3]，《嘉庆成都县志》载在县西北[4]，《同治重修成都县志》所记稍详，谓在县西六甲里许金花桥侧[5]。晚清民国以来成都绘制的几种地图，如清嘉庆二十一年（1816年）《成都县境全图》、同治十二年（1873年）《成都县境图》、光绪五年（1879年）图、光绪二十年（1894年）《四川省城街道图》、光绪三十年（1904年）图、宣统三年（1911年）《新订成都街道二十七区图》、民国六年（1917年）《成都街道图》等，无一例外地在城外西北方向标注了"万佛寺"[6]。关于净众寺的始创年代，历史上存在不小争议：一说据明《天启新修成都府志》卷五十三《艺文志续集·记》载黄辉《重修万佛寺碑记》："净因寺……相传创于汉延熹，或曰即古净众寺"[7]，认为寺之前身在东汉桓帝延熹年间（158~167年）即已存在；另一说以清《乾隆一统志》和《嘉庆一统志》为代表，认为寺乃唐开元十六年（728年）新罗僧无相募建，但李芳民已指出："无相开元十六年至中国，抵京……隶禅定寺，则此时不能募建净众寺甚明，清两《一统志》所载误"[8]；第三种说法据《宋高僧传》卷十九《唐成都净众寺无相传》："明皇违难入蜀，迎相入内殿……（相）遂劝檀越造净众、大慈、菩提、宁国等寺，外邑兰若、钟、塔，不可悉数"，或言寺乃新罗国金和上无相本人于玄宗入蜀期间（至德元年至二年，756、757年）

---

[1] 成都文物考古研究所、邛崃市文物管理局：《四川邛崃龙兴寺2005~2006年考古发掘报告》，北京：文物出版社，2011年，第231~236页。

[2] （明）熊相：正德《四川志》卷四，1961年传抄明正德十三年刻嘉靖增补本。

[3] （明）冯任修，（清）张世雍等纂：《天启新修成都府志》卷五十三，《中国地方志集成·四川府县志辑》，成都：巴蜀书社，1992年，第73页；（清）佟世雍等修纂，李勇先点校：《康熙成都府志》（旧钞本），《成都旧志丛书》（9），成都：成都时代出版社，2008年，第139页。

[4] （清）衷以埙等纂修，李勇先点校：《嘉庆成都县志》（清咸丰重刻本），《成都旧志丛书》（10），成都：成都时代出版社，2008年，第41页。

[5] （清）李玉宣等修纂，庄剑点校：《同治重修成都县志》（清同治十二年刻本），《成都旧志丛书》（11），成都：成都时代出版社，2008年，第63页。

[6] 成都市勘测志编纂委员会：《中华人民共和国·四川省·成都市勘测志》，北京：中国建筑工业出版社，1997年，第190~199页。

[7] （明）冯任修，（清）张世雍等纂：《天启新修成都府志》卷五十三，《中国地方志集成·四川府县志辑》，成都：巴蜀书社，1992年，第804页。

[8] 李芳民：《唐五代佛寺辑考》，北京：商务印书馆，2006年，第263页。

劝檀越施主所建①。从历年来万佛寺故址出土的残石佛像看，带纪年铭文者最早为刘宋元嘉，大多集中在萧梁至北周之间②，如1937年出土的中大通元年（529年）立佛造像，刻有"鄱阳世子西止于安浦寺"等内容③，显然安浦寺是万佛寺（净众寺）在南朝梁时的旧名，同时表明寺院的始创年代当远在唐以前，有学者还根据《续高僧传·慧韶传》认为其可能为尼寺④。此外，《四川历代碑刻》等书收录、据传1902年出土于万佛寺故址的大同七年（541年）萧纪弥勒造像提到有"供养兴国寺"等内容⑤，故有学者推测其在梁代或又名兴国寺⑥。

万佛寺（净众寺）的唐代纪年造像存世很少，迄今所见只有开元十六年（728年）、开元二十五年（737年）、元和十年（815年）各一尊⑦，后者带"净众寺"字样，前二者未见，有学者据此认为净众寺之得名始于新罗僧无相住持前后⑧。此外，《广智三藏和上表制集》卷一《请置大兴善寺大德四十九员敕》提到有"成都府净众寺僧道遇"，时间为代宗广德二年（764年）⑨；《宝刻类编》卷四辑录有贞元十八年（802年）许李同撰"成都净象寺修律院记"⑩，严耕望疑"象"为"眾（众）"之讹⑪；《大正藏》本《历代法宝记》以伯2125号为底本、斯516号对校，亦误识作"净泉寺"⑫。纵观历代文献，提及寺名大多写作"净众"，而出土瓷钟（C1④：153）表面却书为"静众"，后一写法亦见于唐代诗人李商隐（813~858年）所撰《唐梓州慧义精舍南禅院四证堂碑铭并序》⑬及《续高僧传·释道仙传》⑭，或为二字音同互借的缘故。唐武宗会昌（841~846年）灭法，毁天下佛寺，成都诸寺除大慈寺外皆遭此劫难，净众寺亦未能幸免⑮。后宣宗重礼佛事，寺得以恢复，西川节度使杜悰"起净众等寺门屋"⑯，1951年出土的尊胜陀罗尼经幢记有"大唐大中元年……再兴寺……于净众寺建立尊胜幢一所"等文

---

① 此说法的具体情况参见张子开：《唐代成都府净众寺历史沿革考》，《新国学》第一卷，成都：巴蜀书社，1999年，第292页。
② 刘志远、刘廷壁：《成都万佛寺石刻艺术》，北京：中国古典艺术出版社，1958年，第3、4页；四川博物院、成都文物考古研究所、四川大学博物馆：《四川出土南朝佛教造像》，北京：中华书局，2013年，第4~7页。
③ 四川博物院、成都文物考古研究所、四川大学博物馆：《四川出土南朝佛教造像》，北京：中华书局，2013年，第20、21页。
④ 四川博物院、成都文物考古研究所、四川大学博物馆：《四川出土南朝佛教造像》，北京：中华书局，2013年，第5页。
⑤ 高文、高成刚：《四川历代碑刻》，成都：四川大学出版社，1990年，第87页；龙显昭：《巴蜀佛教碑文集成》，成都：巴蜀书社，2004年，第4页。近来也有学者注意到此造像铭刻内容存在问题，认为系后世伪作，参见李裕群：《南朝弥勒造像与傅大士弥勒化身》，《考古》2017年第8期。
⑥ 四川博物院、成都文物考古研究所、四川大学博物馆：《四川出土南朝佛教造像》，北京：中华书局，2013年，第14页。
⑦ 刘志远、刘廷壁：《成都万佛寺石刻艺术》，北京：中国古典艺术出版社，1958年，第4页；四川博物院、成都文物考古研究所、四川大学博物馆：《四川出土南朝佛教造像》，北京：中华书局，2013年，第6页。
⑧ 张子开：《唐代成都府净众寺历史沿革考》，《新国学》第一卷，成都：巴蜀书社，1999年，第293、294页。
⑨ （唐）圆照：《代宗朝赠司空大辩正广智三藏和上表制集》卷一，《大正新修大藏经》史传部第52册第2120，《CBETA电子佛典集成》，台北：中华电子佛典协会，2010年。
⑩ 《宝刻类编》卷四（粤雅堂丛书本），《历代碑志丛书》，南京：江苏古籍出版社，1998年，第1册，第739页。
⑪ 严耕望：《唐五代时期之成都》，《严耕望史学论文集》（中），上海：上海古籍出版社，2009年，第769页。
⑫ 佚名：《历代法宝记》，《大正新修大藏经》史传部第51册第2075，《CBETA电子佛典集成》，台北：中华电子佛典协会，2010年。
⑬ （清）董浩等编：《全唐文》卷七百八十，北京：中华书局，1983年，第8141~8144页。
⑭ （唐）道宣撰，郭绍林点校：《续高僧传》卷二十六，北京：中华书局，2014年，第1012页。
⑮ （宋）赞宁撰，范祥雍点校：《宋高僧传》卷十九，北京：中华书局，1987年，第488页。
⑯ （宋）黄休复撰，何韫若注：《益州名画录》卷上，成都：四川人民出版社，1982年，第18页。

字①，亦可补证这段历史。此寺于大中年间再度兴旺的场景，尚可从《太平广记》所载成都人李琚率百余家于寺内造西方功德的故事中得到反映②。唐末五代，净众寺屡有扩展，不仅增绘图画，又有赵廷隐等官宦权贵创置禅院③，其风景之幽奇更是享誉成都。两宋时期，寺仍名净众，孝宗隆兴元年（1163年）以后，曾一度设交子务于此地④。明代此寺有"净因寺"、"竹林寺"、"万福寺"、"万佛寺"多个称谓，正德中（1506~1521年）"燹于流贼"⑤，万历初年复建，至崇祯末"毁于献贼"⑥，清代虽有重修，如康熙五十三年（1714年）建大殿，但终究未能恢复昔日盛况，逐渐没落，成为历史陈迹。

前文已述及，唐五代的净众寺除香火鼎盛外，风光秀美亦享誉成都，其中尤以"松溪"为冠。唐末著名诗人郑谷，广明元年（880年）至景福二年（893年）曾数次避居西蜀，诗文中即屡屡称颂松溪水木明瑟，如《西蜀净众寺松溪八韵兼寄小笔崔处士》云："松因溪得名，溪吹答松声。缭绕能穿寺，幽奇不在城。寒烟斋后散，春雨夜中平。染岸苍苔古，翘沙白鸟明。澄分僧影瘦，光彻客心清。带梵侵云响，和钟击石鸣。淡烹新茗爽，暖泛落花轻。此景吟难尽，凭君画入京"⑦，另有《忍公小轩》一诗亦云："松溪水色绿于松，每到松溪到暮钟。闲得心源只如此，问禅何必向双峰。"⑧因寺临水溪而建，故其内还有以"松溪"为号的院落，如《宋高僧传》载无相至净众寺，"先居净众本院，后号松溪是欤"⑨；唐人李洞《宿成都松溪院》亦载："松持节操溪澄性，一炷烟岚压寺隅。翡翠鸟飞人不见，琉璃瓶贮水疑无。夜闻子落真山雨，晓汲波圆入画图。尘拥蜀城抽锁后，此中犹梦在江湖。"⑩唐五代时期的净众寺有园林之类设施，还可从郑谷《七祖院小山》一诗提到的"假山"⑪等景致予以印证，其殿堂幽深，林木蓊郁，及深受文人士大夫阶层之钟爱，在清人吴任臣《十国春秋·僧可朋传》中亦能获得不少感性认识："僧可朋，丹棱人。能诗，好饮酒。贫无以偿酒债，或作诗酬之……与欧阳炯相善……力荐于后主，后主赐钱帛有加等。是夏，炯与同僚纳凉净众寺依林亭，列樽俎。众方欢饮自若，寺外有耕者，曝背烈日中，耘田击鼓，罢敝不休。可朋在坐，乃作《耘田鼓》诗献炯……炯遽命众宾撤饮。"⑫文中所描写的僧可朋、欧阳炯等人宴饮纳凉之处，已经是五代末后

---

① 刘志远、刘廷壁：《成都万佛寺石刻艺术》，北京：中国古典艺术出版社，1958年，第1页。
② （宋）李昉等编：《太平广记》卷一百八，北京：中华书局，1961年，第730页。
③ （宋）黄休复撰，何韫若注：《益州名画录》卷下，成都：四川人民出版社，1982年，第106页。
④ 姜翼德、詹星：《交子制造地略考》，《成都文物》2006年第2期。
⑤ （明）冯任修，（清）张世雍等纂：《天启新修成都府志》卷五十三，《中国地方志集成·四川府县志辑》，成都：巴蜀书社，1992年，第804页。
⑥ （清）李玉宣等修纂、庄剑点校：《同治重修成都县志》（清同治十二年刻本），《成都旧志丛书》（11），成都：成都时代出版社，2008年，第63页。
⑦ （清）彭定求等编：《全唐诗》卷六百七十五，北京：中华书局，1960年，第7724页。
⑧ （清）彭定求等编：《全唐诗》卷六百七十五，北京：中华书局，1960年，第7732页。
⑨ （宋）赞宁撰，范祥雍点校：《宋高僧传》卷十九，中华书局，1987年，第488页。
⑩ （清）彭定求等编：《全唐诗》卷七百二十三，北京：中华书局，1960年，第8298页。
⑪ （清）彭定求等编：《全唐诗》卷六百七十五，北京：中华书局，1960年，第7732页。
⑫ （清）吴任臣撰，徐敏霞等点校：《十国春秋》卷五十七，北京：中华书局，1983年，第830页。

蜀年间的净众寺了[①]。

从通锦路唐代建筑群的所在区域看，地处成都旧城的西北角外，地势高亢，东距府河（清远江）近数百米，东南方向与成都北校场西路现存的清代城墙之间的最短直线距离约半里，恰好与明清两代记录的万佛寺位置邻近。遗址周边现今依旧水网交错，亦能与文献记载净众寺建于城外郊野松溪之侧、水分数支穿寺而过的环境符合。因此，我们推测该建筑群当系一处利用天然河道分支、加以人工修葺利用、改造的园林景观设施，并且与唐代成都城西的著名佛教寺院——"净众寺"存在密切关联，系寺院的组成部分之一。

北宋初年以后，随着园林区建筑群被破坏、废弃和回填，这里大约已不再属于原来净众寺的范围，而逐渐沦为城郊的乡野与墓地，这种情况一直延续至明代都未有改观。

---

① 张子开：《唐代成都府净众寺历史沿革考》，《新国学》第一卷，成都：巴蜀书社，1999年，第298页。

第六章　唐代净众寺的地理方位与空间布局

基本弄清建筑群的功能和性质之后，我们再来附带考察下学术界有关净众寺具体方位的几种说法。在这一问题上，过去大多数研究者的意见较为接近或统一，如《成都城坊古迹考》认为是在金仙桥（清光绪时名金花桥[①]或金丝桥）北向里许，民国三十六年（1947年）于其地建成都理学院，1950年后合并入四川大学，原校舍划归成都铁路局[②]；张子开认为是在金仙桥左侧、马家花园路和通锦路之间[③]；袁庭栋在《成都街巷志》一书中也认为是在通锦桥路以西、马家花园路以北的通锦路一带[④]。大体而言，即是在今饮马河以北、桃花江以东、府河（郫江）以西的区域。与上述几种说法有所偏差，《四川出土南朝佛教造像》一书则考证："对照清光绪五年的成都地图，万佛寺（即净众寺）位于西门外金花桥之西北……所谓金花桥，与今五丁桥位置大致相合。因此，今五丁桥之西北方向，白马寺街与一环路北二段交叉路口北侧（即白马寺街口对面，一环路外侧）当为万佛寺（即净众寺）遗址之位置"[⑤]，换言之即是寺院的位置在府河（郫江）东岸一带。然而，此说与净众寺园林遗址发现于府河（郫江）西岸通锦路一带的实际情况明显不符，试想一座完整寺院及其附属设施被当时水面尚显宽阔、水流湍急的府河（郫江）一分为二，交通来往不便，无疑有悖常理。因此，传统说法认为唐代净众寺位于今成都城区西北方向的通锦路一带，与考古发现所提供的证据更为贴合。此外，严耕望早年提出唐代净众寺"在城西笮桥门之西"[⑥]，笮桥门即唐末高骈所筑罗城之西南门，20世纪90年代初对其唐代晚期至北宋初年的门址开展过考古发掘[⑦]，具体方位在今锦里西路与锦官桥滨河路交叉路口东侧，此观点与其余诸说及考古证据均相去甚远，恐不足信。

因年代久远，加之考古工作的严重滞后，致使唐五代净众寺内外的空间布局与建筑物配置状况长期以来无法获知，只是在浩瀚的史料文献中保留有只言片语的线索可寻。

先来看塔院的设置情况。无相生前尝指净众寺浮图前之柏树言："此树与塔齐，寺当毁

[①] 清代成都有一南一北两座金花桥，南金花桥位于城西南的西校场与柿子巷之间，北金花桥位于城西北清远门外，与万佛寺邻近。此处所指当为北金花桥。

[②] 四川省文史研究馆：《成都城坊古迹考》（修订版），成都：成都时代出版社，2006年，第235页。

[③] 张子开：《唐代成都府净众寺历史沿革考》，《新国学》第一卷，成都：巴蜀书社，1999年，第309页。

[④] 袁庭栋：《成都街巷志》（上卷），成都：四川教育出版社，2010年，第210页。

[⑤] 四川博物院、成都文物考古研究所、四川大学博物馆：《四川出土南朝佛教造像》，北京：中华书局，2013年，第5页。

[⑥] 严耕望：《唐五代时期之成都》，《严耕望史学论文集》（中），上海：上海古籍出版社，2009年，第769页。

[⑦] 成都市博物馆考古队：《成都罗城1、2号门址发掘简报》，《南方民族考古》（第三辑），成都：四川科学技术出版社，1991年，第369~377页。

矣"，会昌寺废时"树正与塔齐"，后号东海大师塔①，唐末塔毁，"高节度骈取修罗城"②。除塔之外，寺内的主要建筑还有延寿禅院、七祖院、松溪院、传经院、杜惊祠等。还有学者根据《宋高僧传》中有关无相神力搬运大钟的传说，认为以净众寺为代表的成都某些寺院可能存在影堂这类建筑③。众所周知，与隋代佛寺仍沿袭南北朝以佛塔为主要建置、塔多设在殿前④的传统布局不同，唐代以后的佛寺开始盛行以佛殿为主的多院落式布局，塔降为次要地位，多建于别院。初唐时期的高僧道宣曾批评隋寺"失度"，为"末法造寺"，主张应以天竺舍卫城祇洹精舍为佛寺的标准样式，从而于高宗乾封二年（667年）推出《关中创立戒坛图经》（下称《戒坛图经》）一卷和《中天竺舍卫国祇洹寺图经》（下称《寺图经》）两卷，前者南宋绍兴年刻本的图样显示为一所横联四院式佛寺，后者所述祇洹寺佛院外围为僧院，三方总计66个院落⑤。从汉地佛寺形制布局的演化进程看，多院式大型佛寺虽早在南北朝就已出现，但真正流行却是在唐代以后，不仅规模大增，其佛事功能、经济功能和社会服务功能也更趋丰富和细化。由以上推测，净众寺有可能属于佛塔与佛殿各处一院的多院式佛寺。这类佛寺的规模较大，通常由几个多进院落横联或并列组成，中轴线上仍安置佛殿，但佛塔却偏离旁侧，独处一院，典型寺例如隋唐长安城之大慈恩寺（塔在西院）、大荐福寺（塔在西南院）、静法寺（塔在西院）、兴唐寺（塔在东塔院）、宝应寺（塔在西塔院）等⑥。实际上，隋唐两宋时期成都周边的佛寺亦不乏此类多院式布局，如下同仁路遗址毗邻历史上的圣寿寺、福感寺、金华寺、海安寺等多座城西名寺，在遗址内一座北宋水井里出土的注壶上书写有"塔主院"字样⑦，显然为一处专门安置佛塔的院落，文献中还曾提到圣寿寺有三十院，殿宇多达"四百楹"⑧；城北昭觉寺殿宇"旧且百间，今广而增者三百"⑨；城东大慈寺"总九十六院，接阁、殿、塔、厅堂、房廊，无虑八千五百二十四间"⑩。邛崃龙兴寺是成都地区唯一经正式发掘的唐宋寺院遗址，主体建筑建于唐末五代，维修沿用至南宋，包括砖塔、罗汉殿、四合院及其他配套的生活用房、水井、排水沟等设施，其中罗汉殿和四合院基址宏大，构筑考究，尚且只是处在整个寺院的后部两侧，并不在中轴线，推测中轴线上的佛殿建筑更为密集⑪，故该寺院极可能也属于多院式布局。此外，这些大型佛寺还多建有高耸显目的塔刹：郫县法定寺塔建于南北朝时，唐贞观间（627~

---

① （宋）赞宁撰，范祥雍点校：《宋高僧传》卷十九，北京：中华书局，1987年，第487、488页。
② （明）黄辉：《重修万佛寺碑记》，《天启新修成都府志》卷五十三，《中国地方志集成·四川府县志辑》，成都：巴蜀书社，1992年，第804页。
③ 成都市佛教协会编，段玉明等著：《成都佛教史》，北京：宗教文化出版社，2017年，第123页。
④ 宿白：《隋代佛寺布局》，《考古与文物》1997年第2期。
⑤ 龚国强：《隋唐长安城佛寺研究》，北京：文物出版社，2006年，第127~129页。
⑥ 龚国强：《隋唐长安城佛寺研究》，北京：文物出版社，2006年，第121页。
⑦ 成都文物考古研究院：《成都下同仁路——佛教造像坑及城市生活遗址发掘报告》，北京：文物出版社，2017年，第98页。
⑧ （宋）吴师孟：《大中祥符禅院记》，《成都文类》卷三十八，北京：中华书局，2011年，第748页。
⑨ （宋）李畋：《重修昭觉寺记》，《成都文类》卷三十七，北京：中华书局，2011年，第722页。
⑩ （宋）李之纯：《大慈寺画记》，《成都文类》卷四十五，北京：中华书局，2011年，第867页。
⑪ 成都文物考古研究所、邛崃市文物管理局：《四川邛崃龙兴寺2005~2006年考古发掘报告》，北京：文物出版社，2011年，第312~319页。

649年）重修，景龙间（707～710年）奉命加固，天宝间（742～756年）再次维修，"十一其级，千楹万拱"[1]，直至唐武宗灭佛时被毁，一直是寺院的标志性建筑[2]；圣寿寺"仪凤二年建塔，立石柱二，度僧尝七百人"[3]；安福寺"唐大中间建塔，十有三级，李顺之乱毁于火"[4]；福感寺隋初起九级木浮图，"（益州）旱涝年官人祈雨必于此塔"[5]，1980年在长顺中街82号发掘了一座塔基地宫，出土石匣、铜棺、银罐、隋五铢等文物[6]，林向推测即为隋代的福感寺塔[7]。此外，2002年在杜甫草堂博物馆北大门东侧发掘出土了"益州正觉寺故大德行感禅师塔铭"碑，年代为唐垂拱三年（687年）[8]，当为祖师塔或墓塔一类。显然，多院式大寺已近乎"佛城"，它们的布局规制，由《戒坛图经》等可见仿佛[9]。《戒坛图经》和《寺图经》虽都标榜书中所述为印度祇洹寺的原始形象，但若将其与目前所知魏晋南北朝至隋唐时期的城市平面，如曹魏邺城、北魏洛阳、隋唐长安等相比较，不难看出，它们实际上是脱胎于中国传统的城市规划布局[10]。从考古发现看，这类寺院的平面布局和配置除了向纵深发展外，主流做法还是在中心院落的两侧作横向延伸，以长安城延康坊内的西明寺为例，寺建于高宗显庆元年（656年），"面三百五十步，周围数里"[11]，1985年、1992年两次发掘揭露了该寺最东面的一组建筑基址，这组建筑自南到北排列，由回廊和廊房连接，构成三进相对独立的庭院，东西宽约70米（为该寺总宽度的七分之一），当为西明寺"十院"之一[12]。与隋唐长安城佛寺的地貌环境类似，成都城区地势开阔，如净众寺、大慈寺、昭觉寺等又处在晚唐以来扩建的新兴城区或城郊平川地带，无论纵深或横向均有较大的拓展空间。

再来看寺院安置的其他设施。无相曾言及寺山门前二小池，"左羹右饭，斋施时少，则令淘浚之，果来供设"[13]，可知修造有较多池塘之类的蓄水设施。这些池塘或可作放生之用，肃宗乾元二年（759年），曾诏令天下寺院皆设放生池，另如长安城崇仁坊楚国寺"门内有放生

---

① （唐）阎丘均：《浮屠颂》，《成都文类》卷四十八，北京：中华书局，2011年，第942页。
② 成都市佛教协会编，段玉明等著：《成都佛教史》，北京：宗教文化出版社，2017年，第119、120页。
③ （明）曹学佺：《蜀中广记》卷一，上海：上海古籍出版社，1993年，第8页。
④ （明）曹学佺：《蜀中广记》卷五十五，上海：上海古籍出版社，1993年，第8页。
⑤ （唐）道宣：《集神州三宝感通录》卷上，《大正新修大藏经》史传部第2106，《CBETA电子佛典集成》，台北：中华电子佛典协会，2010年。
⑥ 李思雄、冯先诚等：《成都发现隋唐小型铜棺》，《考古与文物》1983年第3期。
⑦ 林向：《隋唐益州福感寺塔遗址考》，《成都文物》1984年第2期。
⑧ 成都市文物考古研究所、成都杜甫草堂博物馆：《成都杜甫草堂唐宋遗址发掘报告》，《成都考古发现》（2002），北京：科学出版社，2004年，第253页。
⑨ 张弓：《汉唐佛寺文化史》（上），北京：中国社会科学出版社，1997年，第169页。
⑩ 傅熹年主编：《中国古代建筑史》第二卷《三国、两晋、南北朝、隋唐、五代建筑》，北京：中国建筑工业出版社，2001年，第476页。
⑪ （唐）慧立、彦悰著，孙毓棠、谢方点校：《大慈恩寺三藏法师传》卷十，北京：中华书局，2000年，第214页。
⑫ 中国社会科学院考古研究所西安唐城工作队：《唐长安西明寺遗址发掘简报》，《考古》1990年第1期；安家瑶：《唐长安西明寺遗址的考古发现》，《唐研究》（第六卷），北京：北京大学出版社，2000年，第337～352页。
⑬ （宋）赞宁撰，范祥雍点校：《宋高僧传》卷十九，北京：中华书局，1987年，第487、488页。

池"①，开化坊大荐福寺"东院有放生池"，《鉴诫录》亦载唐五代成都大慈寺东北有放生池，"蜀人竞以三元日，多将鹅鸭放在池中"②。此外，最具神话色彩的莫过于巨型铜钟和无相塑像：铜钟一度因会昌法难而移入大慈寺，后来宣宗大中年间重建净众寺，需将巨钟迎还，"以其钟大隔江"，原计划要耗费两天的行程。第二天方欲为斋，辰时去迎取，巳时即至，"推挽之势，直若飞焉"，人们都为这种非人力所能办到的神速而惊奇不已。用无相舍利所塑的真形，这一天面部都汗流不止，无相的高足李僧"以巾旋拭，有染指者，其汗颇咸，乃知相之神力自曳钟也"③。《同治重修成都县志》"鼓楼大钟"条记此铜钟至清代仍见，雍正年间由四川提督岳钟琪移至城内鼓楼，以警火灾，"扣之，声闻数里。至乾隆十五年（1750年），忽不鸣……遂委于地"④。众所周知，钟是寺院不可缺少的物品，晨昏作息、讲经、饭僧、法事等均要打钟，故需作亭台或楼阁以悬钟。唐代佛寺建筑中通常设置有"左钟右藏"的组合形式，敦煌莫高窟盛唐第217窟、盛唐第91窟、中唐第361窟北壁、晚唐第85窟的壁画，于中央大殿的前方左右画有钟、经台（或亭），这种布局也见于前述道宣《戒坛图经》，为东钟西经的布局，《寺塔记》载长安城平康坊菩提寺亦提到："寺之制度，钟楼在东"⑤。西明寺遗址中殿的左右两侧各有一块长10.5、宽6.9米的南伸部分，安家瑶依据日本奈良大安寺和兴福寺的建筑布局和形制，推测它们可能分别是钟楼和经楼的台基⑥。唐代净众寺内既然铸造有巨型铜钟，自当有相应规模的钟楼与之匹配，并且可能也遵循了"左钟右藏"的建筑制度，设置于中轴线主院落的两侧。附带一提，与钟楼所悬之铜钟有别，净众寺园林遗址的出土物中虽包含有多片青瓷钟的残件，但器形较小而易碎，或为寺内供奉的普通陈设品，其钟身剔刻双层方井纹，与四川阆中唐长安四年（704年）铜钟⑦、重庆黔江唐天宝年间铜钟⑧所饰图案一致，应属明确的唐代青瓷钟标本。

与其他建筑体（群）相比，由于园林区并非寺院的核心组成部分，加之文献记载和出土材料匮乏，故其在寺内所处的具体方位和布局配置状况均不清晰。依《戒坛图经》所示，包括果园、井亭、莲池等要素在内的园林设施单元几乎被安置于整个寺院的最东侧，远离中轴线上的主殿；《寺塔记》所载之长安城靖善坊大兴善寺的园林建筑——曲池，"通泉，白莲藻自生"，则位于寺后⑨。从净众寺园林遗址的出土物种类构成看，陶瓷器占据绝对比重，而佛教造像不仅数量少，且器形偏小，同样说明该地点很可能偏离佛寺的中心院落或距主殿较远。另一方面，由于遗址本身属于平川式的寺院园林，不同于山野园林因地势落差而具备随物赋形的天然优

---

① （唐）段成式：《寺塔记》卷下，北京：人民美术出版社，1964年，第30页。
② （五代后蜀）何光远撰，刘石点校：《鉴诫录》卷十，《五代史书汇编》，杭州：杭州出版社，2004年，第10册，第5949页。
③ （宋）赞宁撰，范祥雍点校：《宋高僧传》卷十九，北京：中华书局，1987年，第488页。
④ （清）李玉宣等修纂，庄剑点校：《同治重修成都县志》（清同治十二年刻本），《成都旧志丛书》（11），成都：成都时代出版社，2008年，第85页。
⑤ （唐）段成式：《寺塔记》卷下，北京：人民美术出版社，1964年，第16页。
⑥ 安家瑶：《唐长安西明寺遗址的考古发现》，《唐研究》（第六卷），北京：北京大学出版社，2000年，第343页。
⑦ 王积厚、张启明：《阆中铜钟》，《四川文物》1988年第3期。
⑧ 龚节流、陈世雄：《唐代铜钟》，《文物》1981年第9期。
⑨ （唐）段成式：《寺塔记》卷下，北京：人民美术出版社，1964年，第2页。

势，故造景需加入较多的人为因素，如唐长安城长乐坊安国寺的园林建筑——山庭院，"古木崇阜，幽若山谷，当时辇土营之"[①]。像水流渠道一类景观，则需要人为构建曲线来实现对流动回旋、动静多变的情调追求，从而减弱审美视觉方面的呆板、单一之感。

还需留意到，遗址内出土的不少青瓷碗，内壁或内底用褐彩书写有文字符号，如"×"、"十"、"千"、"今"、"寺"、"故"、"王"、"化"、"年"、"大吉"等，带相同底部书写方式的瓷碗残片在邛崃龙兴寺遗址也时有发现[②]，或系唐五代时期成都及周边寺院专门订烧、特别予以标记的一类生活用具。龙兴寺出土的碗内壁有褐书标记"厨院"者，可知其所属为寺院内提供后勤保障服务的僧厨院，是供僧众使用的餐饮器具。毋庸置疑，中国古代任何地方的佛教寺院都应当具备厨院，文献中又称香积厨、香厨或厨舍[③]。净众寺园林遗址出土的陶瓷器中，大众化生活用具占绝对比重，尤以碗、盏的数量最为可观，不排除原来是供应寺内厨院的生活用具，后被当做废弃垃圾抛入附近之园林建筑区。有意思的是，按照《戒坛图经》所展示的佛寺理想范式，以果园、井亭、莲池为代表的园林区东侧紧邻净厨、饭食库等设施，或可作为中土正统佛寺之内园林与厨院位置相邻一旁证材料。

当然，要对整个净众寺范围的空间布局形态开展复原性探索，仅仅依靠只言片语的文献记载和零星的发掘点位材料还具有很大的局限性。今后在周边区域的考古工作中，应当特别注意收集相关佛教遗存，梳理它们之间的共时关系，将其整合到一个大的时空框架下加以考量。

---

① （唐）段成式：《寺塔记》卷下，北京：人民美术出版社，1964年，第7页。
② 成都文物考古研究所、邛崃市文物管理局：《四川邛崃龙兴寺2005~2006年考古发掘报告》，北京：文物出版社，2011年，第231~237页。
③ 陈大为：《唐后期五代宋初敦煌僧寺研究》，上海：上海古籍出版社，2014年，第164页。

第七章　净众寺园林的营建背景

唐代成都佛、道二教皆盛，而以佛教为最，寺塔庙宇林立，高僧大德辈出，士女崇信若趋，是西南地区最大的佛法中心。严耕望曾统计唐五代成都寺院凡五十七处，遍及城内外的东、南、西、北各方向[①]。净众寺地处城西北，东南毗邻少城，这里自东晋以来即为众多寺庙祠观的集中分布区，宗教文化氛围浓厚，其前身——安浦寺早在南北朝时期已为益州名寺，隋唐五代持续繁荣，在唐代禅宗史上亦占据有十分重要的地位，是净众保唐禅派的发源地。从唐代四川州府高僧住锡的统计情况看，来自净众寺的就有辩贞、神会、无相、僧缄、归信等多人，超过福感、圣寿、大慈等传统名寺，居成都全府之首[②]。因其久负盛名，颇得官宦权贵阶层的青睐：天宝初年，西川节度使章仇兼琼请无相"开禅法，居净众寺，化导众生"[③]；后任节度使韦皋晚年"归心南宗禅道，学心法于净众寺神会禅师"[④]，神会即无相弟子，史载韦皋"最归心于会。及卒，哀咽追仰……为立碑，自撰文并书，禅宗荣之"[⑤]，对神会尊崇备至。甚至还曾有天竺僧人专门来成都，学心法于净众寺神会禅师[⑥]。不仅于此，蜀中的不少地方官员还着力推动寺院的兴修扩建，甚至直接出资予以操办，从净众寺址出土的大中元年（847年）尊胜陀罗尼经幢文字内容可知，信徒中就有来自西川节度使下辖之镇静军（治所在导江县灌口镇）的官员。又如德宗贞元年间，韦皋以俸钱"于府之东南，择胜地，建仁祠，号曰宝历"[⑦]；文宗大和六年（832年），段文昌出任西川节度使，他到成都后耗费重金修复福感寺，在筹划建寺时以其"缗钱三十万"为经营之基[⑧]；宣宗大中年间，邠公杜悰镇蜀，"起净众等寺门屋……请陈（皓）、彭（坚）各绘天王一堵"[⑨]；五代后蜀时，宋王赵廷隐"于净众寺创一禅院……画山水松石数堵……赠之十缣，置僧堂前"[⑩]；后蜀广政九年（946年），枢密使王处回为圣寿寺捐宅扩充寺基，又"舍私帑，买毗卢、百合、法宝、罗汉、七俱胝等五院，合而为一"[⑪]。在这样

---

① 严耕望：《唐五代时期之成都》，《严耕望史学论文集》（中），上海：上海古籍出版社，2009年，第766~775页。
② 郑涛：《唐宋四川佛教地理研究》，重庆：西南大学博士学位论文，2013年，第148~151页。
③ 佚名：《历代法宝记》，《大正新修大藏经》史传部第51册第2075，《CBETA电子佛典集成》，台北：中华电子佛典协会，2010年。
④ （宋）赞宁撰，范祥雍点校：《宋高僧传》卷十九，北京：中华书局，1987年，第481页。
⑤ （宋）赞宁撰，范祥雍点校：《宋高僧传》卷九，北京：中华书局，1987年，第210页。
⑥ （明）曹学佺：《蜀中广记》卷八十二，上海：上海古籍出版社，1993年，第361页。
⑦ （唐）韦皋：《宝应寺记》，《全蜀艺文志》卷三十八，北京：线装书局，2003年，第1126页。
⑧ （清）董浩等编：《全唐文》卷六百六，北京：中华书局，1983年，第6116页。
⑨ （宋）黄休复撰，何韫若注：《益州名画录》卷上，成都：四川人民出版社，1982年，第18页。
⑩ （宋）黄休复撰，何韫若注：《益州名画录》卷下，成都：四川人民出版社，1982年，第106页。
⑪ （宋）吴师孟：《大中祥符禅院记》，《成都文类》卷三十八，北京：中华书局，2011年，第748页。

的社会风气影响下，当时成都的一干名寺普遍拥有大量的田产、房舍和钱财，经济实力十分雄厚，为寺院的地盘扩张和设施营建、维修提供了良好的物质条件，文献中虽未留下净众寺方面的直接证据，但唐末五代净众寺的数次修缮活动，不少都是由僧众自行组织实施的[①]。并且从周邻其他寺院，亦能对此情况窥知一二，如城西圣寿寺鼎盛之时，寺产包括"成都县文学乡附郭水田七顷、华阳县金城坊赁院一所"[②]；城北昭觉寺为晚唐以来蜀中名寺，主持休梦禅师与西川节度使崔安潜和僖宗皇帝多有交集，时有"常住沃土三百廛"，"岁入千耦，并归寺廪……有舟航大贾，输流水之钱；山泽豪族，舍金穴之利。五铢一缕，悉归寺府"[③]。考古所见净众寺拥有大规模的园林建筑区，正是唐代南北各地佛寺普遍设置寺庄，大土地制与禅林经济膨胀、兴盛的实物映照。

其次，唐代是中国园林发展史上浓墨重彩的阶段，一方面在数量和普及性上较前代大大增长和提高，另一方面则是由六朝以前雄伟豪靡、富丽雕缛走向宋代文人自然写意、高度艺术化的一个重要转型及过渡。台湾学者侯迺慧曾从政治、经济、思想等角度，对唐代园林的兴盛背景做过细致深入的分析[④]，在多元化因素交织的作用下，从都城到地方，从城邑到乡野，遍布着不同性质、等级和规模类型的园林、林园、别业、别墅等。据李浩的不完全统计，唐代园林别业有文献可考者，分布于全国十道80余个州府，总数在500处以上[⑤]。就成都而言，不仅自然条件优越，经济文化亦十分发达，唐人卢求在《成都记序》对比成都、扬州两座天下名城时谓："（益州）人物繁盛，悉皆土著，江山之秀，罗锦之丽，管弦歌舞之多，伎巧百工之富，其人勇且让，其地腴以善，熟较其要妙，扬（州）不足以侔其半。"[⑥]此外，其地游乐风俗之盛，更是甲于西蜀，如《隋书·地理志》云蜀人"多溺于逸乐，少从宦之士……士多自闲，聚会宴饮"[⑦]，并且还以游娱无时，动至连月，在活动中形成了若干不容更改的常法，地方统治者竞相带头倡导游乐等特点，在全国名噪一时，颇有影响[⑧]。因此，园林别业在唐代成都的发展，具备良好的软硬件条件。

再次，受这一时期游乐盛行的社会风气影响，成都的寺院除本业之宗教功能外，已成为当时市民游玩及饮宴娱乐的重要去处。元人费著《岁华纪丽谱》对唐宋时期每年各月份成都市民的游乐活动内容有较为详细的记录，涉及寺院者颇多，"正月元日，郡人晓持小彩幡，游安福寺塔……塔上燃灯，梵呗交作，僧徒骈集。太守诣塔前张宴，晚登塔眺望焉。二日，出东郊，早宴移忠寺（旧名碑楼院），晚宴大慈寺。清献公记云：'宴罢，妓以新词送茶'……十四、

---

① 如《宝刻类编》注录有唐乾符五年（878年）《惠广禅师重修净众寺碑》，《锦里耆旧传》提到有唐天复五年（904年）"咒土僧念尊胜修净众寺"，参见成都市佛教协会编，段玉明等著：《成都佛教史》，北京：宗教文化出版社，2017年，第103页。
② （宋）吴师孟：《大中祥符禅院记》，《成都文类》卷三十八，北京：中华书局，2011年，第748页。
③ （宋）李畋：《重修昭觉寺记》，《成都文类》卷三十七，北京：中华书局，2011年，第722页。
④ 侯迺慧：《诗情与幽境——唐代文人的园林生活》，台北：东大图书股份有限公司，1991年，第37~80页。
⑤ 李浩：《唐代园林别业考论》（修订版），西安：西北大学出版社，1996年，第135~322页。
⑥ （唐）卢求：《〈唐成都记〉序》，《成都文类》卷二十三，北京：中华书局，2011年，第475、476页。
⑦ （唐）魏征撰：《隋书》卷二十九，北京：中华书局，1973年，第830页。
⑧ 陈世松：《宋代成都游乐之风的历史考察》，《四川文物》1998年第3期。

十五、十六三日，皆早宴大慈寺……如繁杂绮罗街道，灯火之盛，以昭觉寺为最……二十三日，圣寿寺前蚕市。张公咏始即寺为会，使民鬻农器。太守先诣寺之都安王祠奠献，然后就宴。旧出万里桥，登乐俗园亭。今则早宴祥符寺，晚宴信相院；二十八日……次诣净众寺邻国杜丞相祠奠拜。毕事，会食，晚宴大智院。"[①] 由此看来，仅正月一个月中的宴饮活动场所就包括了安福、移忠、大慈、昭觉、圣寿、祥符、信相、净众、大智九所寺院，大慈寺更是早、晚宴活动的集中场所，举行宴饮时甚至要召妓助兴，足见成都寺院的游乐程度之高。又据学者研究，成都士庶在大慈寺中的游乐内容，概括起来主要有听经礼佛、游寺观画、买物看戏、聚餐饮酒、品茶闲话、观灯赏月、登楼高望、纳凉避暑等，可谓丰富多彩[②]。不仅城内，城外郊野寺院的游乐氛围亦十分浓厚，如位于大东门外的鸿庆寺（又名海云寺），每年三月二十一日"登众春阁观摸石"，寺所在的海云山中有小池，"士女探石其中，以占求子之祥"[③]。吴中复《游海云寺唱和诗》亦云："成都风俗：岁以三月二十一日游城东海云寺，摸石于池中，以为求子之祥。太守出郊，建高旗，鸣笳鼓，作驰骑之戏，大燕宾从，以主民乐。观者夹道百重，飞盖蔽山野，欢讴嬉笑之声，虽田野间如市井，其盛如此。"[④] 此外，还有北门（大安门）外之金绳院[⑤]和西南门（笮桥门）外之梵安寺，皆为宴饮场所，后者每年四月十九日即浣花佑圣夫人诞日，太守"谒夫人祠，就宴于寺之设厅。既宴，登舟观诸军骑射，倡乐导前，泝流至百花潭，观水嬉竞渡。官舫民船，乘流上下。或幕帘水滨，以事游赏，最为出郊之胜。"

此外，自初唐以后，随着佛寺内部功能的不断丰富、组织管理的不断完善，使寺院形态出现了许多新的成分，设置别院的做法逐步确立并流行开来。这些别院依使用性质，主要有佛殿（堂、阁）院、圣容院（影堂院、六祖院）、僧房院和宗派院，也包括了专为译经而设的翻经院，为保藏佛典而立的经藏院，各种职能院如库院、行香院，提供后勤保障的浴堂院、僧厨院，以及供游览观赏的山庭院、观戏场等[⑥]。同时，别院的布局和位置也比较灵活，既可以紧挨中院、围绕其东西廊外，亦可以临靠寺内道路、小巷，设置于中院以外的任意处，甚至有居于寺外者，如长安城大荐福寺位于皇城正南之开化坊，寺之浮图院则置于安仁坊，院门北开，与寺门隔街相对[⑦]。净众寺地处城外郊野，地势平坦开阔，在别院设置上有相当大的拓展余地，加之周围沟溪纵横，属成都传统的上风上水地带，自然环境优越，单设一院以处园林别业是完全可能的。

最后，还有一点因素也值得考虑。在佛教的思想观念中，常用"福田"来比喻慈善事业，

---

① （明）曹学佺：《蜀中广记》卷五十五，上海：上海古籍出版社，1993年，第744页。
② 段玉明：《唐宋大慈寺与成都社会》，《宗教学研究》2009年第2期。
③ （明）曹学佺：《蜀中广记》卷五十五，上海：上海古籍出版社，1993年，第746页。
④ （宋）吴中复：《游海云寺唱和诗》，《成都文类》卷九，北京：中华书局，2011年，第187页。
⑤ 金绳院旧址在今成都北门大桥外簸箕街一带，关于其方位考证，可参见陈廷湘、李德婉主编：《李思纯文集》（未刊论著卷），成都：巴蜀书社，2009年，第602、603页。
⑥ 傅熹年主编：《中国古代建筑史》第二卷《三国、两晋、南北朝、隋唐、五代建筑》，北京：中国建筑工业出版社，2001年，第513页。
⑦ （清）徐松撰，张穆校补，方严点校：《唐两京城坊考》，北京：中华书局，1985年，第36页。

即是通过撒播布施、供养之种，能生福德之田，结出福德之实。西晋沙门法立、法炬共译的《佛说诸德福田经》对这种思想有过全方位的诠释，记载佛祖释迦牟尼曾号召"七法广施福田"，其中第二者为"园果浴池树木清凉"①。并且佛教本身对理想的生态亦有一个设定，其信徒心目中的极乐世界是空气清新、芳草繁盛、竹木鱼池、鸟语花香的西方净土②。中古时期汉地佛寺开设园林，注重绿化，此举或是受到了佛教福田观念和环保思想的影响，而葱郁的园林风光也进一步衬托出佛门的静谧与神圣。

---

① （晋）法立、法炬共译：《佛说诸德福田经》，《大正新修大藏经》经集部第 16 册第 0683，《CBETA 电子佛典集成》，台北：中华电子佛典协会，2010 年。
② 陈大为：《唐后期五代宋初敦煌僧寺研究》，上海：上海古籍出版社，2014 年，第 252 页。

附　　录

附录一　成都市通锦路汉代遗址发掘简报

通锦路汉代遗址位于成都市金牛区通锦路20号，原为中铁二局家属院，东近西体北路，西临马家花园路，南临西体路，北靠通锦中学和一环路，中心地理坐标为东经104°3′12.48″、北纬30°41′7.66″（图一）。这一带地处唐末以来成都罗城西北城墙外的附郭区域，与城墙之间的最短直线距离仅550米，东距府河约400米，南距西郊河约550米，往南距罗城正门——大

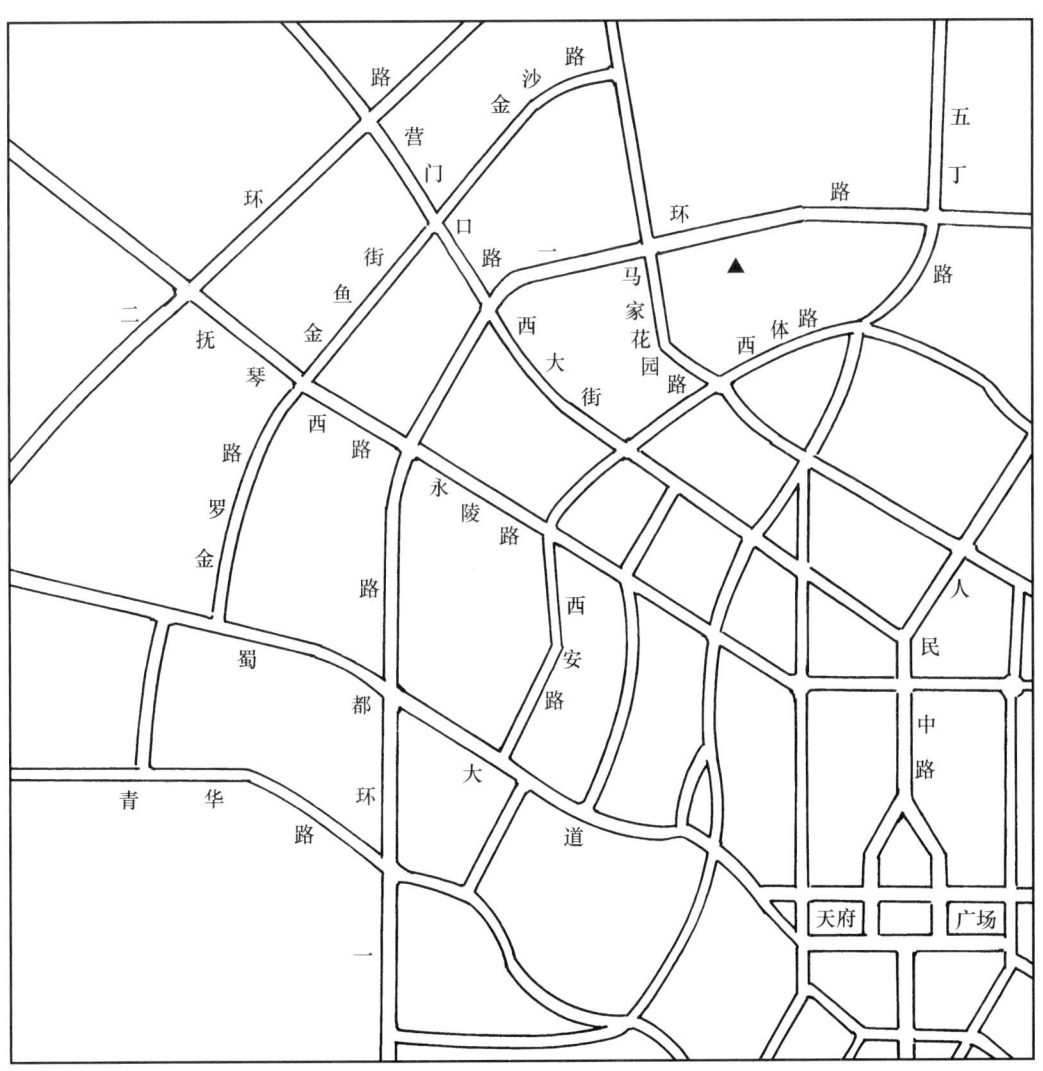

图一　遗址位置示意图

西门（即明清以来的老西门）约1千米。

2015年3～7月，为配合中铁二局"通锦坊"项目的施工建设，经报国家文物局批准，成都文物考古研究院对项目工地开展了正式的考古发掘，工地代码"2015CJT"。此次勘探和发掘的总面积约4500平方米，揭露一处汉代遗址，清理的遗迹现象包括灰坑、灰沟、井等，出土大量日用陶器、建筑材料等遗物。现将此次工作的基本情况简报如下。

一、地层堆积

发掘区的地层堆积情况以TN05E03北壁为例说明如下（图二）：

第1层：土色杂乱。厚0.7～0.9米。包含现代建筑混凝土块等，为现代堆积。

第2层：灰黑色黏土，土质紧密。厚0.1～0.7米。出土物有少量青花、青釉和粉彩瓷片，为清代至近代地层。部分明代墓葬叠压于该层下。

第3层：深褐色黏土，土质坚硬紧密。厚0.55～0.6米。出土物以青羊宫窑、琉璃厂窑、邛窑瓷器为主，另有少量陶器和外地窑口瓷器，为南宋时期地层。

第4层：黑褐色黏土，土质紧密。厚0.35～0.5米。出土物以少量夹砂陶器为主，可辨器形有盏、器盖、云纹瓦当等，为西汉时期地层。

第5层：青黄色沙土，呈细颗粒状，土质较为紧密。厚0.1～0.2米。出土物以大量夹砂陶器为主，可辨器形有钵、豆、罐、盆、甑、釜、器盖、器足、器座、云纹瓦当等，为西汉地层。

第5层以下为砂石，未见任何文化遗物。

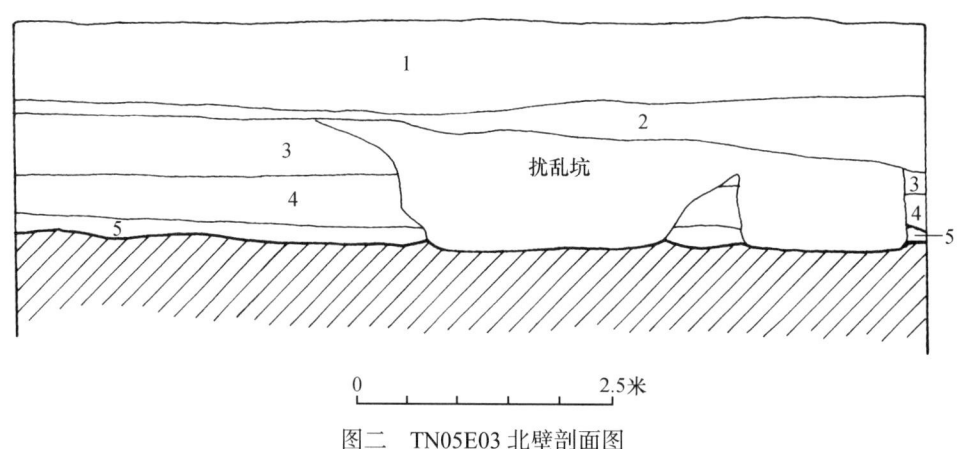

图二 TN05E03北壁剖面图

二、遗迹

遗迹现象发现较少，有灰坑、灰沟和井。

1. 灰坑

5个，编号为H2、H3、H11、H13和H14。

H2　位于TN01E01东北部。开口于第4层下，打破第5层。坑口平面形状不规则，壁斜直，底部较平整。长3.5、宽1.98、深0.86米（图三）。坑内填黑色与黄褐色土的混杂堆积，呈较紧密的块状，带一定黏性，包含少量炭屑。出土遗物以夹砂陶器的残片为主，可辨器形有钵、豆、盏、罐、盆、釜、器足等，另有少量的云纹瓦当。

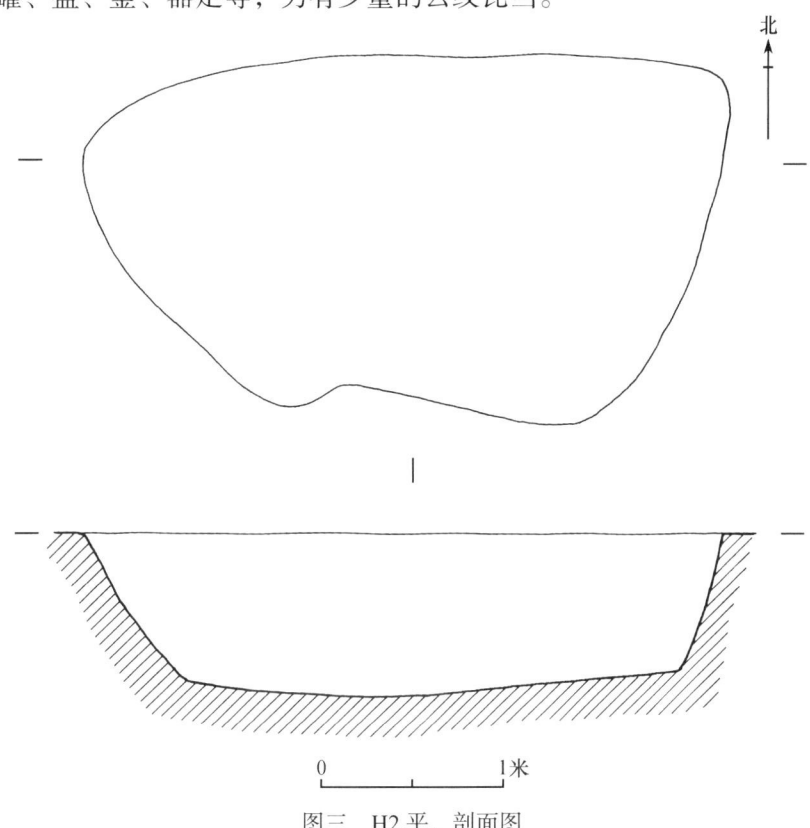

图三　H2平、剖面图

H3　位于TN01E01中部偏南。开口于第4层下。坑口平面为椭圆形，斜壁，圜底。口径0.68~1.48、深0.2米，距地表1.55米（图四）。坑内填土为黄色黏土，堆积紧密，包含物中有大量绳纹陶片，主要为板瓦和井圈残块。

H11　位于TN06E06西南部，往东延伸至TN06E05东南部。开口于第4层下，打破第5层，被唐代水沟（G3）打破。坑口平面形状不规则，壁斜弧内收，较陡，底部较平整。长2.64、宽1.26、深0.38~0.44米（图五）。填土为灰黑色，呈较紧密的块

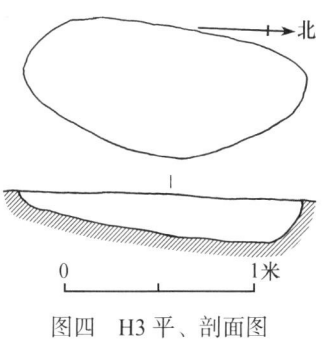

图四　H3平、剖面图

状，带一定黏性，夹杂较多的卵石。出土遗物以夹砂陶器的残片为主，可辨器形有豆、罐、盆、釜、器盖、器足等。

H13　位于TN04E07西部，往东延伸至发掘区外，揭露不完整。开口于第4层下，打破第5层。坑口平面呈半圆形，壁斜弧内收，锅形底。长1.4、宽0.62、深0.45米（图六）。填土为灰黑色，呈较紧密的块状，带一定黏性，夹杂较多的瓦砾。出土遗物以夹砂陶器的残片为主，可辨器形有豆、罐、釜、器盖、器足等。

H14　位于TN05E06东北部，往东北方向延伸至发掘区外，未完整揭露。开口于第4层

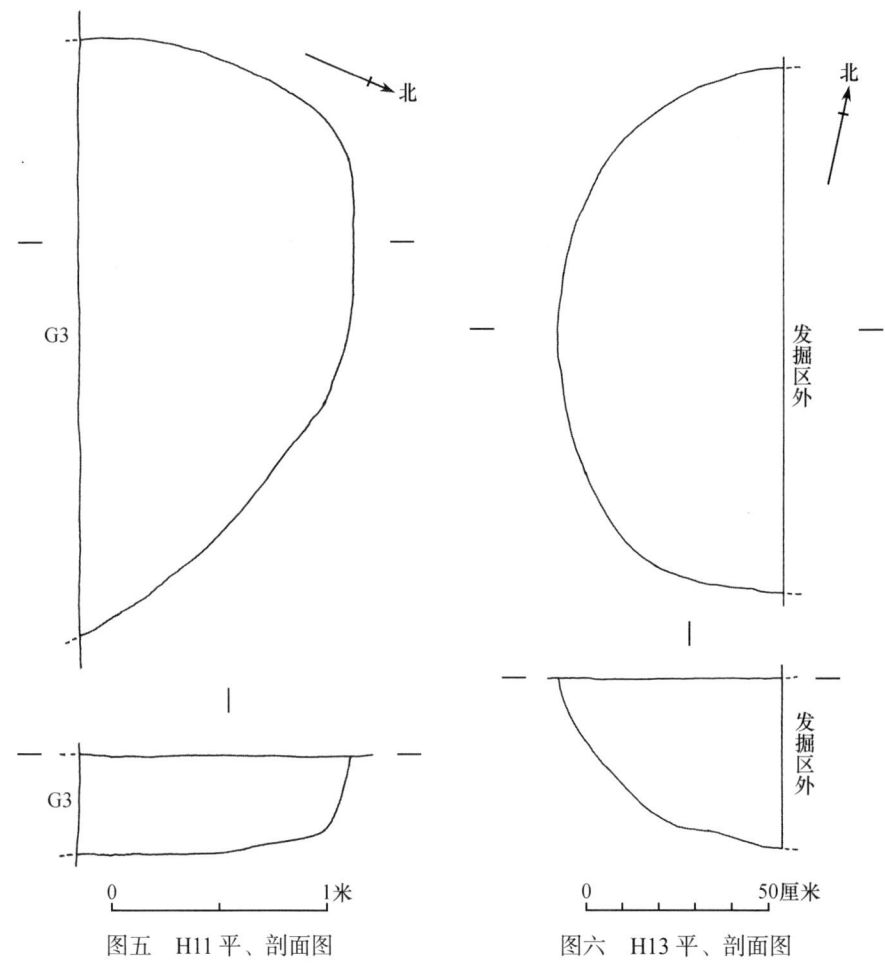

图五　H11 平、剖面图

图六　H13 平、剖面图

下，打破第 5 层。坑口平面近长方形，壁斜直内收，较陡，底部凹凸不平。长 4.8、宽 2.06、深 0.2 米（图七）。填土为黑褐色，呈较紧密的块状，带一定黏性，夹杂较多的瓦砾。出土遗物以夹砂陶器的残片为主，可辨豆、罐、釜、鼎、器足等。

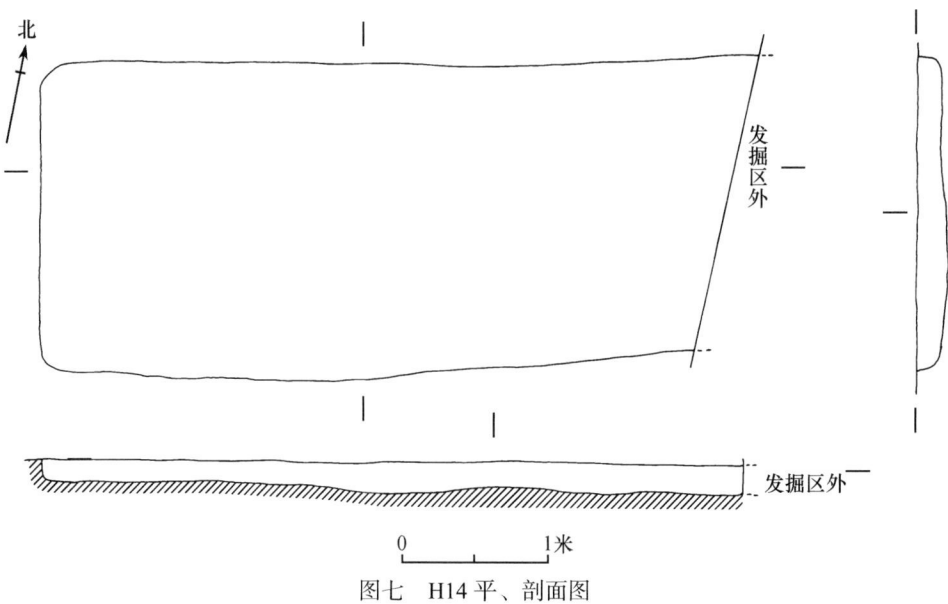

图七　H14 平、剖面图

2. 灰沟

1条，编号为G4。

G4　位于TN05E06中部，西北—东南走向，往东南延伸至发掘区外。开口于第4层下，打破第5层。沟口平面呈长条形，壁斜直内收，沟底部较平整。长10.4、宽1.55~1.95、深0.4米（图八）。填土为灰黑色，呈较紧密的块状，带一定黏性，夹杂较多的瓦砾。出土遗物以夹砂陶器的残片为主，可辨器形有豆、罐、盆、釜、器盖、器足等。

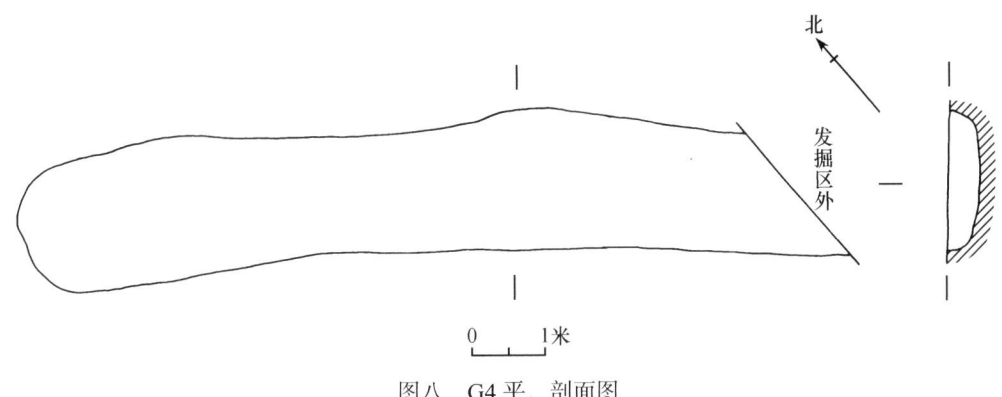

图八　G4平、剖面图

3. 井

1座，编号为J2。

J2　位于TN04E06中部。开口于第5层下，打破生土。为土圹陶圈式井，由井圹和井圈两部分组成。井圹平面呈圆形，直径0.91~0.93、揭露深度0.8米；井圈为泥质灰陶，揭露两层，以下因水位较高未清理，井圈外径0.64、内径0.58米，壁厚0.02~0.03、残高0.72米（图九）。井圹与井圈之间填青黄色土，土质较黏，夹杂烧土块和瓦砾；井圈内填土呈灰黄色，土质较黏，堆积疏松。出土物很少，见有陶甑、陶鼎等。

三、出土遗物

出土物可分为日用陶器和建筑材料两类，前者几乎都为夹砂陶器，陶色常见灰、灰褐、褐、红、灰黑、黄褐等，表面有施加黑色或灰色陶衣的做法。器表装饰少见，以素面居多，有零星的弦纹、"S"纹等，有的还见有模印的字符。器形可辨钵、豆、盏、罐、盆、甑、

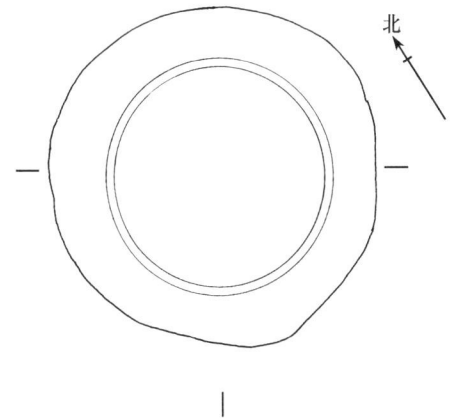

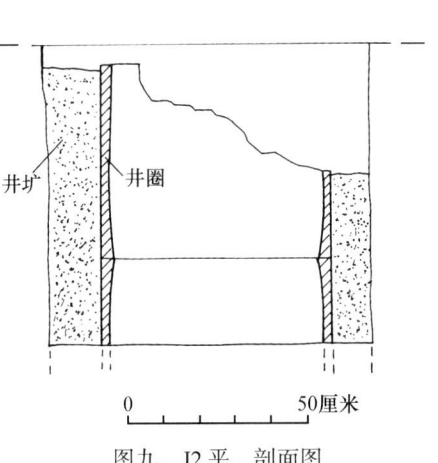

图九　J2平、剖面图

瓮、釜、鼎、器盖、器足、器座等。建筑材料均为泥质灰陶，以瓦当为主。

钵 15件。敞口，凸圆唇，腹部转折处偏上，上腹部略内曲，平底。TN03E01⑤：3，夹砂褐陶，表面施黑色陶衣。口径19、残高6厘米（图一〇，2）。TN05E06⑤：32，夹砂褐陶，表面施黑色陶衣。口径16.8、残高4.4厘米（图一〇，3）。TN05E06⑤：56，夹砂褐陶，表面施黑色陶衣。口径17、残高6厘米（图一〇，5）。H2：14，夹砂灰陶，表面施黑色陶衣。口径18.2、残高6.3厘米（图一〇，6）。H2：17，夹砂灰陶。口径23、残高8.2厘米（图一〇，7）。H2：18，夹砂灰陶。口径20.6、底径9.4、高7厘米（图一〇，1）。H2：23，夹砂灰陶。口径20.2、残高5厘米（图一〇，4）。

盏 2件。直口，圆唇，浅斜弧腹，平底。TN06W01④：1，夹砂褐陶，表面施黑色陶衣。口径11.1、底径5、高3厘米（图一〇，8）。H2：7，夹砂灰陶。口径11.7、底径5.6、高3.6

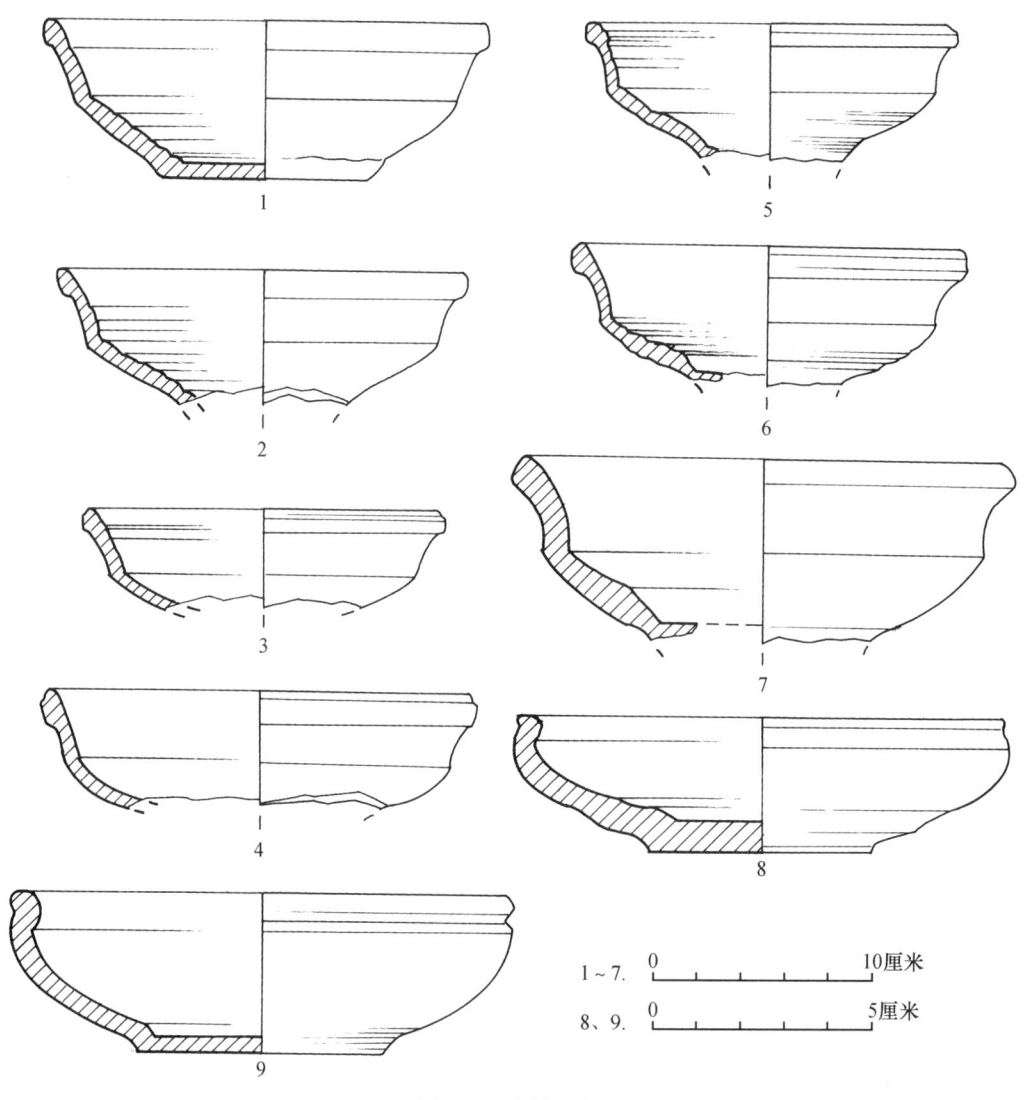

图一〇 陶钵、盏

1～7.钵（H2：18、TN03E01⑤：3、TN05E06⑤：32、H2：23、TN05E06⑤：56、H2：14、H2：17）
8、9.盏（TN06W01④：1、H2：7）

厘米（图一〇，9）。

豆　25件。底部均带有矮小的喇叭形圈足。依据豆盘的不同，分为三型。

A型　1件。豆盘浅平。TN05E06⑤：4，夹砂灰陶。口径11、足径4.6、高3.4厘米（图一一，1）。

B型　1件。圆弧腹豆盘，腹部较深。H14：12，夹砂褐陶，表面施黑色陶衣。口径15.4、残高4.4厘米（图一一，7）。TN02E01⑤：5，夹砂灰褐陶。口径14.4、残高4.8厘米（图

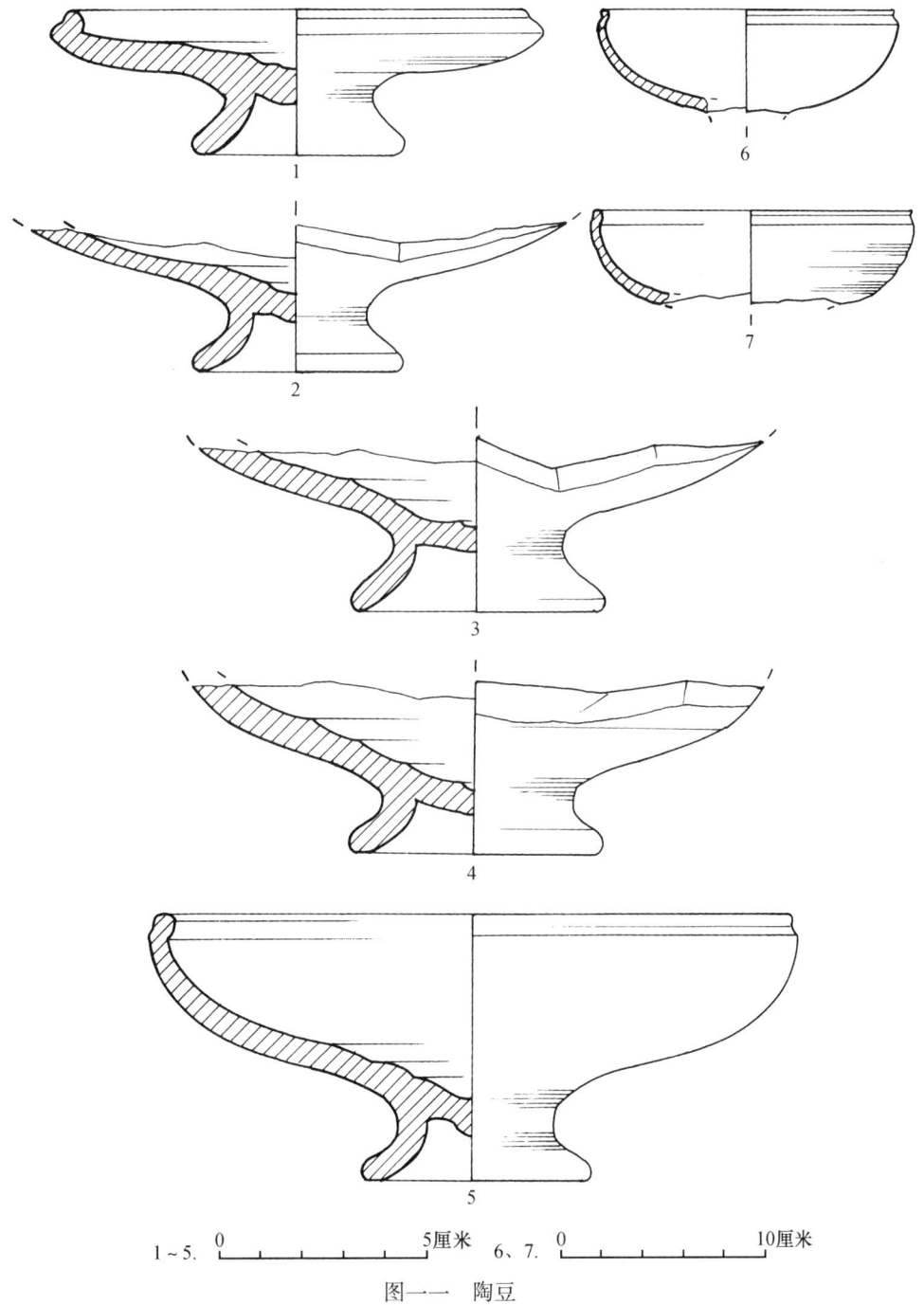

图一一　陶豆

1. A型（TN05E06⑤：4）　2~5. C型（H13：4、G4：8、H2：1、TN06E06⑤：6）　6、7. B型（TN02E01⑤：5、H14：12）

一一，6）。

C 型 23件。斜弧腹豆盘，腹部较浅。TN05E06④：1，夹砂灰陶。口径10.2、足径4、高4厘米（图一二，6）。TN02E01⑤：10，夹砂灰褐陶。口径13、足径4.7、高5厘米（图一二，1）。TN05E06⑤：55，夹砂褐陶，表面施黑色陶衣。口径13.6、足径4.8、高5厘米（图一二，4）。TN06E06⑤：6，夹砂灰陶。口径15.5、足径5.2、高6.3厘米（图一一，5）。TN06E06⑤：8，夹砂灰陶。口径11.2、足径3.8、高4.5厘米（图一二，2）。TN06E06⑤：10，夹砂灰陶。口径11.2、足径3.8、高4.7厘米（图一二，3）。G4：8，夹砂褐陶，表面施黑色陶衣。足径5.7、残高4.1厘米（图一一，3）。H13：4，夹砂灰陶。足径4.7、残高3.5厘米（图一一，2）。H11：6，夹砂褐陶，表面施黑色陶衣。口径11.1、足径4、高4.6厘米（图一二，7）。H9：2，夹砂褐陶，表面施黑色陶衣。足径5、残高3.1厘米（图一二，5）。

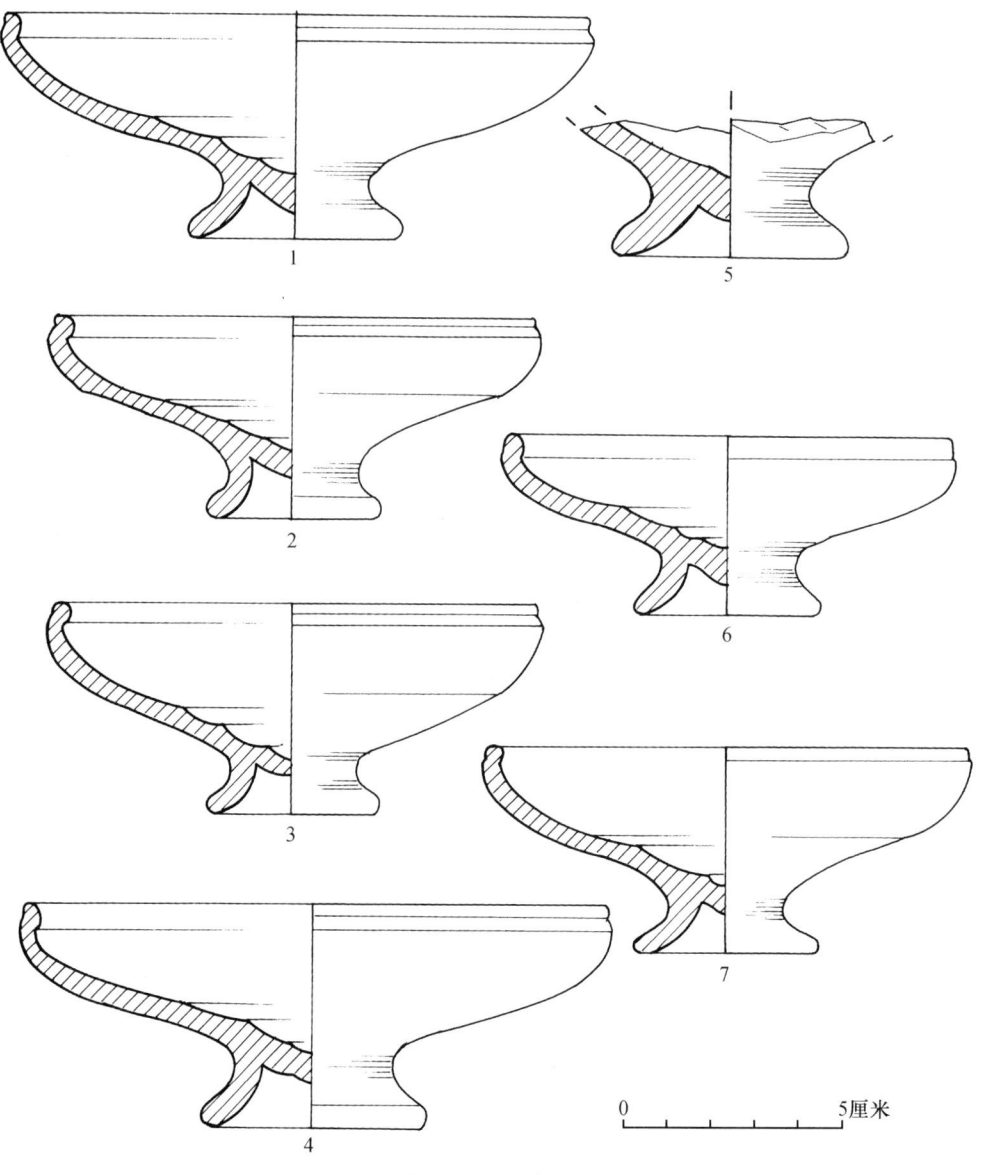

图一二 C型陶豆

1.TN02E01⑤：10 2.TN06E06⑤：8 3.TN06E06⑤：10 4.TN05E06⑤：55 5.H9：2 6.TN05E06④：1 7.H11：6

H2：1，夹砂褐陶，表面施黑色陶衣。足径5.8、残高4.1厘米（图一一，4）。

罐 24件。依据口部、颈部及肩部的不同，分为四型。

A型 8件。侈口，斜方唇，短束颈，广肩。TN05E06⑤：22，夹砂灰陶。口径11.8、残高3.5厘米（图一三，5）。H2：2，夹砂灰黑陶。外壁有密集的弦纹装饰。口径10.8、残高9.8厘米（图一三，2）。H2：20，夹砂灰陶。口径11.6、残高3.6厘米（图一三，6）。H11：20，夹砂褐陶，表面施灰色陶衣。外部肩部饰弦纹、短斜线纹。口径11.2、残高9.4厘米（图一三，1）。H11：21，夹砂褐陶，表面施灰色陶衣。口径11.8、残高4.8厘米（图一三，7）。

B型 6件。侈口，折沿，斜方唇，束颈较A型略长。TN06E06⑤：9，夹砂灰陶。口径11.6、残高4厘米（图一三，8）。H9：1，夹砂黄褐陶，表面施黑色陶衣。口径11.6、残高3厘米（图一三，4）。H14：13，夹砂灰陶。口径13.4、残高4厘米（图一三，3）。G4：12，夹砂褐陶，表面施灰色陶衣。口径13.4、残高5.6厘米（图一三，9）。

C型 7件。短直颈，溜肩。依据口部、颈部的不同，分为二亚型。

Ca型 4件。敞口，颈部外倾。TN05E06⑤：1，夹砂褐陶，火候较高。肩部一侧带有模印字符，腹部饰绳纹和弦纹。口径25.6、残高14厘米（图一四，2；图一五，2）。TN05E06⑤：49，夹砂褐陶。口径22、残高5.2厘米（图一四，3）。G4：11，夹砂褐陶。

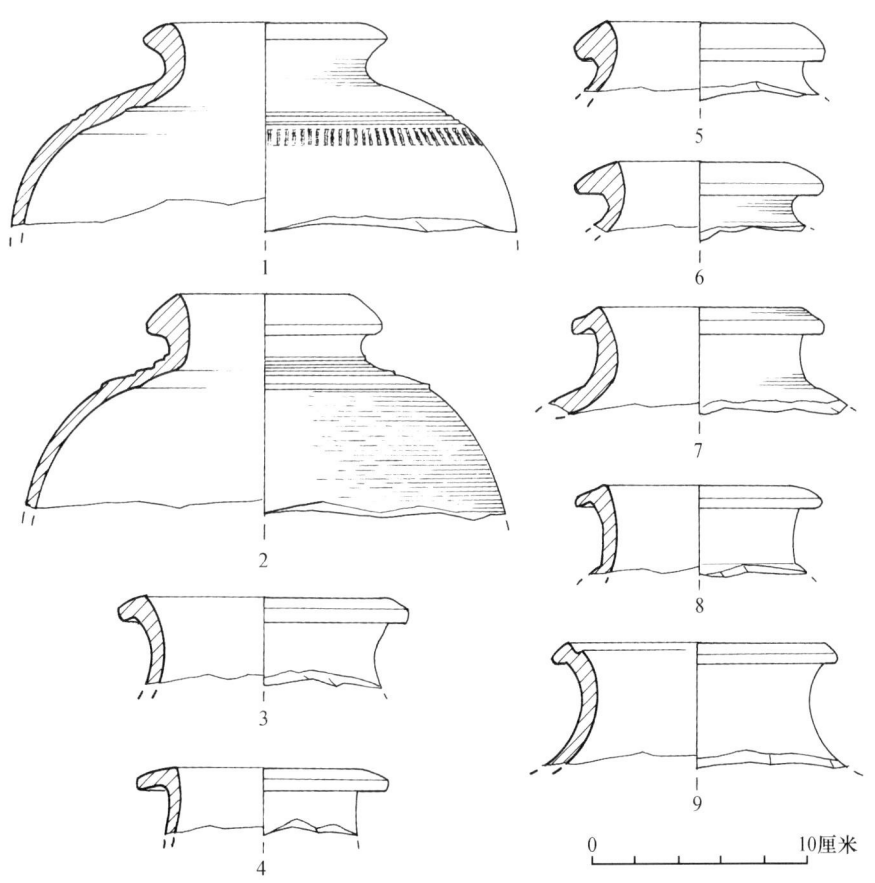

图一三 陶罐

1、2、5~7.A型（H11：20、H2：2、TN05E06⑤：22、H2：20、H11：21） 3、4、8、9.B型（H14：13、H9：1、TN06E06⑤：9、G4：12）

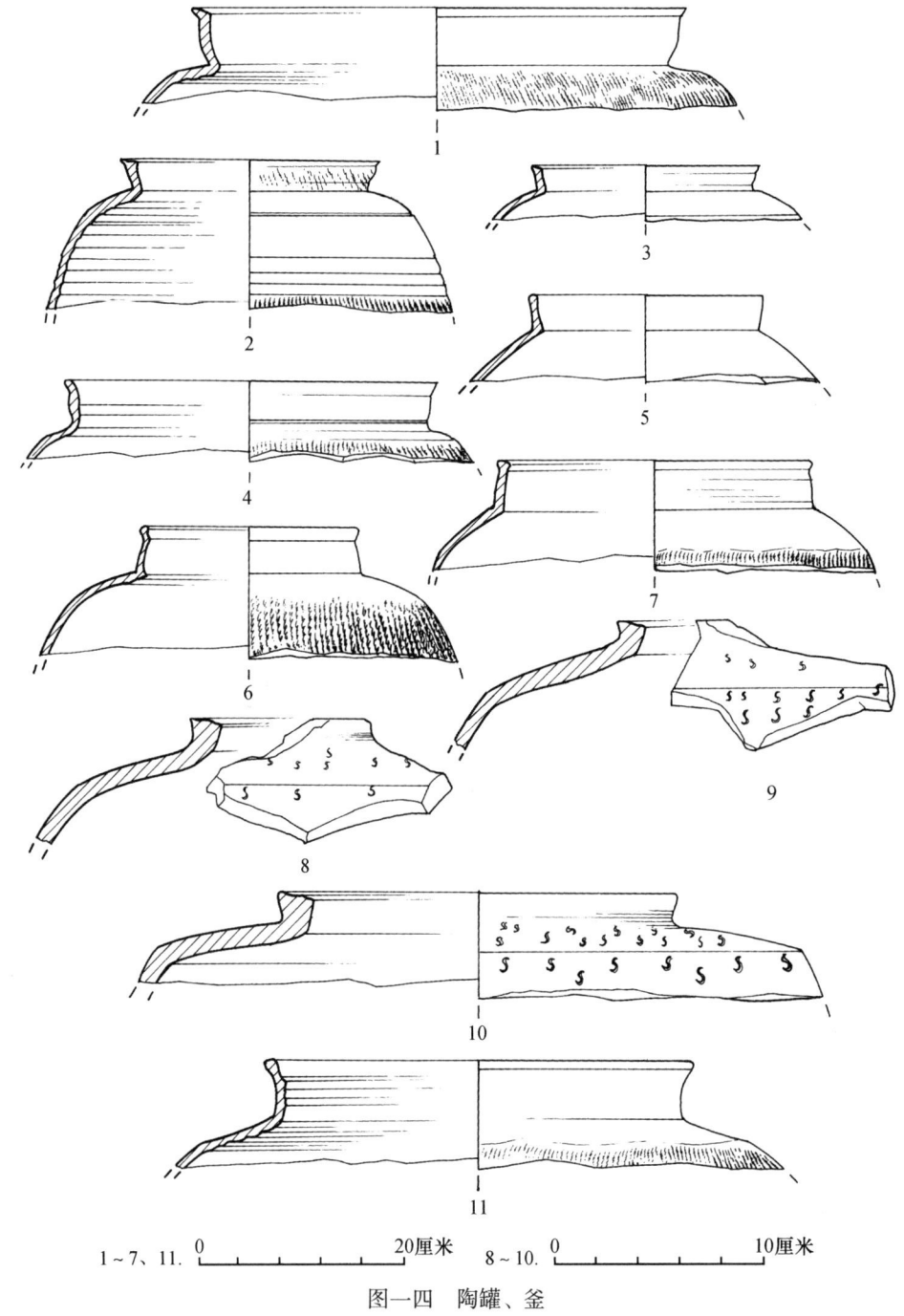

图一四 陶罐、釜

1~4.Ca 型罐（G4：11、TN05E06⑤：1、TN05E06⑤：49、H14：4） 5~7.Cb 型罐（TN06E06⑤：2、H2：13、TN06E06⑤：7） 8~10.D 型罐（TN05E06⑤：67、TN05E06⑤：25、TN05E06⑤：47） 11.B 型釜（G4：30）

肩部一侧带有模印字符，腹部饰绳纹。口径48、残高9.6厘米（图一四，1；图一五，1）。H14：4，夹砂褐陶。腹部饰绳纹。口径36.4、残高7.6厘米（图一四，4）。

Cb 型　3件。直口，颈部垂直。TN06E06⑤：2，夹砂灰陶。口径22、残高8厘米（图一四，5）。TN06E06⑤：7，夹砂褐陶，表面施黑色陶衣。腹部饰绳纹。口径30、残高10厘

图一五 陶器文字拓片
1、2.Ca 型罐（G4：11、TN05E06⑤：1） 3.Ab 型盆（TN05E06⑤：13）

米（图一四，7）。H2：13，夹砂褐陶，表面施黑色陶衣。腹部饰绳纹。口径21.3、残高12.6厘米（图一四，6）。

D 型 3件。敛口，短束颈，折肩。TN05E06⑤：25，夹砂褐陶，表面施黑色陶衣。外壁装饰"S"纹。残高6.1厘米（图一四，9）。TN05E06⑤：47，夹砂褐陶，表面施黑色陶衣。外壁装饰"S"纹。口径19.4、残高5厘米（图一四，10）。TN05E06⑤：67，夹砂褐陶，表面施黑色陶衣。外壁装饰"S"纹。残高5.8厘米（图一四，8）。

盆 29件。依据口部、腹部的不同，分为四型。

A 型 19件。折沿，上腹垂直，上腹部有一明显转折，下腹斜直内收。依据腹部转折处的不同，分为三亚型。

Aa 型 4件。腹部转折处偏上，折棱凸出，上腹部略内曲。G4：19，夹砂褐陶，表面施黑色陶衣。口径23.6、残高10厘米（图一六，1）。G4：29，夹砂褐陶，表面施灰色陶衣。口径23.2、残高6.8厘米（图一六，2）。

Ab 型 7件。腹部转折处略微下移。G4：4，夹砂褐陶。腹部饰短绳纹。残高10厘米（图一六，3）。TN05E06⑤：13，夹砂灰陶。内壁有模印字符。口径37.2、残高14厘米（图一五，3；图一六，9）。TN05E06⑤：48，夹砂灰陶。口径37.2、残高9.6厘米（图一六，10）。TN06E05⑤：37，夹砂灰陶。口径39.2、残高8.8厘米（图一六，8）。TN06E01⑤：1，夹砂灰褐陶，表面施黑色陶衣。口径47.2、残高13.2厘米（图一六，7）。

Ac 型 8件。腹部转折处不明显。TN05E06⑤：41，夹砂灰褐陶。口径28、残高14.8厘米（图一六，6）。H2：9，夹砂灰陶。口径33.9、残高8.9厘米（图一六，11）。H2：10，夹

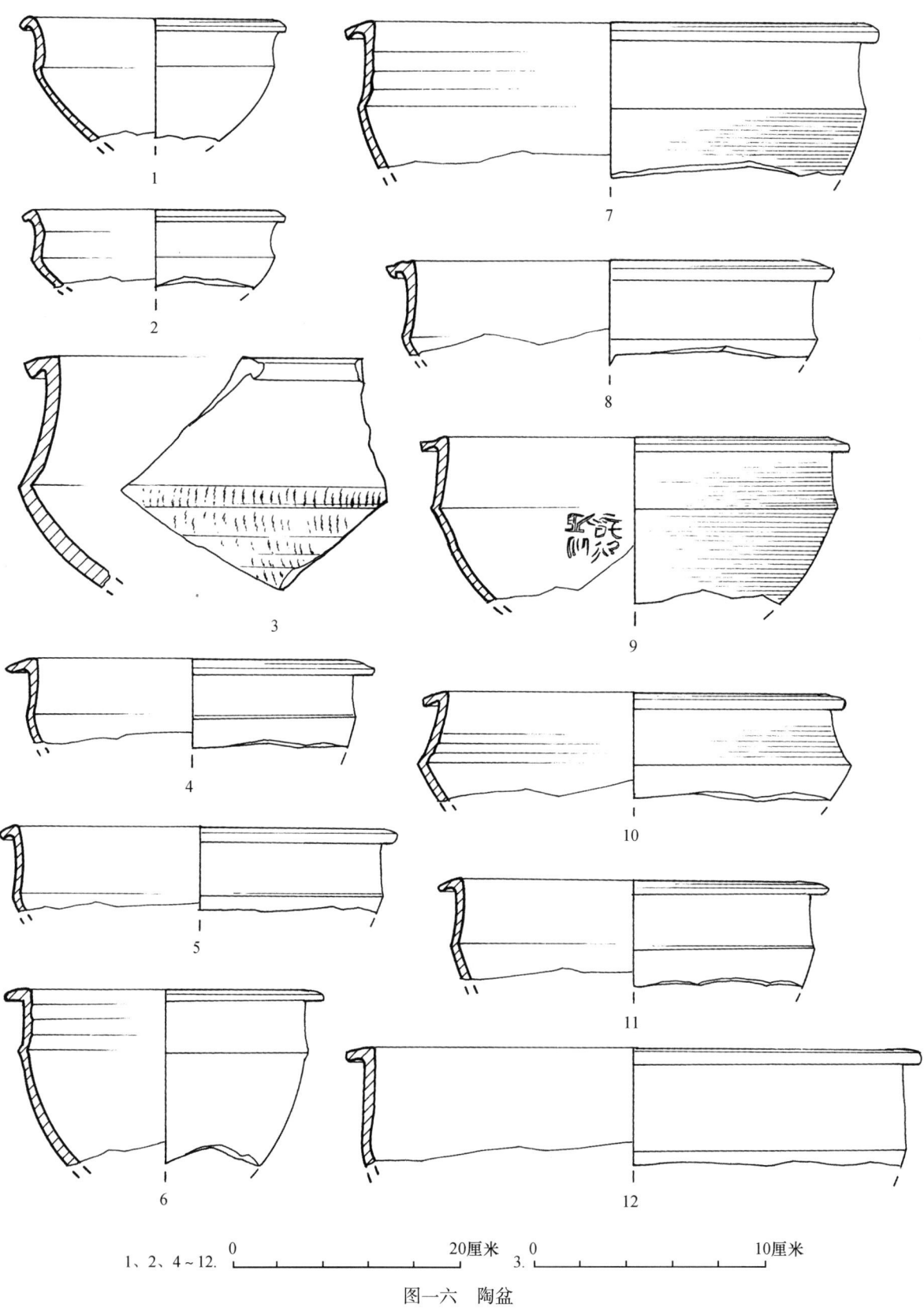

图一六 陶盆

1、2.Aa 型（G4：19、G4：29） 3、7~10.Ab 型（G4：4、TN06E01⑤：1、TN06E05⑤：37、TN05E06⑤：13、TN05E06⑤：48） 4~6、11、12.Ac 型（H2：10、H11：5、TN05E06⑤：41、H2：9、H11：11）

砂灰褐陶。口径32.4、残高7.6厘米（图一六，4）。H11：5，夹砂灰褐陶。口径35.2、残高7.2厘米（图一六，5）。H11：11，夹砂红陶，表面施黑色陶衣。口径50.4、残高10厘米（图一六，12）。

B型 8件。折沿，筒形直腹。H2：21，夹砂灰褐陶。外壁饰弦纹。口径32.8、残高8.7厘米（图一七，5）。H2：25，夹砂灰褐陶。外壁饰弦纹。口径42.4、残高9.6厘米（图一七，3）。H11：1，夹砂褐陶，表面施黑色陶衣。外壁饰弦纹。口径44、残高8厘米（图一七，2）。H11：10，夹砂褐陶，表面施黑色陶衣。外壁饰弦纹。口径42.8、残高8.5厘米（图一七，1）。TN06E06⑤：3，夹砂灰陶。口径47.6、残高5.5厘米（图一七，4）。

C型 1件。敛口，斜弧腹。H2：26，夹砂灰陶。外壁饰弦纹。口径23.2、残高8.4厘米（图一七，6）。

D型 1件。侈口，折沿，短束颈。TN01E01⑤：2，夹砂褐陶，外壁施黑色陶衣。口径38.4、残高8.5厘米（图一七，7）。

甑 3件。斜直腹，平底，底部有密集的圆形小孔。TN05E06⑤：45，夹砂灰陶。底径13.6、残高2厘米（图一八，3）。TN05E06⑤：58，夹砂灰陶。底径16、残高4.8厘米（图一八，2）。J2：1，夹砂灰陶。外壁有拉坯留下的密集弦纹。口径37.4、底径15.2、高20.2厘米（图一八，1）。

釜 27件。依据口部、颈部的不同，分为二型。

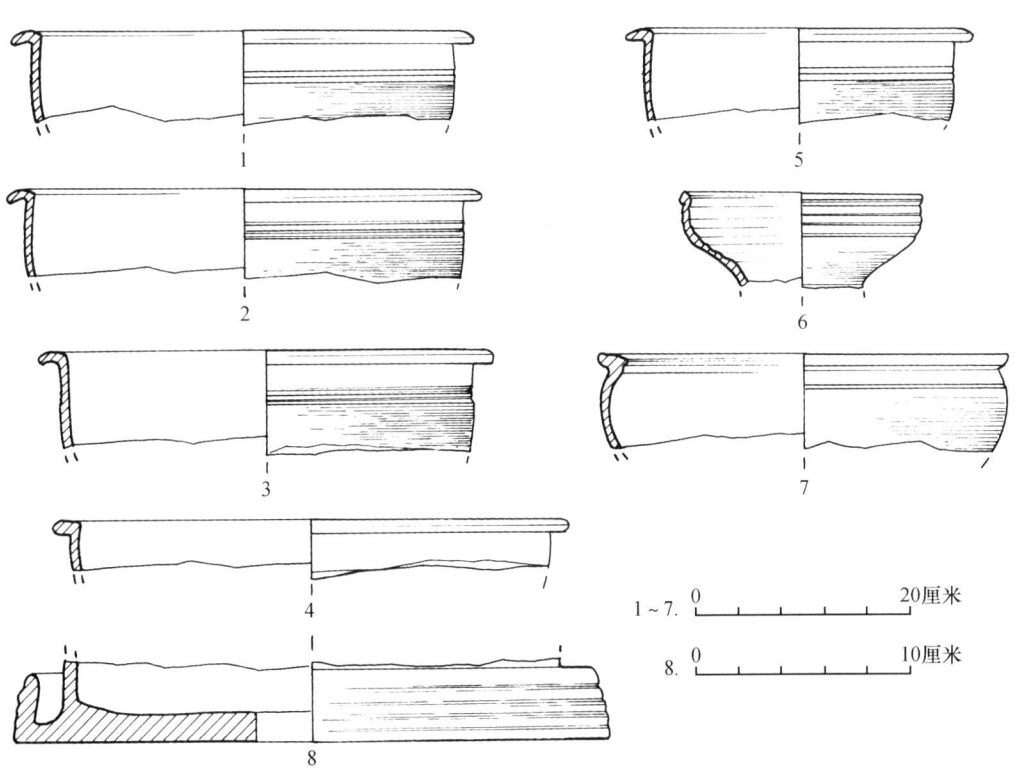

图一七 陶盆、器座

1～5.B型盆（H11：10、H11：1、H2：25、TN06E06⑤：3、H2：21） 6.C型盆（H2：26） 7.D型盆（TN01E01⑤：2） 8.器座（TN06E05⑤：1）

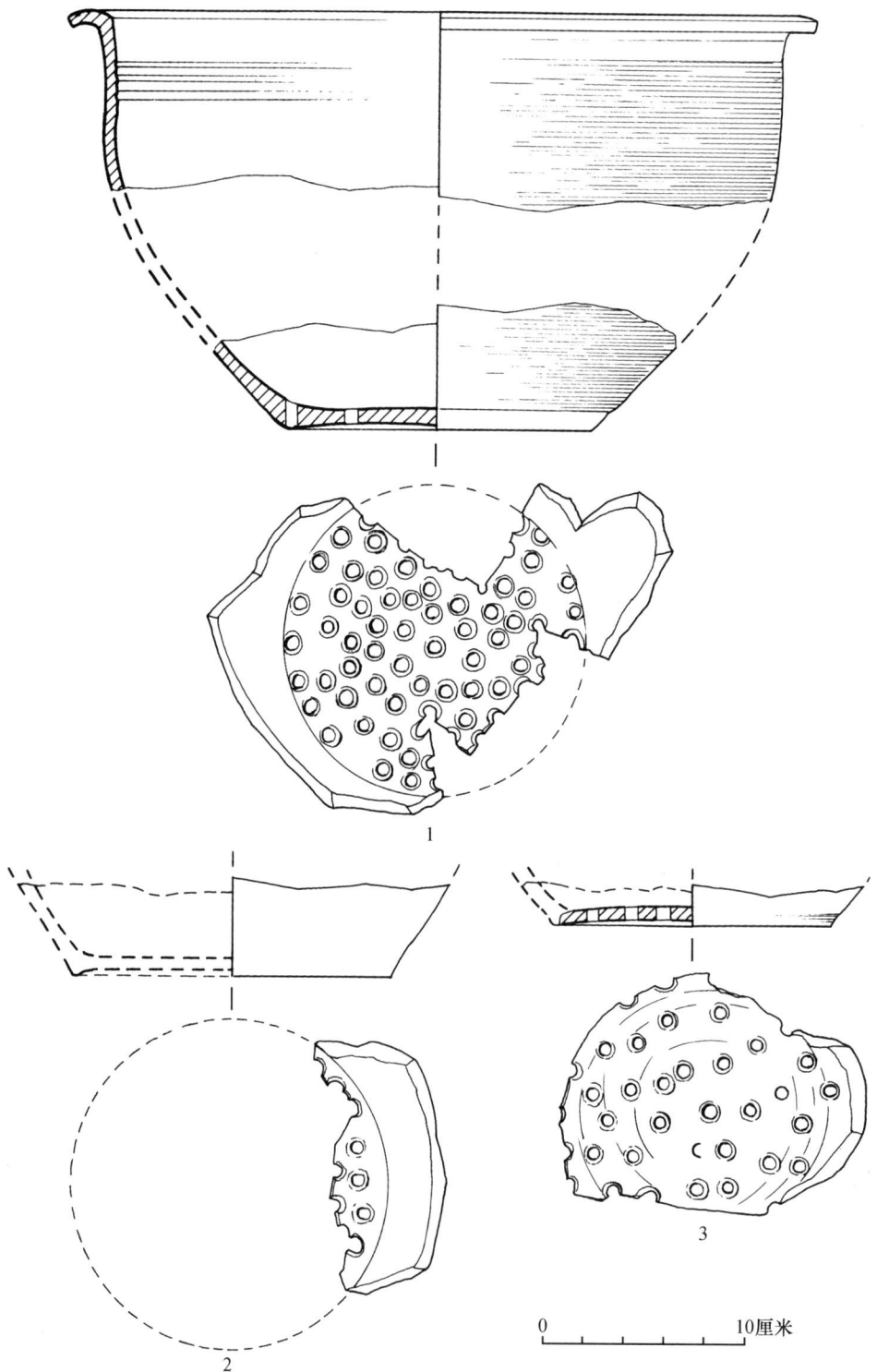

图一八 陶甑

1. J2∶1 2.TN05E06⑤∶58 3.TN05E06⑤∶45

A 型　22 件。侈口，短束颈。依据肩部、腹部的不同，分为三亚型。

Aa 型　4 件。丰肩，鼓腹。TN05E06⑤：59，夹砂灰陶，表面施黑色陶衣。口径 12.8、残高 4.6 厘米（图一九，4）。TN06E06⑤：15，夹砂红陶。口径 21.4、残高 5.8 厘米（图一九，3）。H11：3，夹砂灰褐陶。口径 28.8、残高 7.2 厘米（图一九，5）。H11：15，夹砂灰陶。口径 23.8、残高 7.4 厘米（图一九，2）。

Ab 型　6 件。折肩，深弧腹。H2：6，夹砂灰陶。口径 24.2、残高 7 厘米（图二〇，1）。H11：8，夹砂灰陶。口径 16、残高 4.2 厘米（图二〇，2）。H14：10，夹砂红陶。外壁饰绳纹。口径 38.4、残高 7.6 厘米（图二一，1）。G4：18，夹砂灰褐陶。外壁饰绳纹。口径 28.2、

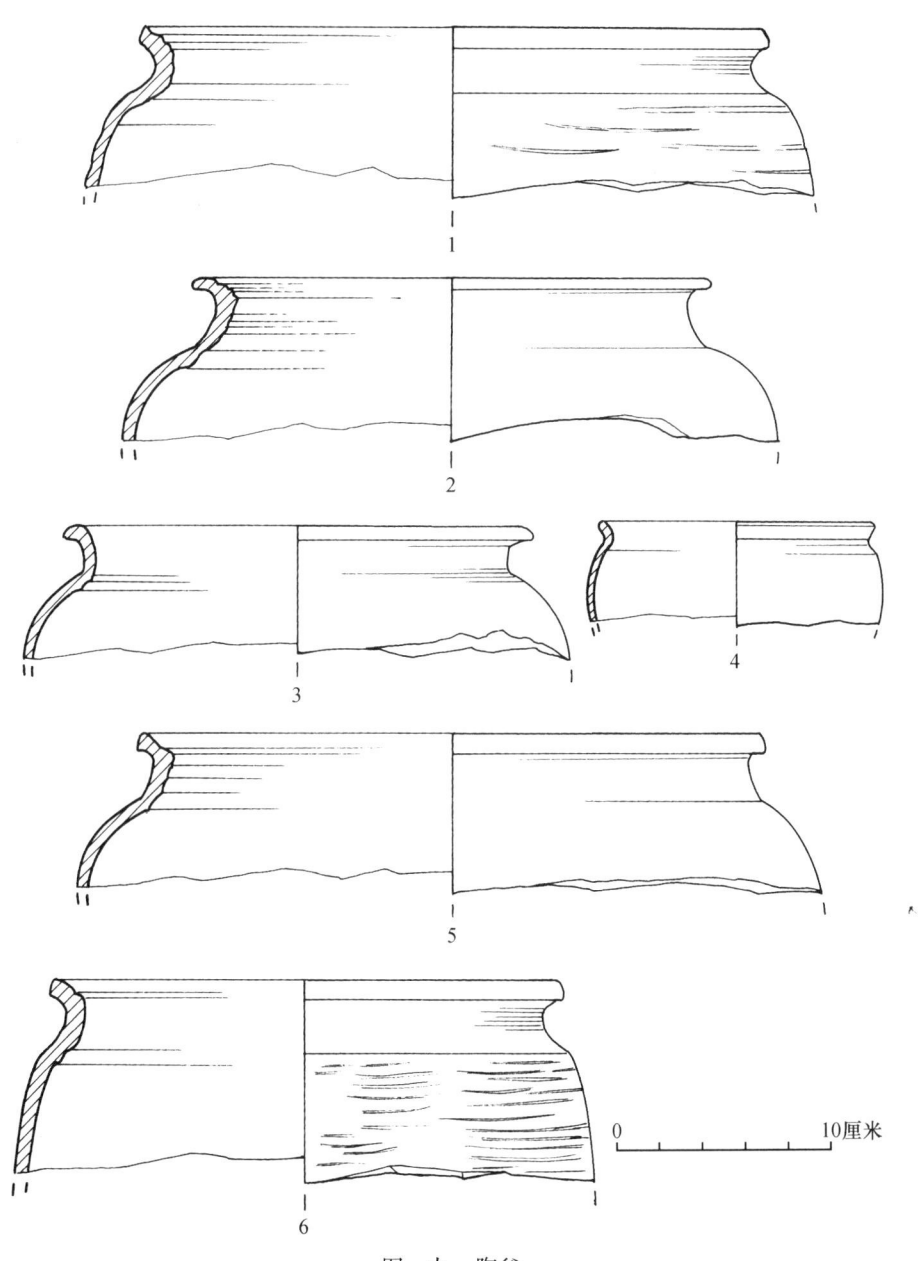

图一九　陶釜

1、6.Ac 型（TN05E06⑤：24、TN06E05⑤：36）　2～5.Aa 型（H11：15、TN06E06⑤：15、TN05E06⑤：59、H11：3）

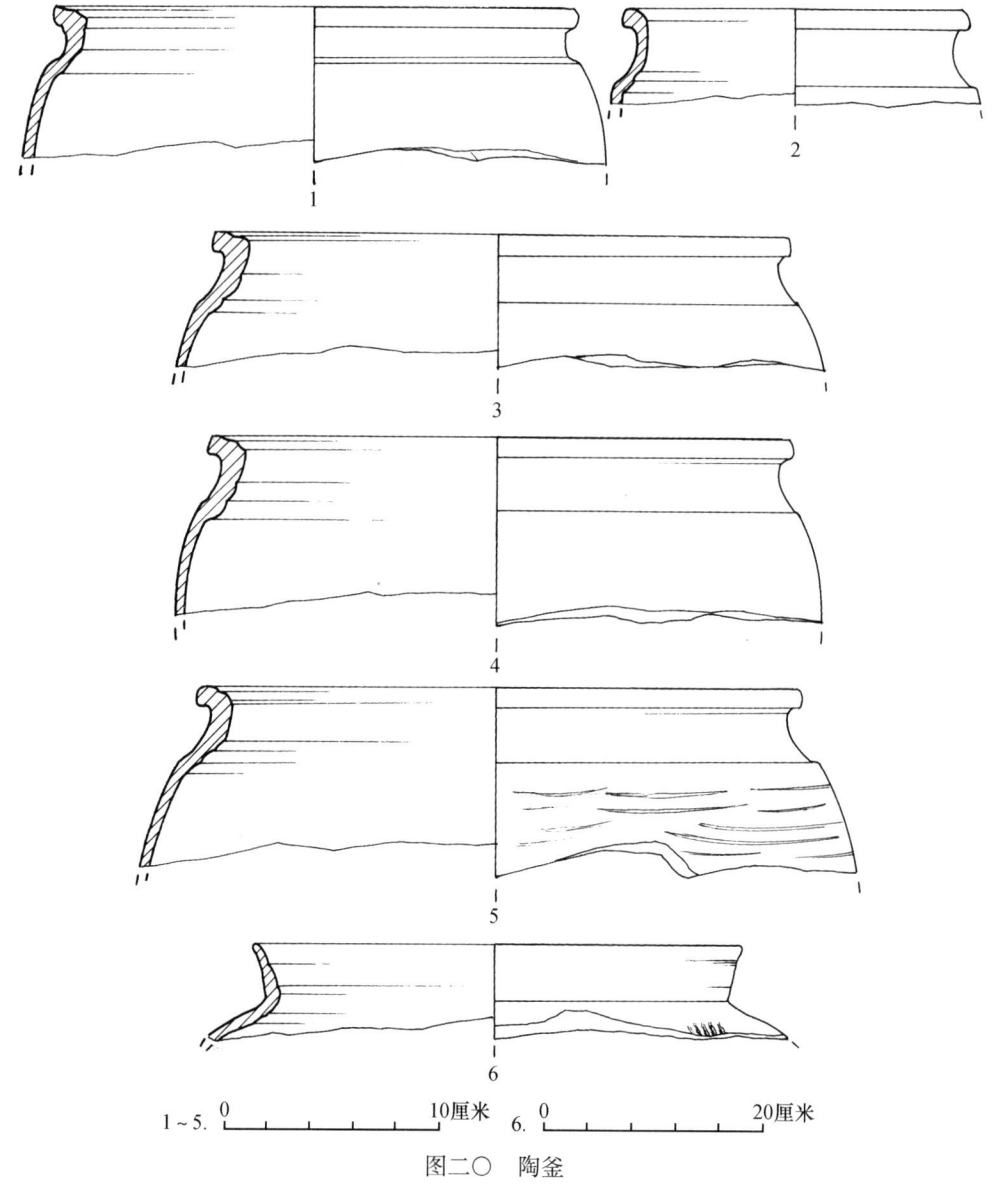

图二〇 陶釜

1、2、5. Ab型（H2∶6、H11∶8、G4∶18） 3、4. Ac型（H14∶5、G4∶26） 6. B型（H13∶1）

残高9.6厘米（图二〇，5）。

Ac型 12件。溜肩，深弧腹。TN06E05⑤∶36，夹砂褐陶，表面施黑色陶衣。外壁饰绳纹。口径23.4、残高9厘米（图一九，6）。TN05E06⑤∶24，夹砂灰褐陶。口径28.8、残高7.6厘米（图一九，1）。G4∶5，夹砂褐陶，表面施灰色陶衣。外壁饰绳纹。口径34、残高13厘米（图二一，2）。G4∶7，夹砂灰褐陶。外壁饰绳纹。口径30.2、残高10.8厘米（图二一，4）。G4∶13，夹砂红陶。外壁饰绳纹。口径30.4、残高6.8厘米（图二一，3）。G4∶26，夹砂灰褐陶。口径27.2、残高8.4厘米（图二〇，4）。H14∶5，夹砂灰褐陶，表面施黑色陶衣。口径26.8、残高6厘米（图二〇，3）。

B型 5件。敞口，宽折沿外倾，无颈。G4∶30，夹砂褐陶，表面施黑色陶衣。外壁饰绳

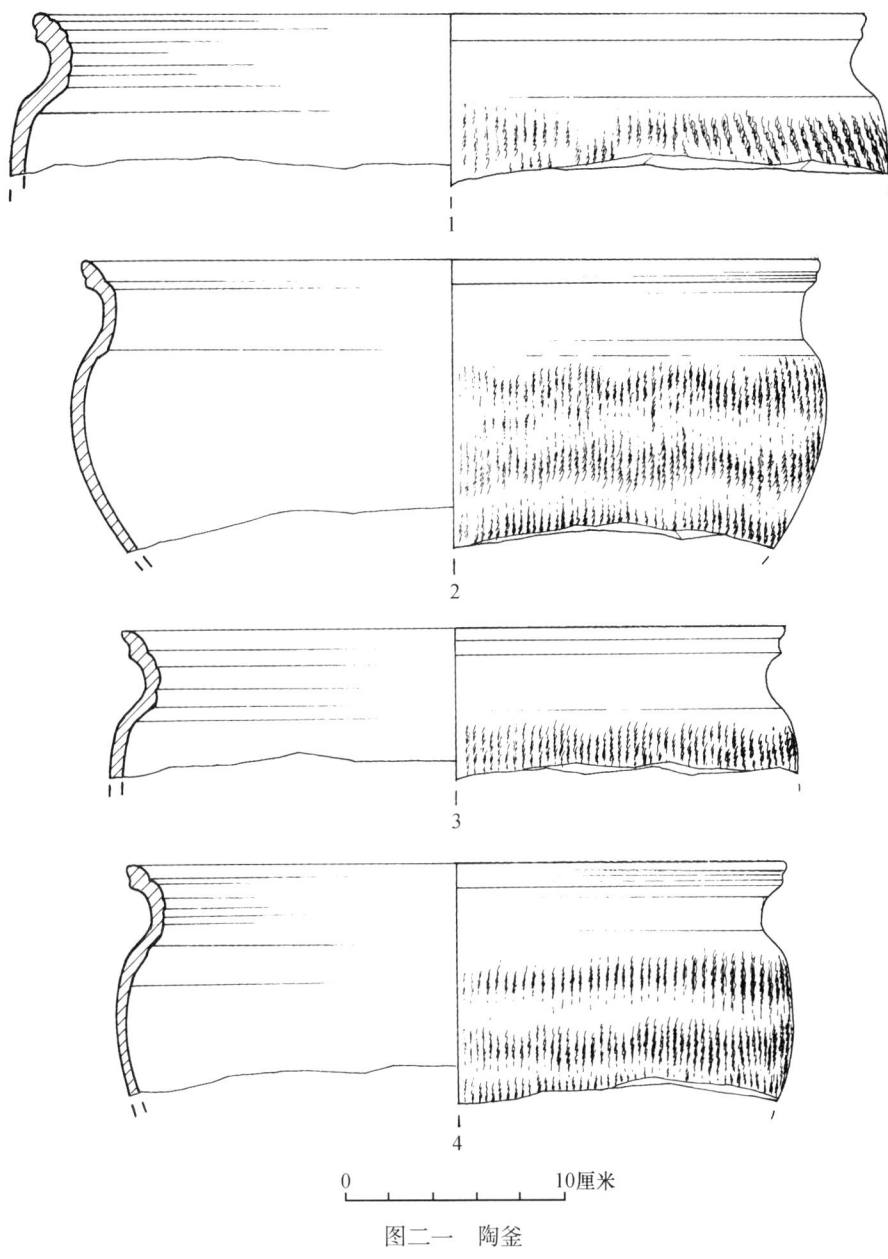

图二一 陶釜
1. Ab 型（H14：10） 2~4. Ac 型（G4：5、G4：13、G4：7）

纹。口径41.6、残高10厘米（图一四，11）。H13：1，夹砂灰褐陶。外壁饰绳纹。口径45.2、残高8.4厘米（图二〇，6）。

鼎 3件。侈口，方唇，短束颈，鼓腹，圜底，底部带三足。H14：1，夹砂灰陶。外壁饰绳纹。口径20.8、腹径23.6、残高14.4厘米（图二二，11）。H14：2，夹砂灰陶。外壁饰绳纹。口径25.6、腹径30.8、残高14.8厘米（图二二，10）。J2：2，夹砂灰陶。外壁饰绳纹。口径20.8、腹径24.8、残高18厘米（图二二，12）。

器盖 13件。盖面斜直，顶部有一圆饼形纽。TN05E06④：2，夹砂灰褐陶，表面施黑

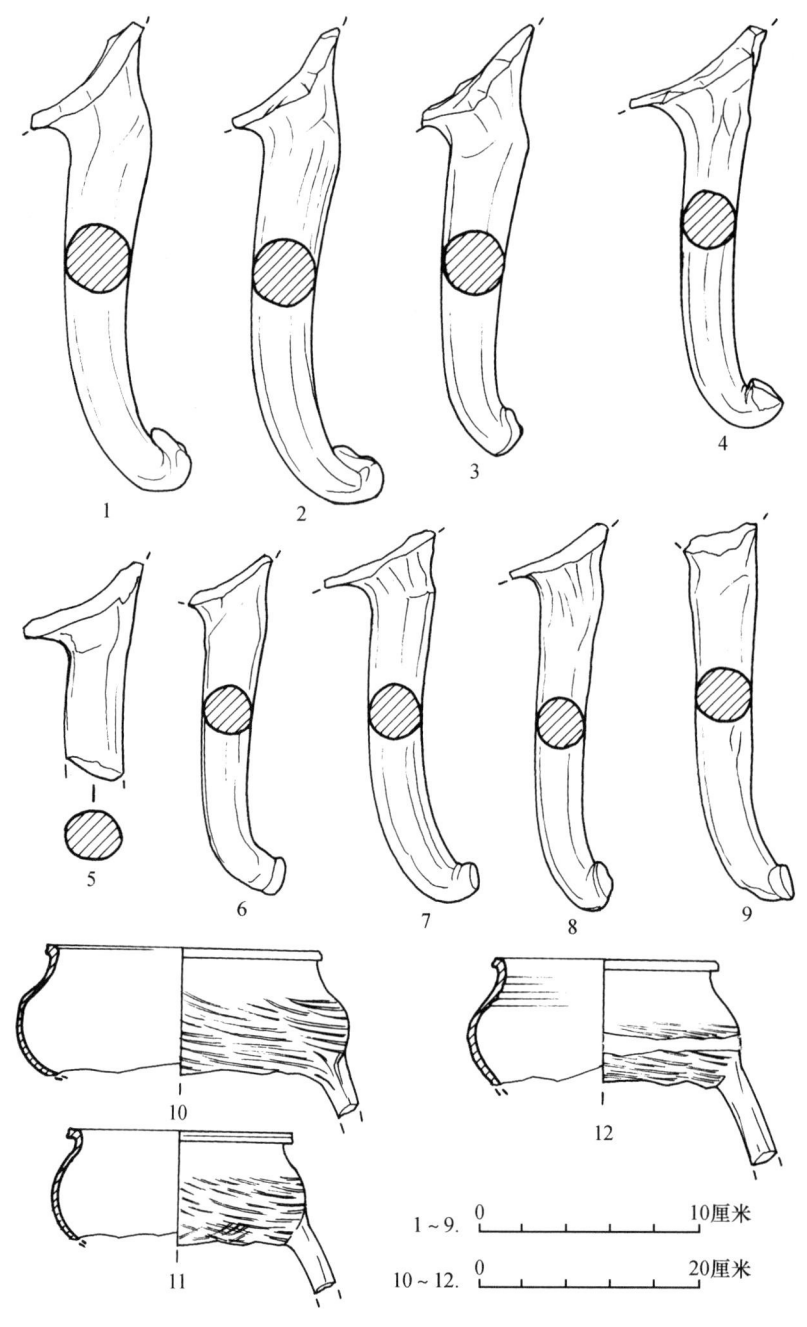

图二二 陶鼎及器足

1~9.器足（G4∶10、TN05E06⑤∶52、TN06E05⑤∶36、H13∶2、H14∶9、H11∶4、TN05W01④∶4、H11∶12、H2∶16） 10~12.鼎（H14∶2、H14∶1、J2∶2）

色陶衣。顶径6.4、残高5厘米（图二三，5）。TN05E06⑤∶43，夹砂灰陶。顶径6.2、残高6.4厘米（图二三，3）。TN02E01⑤∶1，夹砂褐陶，表面施黑色陶衣。顶径6.8、盖径20.6、高9厘米（图二三，1）。H13∶3，夹砂灰褐陶。顶径8.2、残高6.4厘米（图二三，2）。H11∶16，夹砂红陶。顶径6、残高5.7厘米（图二三，4）。G4∶17，夹砂褐陶。顶径8.2、残高6.8厘米（图二三，6）。

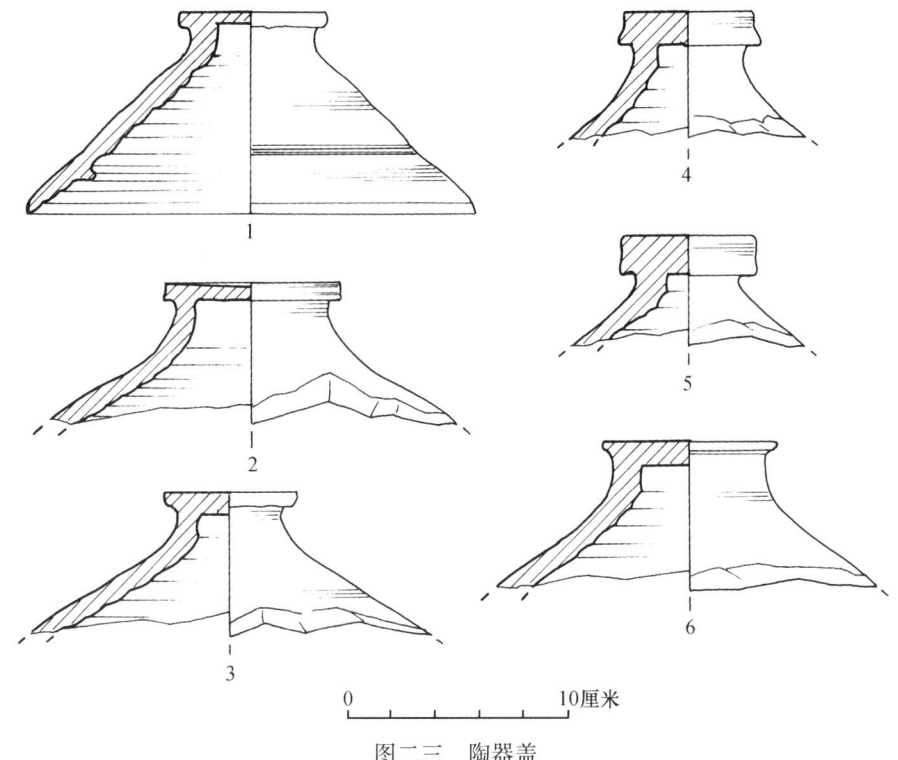

图二三 陶器盖
1. TN02E01⑤：1 2. H13：3 3. TN05E06⑤：43 4. H11：16 5. TN05E06④：2 6. G4：17

器足 22件。细长圆柱状，近底部外撇，足端上翘，为釜形鼎的足部。TN05W01④：4，夹砂褐陶，表面施黑色陶衣。残高16.6厘米（图二二，7）。TN05E06⑤：52，夹砂灰褐陶。残高21.4厘米（图二二，2）。TN06E05⑤：36，夹砂灰褐陶。残高19.2厘米（图二二，3）。H14：9，夹砂褐陶，表面施黑色陶衣。残高9.8厘米（图二二，5）。H13：2，夹砂褐陶，表面施黑色陶衣。残高18厘米（图二二，4）。H2：16，夹砂褐陶，表面施黑色陶衣。残高17厘米（图二二，9）。H11：4，夹砂褐陶，表面施黑色陶衣。残高15.2厘米（图二二，6）。H11：12，夹砂红陶。残高17.6厘米（图二二，8）。G4：10，夹砂灰褐陶。残高21厘米（图二二，1）。

器座 1件。TN06E05⑤：1，夹砂褐陶，表面施黑色陶衣。平面呈圆形，边缘带一周凹槽，中心带一圆孔。直径27.6、残高3.6厘米（图一七，8）。

云纹瓦当 13件。边轮较窄，高于当面，当面主体模印出四组云纹图案，当心大多表现一凸起的圆乳钉。四组云纹对称分布于当面，云纹之间用平行的凸棱直线相互隔开。依据凸棱直线的数量，分为二型。

A型 11件。云纹之间以两条凸棱直线界格。依据云纹特征，分为四亚型。

Aa型 3件。云纹呈蘑菇状，卷曲较甚，底端两边连接于界格线之上。TN02E01⑤：7，泥质灰陶。直径16、厚2厘米（图二四，3；图二五，1）。TN05E06⑤：46，泥质灰陶。厚2.2厘米（图二四，5；图二五，2）。TN06E06⑤：1，泥质灰陶。直径15.8、厚2.5厘米（图

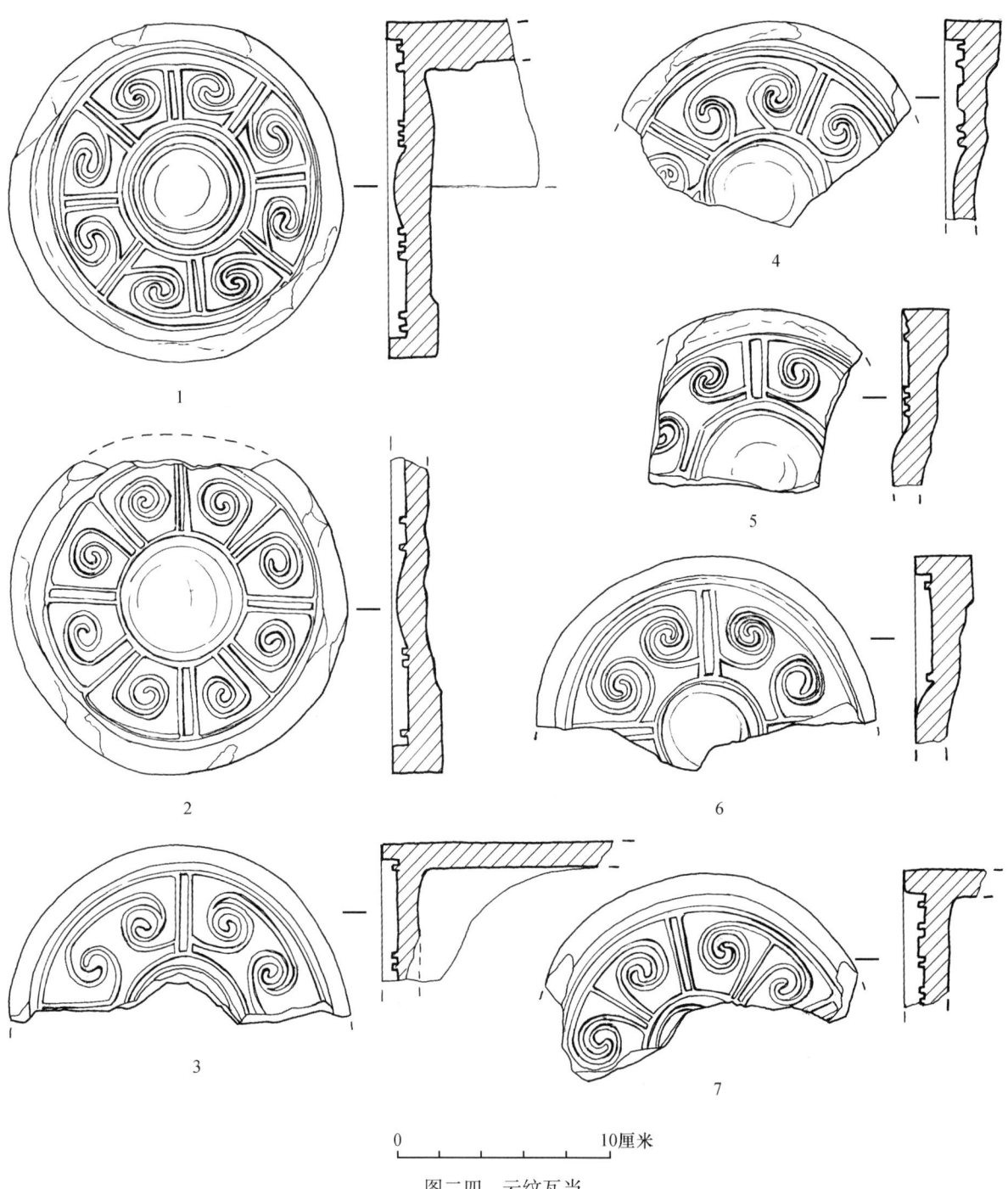

图二四 云纹瓦当

1.Ad 型（H7：15） 2、7.Ac 型（G3：1、H2：19） 3、5、6.Aa 型（TN02E01⑤：7、TN05E06⑤：46、TN06E06⑤：1） 4.Ab 型（TN04E04⑤：4）

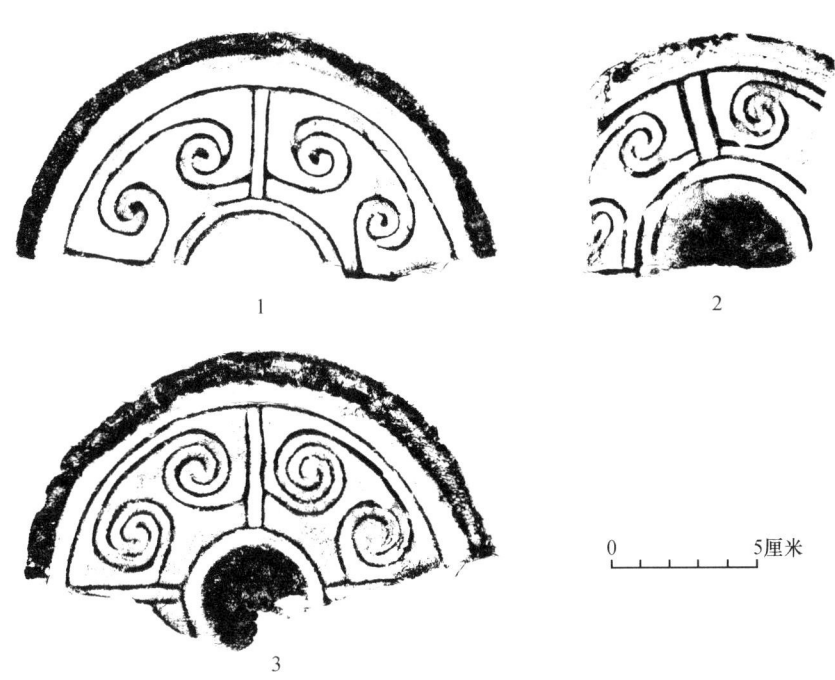

图二五 Aa 型云纹瓦当拓片
1.TN02E01⑤：7　2.TN05E06⑤：46　3.TN06E06⑤：1

二四，6；图二五，3）。

Ab 型　3 件。云纹呈蘑菇状，卷曲较甚，底端两边连接于当心外的弦纹之上。TN04E04⑤：4，泥质灰陶。厚 2 厘米（图二四，4；图二六，1）。TN05W01④：2，泥质灰陶。直径 15.8、厚 2.2 厘米（图二六，2；图二七，1）。H6：5，泥质灰陶。厚 1.8 厘米（图二六，4；

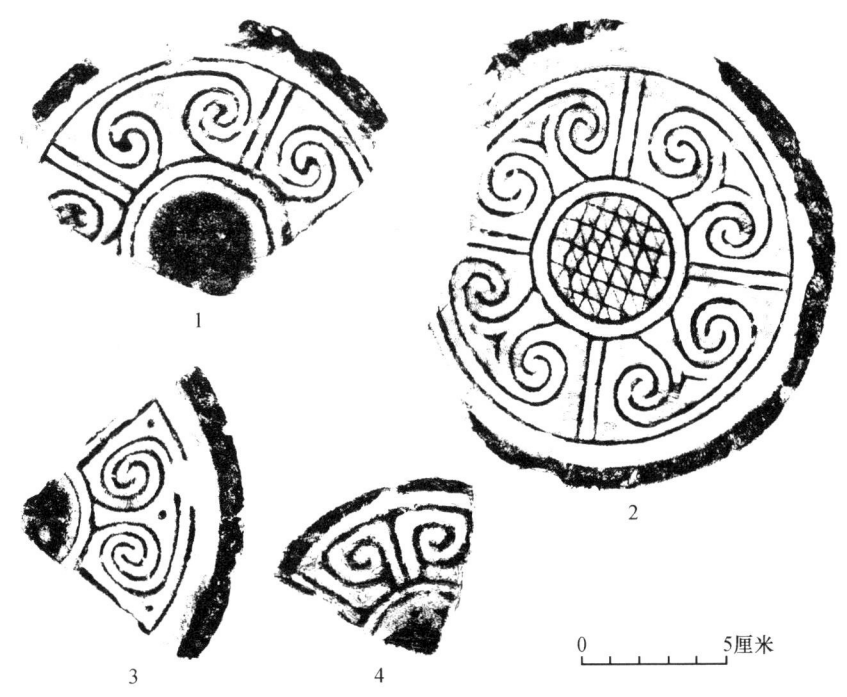

图二六 Ab 型云纹瓦当拓片
1.TN04E04⑤：4　2.TN05W01④：2　3.H3：26　4.H6：5

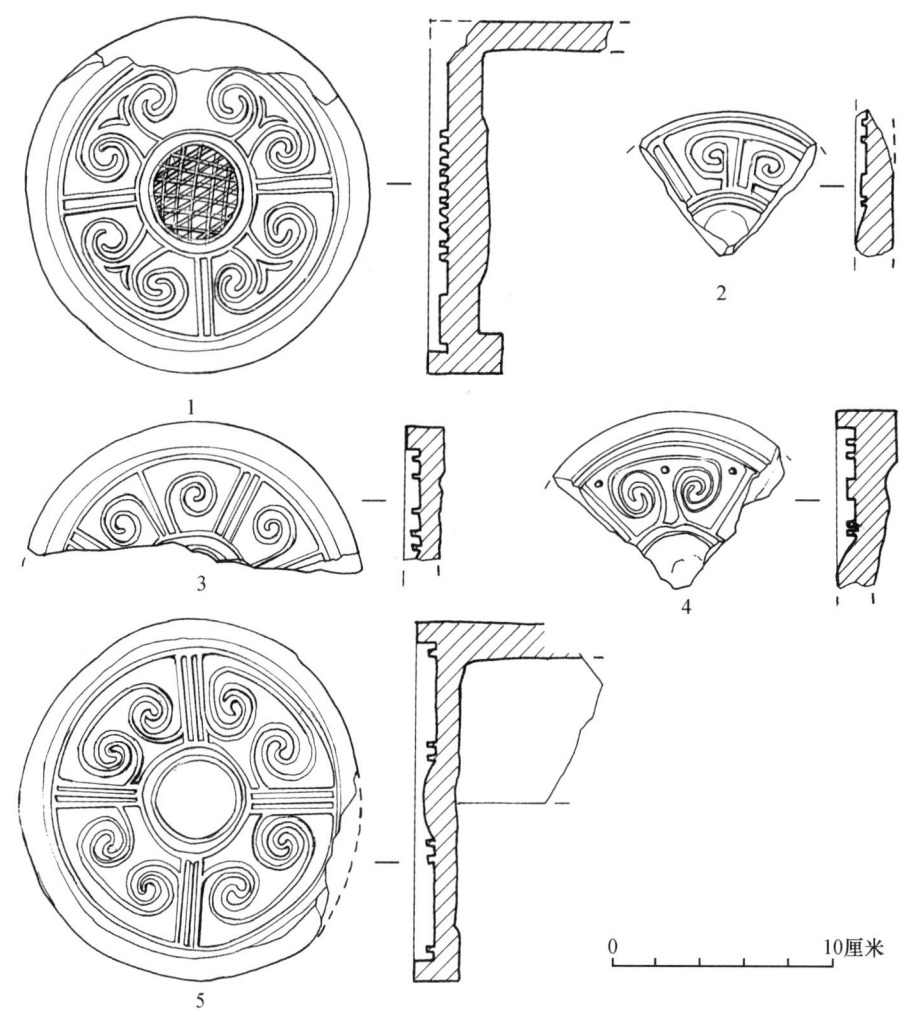

图二七 云纹瓦当
1、2、4.Ab 型（TN05W01④：2、H6：5、H3：26） 3.Bb 型（G2①：111） 5.Ba 型（TN05E06⑤：5）

图二七，2）。H3：26，泥质灰陶。云纹内外饰乳钉纹。厚2.4厘米（图二六，3；图二七，4）。

Ac型 2件。云纹呈羊角状，卷曲较深，底端两边连接于当心外的弦纹之上。H2：19，泥质灰陶。厚2.4厘米（图二四，7；图二八，1）。G3：1，泥质灰陶。直径15.8、厚2.4厘米（图二四，2；图二八，2）。

Ad型 3件。云纹呈羊角状，卷曲较深，底端两边连接于界格线之上，云头又与当心外的弦纹相接。H7：15，泥质灰陶。直径15.6、厚2.8厘米（图二四，1；图二九）。

B型 2件。云纹之间以三条凸棱直线界格。依据云纹特征，分为二亚型。

Ba型 1件。云纹呈蘑菇状，卷曲较甚，底端两边连接于界格线之上。TN05E06⑤：5，泥质灰陶。直径15.8、厚2.1厘米（图二七，5；图三〇，1）。

Bb型 1件。云纹呈羊角状，卷曲较深，底端两边连接于当心外的弦纹之上。G2①：111，泥质灰陶。厚1.8厘米（图二七，3；图三〇，2）。

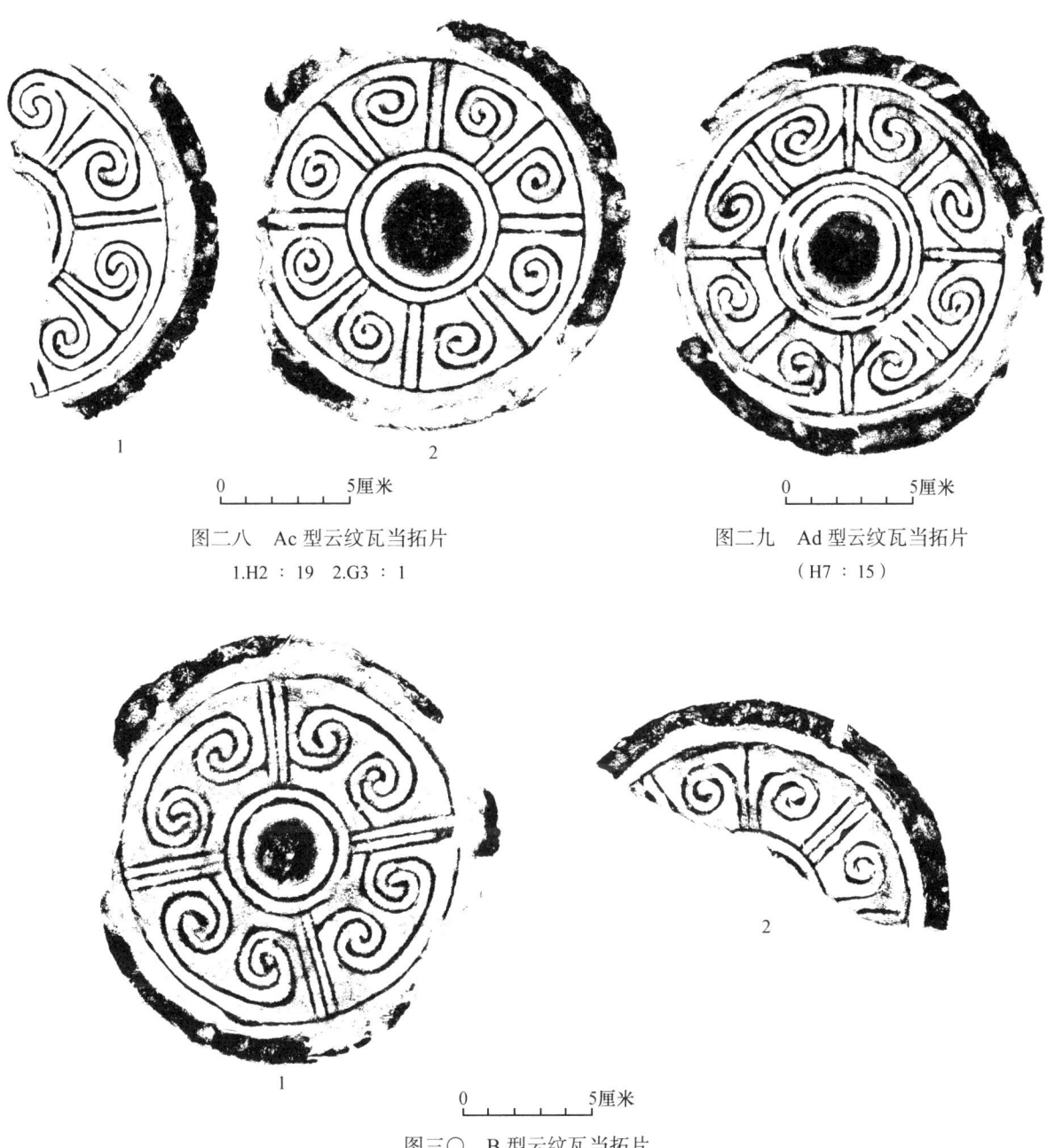

图二八 Ac 型云纹瓦当拓片
1.H2∶19 2.G3∶1

图二九 Ad 型云纹瓦当拓片
（H7∶15）

图三〇 B 型云纹瓦当拓片
1.Ba 型（TN05E06⑤∶5） 2.Bb 型（G2①∶111）

四、结语

遗址内未出土钱币等年代较明确的断代材料，故断代依据只能参考各类型陶器的具体特征。

陶钵的折腹位置偏上，上腹部略内曲，与什邡城关战国秦汉墓地 M67 出土的 II 式陶钵[①] 相

---

① 四川省文物考古研究院、德阳市文物考古研究所、什邡市博物馆：《什邡城关战国秦汉墓地》，北京：文物出版社，2006 年，第 141 页。

同，城关 M67 属于报告划分的第五期，年代相当于西汉早期；C 型陶豆的数量较多，其豆盘呈斜弧腹，腹部较浅，底部带矮喇叭形圈足，这类陶豆在成都平原大约从秦代开始出现，如大邑五龙 M19：32[①] 及新都清镇 M1：11[②] 等，至西汉早期大量流行，如什邡城关 M85：8[③]，该墓与之共存的半两钱为吕后二年所铸"八铢半两"；Ab 型陶盆的上腹近垂直，折棱较突出，与成都龙泉驿北干道 M9 出土的陶甑（M9：12）[④] 接近，该墓的年代约在西汉早期；陶鼎和器足都属于釜形鼎的个体，这类陶鼎在成都平原主要流行于战国晚期至西汉早期[⑤]，年代较晚的材料如郫县古城乡 M14：2 和 M22：5[⑥]，两座墓葬的年代约在西汉中期偏早；Aa 型云纹瓦当的云纹呈蘑菇状，卷曲较甚，底端两边连接于界格线之上，与大邑斜江学校西汉早、中期遗址出土的云纹瓦当[⑦] 相同。相较而言，A 型陶罐则属于遗址所出年代较晚的陶器标本，墓葬出土材料主要集中于西汉中期以后，如郫县古城乡 M6：8 和青白江大同磷肥厂 M13：13[⑧]，年代都在西汉晚期。

综上所述，通锦路汉代遗址的年代主要集中于西汉早期，下限可延续至西汉中期或更晚。

发掘与整理：白豫川　易　立　张雪芬　江　滔
　　　　　　　李　平　李继超
绘　　　图：钟雅莉
拓　　　片：严　彬
执　　　笔：白豫川　易　立　张雪芬　江　滔

［原载成都文物考古研究院：《成都考古发现》（2015），北京：科学出版社，
　　2017 年，第 507～534 页］

---

① 四川省文管会、大邑县文化馆：《四川大邑县五龙乡土坑墓清理简报》，《考古》1987 年第 7 期。
② 成都市新都区文物管理所、成都市博物院、成都文物考古研究所：《成都市新都区清镇村土坑墓发掘简报》，《成都考古发现》（2005），北京：科学出版社，2007 年。
③ 四川省文物考古研究院、德阳市文物考古研究所、什邡市博物馆：《什邡城关战国秦汉墓地》，北京：文物出版社，2006 年，第 145 页。
④ 成都市文物考古研究所、龙泉驿区文物管理所：《成都市龙泉驿区北干道木椁墓群发掘简报》，《文物》2000 年第 8 期。
⑤ 江章华、张擎：《巴蜀墓葬的分区与分期初论》，《四川文物》1999 年第 3 期。
⑥ 成都市文物考古研究所、郫县博物馆：《四川郫县古城乡汉墓》，《考古》2004 年第 1 期。
⑦ 成都文物考古研究所、大邑文物保护管理所：《大邑斜江学校遗址发掘简报》，《成都考古发现》（2008），北京：科学出版社，2010 年。
⑧ 成都文物考古研究所、青白江区文物保护管理所：《成都市青白江区大同磷肥厂工地汉墓发掘报告》，《成都考古发现》（2008），北京：科学出版社，2010 年。

附录二　成都市通锦路遗址隋唐至明代墓葬清理简报

通锦路遗址位于成都市金牛区通锦路20号（图一），地理坐标为东经104°3′12.48″、北纬30°41′7.66″，海拔约500米。2015年3月，为配合中铁二局"通锦坊"项目建设，成都文物考古研究院对该区域内遗存进行了抢救性发掘，勘探和发掘面积约4500平方米，清理出隋唐至明清时期各类遗存。墓葬共发现19座（M1~M19）（图二）。现将发掘情况简报如下。

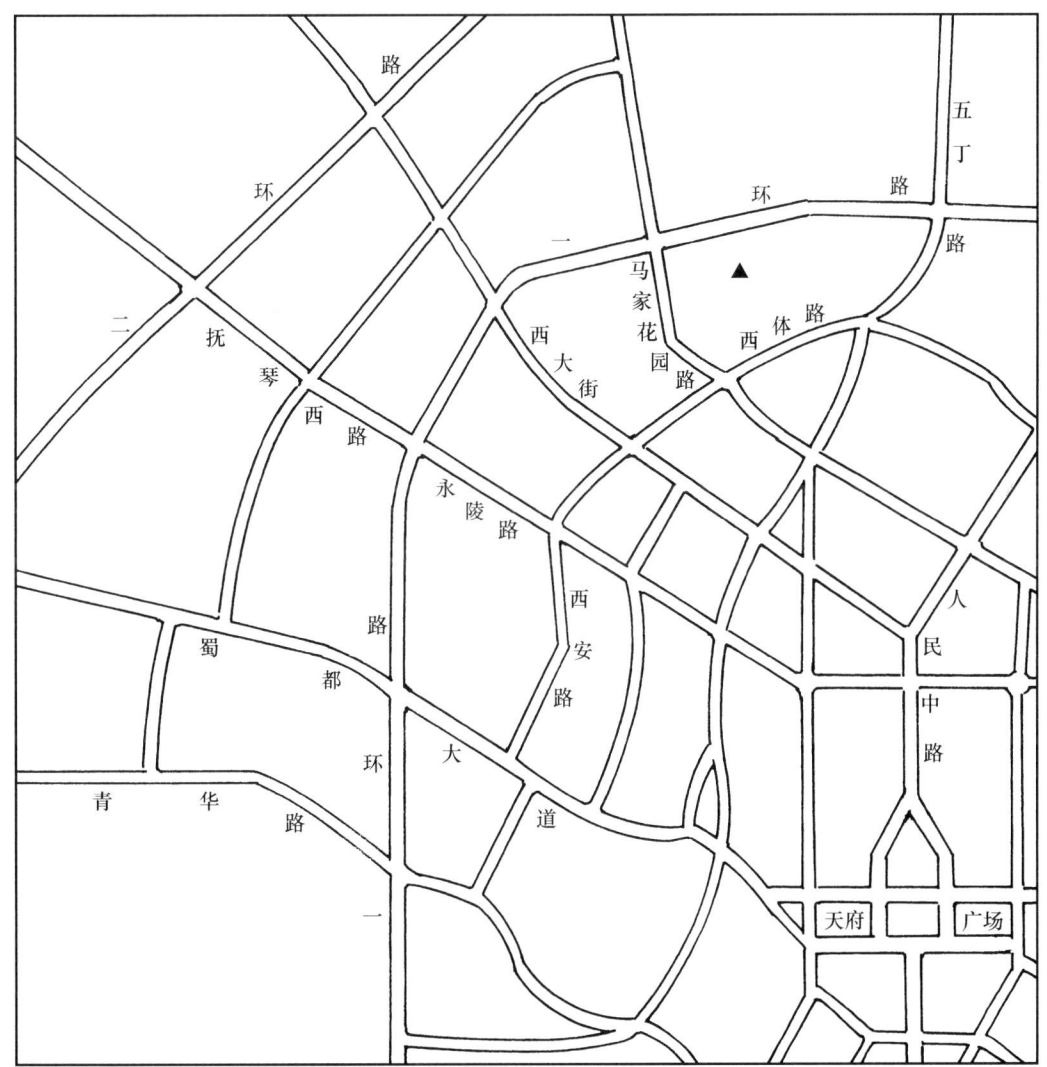

图一　遗址位置示意图

一、砖室墓

（一）墓葬形制

砖室墓共8座。依据形制的不同，分为三型。

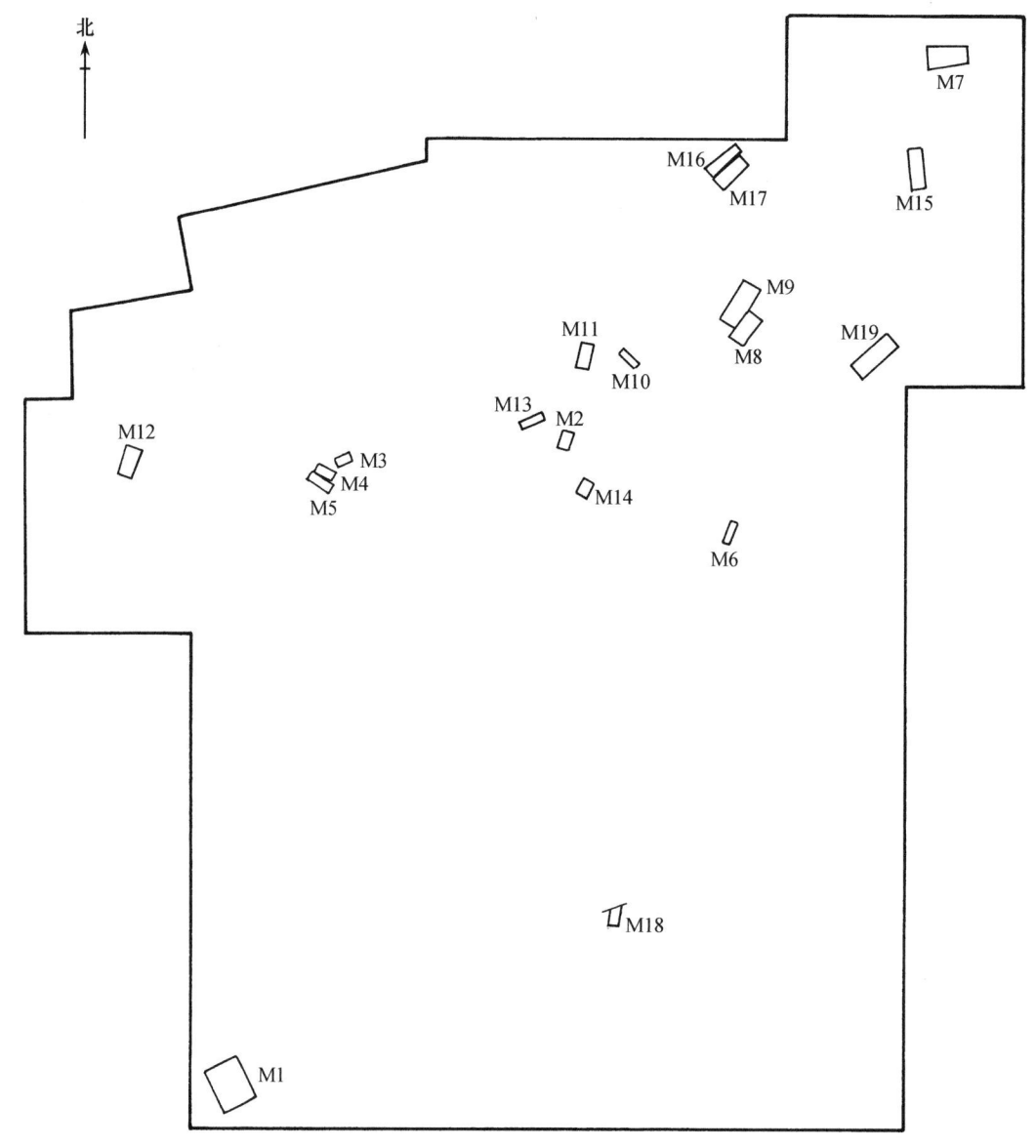

图二　墓葬分布示意图

A型　3座。墓室带甬道，平面呈"凸"字形。

M1　位于TN01E01西南部。保存极差。方向158°。修墓前，先挖一平面呈长方形的竖穴土圹，开口距现地表深约1.8米，长4.48、宽3.24米。墓圹内砌砖室，砖墙与墓圹之间填有黄褐色沙土。墓葬由甬道和墓室组成。甬道长1.52、宽1.16、残高0.17米。墓室仅存右侧墙砖，规格不详。墓底铺砖呈席纹。铺地砖上砌筑四壁，以一平一侧丁砌筑而成，封门砖丁砌。墓砖有两种，砖为长方形青灰色花纹砖，花纹为卷叶纹和莲花纹，长38、宽17、厚7厘米；铺地砖为长方形青灰色素面砖，长36、宽17、厚5厘米。葬具不详（图三）。

M9　位于TN07E05东北部。保存较差，被现代房基和M8打破。方向212°。修墓前，先挖一平面呈长方形的竖穴土圹，开口距现地表深约1.6米，残长3.5、残宽2.1米。墓圹内砌砖室，砖墙与墓圹之间填有灰褐色黏土。墓葬由甬道和墓室组成，甬道长0.96、宽0.76、残高0.7米，

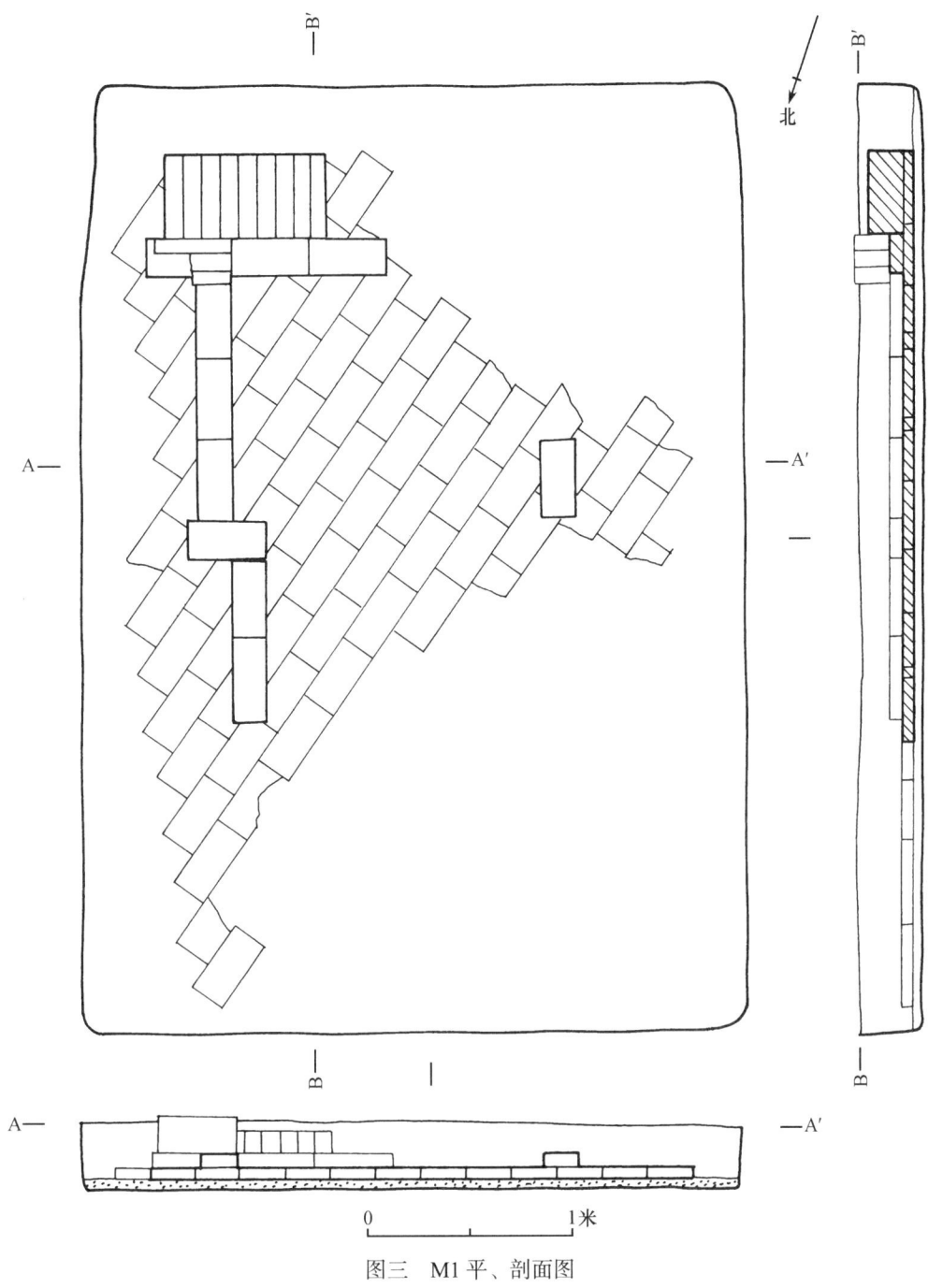

图三 M1平、剖面图

墓室残长1.44、残宽1.24、残高0.7米。墓顶残，不详。墓底铺砖呈席纹。铺地砖上砌筑四壁，一横一丁再三横一丁砌筑而成。墓砖均为长方形青灰色砖，少数有纹饰，侧面有菱形纹和人物浮雕，规格一致，长38、宽18、厚7厘米。葬具不详。墓葬被扰乱，无随葬品（图四）。

M19 位于TN07E06东南部。保存较差，封门和后壁被晚期坑打破。方向227°。修墓前，先挖一平面呈长方形的竖穴土圹，开口距现地表深约1.5米，残长4.06、残宽1.84米。墓圹内砌砖室，砖墙与墓圹之间填有灰褐色黏土。墓葬由甬道、前后室组成，甬道残长0.5、宽0.72米，前室长1.14米、宽1.08米，后室长2.36、宽0.88米，墓室残高0.28米。墓顶残，不详。

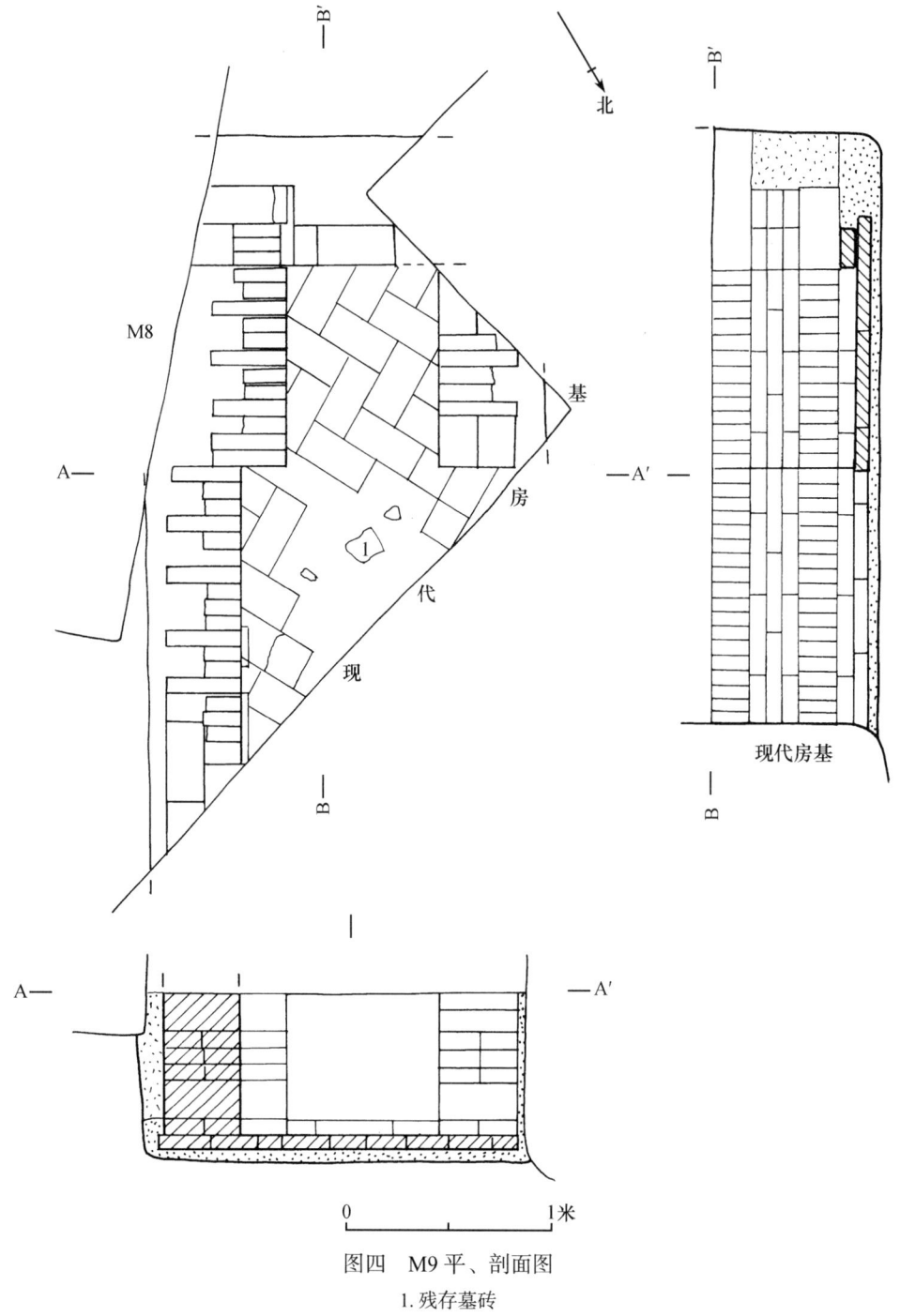

图四 M9平、剖面图
1. 残存墓砖

墓底铺砖错缝平铺。铺地砖上砌筑四壁，甬道和前室均一侧丁二平修建，后室横丁六排，从外向内第三排起，每块丁砖间隔约7厘米，丁砖上再平砖一排，后壁墙砖侧丁。墓砖均为长方形青灰色砖，少数有纹饰，侧面有菱形纹、卷草纹、菱形莲花组合纹，规格一致，长38.7、宽20、厚5厘米。葬具不详。墓葬被扰乱，无随葬品（图五）。

B型　1座。墓室平面呈梯形。

M7　位于TN09E09西北部。保存较差，西北角被现代坑打破。方向263°。修墓前，先

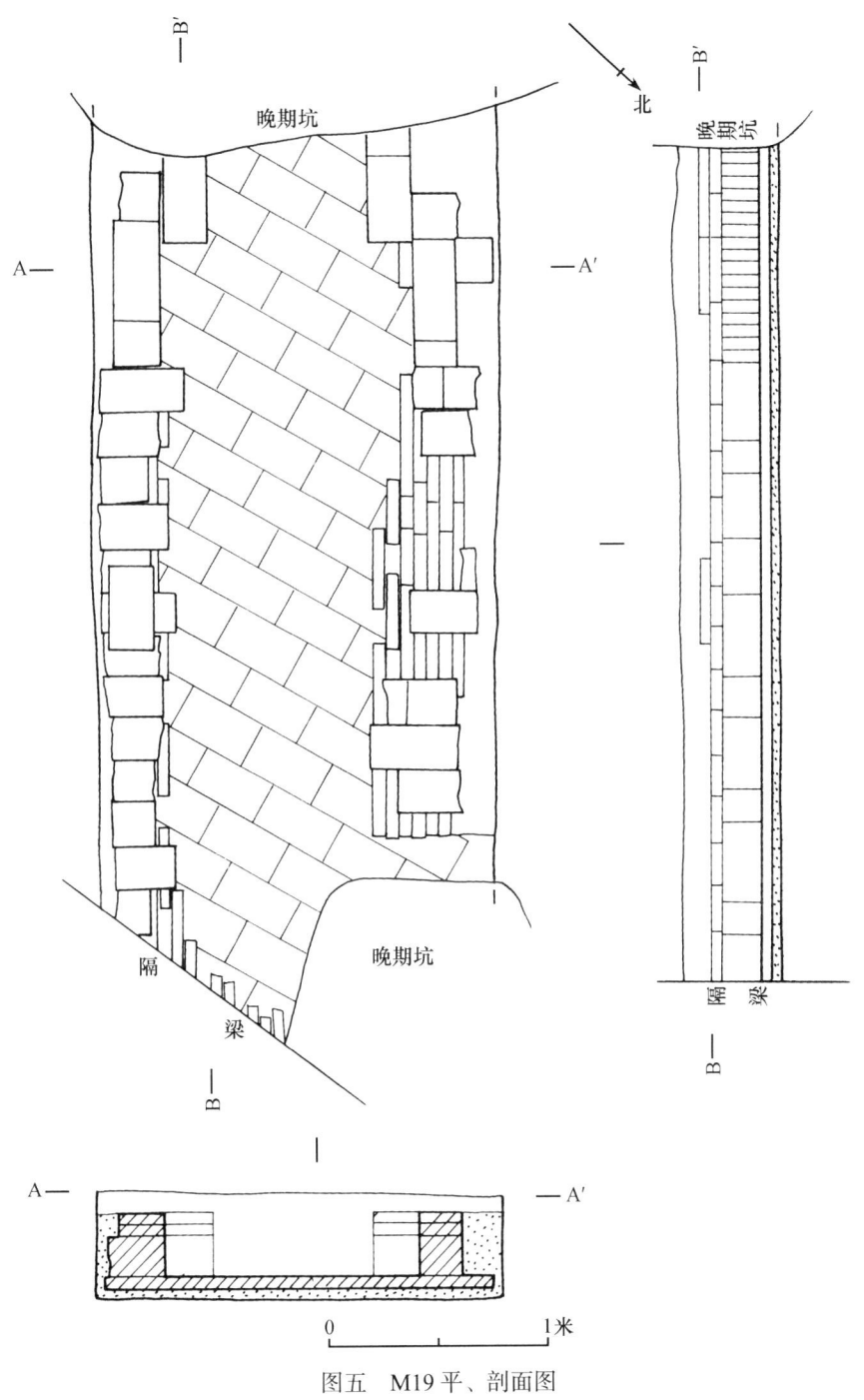

图五 M19 平、剖面图

挖一平面近梯形的竖穴土圹，前宽后窄，开口距现地表深约 1.6 米，长 3.4、前残宽 1.84、后宽 1.38 米。墓圹内砌砖室，砖墙与墓圹之间填有黄褐色填土。墓室长 2.7、前残宽 0.86、后宽 0.7、残高 0.44 米。墓顶残，不详。墓底铺砖呈席纹。铺地砖上砌筑四壁，均以三平一侧丁一平砌筑而成，丁砖均为残砖。前壁有封门。墓砖为长方形青灰色素面砖，规格有两种：地砖长 38、宽 18、厚 6 厘米，墙砖长 39、宽 19、厚 6 厘米。葬具已完全腐朽，不详，有少量骨渣。墓底出土 1 件瓷香炉、1 件瓷碗及 4 枚钱币（图六；图版五三，1）。

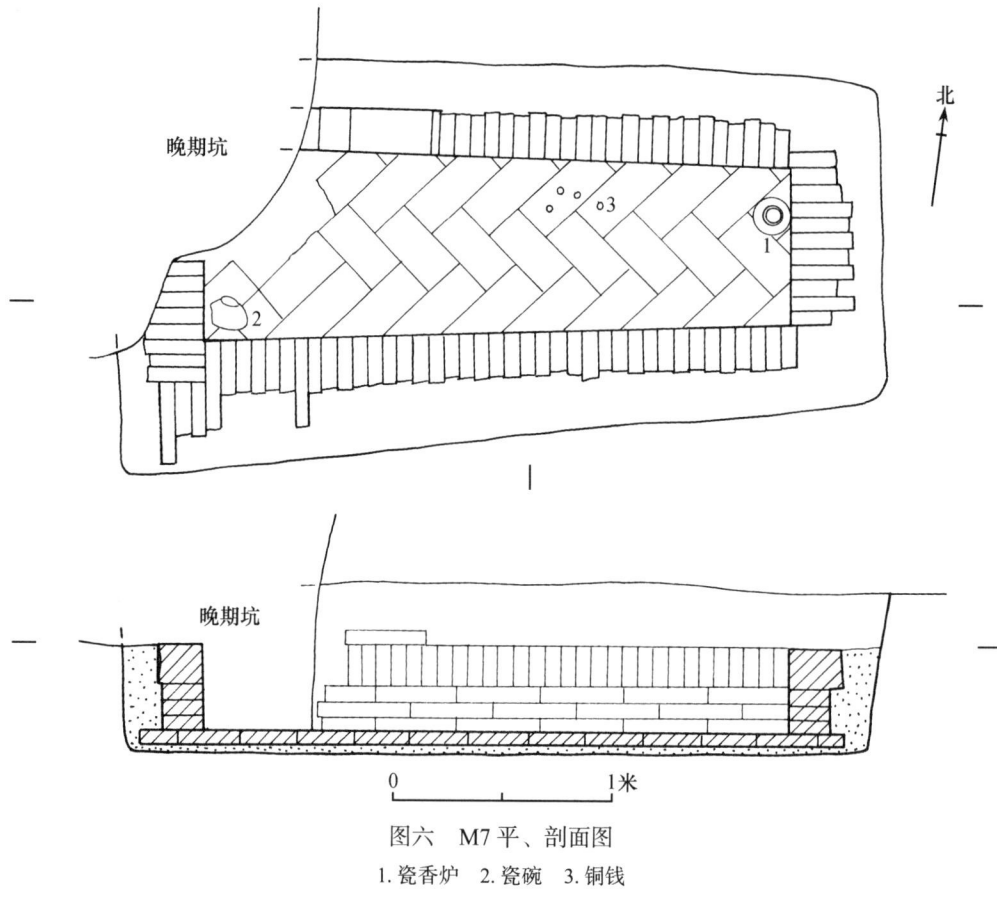

图六 M7平、剖面图
1. 瓷香炉 2. 瓷碗 3. 铜钱

C型 4座。墓室平面呈长方形。依据据墓室大小,分为二亚型。

Ca型 3座。墓室呈宽长方形。

M2 位于TN06E04西侧。方向206°。修墓前,先挖一平面呈长方形的竖穴土圹,开口距现地表深约1.6米,长1.4、宽1.1米。墓圹内砌砖室,砖墙与墓圹之间填有灰褐色黏土。墓室长0.83、宽0.54、残高0.32米。墓顶残,不详。墓底砖横、纵交替铺筑。铺地砖上砌筑四壁,两侧直墙砖错缝平铺,封门两横一丁一横、后壁一丁四横铺筑。后壁中央有壁龛。棺台位于墓室后侧,由两块方砖平铺而成,靠上一块中部有圆孔,孔径22厘米,方砖长42.5、宽42.5、厚5厘米。墓砖为长方形青灰色素面砖,长32、宽16、厚3.5厘米。墓室内出土瓷罐1件、买地券1方(图七;图版五三,2)。

M11 位于TN07E04南侧中部。方向190°。修墓前,先挖一平面呈长方形的竖穴土圹,开口距现地表深约1.6米,残长1.36、宽1.1米。墓圹内砌砖室,砖墙与墓圹之间填有灰褐色黏土。墓室残长0.97、宽0.64、残高0.59米。墓顶残,不详。墓室前部有底龛,略低,铺地砖横铺一排。墓底用砖横纵交替铺砌,地砖上砌四壁。两侧壁平砖错缝铺筑,后壁被现代基础打破,前壁丁平交替砌筑。墓砖为青灰色素面砖,规格有三种:第一种长41、宽41、厚3.5厘米,第二种长32、宽16.5、厚3厘米,第三种长36、宽17、厚7厘米。底龛内出土无字墓券1方、瓷罐1件、瓷盏1件,墓室出土瓷罐1件、瓷碗1件、买地券1方(图八;图版五四,1)。

M14 位于TN06E04南侧中部。方向210°。修墓前,先挖一平面呈长方形的竖穴土圹,

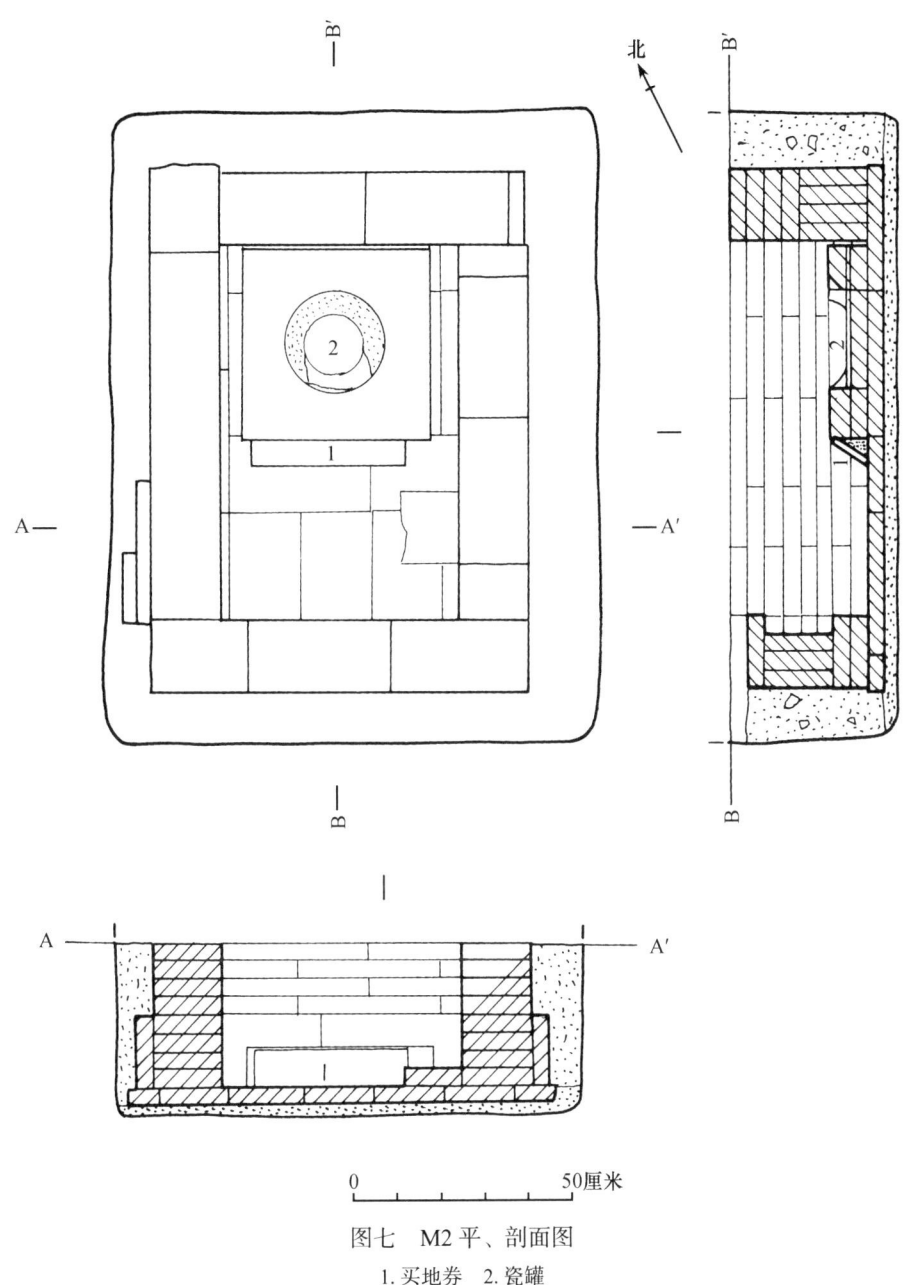

图七　M2 平、剖面图
1. 买地券　2. 瓷罐

开口距现地表深约 1.6 米，长 1.4、宽 1.1 米。墓圹内砌砖室，砖墙与墓圹之间填有灰褐色黏土。墓室长 0.69、宽 0.59、残高 0.46 米。墓顶残，不详。墓室前部有底龛，略低。墓底和底龛铺地砖横纵交替铺筑。地砖上砌四壁。两侧壁平铺，个别错缝平铺。后壁错缝平铺五层，再横丁。前壁侧丁两层。墓砖均为青灰色砖，少量侧面有菱形纹。墓砖规格有五种，第一种为花纹砖，长 32、宽 16、厚 3 厘米；第二种长 36、宽 20、厚 6 厘米；第三种长 36、宽 24、厚 7 厘米；第四种长 35、宽 24、厚 5 厘米；第五种长 36、宽 24、厚 6 厘米。随葬品均出土于底龛中，有瓷罐 2 件、瓷盏 1 件、买地券 1 方（图九；图版五四，2）。

Cb 型　1 座。墓室呈窄长方形。

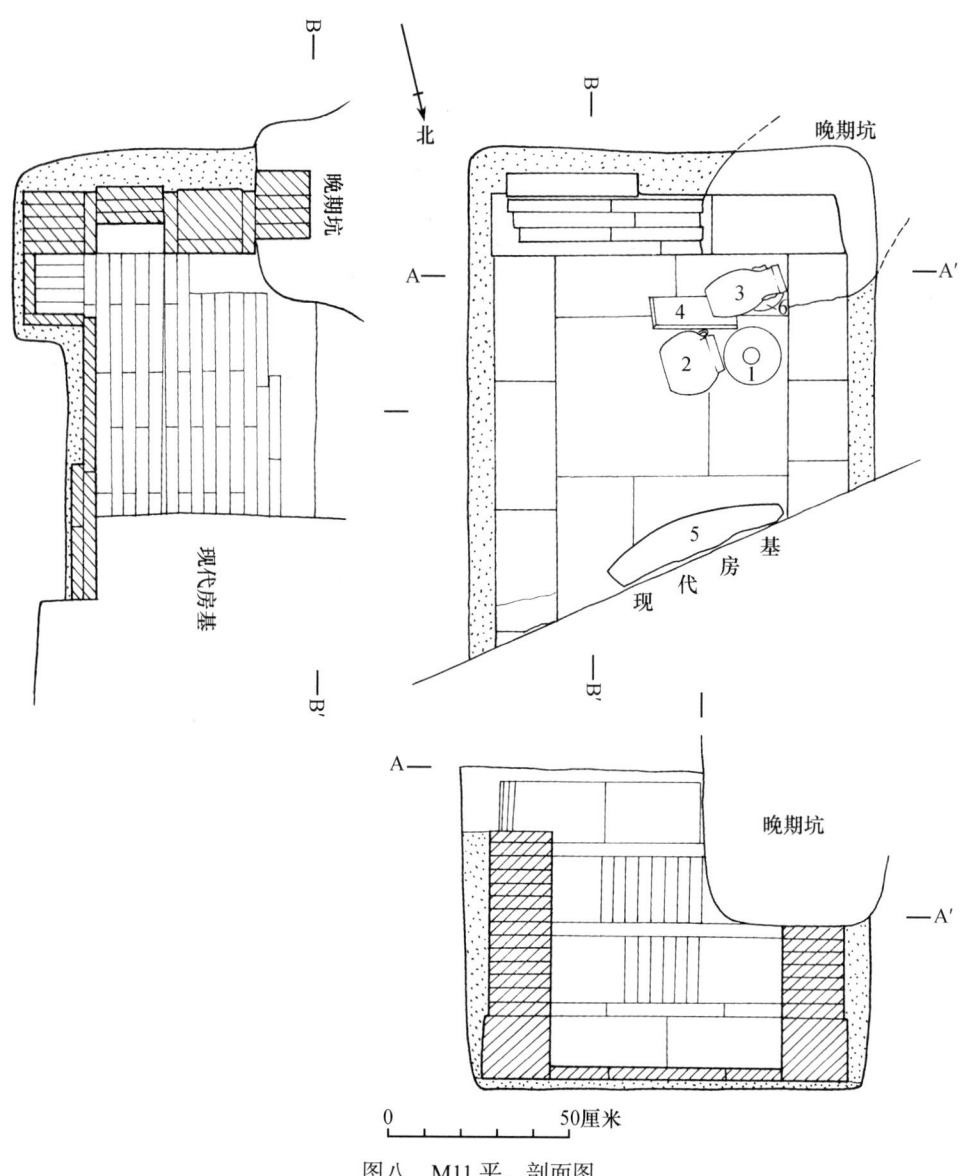

图八 M11 平、剖面图
1.瓷碗 2.瓷双耳罐 3.瓷四系罐 4.无字墓券 5.买地券 6.瓷盏

M15 位于TN07E07西北角。方向352°。修墓前，先挖一平面呈长方形的竖穴土圹，开口距现地表深约1.5米，残长3.22、宽1.36米。墓圹内砌砖室，砖墙与墓圹之间填有灰褐色黏土。墓室残长3、宽0.96、残高0.1米。墓顶残，不详。墓室东南侧被晚期坑打破，北侧被现代房基叠压。墓地铺砖呈席纹，地砖上砌四壁，两侧壁纵向铺筑，后壁横向平铺。墓砖均为青灰色素面砖，长36、宽17.5、厚5厘米。墓室出土瓷盏1件（图一○）。

（二）出土器物

砖室墓出土器物有瓷器、钱币、墓券等。

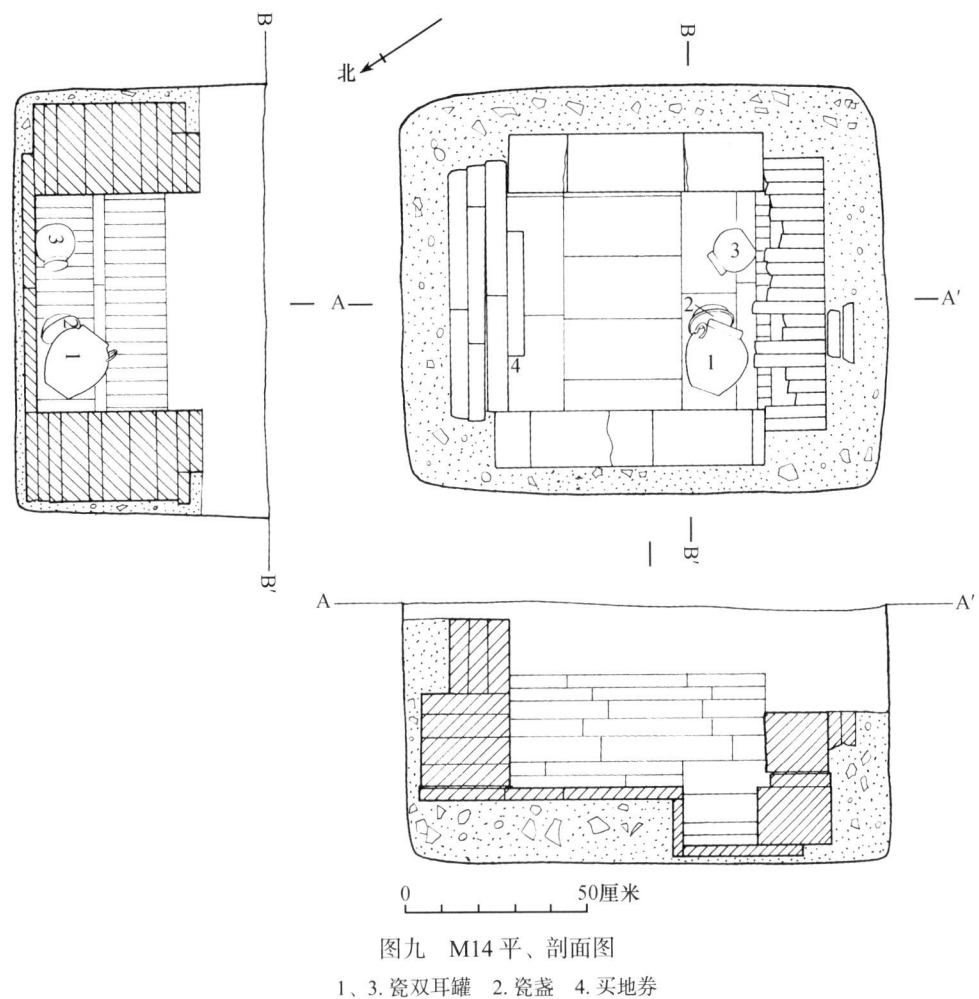

图九　M14 平、剖面图
1、3. 瓷双耳罐　2. 瓷盏　4. 买地券

1. 瓷器

瓷器可辨器形有碗、罐、香炉、盏等，釉色以青釉、酱黄釉、酱黑釉为主，窑口属青羊宫窑和琉璃厂窑。

碗　2件。依据腹部特征，分为二型。

A型　1件。鼓腹。M7：2，砖红色胎，器身先施一层化妆土，后施青釉，外壁底部未施釉，内底有五个支钉痕。敛口，圆唇，饼足内凹，边缘斜削一刀。外壁唇下有一周凹弦纹。口径13.4、底径4.4、高6.9厘米（图一一，4；图版五五，1）。

B型　1件。弧腹。M11：1，红褐色胎，含较多颗粒，器身施酱黑釉，外壁底部附近未施釉，有流釉现象，内底有五个支钉痕。敞口，圆唇，矮圈足。口径15.5、足径5.9、高5.4厘米（图一一，2；图版五五，2）。

盏　3件。依据口部及腹壁特征，分为二型。

A型　2件。敞口，弧腹。M11：6，红褐色胎，器身施酱黄釉，外壁底部附近未施釉，

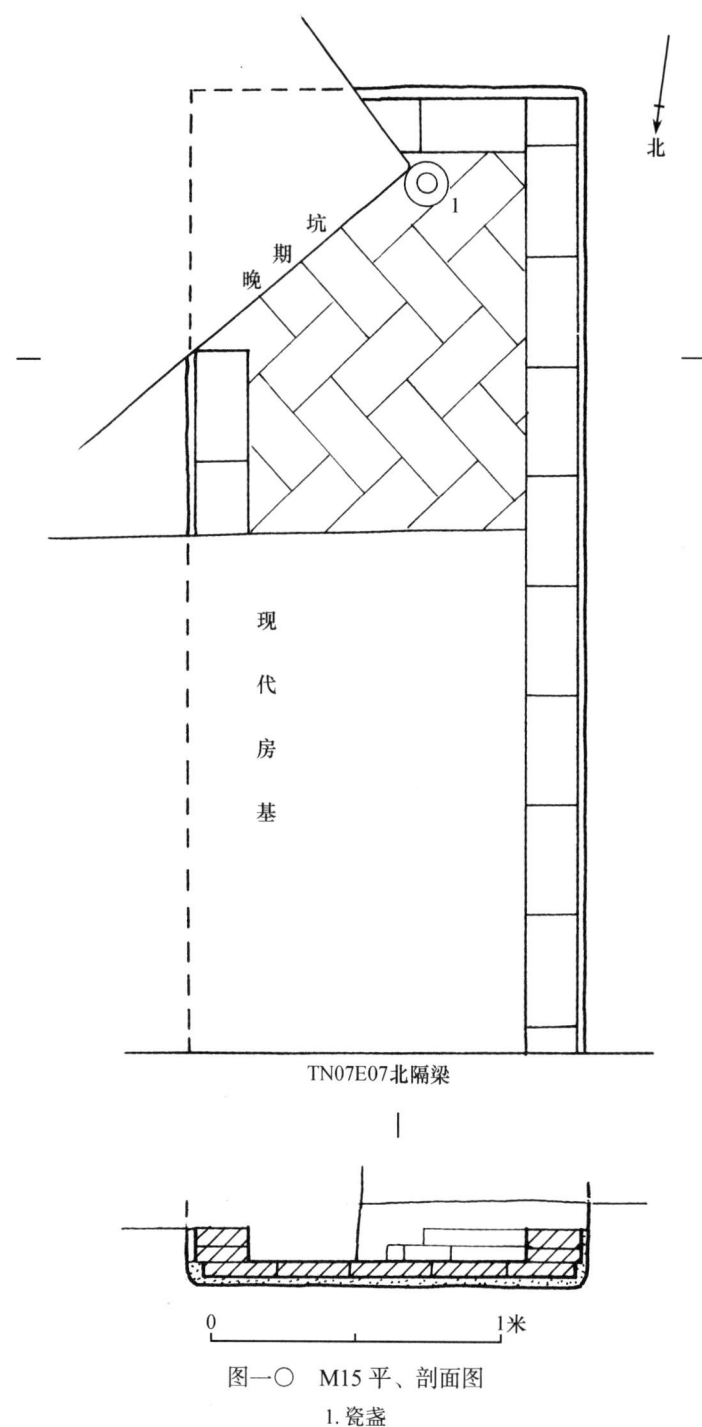

图一○ M15 平、剖面图
1. 瓷盏

有流釉现象。圆唇,矮饼足略内凹。口径 11、底径 4.7、高 3 厘米(图一一,3)。M14∶2,红褐色胎,器身施青黄釉,外壁底部附近未施釉,有流釉现象,内底有五个支钉痕。矮饼足。口径 13.3、底径 5、高 4 厘米(图一一,1;图版五五,3)。

B 型　1 件。敛口,鼓腹。M15∶1,砖红色胎,器身腹部及足部施化妆土,腹部以上及内侧施青釉,有流釉现象。圆唇,饼足内凹。口部内外侧均饰一周凹弦纹,内外壁有鼓泡现象。口径 10.8、底径 3.6、高 5.4 厘米(图一一,5;图版五五,4)。

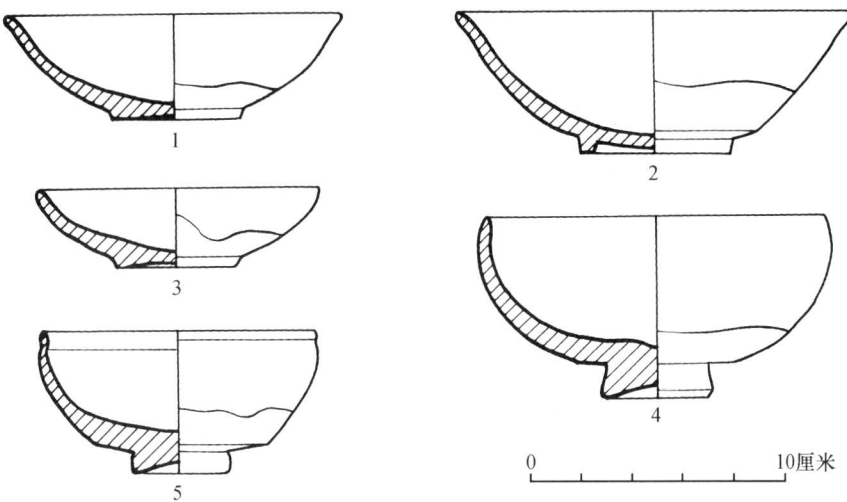

图一一　瓷碗、盏

1、3.A型盏（M14∶2、M11∶6）　2.B型碗（M11∶1）　4.A型碗（M7∶2）　5.B型盏（M15∶1）

罐　5件。依据耳部特征，分为三型。

A型　1件。肩部有四耳。M11∶3，红褐色胎，颈部及口部施酱黄釉，有流釉现象。敞口，圆唇，溜肩，肩部饰两两对称竖桥形四耳，斜弧腹，平底略内凹。口径7.5、底径8、高20厘米（图一二，5；图版五六，1）。

B型　3件。肩部有双耳。依据器形大小及肩部特征，分为二亚型。

Ba型　2件。器形较大，圆肩。M11∶2，红褐色胎，器身腹部及底部施化妆土，以上施酱黑釉，有流釉现象。近直口，尖圆唇，领部较高，肩部饰对称横桥形双耳，鼓腹，平底内凹。口径10、底径10.5、高14.3厘米（图一二，1；图版五六，5）。M14∶1，红褐色胎，器身下腹部及底部施灰白色化妆土，以上施酱黑釉。直口微敛，圆唇，矮领，肩部饰对称横桥形双耳，弧腹微鼓，平底略内凹。口径8.8、底径10、高16厘米（图一二，2；图版五六，4）。

Bb型　1件。器形略小，斜肩。M14∶3，砖红色胎，器身表面施化妆土。敞口，领部较高，折肩，肩部饰对称横桥形双耳，弧腹微鼓，平底略内凹。口径6.7、底径8.3、高12.7厘米（图一二，3；图版五六，3）。

C型　1件。肩部无耳，器形较大。M2∶2，砖红色胎。敛口，圆唇，圆肩，弧腹，平底内凹。口径14.5、底径13、高28厘米（图一二，4；图版五六，2）。

香炉　1件。M7∶1，砖红色胎，分炉和托盘两部分，内底及托盘底部未施釉，其余表面施青黄釉。炉敞口，宽沿，尖唇，深弧腹，平底略内凹，五蹄状足。器身有两道平行的凸棱。托盘敞口，尖唇，平底略内凹，底部为喇叭口圈足。炉口径11.5、底径9、高8.4厘米，托盘口径15.8、足径11、高6厘米（图一三，1；图版五五，5）。

2. 钱币

4枚。表面呈青灰色，宽周郭，背面内外均有郭，正面只有"五"字有一竖郭。钱文较清晰，

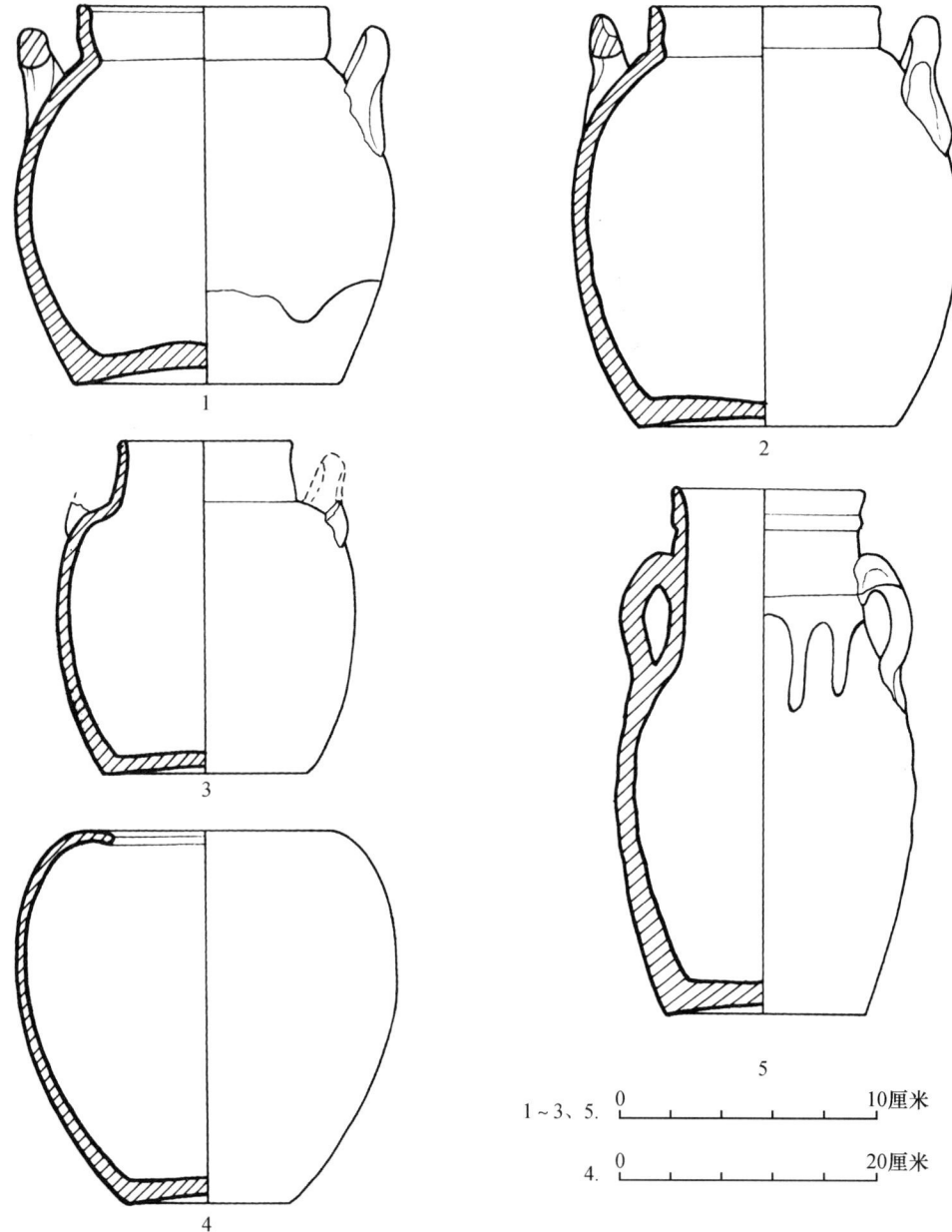

图一二 瓷罐
1、2. Ba 型（M11∶2、M14∶1） 3. Bb 型（M14∶3） 4. C 型（M2∶2） 5. A 型（M11∶3）

"金"字头呈三角形，右边一笔略带弧形；"五"字上下两横平直，中间两笔微曲交叉。M7∶3-1，直径2.3、穿宽0.8厘米（图一三，2）。M7∶3-2，直径2.3、穿宽0.85厘米（图一三，3）。M7∶3-3，直径2.3、穿宽0.8厘米（图一三，4）。M7∶3-4，直径2.2、穿宽0.7厘米（图一三，5）。

3. 墓券

4方。3方红砂石质，1方青砂石质。均保存极差，有不同程度的破损和剥落。

M2∶1，残存局部，长35、残宽10.5、厚1.8厘米（图一四，1）。字迹较工整，有边框，

附 录

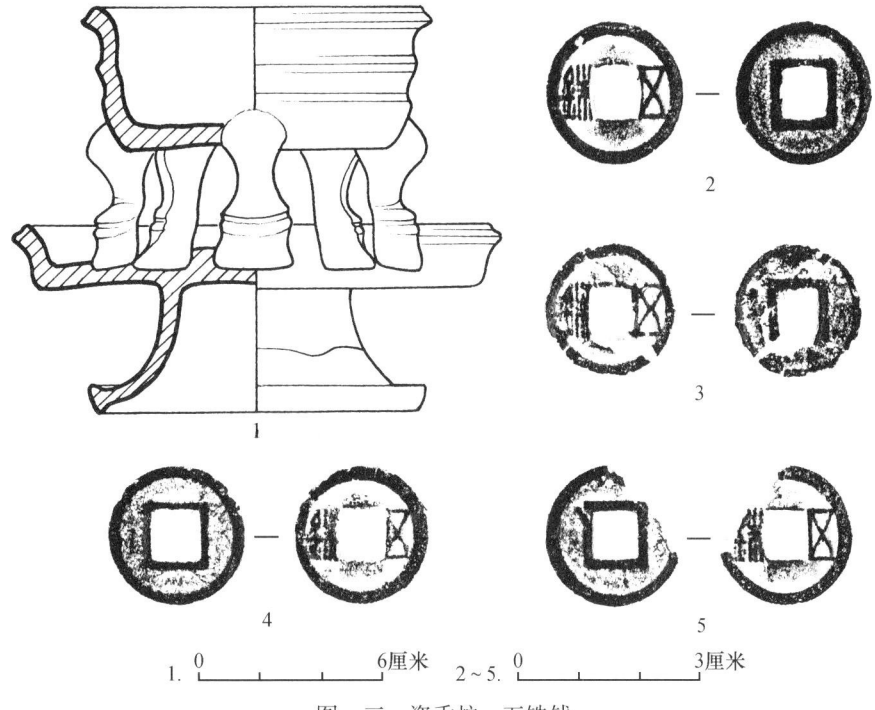

图一三 瓷香炉、五铢钱
1. 瓷香炉（M7∶1） 2～5.五铢钱（M7∶3-1、M7∶3-2、M7∶3-3、M7∶3-4）

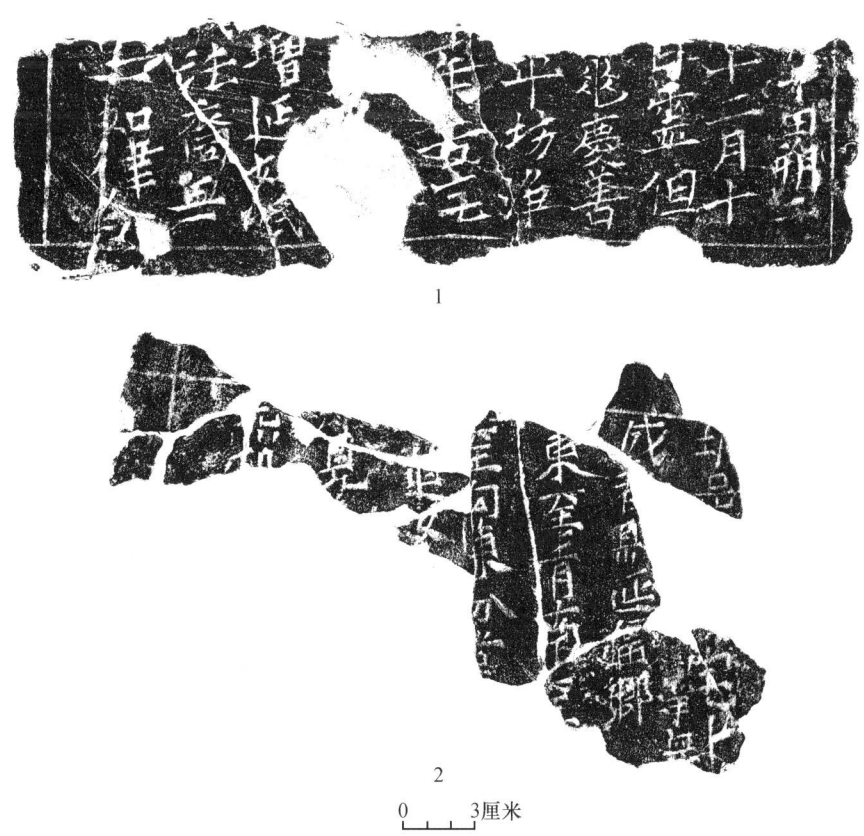

图一四 买地券
1. M2∶1 2. M11∶5

券文如下：

……丁丑朔二/……十二月十/……日灵但/……兆庆善/……平坊净/……年吉宅/……/……增延□□/……法裔无/……急如律令/

M11：4，长方形，残长31、宽28、残厚1厘米。顶端有阴线刻痕迹，岩石剥落，字迹无法识别。

M11：5，残损严重，残长26、宽16.5、厚2.3厘米（图一四，2）。现存8行文字，字迹欠工整，券文如下：

……/城邑□□宅□……/净众……/成都县延福乡……/东至青南至……/至勾陈分掌……/□□□……/□见……/□□……

M14：4，仅残存局部，文字无法识读。

二、土坑墓

（一）墓葬形制

土坑墓共11座，均为竖穴土坑墓。依据有无椁室，分为二型。

A型　9座。无椁室。

M3　位于TN06E02西侧，南侧为M4和M5。方向235°。修墓前，先挖一平面呈长方形的竖穴土圹，开口距现地表深约1.2米，长1.75、宽0.65、残深0.4米。墓室填土呈灰褐色。西侧叠放三块板瓦，呈"品"字形。葬具不详，人骨不存。出土瓷罐2件（图一五）。

M4　位于TN06E02西南部，北侧为M3，南侧紧邻M5，打破F1。方向296°。修墓前，先挖一平面呈长方形的竖穴土圹，开口距现地表深约1.2米，长1.59、宽0.78、残深0.5米。墓室填土呈灰褐色。葬具不详，人骨不存。墓室西侧出土瓷罐2件、瓷碗1件、瓷器盖1件（图一六；图版五七，1）。

M5　位于TN06E02西南部，北侧紧邻M4，打破F1。方向296°。修墓前，先挖一平面呈长方形的竖穴土圹，开口距现地表深约1.2米，长2.16、宽0.71、残深0.5米。墓室填土呈灰褐色。人骨葬式为仰身直肢葬，头枕三块板瓦，呈"品"字形，脚部另有一块板瓦。木棺有腐朽残迹。出土瓷罐2件、瓷器盖1件、铜簪3件（图一七；图版五七，1）。

M6　位于TN05E05西南部。方向205°。修墓前，先挖一平面呈长方形的竖穴土圹，开口距现地表深约1.2米，残长2、宽0.72、残深0.2米。墓室填土呈灰褐色。人骨葬式为仰身直肢葬，头部枕三块板瓦，呈"品"字形。葬具不详。出土瓷罐2件（图一八）。

M8　位于TN07E05东侧，被现代坑打破并打破M9。方向31°。修墓前，先挖一平面呈长方形的竖穴土圹，开口距现地表深约1.2米，残长2.6、宽0.75、残深0.25米。墓室填土呈灰褐色。葬具不详（图一九）。

M10　位于TN07E04东南。方向315°。修墓前，先挖一平面呈长方形的竖穴土圹，开口距现地表深约1.3米，残长1.63、宽0.6、残深0.11米。墓室填土呈灰褐色。人骨葬式为仰身

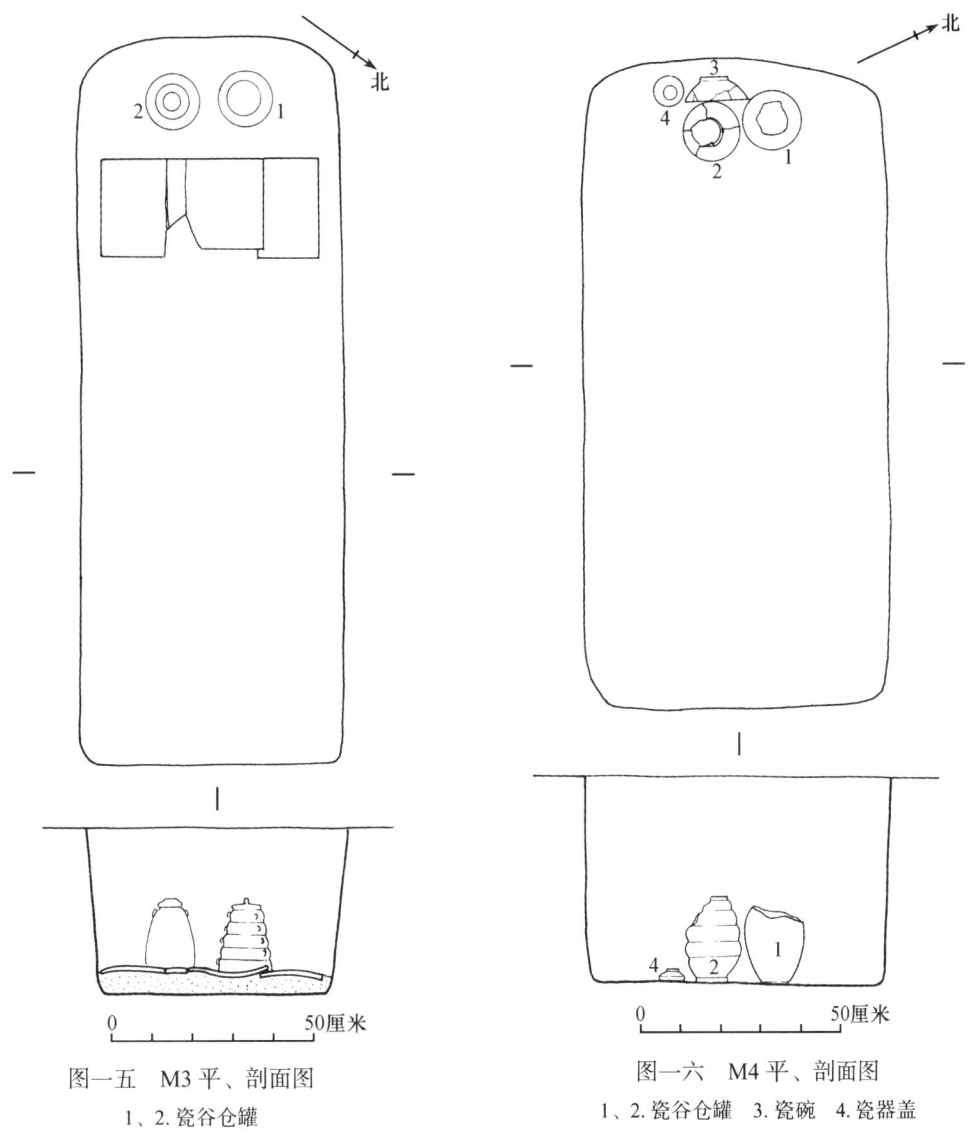

图一五　M3 平、剖面图
1、2. 瓷谷仓罐

图一六　M4 平、剖面图
1、2. 瓷谷仓罐　3. 瓷碗　4. 瓷器盖

直肢葬。葬具不详（图二〇）。

M12　位于 TN06E01 中部。方向 205°。合葬墓，左侧可能为男性，右侧为女性。修墓前，先挖一平面呈长方形的竖穴土圹，开口距现地表深约 1.2 米，长 2.98、宽 1.6、残深 0.18 米。墓室填土呈灰褐色。人骨葬式均为仰身直肢葬，头部枕三块板瓦，呈"品"字形。人骨下有棺木腐朽痕迹。出土瓷碗 1 件、瓷罐 3 件、瓷器盖 2 件、铜钗 1 件（图二一；图版五七，2）。

M13　位于 TN06E03 东北角。方向 250°。修墓前，先挖一平面呈长方形的竖穴土圹，开口距现地表深约 1.35 米，长 2.2、宽 0.64、残深 0.28 米。墓室填土呈灰褐色。人骨葬式为仰身直肢葬，头部枕三块板瓦，两侧竖放两块板瓦。葬具不详。出土瓷罐 2 件（图二二）。

M18　位于 TN02E04 北侧。方向 195°。修墓前，先挖一平面呈长方形的竖穴土圹，开口距现地表深约 1.4 米，残长 1.7、宽 0.7、残深 0.3 米。墓室填土呈灰褐色。木棺已腐朽，有棺

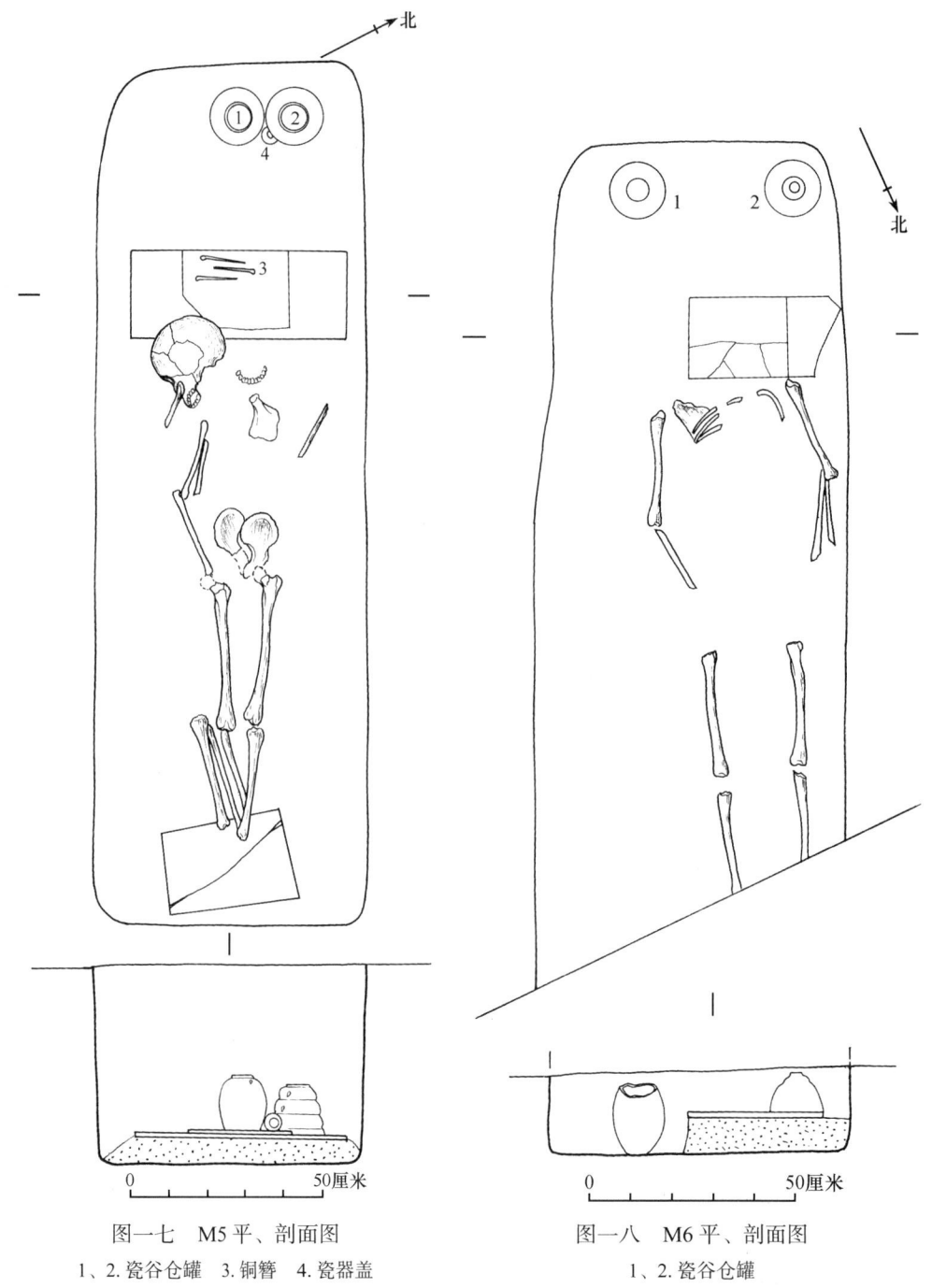

图一七 M5 平、剖面图
1、2. 瓷谷仓罐 3. 铜簪 4. 瓷器盖

图一八 M6 平、剖面图
1、2. 瓷谷仓罐

钉，木棺底部铺石灰。人骨不存，葬式不详。出土买地券 1 方（图二三）。

B 型 2 座。有石灰椁室。

M16 位于 TN08E05 北侧，南侧被 M17 打破。方向 225°。修墓前，先挖一平面呈长方形的竖穴土圹，开口距现地表深约 1.3 米，长 1.93、残宽 0.64、残深 0.32 米。椁室平面呈梯形，长 1.48、最宽 0.4、最窄 0.3、残高 0.16 米。木棺已腐朽，人骨不存。出土买地券 1 方（图二四）。

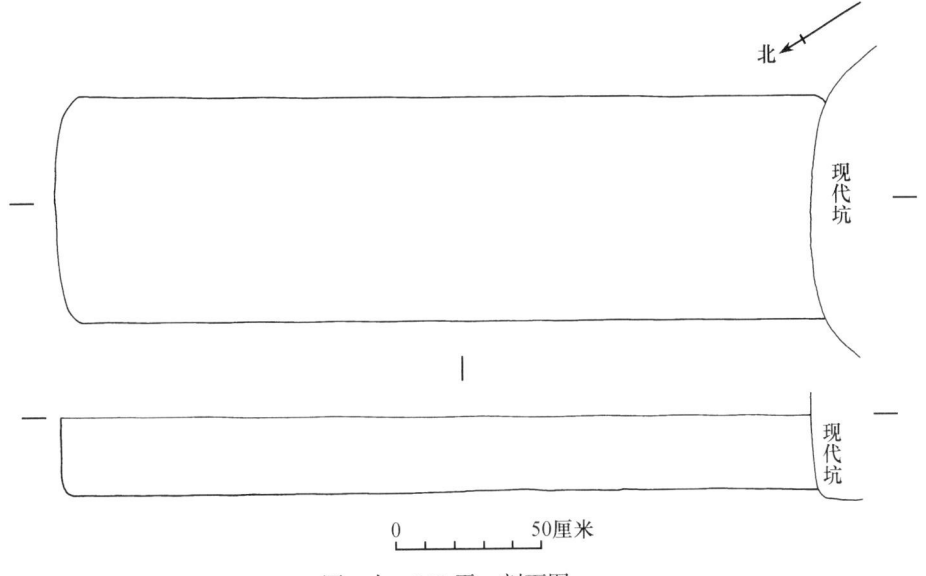

图一九　M8 平、剖面图

M17　位于 TN08E05 北侧，北侧打破 M16。方向 225°。修墓前，先挖一平面呈长方形的竖穴土圹，开口距现地表深约 1.3 米，长 1.7、残宽 0.71、残深 0.35 米。椁室平面呈梯形，长 1.28、最宽 0.51、最窄 0.41、残高 0.22 米。墓室西侧有头龛，长 0.2、宽 0.1 米。木棺已腐朽，人骨不存。随葬品被盗，出土买地券 1 方（图二四）。

（二）出土器物

土坑墓出土器物有瓷器、铜器、墓券等。此外，在晚期地层中还采集到一些墓葬中的随葬品，有瓷罐、瓷碗、陶盏等，与土坑墓中随葬品物相同。

1. 瓷器

数量较多，器形有谷仓罐、高领罐、器盖、碗等。器身均轮制。

谷仓罐　16 件。依据装饰的不同，分为三型。

A 型　5 件。龙纹罐。M6∶1，黑胎，器表除足部外皆施酱釉，有流釉现象。敛口，方唇，折肩微弧，腹部微鼓，下腹略内收，圈足。肩部堆塑单龙戏珠纹饰。口径 6、足径 7.5、高 15.5 厘米（图版五八，1）。M6∶2，

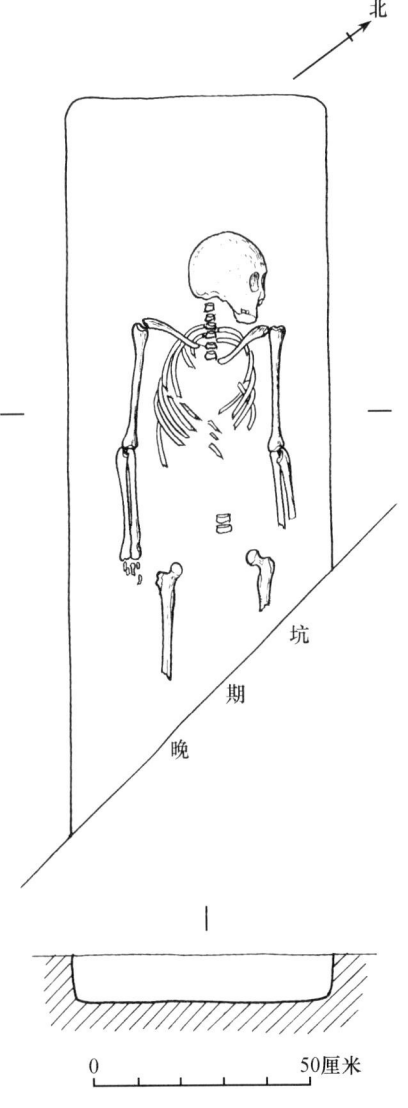

图二〇　M10 平、剖面图

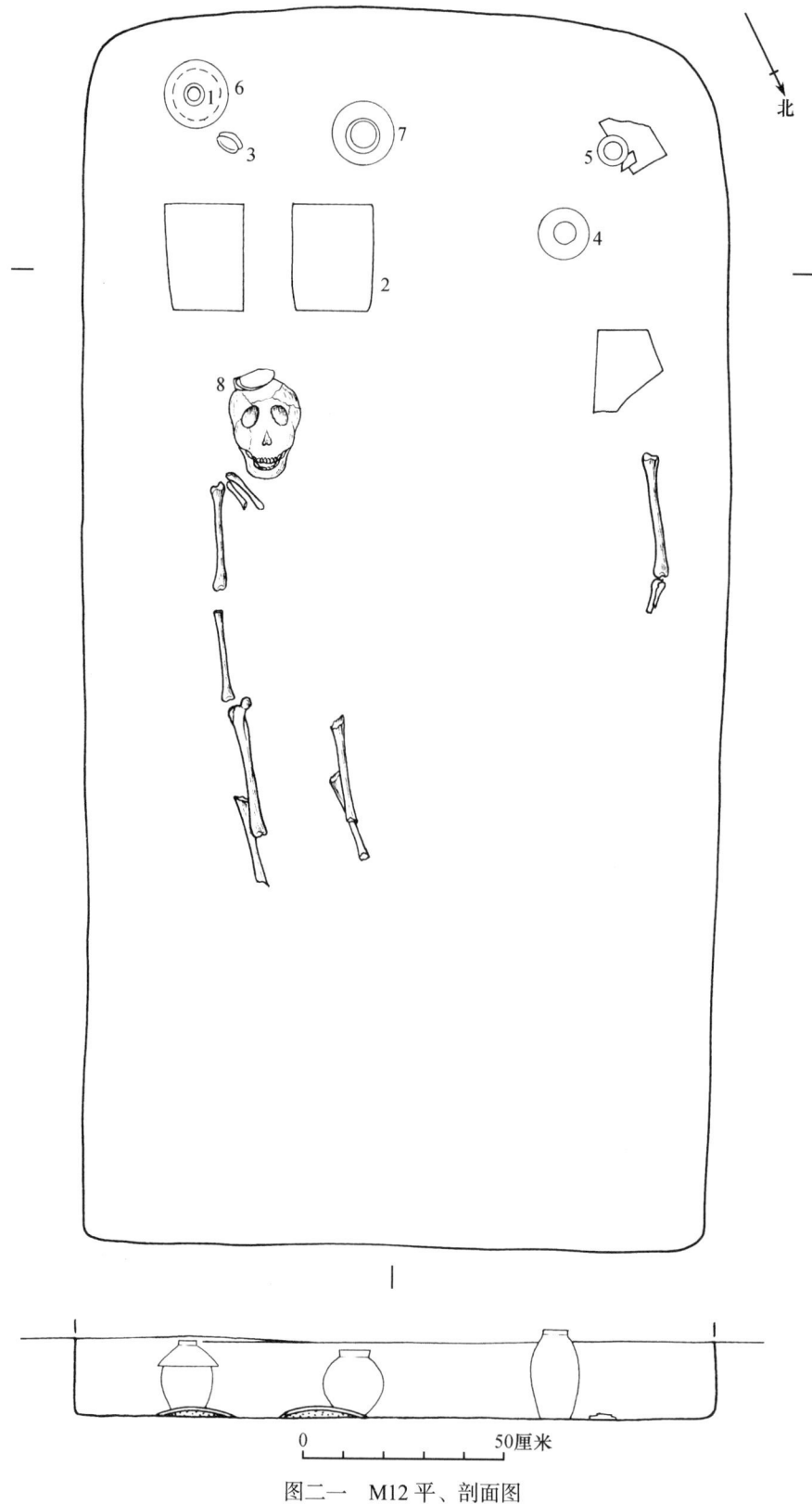

图二一　M12 平、剖面图
1. 瓷碗　2. 板瓦　3、5. 瓷器盖　4. 瓷谷仓罐　6、7. 瓷罐　8. 铜钗

黑胎，器表除足部外皆施酱釉，有流釉现象。敛口，方唇，折肩微弧，腹部微鼓，下腹略内收，圈足。肩部堆塑单龙戏珠纹饰。口径6.9、足径7.3、高15.6厘米。器盖呈盏状。口径7.5、底径4.4、高2厘米（图二五，5）。采集：4，灰红色胎，器表除足部外皆施黑釉，有流釉现象。敛口，圆唇，折肩，下腹略内收，圈足。肩部堆塑单龙戏珠纹饰。口径6.5、足径8.7、高20厘米（图二五，1；图版五八，2）。采集：9，红胎，器表除足部外皆施酱釉，有流釉现象。敛口，圆唇，折肩，下腹略内收，圈足。肩部堆塑单龙戏珠纹饰。口径5.8、足径8.4、高15.6厘米（图二五，2；图版五八，3）。采集：10，红胎，器表除足部外皆施酱釉，有流釉现象。敛口，圆唇，折肩，下腹略内收，圈足。肩部堆塑单龙戏珠纹饰。口径7.5、足径7.6、高16.5厘米（图二五，6）。

B型　9件。器表装饰脊状凸起。依据脊状凸起的多少，分为二亚型。

Ba型　4件。脊状凸起饰肩部，有3个或6个。M3∶1，红褐色胎，器表除足部外施酱釉。敛口，圆唇，溜肩，弧腹微鼓，圈足。肩部饰脊状凸起3个。口径5.4、足径7.9、高20.2厘米。器盖呈盏状。口径6.7、底径3.9、高1.8厘米（图二六，3）。M5∶1，红褐色胎，底部及足部施灰白色化妆土，器表施酱釉。敛口，圆唇，溜肩，弧腹微鼓，圈足。肩部饰脊状凸起6个。口径5.5、足径7.4、高19.2厘米（图二六，1）。M4∶1，灰胎，器表施黑釉。肩部以上残，腹微鼓，圈足。足径6.6、残高17.6厘米（图二六，4）。M12∶4，红褐色胎，器表除足部外施酱釉。敛口，圆方唇，溜肩，弧腹微鼓，圈足。肩部内束一圈，饰脊状凸起3个。口径7、足径7.6、高21.2厘米（图二六，2；图版五九，1）。

Bb型　5件。肩部以下部等距离内束三至四圈，器表自上而下均匀分布脊状凸起。M5∶2，红褐色胎，底部外壁施灰白色化妆土，器表施酱釉。敛口，圆唇，溜肩，弧腹微鼓，腹下部斜弧内收，最大径在下腹部，圈足。肩部另有一组3个圆点状堆塑。口径5.6、足径7.4、高19厘米（图二七）。M3∶2，红褐色胎，底部外壁施灰白色化妆土，器表施酱釉。敛口，圆唇，溜肩，弧腹微鼓，腹下部斜弧内收，最大径在下

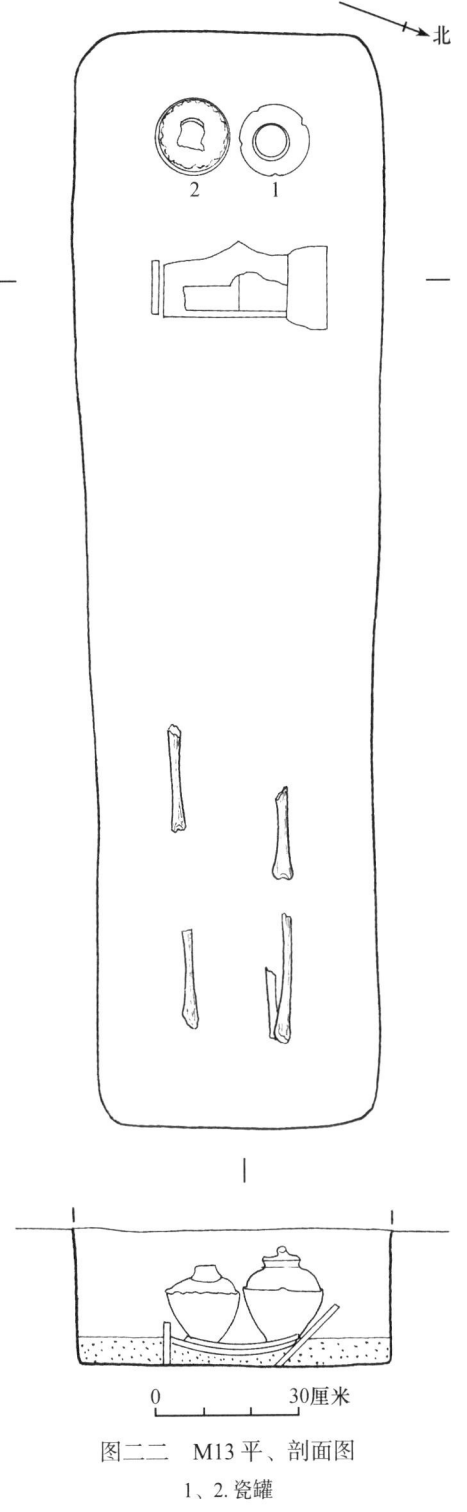

图二二　M13平、剖面图
1、2.瓷罐

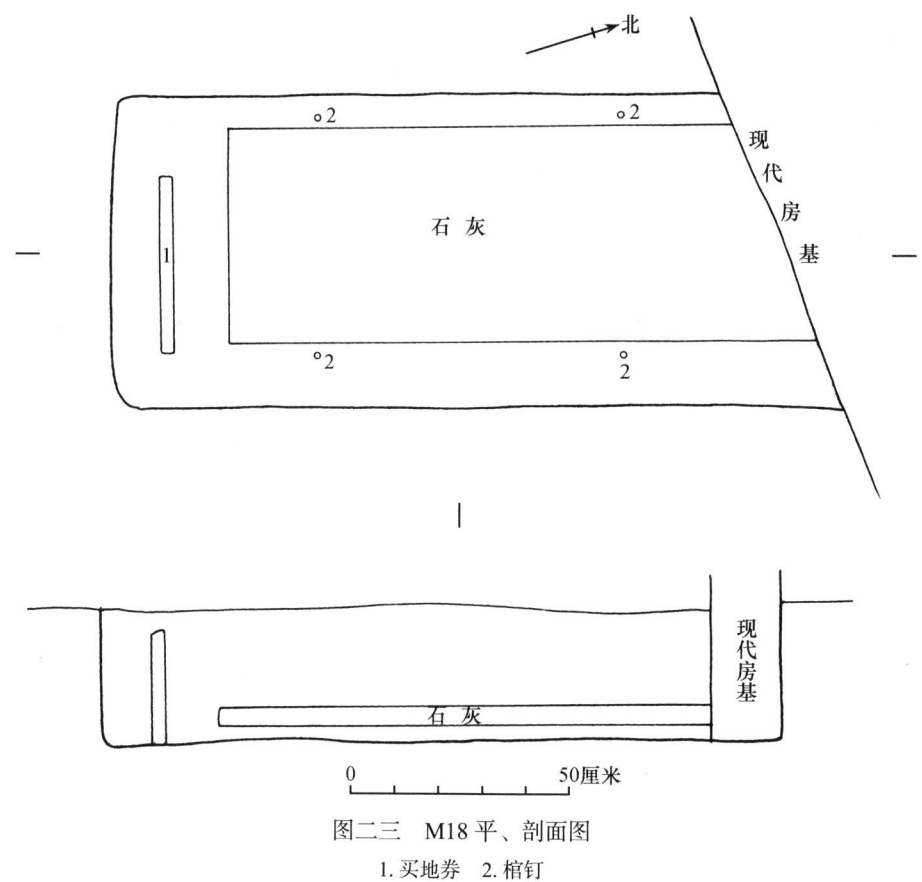

图二三　M18 平、剖面图
1. 买地券　2. 棺钉

腹部，圈足。口径 5.6、足径 7.2、高 20.6 厘米。器盖呈宝塔状，施酱釉。直径 7.2、高 3.2 厘米（图二八，3；图版五九，2）。M4：2，红褐色胎，底部外壁施灰白色化妆土，器表施黑釉，局部釉脱落。敛口，圆唇，溜肩，弧腹微鼓，腹下部斜弧内收，最大径在下腹部，圈足。口径 5、足径 7、高 20.3 厘米（图二八，4；图版五九，3）。采集：6，器表除足部外未施釉，器表施黑釉，局部釉脱落，有流釉现象。敛口，圆唇，折肩，下腹略内收，圈足。口径 6.2、足径 9、高 17.5 厘米（图二八，2）。采集：8，器表除足部外未施釉，器表施黑釉，局部釉脱落，有流釉现象。敛口，圆唇，折肩，下腹略内收，圈足。口径 6.8、足径 9、高 17.5 厘米（图二八，1）。

C 型　2 件。肩部以下部等距离内束三圈，器表自上而下均匀分布脊状凸起，肩部堆塑龙纹。采集：5，灰红色胎，器表除足部外皆施酱釉，有流釉现象。敛口，圆唇，溜肩，下腹略内收，最大径在腹部，圈足。肩部堆塑单龙戏珠纹饰。口径 8.2、足径 9.6、高 21 厘米（图二五，4）。采集：11，灰红色胎，器表除足部外皆施黑釉，有流釉现象。敛口，圆唇，溜肩，下腹略内收，最大径在下腹部，圈足。肩部堆塑单龙戏珠纹饰。口径 6、足径 8.2、高 18.6 厘米（图二五，3；图版五九，4）。

高领罐　4 件。依据肩部有无装饰，分为二型。

A 型　2 件。肩部无装饰。M12：6，红胎，腹部以上施灰白色化妆土，上施酱釉，釉脱

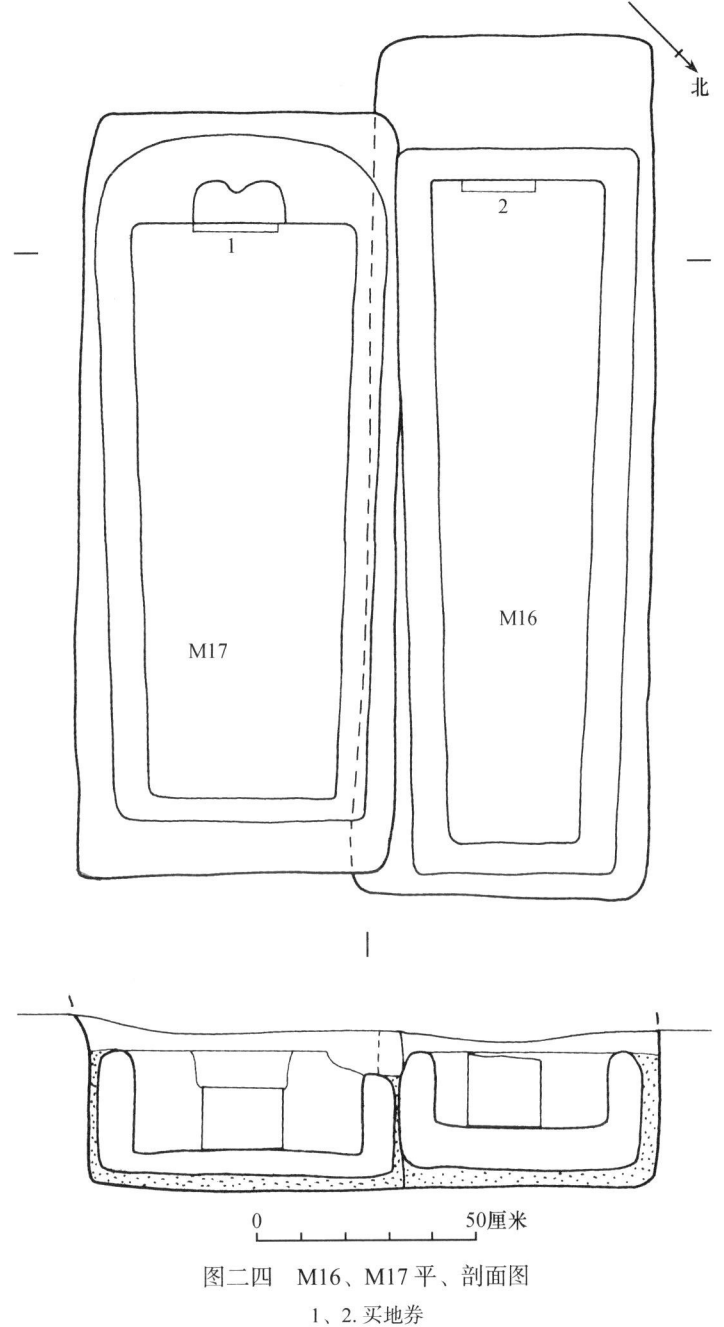

图二四 M16、M17 平、剖面图
1、2. 买地券

落，有流釉现象。敛口，圆唇，溜肩，圆腹，腹下部斜直内收，平底略内凹。口径8.2、底径6、高16厘米（图二九，2）。M12：7，红胎，腹部以上施灰白色化妆土，上施酱釉，釉脱落，有流釉现象。敛口，方唇，溜肩，圆腹，肩部及腹部有凸棱，腹下部斜弧内收，平底略内凹。口径8.4、底径6.5、高15.8厘米（图二九，1；图版六〇，1）。

B型 2件。肩部有凸棱花边装饰。M13：1，红胎，腹部以上施灰白色化妆土，上施酱釉，釉脱落，有流釉现象。近直口，圆唇，溜肩，圆腹，腹下部斜直内收，平底。口径8.2、底径8.4、高21厘米。器盖呈宝塔状，施灰黄色化妆土。直径8.8、高4.5厘米（图三〇，1；

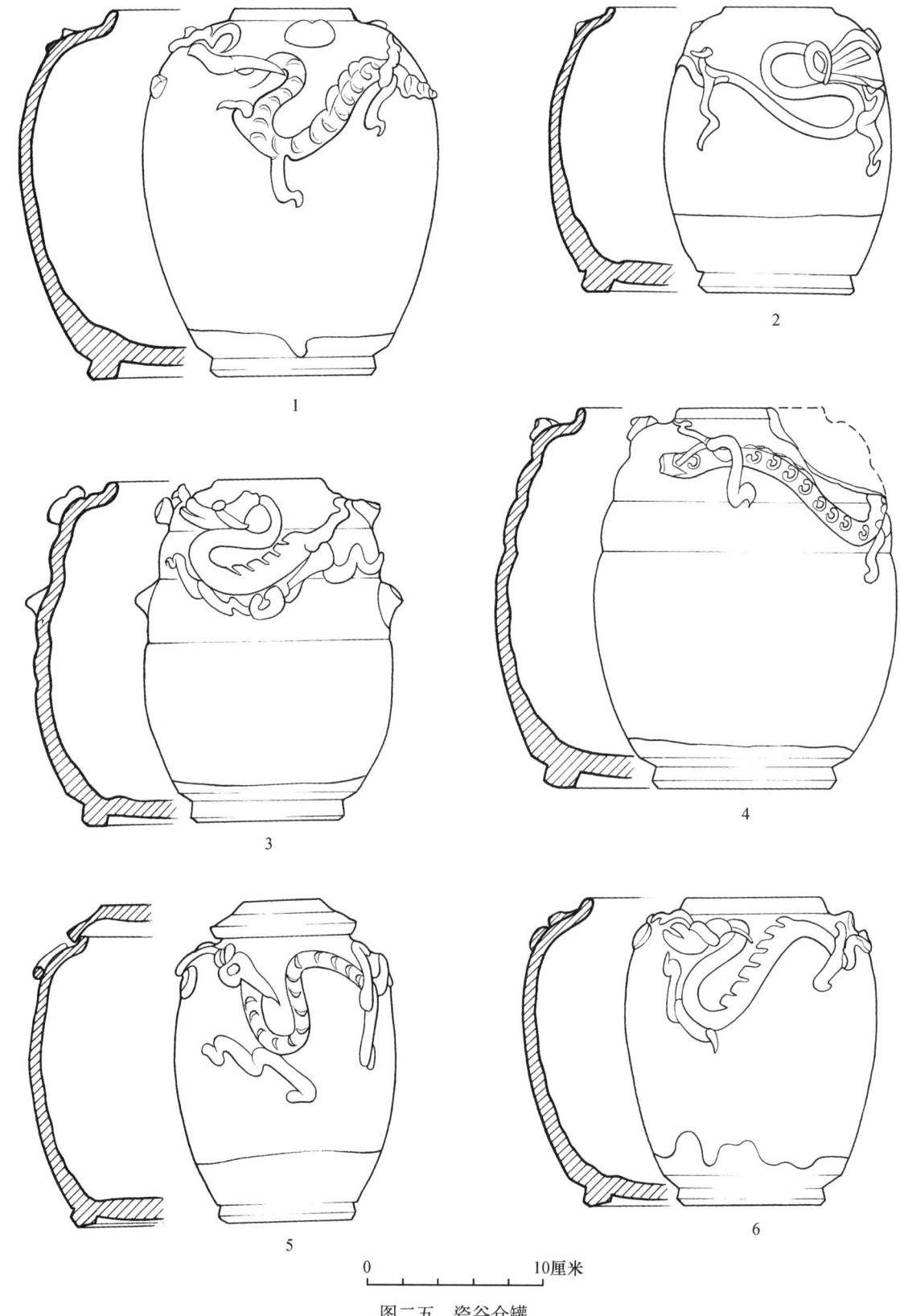

图二五　瓷谷仓罐
1、2、5、6.A型（采集：9、M6：2、采集：10） 3、4.C型（采集：11、采集：5）

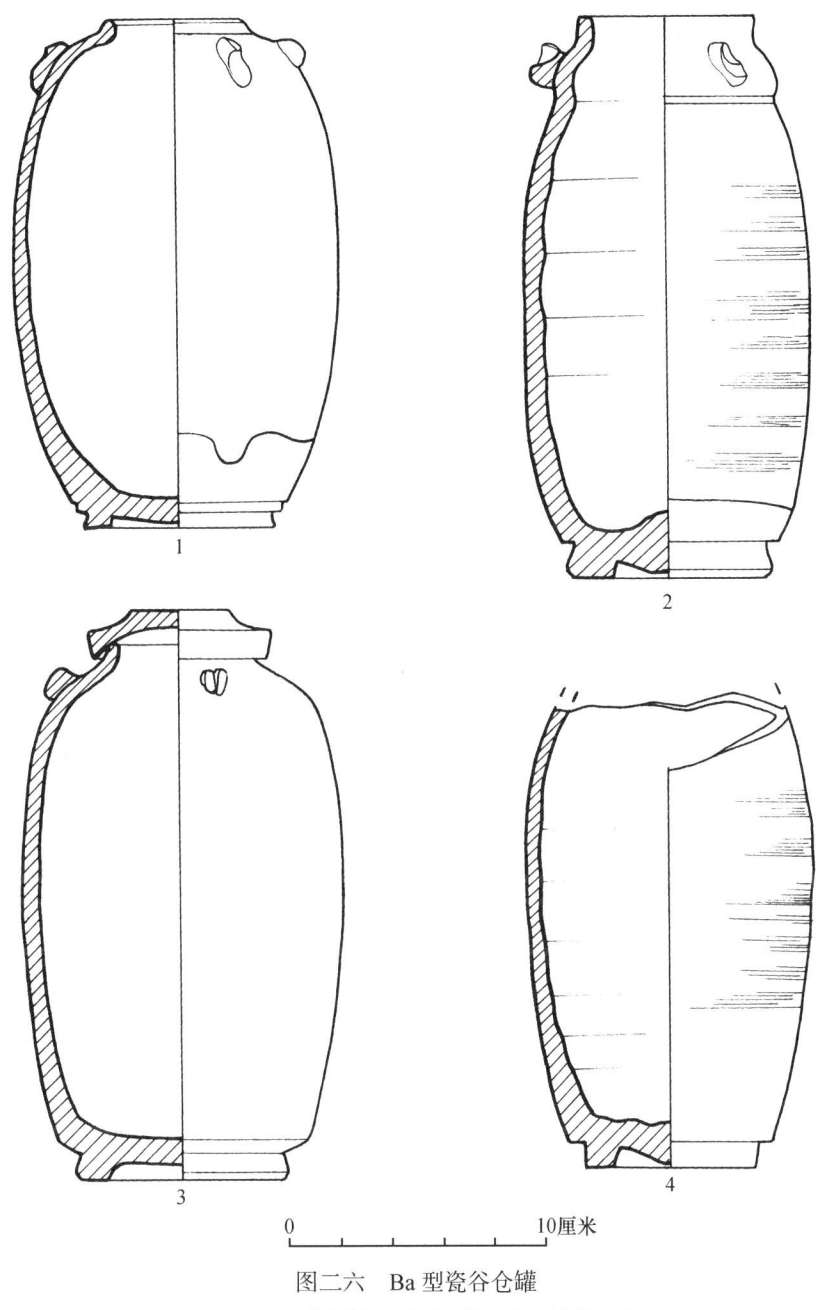

图二六 Ba 型瓷谷仓罐
1. M5∶1 2. M12∶4 3. M3∶1 4. M4∶1

图版六〇，2）。M13∶2，红胎，腹部以上施灰白色化妆土，上施酱釉，釉脱落，有流釉现象。敛口，口部略残，方唇，溜肩，圆腹，腹下部斜弧内收，平底内凹。口径8.3、底径8、高20.2厘米。器盖呈宝塔状，略残，施灰黄色化妆土，上施酱釉，釉脱落。直径8.4、高5.1厘米（图三〇，2）。

碗　4件。依据腹部特征，分为二型。

A型　1件。鼓腹。采集：1，灰胎，除圈足和内底外未施釉，其余皆施青釉。敞口微敛。口径15.5、足径5.2、高7.4厘米（图三一，3；图版六〇，3）。

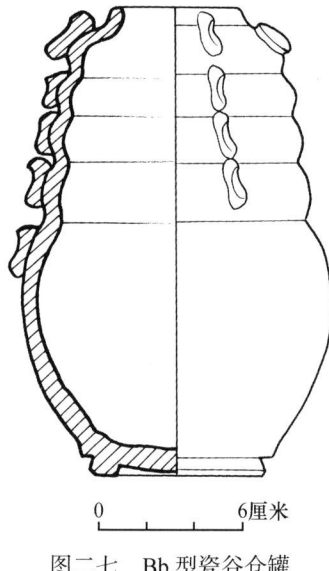

图二七 Bb型瓷谷仓罐（M5∶2）

B型 3件。斜直腹。采集：7，红胎，除圈足和内底未施釉外，其余皆施酱釉。敞口，圆唇，矮圈足。口径16、足径5.2、高5.4厘米（图三一，1）。M12∶1，红褐色胎，除圈足和内底未施釉外，其余皆施酱釉。敞口，圆唇，圈足。口径15、足径5.2、高5.4厘米（图三一，2；图版六〇，4）。M4∶3，红胎，除圈足和内底未施釉外，其余皆施酱釉。敞口，圆唇，矮圈足。口径15.7、足径6.4、高4.8厘米（图三一，4）。

器盖 4件。依据形制特征，分为二型。

A型 2件。呈宝塔状。M4∶4，施酱釉。直径7.4、高3.4厘米（图三二，2）。M5∶4，盖纽施酱釉，其余施化妆土。直径7.4、高3.6厘米（图三二，4）。

B型 2件。呈盏状。M12∶3，红胎，酱釉。敞口，尖唇，

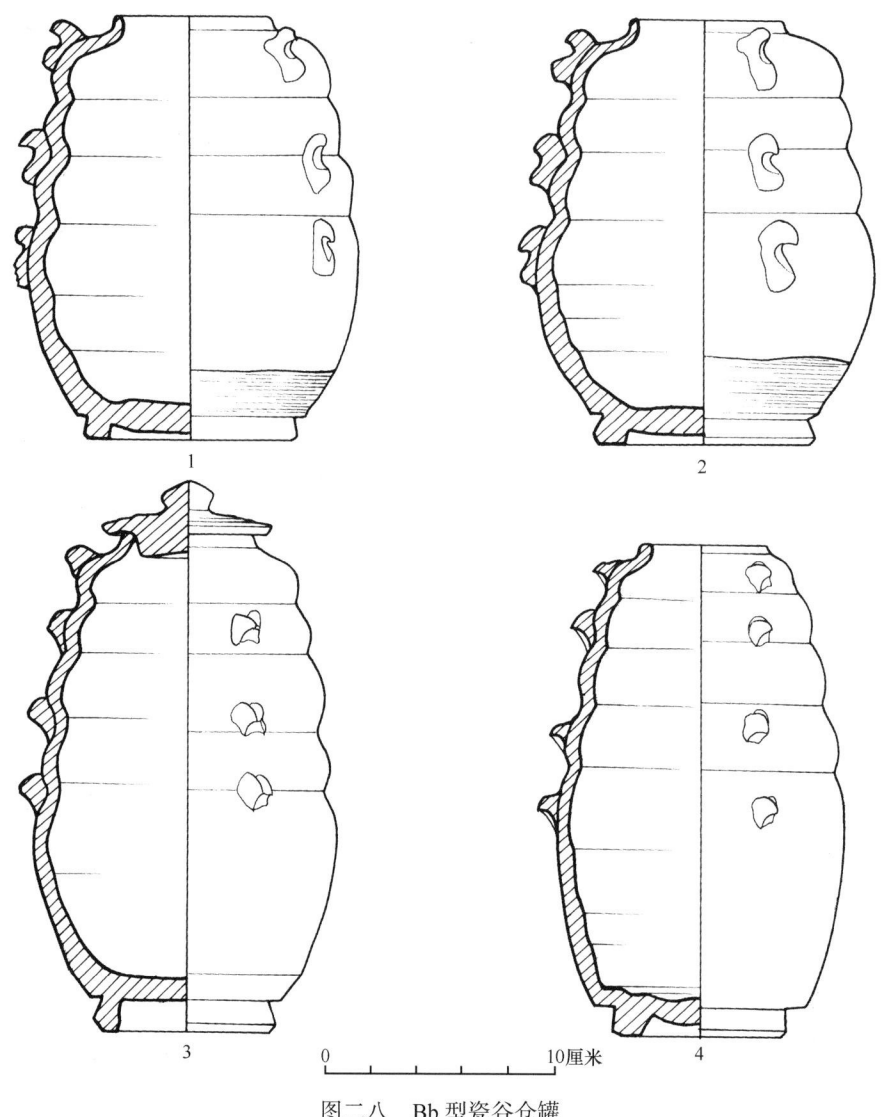

图二八 Bb型瓷谷仓罐
1. 采集：8 2. 采集：6 3. M3∶2 4. M4∶2

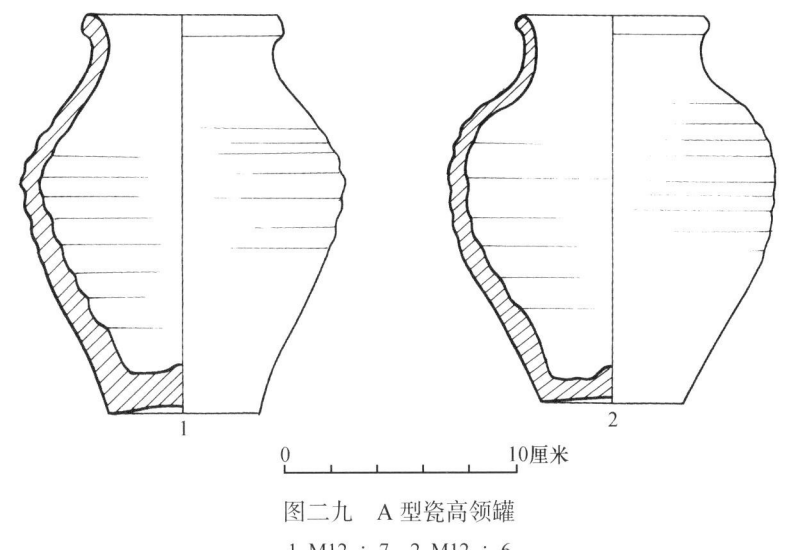

图二九 A 型瓷高领罐
1. M12∶7 2. M12∶6

浅腹，平底。口径 6.8、底径 3.8、高 1.9 厘米（图三二，1）。M12∶5，灰胎，酱釉。敞口，尖唇，浅腹，平底。口径 6.4、底径 3.5、高 1.9 厘米（图三二，3）。

2. 陶器

盏　1 件。采集∶2，灰胎。敞口，圆唇，斜直腹内收，饼足。口径 7.1、底径 4、高 3.2 厘米（图三二，5）。

3. 铜器

钗　1 件。M12∶8，锈蚀严重。呈 L 形，头部弯曲。残长 7.4 厘米（图三三，1）。

簪　3 件。M5∶3-1，剖面呈圆形。长 13.5 厘米（图三三，2）。M5∶3-2，剖面呈圆形。长 13.5 厘米（图三三，3）。M5∶3-3，无帽，剖面呈圆形。长 11.6 厘米（图三三，4）。

泡钉　2 枚。均锈蚀严重。M12∶9-1，圆帽，长钉残损。残长 4.9 厘米（图三三，5）。M12∶9-2，圆帽，长钉残损。残长 4.5 厘米（图三三，6）。

4. 墓券

买地券 3 方，均为红砂石质。

M16∶1，残长 19、宽 34.4、厚 1.8 厘米。正面券文从右至左刻写，残存 15 行，字迹较为工整。券文如下（图三四，1）：

……年岁次甲辰十二月丙午朔越 /……成都右卫人氏寓椿米街居故 /……原命甲辰年九月二十八日 /……分生长人氏享年五十九 /……二月初十日戌时分故停枢 /……从相地惟吉宜于本处山原 /……之数诣于 /……吉穴一所左至青龙右连白 /……四至明白内方勾陈分管四 /……道路将军齐整阡陌千秋万 /……诃禁者将军亭长权付河伯 /……券

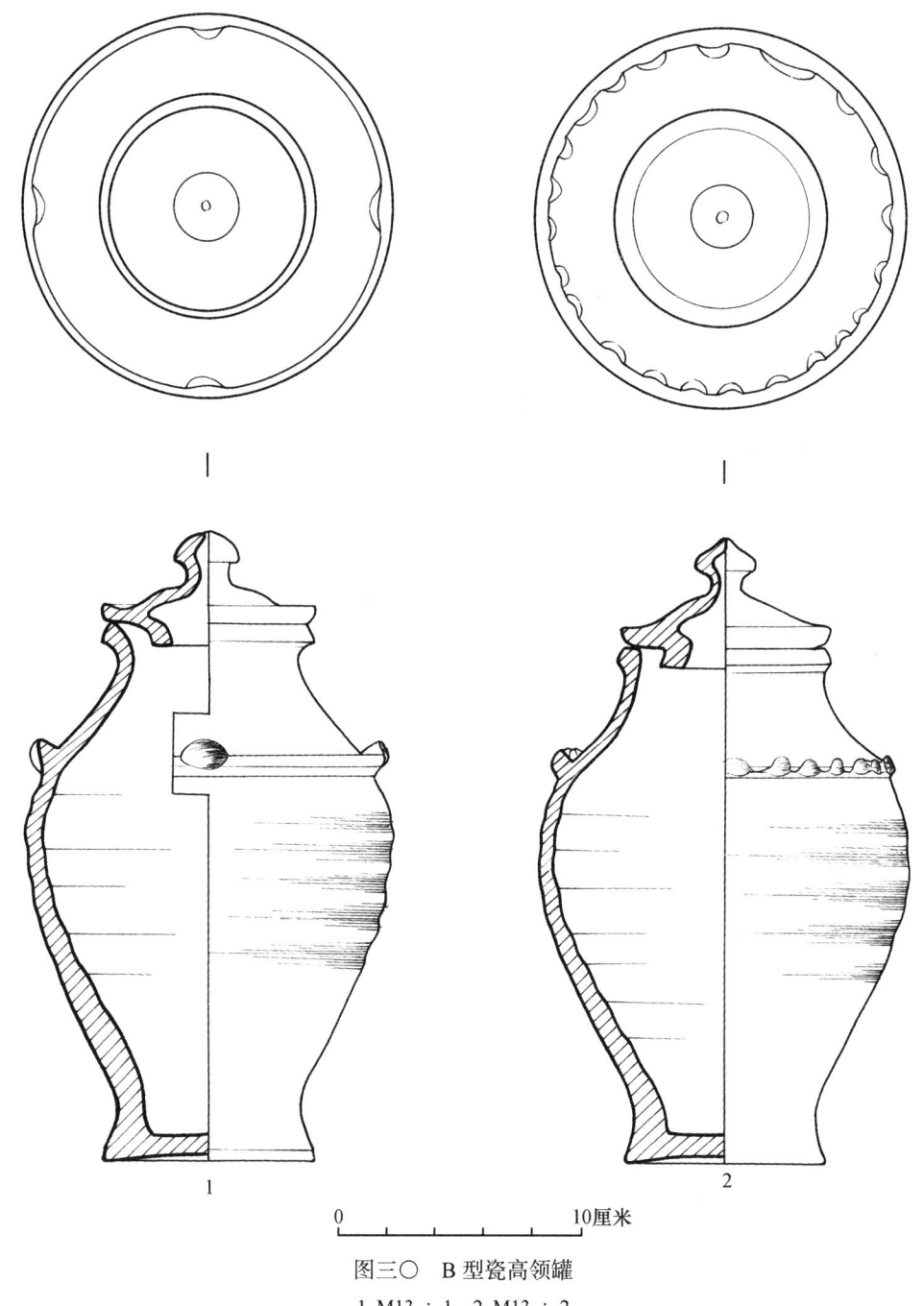

图三〇　B型瓷高领罐
1. M13∶1　2. M13∶2

财地相交令工修茔安厝 /……岁月主保人今日直符故气 /……者永避万里若违此约地府 /……内存亡悉皆安吉急如 /

背面刻八卦，中央残存四字："……春和权执"（图三四，2）。

M17∶1，长38、宽37.6、厚1.7厘米。正面券文从左至右刻写，有边框，券顶部和左右两侧阴线刻卷云纹。券文共14行，字迹较为工整。券文如下（图三五）：

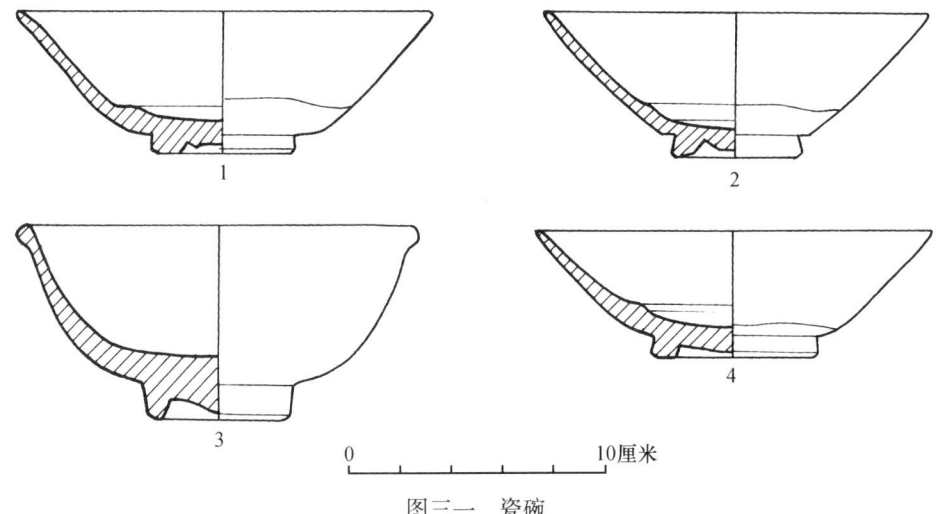

图三一 瓷碗
1、2、4.B型（采集：7、M12：1、M4：3） 3.A型（采集：1）

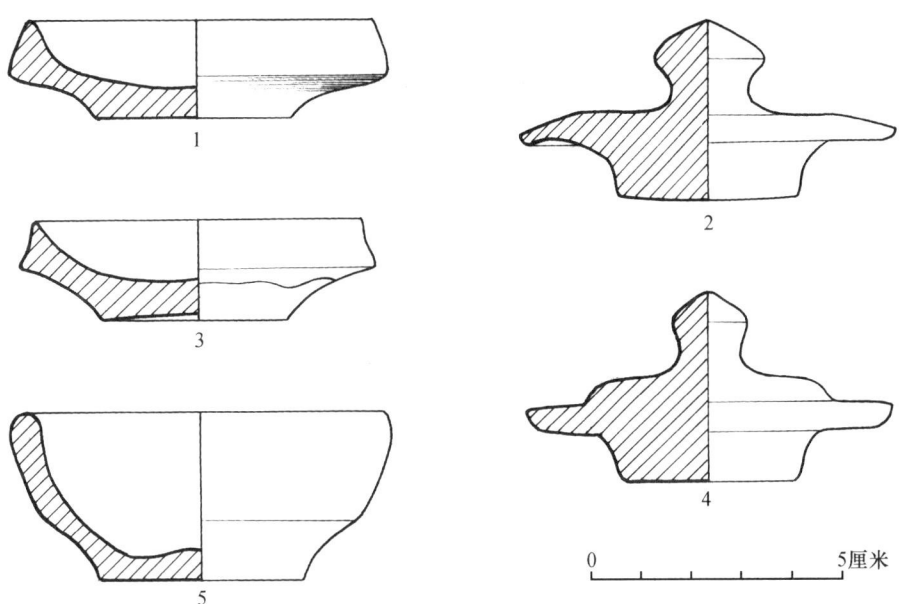

图三二 瓷器盖、陶盏
1、3.B型瓷盏（M12：3、M12：5） 2、4.A型瓷盏（M4：4、M5：4） 5.陶盏（采集：2）

阴阳院□奉□/明故显妣陶氏己酉相正月初九日丑时系/布政司西正街生长享寿六十岁于/万历三十六年九月初十日戌时终令巫筮/□从具备冥钱九万九千贯九百九十文/凭见人张坚固□于/山家土府门下赎到坤山艮向安葬/亡妣陶氏正龟纳骨之地外鬼不敢占古/墓不相侵亡者受穴荫子生孙胁葬孝门/悉皆通吉一如/五帝主者/女青律令奉行谨券/右给付墓中亡妣□□□魂执照准此/万历三十六年十月十三日未时给/

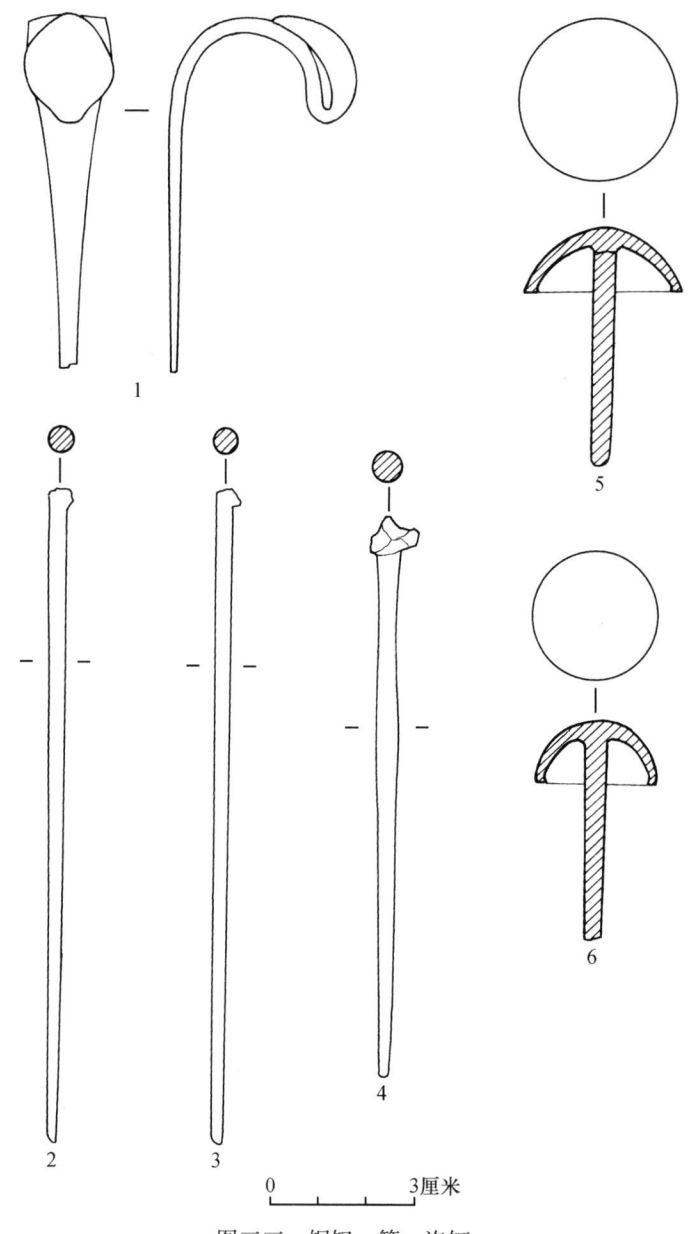

图三三　铜钗、簪、泡钉

1. 钗（M12：8）　2～4. 簪（M5：3-1、M5：3-2、M5：3-3）　5、6. 泡钉（M12：9-1、M12：9-2）

券背面刻八卦，中央刻"穴"字，"穴"字左侧竖行刻"五星扶地脉"，右侧刻"八卦镇山川"（图三六）。

M18：1，长28.5、宽38、厚1.5厘米。正面券文从右至左刻写，共22行，字迹工整。券文如下（图三七）：

维大明嘉靖十二年岁次癸巳十一月甲子朔越十一日己酉据/成都仪卫司马所买地孝男王爱伏为亡故显妣董氏二/存阳戊辰相十月十三日子时建生祖系童川州范池寺观/音桥高庙子杨家庄地分生长人氏享年八十五岁大限在于/嘉靖十二年七月初五日亥时寿终自亡之后是爱日夜忧/□□安厝今请术士段希文前来成都县汾水乡刘

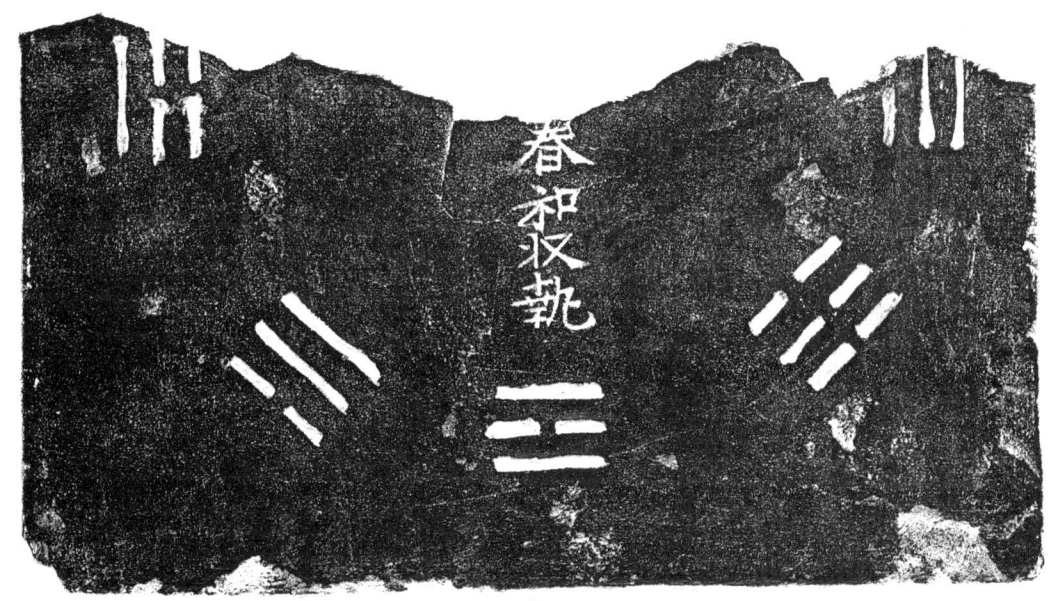

图三四 买地券
（M16∶1）
1. 正面 2. 背面

宅地／□□□阴地一穴坐丁向癸堪于宅兆是爱出备阴钱九千九百／九十九贯文买到
东西南北四维上下埋界明白中系亡魂董／□□□身之处中间并不包占外魂地界自立
券之后不得孤／□□□前来侵占如是此等许令亡魂董氏二将此合同券／……相同依券
给还术士叚希文奉／……遵郭璞之遗文镇山家永无殃咎祐子孙福／……须至券者／右
给付亡魂董氏二枚执存照／立卖地人直符使者押／……作保知见人岁月主押／引进人

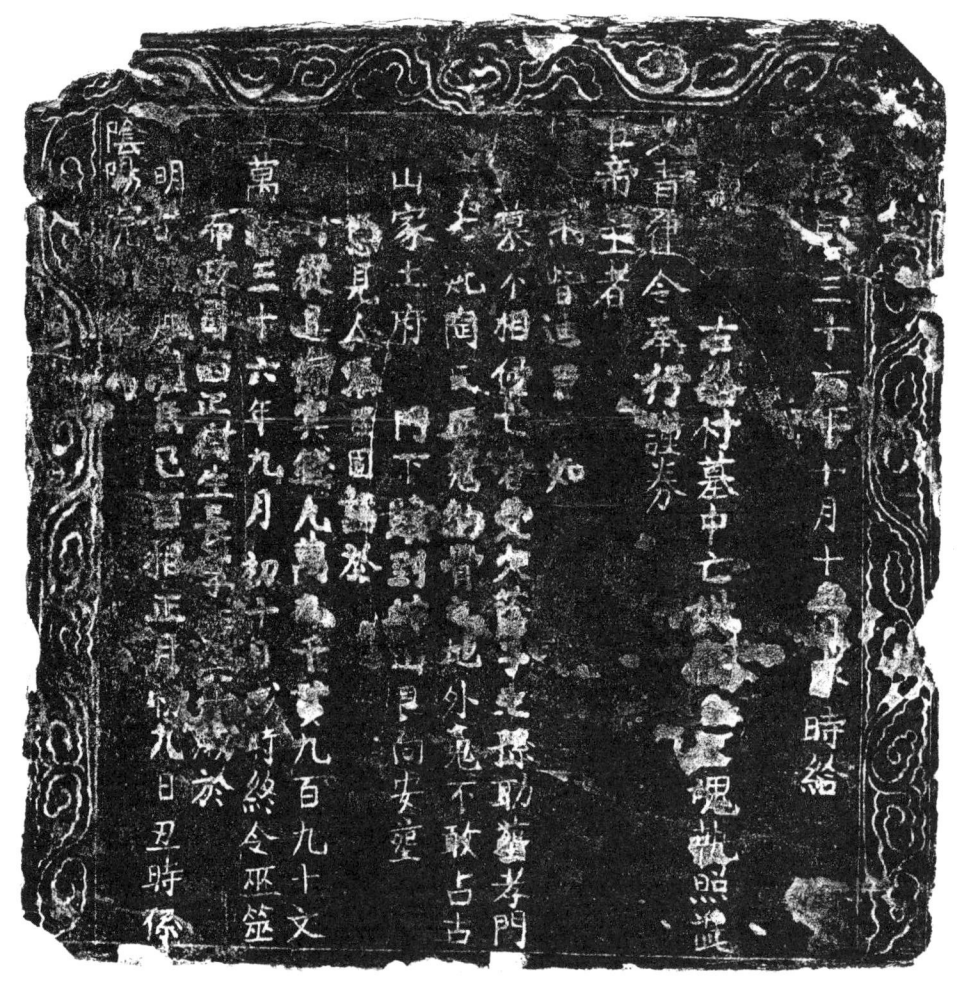

图三五 买地券正面
（M17：1）

李定度押/……证知呀保人张坚固押/踏地人白鹤仙押/代书人东海鲤押/……永远存照/
……月十一日立券/

券背面刻八卦，中央刻"券"字（图三八）。

三、年代判断

通锦路发现的这批墓葬后期破坏严重，带文字材料的买地券支离破碎，年代信息多已不存。只能通过出土随葬品对比其他地点墓葬出土器物，结合墓葬形制和残存的文字材料对墓葬年代作一个大致的推断。基于此，可将这批墓葬分为三期。

第一期：M1、M7、M9、M15、M19，均为形制较大的砖室墓。M1 由于破坏严重，仅能从残存墙砖推测其平面可能为"凸"字形。墓底铺砖呈席纹，墙砖使用规范统一，两个侧面均

图三六　买地券背面
（M17∶1）

有纹饰，无使用旧砖的行为，与成都化工厂隋墓出土 B 型砖[1]、武汉东湖岳家嘴隋墓模印花纹砖[2] 完全一致。故 M1 的年代可能在隋代。M9、M19 形制分别与成都西郊化成村 JM16[3]、M2[4] 接近，不同之处在于甬道和墓室间是否有高差。另外，在唐代初期，甬道底砖多砌成"人"字形，早期和中期流行斜铺，晚期以纵向平铺为主[5]。虽然无随葬品出土，结合《四川地区唐代砖室墓分期研究初论》[6] 一文，M9、M19 的年代当在唐代早中期。M7 平面呈梯形，无甬道，出

---

[1] 罗伟先：《成都化工厂隋墓清理简报》，《四川文物》1986 年第 4 期。
[2] 武汉市文物管理处：《武汉东湖岳家嘴隋墓发掘简报》，《考古》1983 年第 9 期。
[3] 成都市文物考古研究所、成都市文物考古工作队：《四川成都市西郊化成村唐墓的清理》，《考古》2000 年第 3 期。
[4] 成都市文物考古研究所、成都市文物考古工作队：《四川成都市西郊化成村唐墓的清理》，《考古》2000 年第 3 期。
[5] 成都市文物考古研究所、成都市文物考古工作队：《四川成都市西郊化成村唐墓的清理》，《考古》2000 年第 3 期。
[6] 刘雨茂、朱章义：《四川地区唐代砖室墓分期研究初论》，《四川文物》1999 年第 3 期。

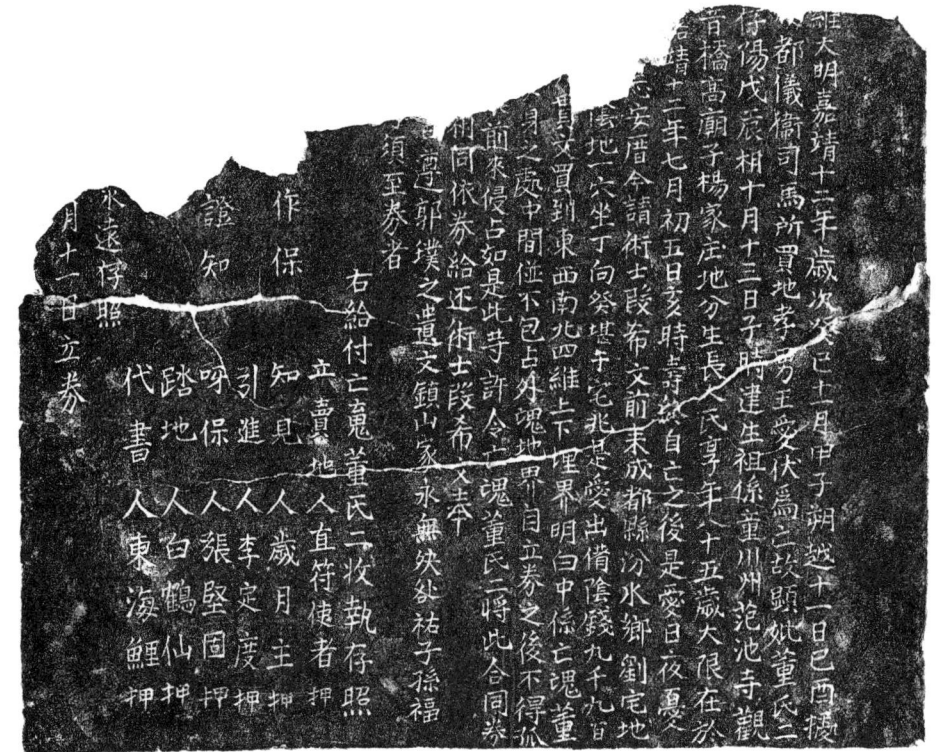

图三七　买地券正面
（M18：1）

图三八　买地券背面
（M18：1）

土 A 型碗与成都西郊外化成小区 M2 : 1[①]、邛崃固驿瓦窑山出土的Ⅳ式碗[②]、成都中医学院隋代地层出土碗（如 QYTQ11 ② : 1）[③]、绵阳金峰白果林崖墓 M2 : 2[④] 一致；出土瓷炉在成都中医学院隋代地层有所发现（如 QYTQ11 ② : 9）[⑤]，4 枚钱币与同人民中路钱币窖藏发现的ⅩⅤ、ⅩⅣ式钱币相同，为隋代五铢钱，因此，M7 的年代当在隋代。M15 受现代房基和晚期坑破坏，大致能看出平面形制呈长方形，与《四川地区唐代砖室墓分期研究初论》一文中 A 型Ⅰ式墓接近，出土 B 型瓷盏与成都中医学院隋代地层出土Ⅲ式盅（如 QYTQ11 ② : 1）[⑥] 相近，故 M15 的时代应在唐代早期。

第二期：M2、M11、M14，均为小型砖室火葬墓，形制较小。M2、M11 虽出土买地券，但年代信息丢失。M11、M14 墓葬形制与三圣花乡 M3[⑦] 相近，均出土 Ba 型罐、A 型盏。其中 M14 出土 Bb 型罐与海滨村 M1[⑧]、绿水康城 M33[⑨] 双耳罐一致。A 型盏 M11 : 6 与海滨村 M1 碗、"学府尚郡" M7 盏[⑩] 相似，M14 : 2 与海滨村 M4 : 9[⑪] 相似。M11 出土的 A 型四系罐与艾切斯工地 M25 出土 A 型罐[⑫] 相似，B 型碗与艾切斯工地 M5 出土 Ab 型Ⅱ式碗[⑬] 相同，结合《四川地区宋代墓葬研究》[⑭] 一文，M11、M14 的年代应在北宋晚期，下限可能到南宋早期。M2 为本次新发现的特殊墓葬，墓葬形制与南宋时期常见的小型火葬墓相似，墓室内用方砖砌成棺台，中部掏空安置骨灰罐，骨灰罐为敛口罐，在以往发现的墓葬、遗址中均未发现。虽有买地券出

[①] 程远福：《成都市西郊外化成小区唐宋墓葬的清理》，《考古》2005 年第 10 期。

[②] 四川省文物管理委员会、四川省文物考古研究所、四川省邛崃县文物管理所：《四川邛崃县固驿瓦窑山古瓷窑遗址发掘简报》，《南方民族考古》（第三辑），成都：四川科学技术出版社，1991 年，第 348 页。

[③] 四川省文管会、成都市文管处：《成都青羊宫窑址发掘简报》，《四川古陶瓷研究》（二），成都：四川省社会科学院出版社，1984 年，第 141 页。

[④] 绵阳博物馆、成都文物考古研究所：《绵阳崖墓》，北京：文物出版社，2015 年，第 334 页。

[⑤] 四川省文管会、成都市文管处：《成都青羊宫窑址发掘简报》，《四川古陶瓷研究》（二），成都：四川省社会科学院出版社，1984 年，第 139 页。

[⑥] 四川省文管会、成都市文管处：《成都青羊宫窑址发掘简报》，《四川古陶瓷研究》（二），成都：四川省社会科学院出版社，1984 年，第 141 页。

[⑦] 成都市文物考古工作队：《成都市成华区三圣乡花果村宋墓发掘简报》，《成都考古发现》（2001），北京：科学出版社，2003 年，第 206、208 页。

[⑧] 成都市文物考古研究所：《成都市青龙乡海滨村墓葬发掘简报》，《成都考古发现》（2003），北京：科学出版社，2005 年，第 291 页。

[⑨] 成都市文物考古研究所、双流县文物管理所：《成都市双流县华阳镇绿水康城小区发现一批砖室墓》，《成都考古发现》（2003），北京：科学出版社，2005 年，第 362 页。

[⑩] 成都市文物考古研究所、温江区文物保护管理所：《成都温江区"学府尚郡"工地五代至宋代墓葬发掘简报》，《成都考古发现》（2006），北京：科学出版社，2008 年，第 314 页。

[⑪] 成都市文物考古研究所：《成都市青龙乡海滨村墓葬发掘简报》，《成都考古发现》（2003），北京：科学出版社，2005 年，第 292 页。

[⑫] 成都市文物考古研究所、青白江区文物保护管理所：《成都青白江区艾切斯工地唐、宋墓葬发掘简报》，《成都考古发现》（2006），北京：科学出版社，2008 年，第 249 页。

[⑬] 成都市文物考古研究所、青白江区文物保护管理所：《成都青白江区艾切斯工地唐、宋墓葬发掘简报》，《成都考古发现》（2006），北京：科学出版社，2008 年，第 241 页。

[⑭] 陈云洪：《四川地区宋代墓葬研究》，《南方民族考古》（第七辑），北京：科学出版社，2011 年。

土，但年代信息丢失，M2 的准确年代亦不能判定。

第三期，均为土坑墓，有 M3～M6、M8、M10、M12、M13、M16～M18。土坑墓的年代为明代，但长期以来对这个阶段的中小型墓葬不重视，随葬品演变序列亦不了解。M16、M17、M18 均出土有纪年材料，M17 墓主下葬时间为 1608 年、M18 为 1533 年，M16 通过干支查询为 1604 年。M4 出土 Bb 型谷仓罐与新津县老虎山 M250 出土 B 型谷仓罐[①]、万春镇明墓谷仓罐[②]一致，时代应在明代中期。M12、M13 出土高领罐形制一致，肩部装饰有所差异，与包家梁子 M59 出土 A 型罐相似[③]。M12 为合葬墓，两棺之间无明显的打破关系，可能为同时下葬，B 型碗与双柏村明墓 M8 出土瓷碗[④]相似，故 M12、M13 的年代可能为明代中期。M6 出土 A 型谷仓罐与老虎山 M124 出土谷仓罐相似，发掘者认为该类龙纹罐的墓葬为明代早中期[⑤]，故 M6 年代可能为明代早中期。其他墓葬由于出土物较少，无参考可循，故暂且将 M3、M5 的墓葬归为明代，待日后资料充足再讨论。M8、M10 通过地层关系大致确定为明代。

综上所述，第一期墓葬的年代在隋至唐代早期，第二期墓葬年代在北宋晚期至南宋，第三期的年代为明代。

四、结语

通锦路遗址清理墓葬数量不多，但墓葬类型较丰富，为研究历史时期墓葬提供了新的材料。墓葬时代延续时间长，但显示出明显的阶段性，一段为隋至初唐、一段为北宋至明清时期。该地地处古代成都城西北，是唐宋时期成都府城西北郊重要的墓葬区[⑥]。M11 买地券提及本地属"延福乡"，近年来在周边区域发现的墓葬券文材料中多有发现，如抚琴小区金鱼村火葬墓 M2、M3、M5、M9[⑦]，化成小区 M5[⑧] 等。至迟在北宋中晚期已有建置，沿袭至南宋。

值得注意的是，本次发掘区域南侧毗邻历史上著名的万佛寺遗址，出土遗物中也有少量佛教造像。万佛寺，南北朝时期为安浦寺，唐代称净众寺，唐末毁于会昌灭佛，至宣宗年间恢复，宋代更名为"净因寺"，南宋孝宗隆兴年间曾一度为交子务所在地，明代又有"净因寺"、"竹林寺"、"万佛寺"、"万福寺"等多个名称，至明末清初毁于战火。唐宋时期

---

① 成都文物考古研究所、新津县文物管理所：《新津县老虎山宋明墓葬发掘简报》，《成都考古发现》（2013），北京：科学出版社，2015 年。
② 成都文物考古研究所、温江区文物保护管理所：《成都市温江区万春镇明墓发掘简报》，《成都考古发现》（2005），北京：科学出版社，2007 年。
③ 成都文物考古研究所、青白江区文物保护管理所：《成都市青白江包家梁子宋明墓发掘简报》，《成都考古发现》（2010），北京：科学出版社，2012 年。
④ 成都文物考古研究所：《成都市高新西区双柏村宋、明墓发掘简报》，《成都考古发现》（2013），北京：科学出版社，2015 年。
⑤ 成都文物考古研究所、新津县文物管理所：《新津县老虎山宋明墓葬发掘简报》，《成都考古发现》（2013），北京：科学出版社，2015 年。
⑥ 易立：《唐宋时期成都府辖县乡、里考》，《成都考古研究》（二），北京：科学出版社，2013 年，第 429 页。
⑦ 成都市文物考古工作队：《四川成都市西郊金鱼村南宋砖室火葬墓》，《考古》1997 年第 10 期。
⑧ 成都市文物考古研究所：《成都市外化成小区南宋墓发掘简报》，《成都考古发现》（1999），北京：科学出版社，2001 年。

墓葬M2买地券有"净"、M11买地券有"净众"字样，说明该地极有可能与净众寺有关。净众寺香火旺盛，风景秀丽，自南北朝以来，即为统治者游览、布施和诗人歌咏、赞赏的场地，尤其深受唐五代士大夫的青睐[1]。隋唐五代是我国古代园林别墅建筑的重要发展阶段，很多官僚贵族都在自家或别墅区穿池堆山，树花置石。此时，寺院经济受到极大发展，寺院面积扩大，建筑增加。净众寺西侧在隋至初唐时期还作为墓葬区，初唐之后旋即平整，用以修建景观园林，用砖多为汉六朝时期的墓砖。北宋初年，四川地区连年战争致使寺院两遇兵火[2]，净众寺完全被破坏，重建后规模已不如从前，园林被填平重新作为墓葬区一直使用到明代。

从明代墓葬M16、M18出土买地券看，墓主人均与明代蜀王府的下属机构有关，其中M16墓主人为成都右卫人士，M18墓主人为成都仪卫司马人氏。

另外，M18出土明嘉靖十二年（1533年）买地券明确提到其葬地为"汾水乡"，此为研究明代成都行政区划的重要资料。按清《嘉庆成都县志》卷一《山川》："都江水在府西四里，一名粉水，以此水作粉，鲜洁于他处。"前述券文所谓"成都县汾水乡"疑即得名于"粉水"，"粉水"系位于成都县西，是都江堰之内江流经成都各段之不同称谓之一。明代"汾水乡"这一称谓除见于通锦路M18外，早年出土于成都老西门外营门口附近的明嘉靖二十九年（1550年）蜀王府门副江详买地券[3]、遗迹出土点不详的明正统十年（1445年）顾谅买地券[4]亦有所提及。综上所述，"汾水乡"作为明代成都县的乡一级行政区划，其管辖范围大致相当于今成都城区西北部的通锦路至营门口一带。

发掘及整理：李继超　李　平　张雪芬　易　立
　　　　　　江　滔
绘　　　图：李福秀
拓　　　片：严　彬
执　　　笔：江　滔　易　立

［原载成都文物考古研究院：《成都考古发现》（2015），北京：科学出版社，2017年，第642~681页］

---

[1] 刘志远、刘廷壁编：《成都万佛寺石刻艺术》，北京：中国古典艺术出版社，1958年，第2页。
[2] （宋）黄休复撰：《益州名画录》，《画史丛书》，上海：上海人民美术出版社，1963年，第四册，第1页。
[3] 刘致远：《成都三座坟明墓第一次清理报告》，《成都文物》1988年第2期。
[4] 成都文物考古研究所、成都博物院：《成都出土历代墓铭券文图录综释》，北京：文物出版社，2012年，第561~564页。

后　记

2015年3～8月，为配合中铁二局"中铁·通锦坊"地产项目的建设，经报国家文物局批准，成都文物考古研究院对成都市金牛区通锦路13号拆迁工地（北改5号地块）开展了发掘工作，出土了丰富的隋唐五代至两宋时期遗迹与遗物，其中大部分内容与唐代成都城西著名的寺院——净众寺关系密切，是研究唐代成都佛教史的珍贵实物资料，对于探索中古时期成都的城市组织形态与社会变迁亦有着十分重要的学术价值。

本次发掘的领队为易立，参加发掘的业务人员有易立、江滔、张雪芬、李平、李继超、白铁勇、钱素芳等。资料整理工作由易立、江滔、张雪芬完成，吉林大学考古系2016级硕士研究生余天、四川大学考古学系2017级硕士研究生侯晓宁及2014级本科生曹豆豆也参与了部分环节的工作。陶瓷器的修复由王莉娟、陈兴兰、陈艳、代庆容、代东玲等完成，石刻文物保护及修复由成都文物考古研究院文保中心承担，遗址测绘工作由白铁勇、钱素芳完成，遗迹底图由李平、钟宝峰绘制，遗迹与器物的清绘图由曾雰、钟雅莉、钟宝峰、唐彬制作，拓片由严彬、代福尧制作，发掘现场照片由江滔、易立、张雪芬拍摄，器物照片由江滔、曹豆豆拍摄。

报告书稿的第二章第二节由易立、江滔、张雪芬执笔，第三章第三节由江滔执笔，附录一由易立、江滔执笔，附录二由江滔、易立执笔，其余各章节均由易立执笔，全文最后由易立统稿。

发掘过程中，成都文物考古研究院王毅院长、江章华副院长多次前往工地现场指导具体工作，成都文物考古研究院蒋成副院长、刘雨茂研究员、雷玉华研究员、周志清研究员、陈云洪研究员、黄晓枫研究员、陈剑研究员、谢涛副研究员等领导和同仁也曾提出不少有益的建议。在发掘结束后的学术论证和成果验收阶段，中国社会科学院考古研究所徐光冀先生，四川大学考古系林向教授、李映福教授、白彬教授，四川省文物考古研究院陈显丹研究员，成都市文广新局颜劲松处长等专家、前辈也提出过宝贵意见，并给予了积极评价。

在发掘和报告立项、整理过程中，还得到了四川省文物管理局、成都市文广新局、成都文物考古研究院、成都市金牛区文物保护管理所相关领导和同仁的关心与帮助。另外，中铁二局集团有限公司为现场工作的顺利开展也提供了许多便利。

本报告的出版得到了科学出版社的大力支持，柴丽丽女士为此付出了辛勤劳动。

在此，对以上诸位领导、前辈、同仁和各协作单位一并致以诚挚谢意！

由于时间仓促，编者学识水平有限，书中难免存在谬误和疏漏不足之处，敬请读者批评指正。

编　者
2018年4月

图版一

发掘区全景

图版二

发掘现场

图版三

发掘现场

图版四

专家及领导考察遗址现场

图版五

专家论证会现场

图版六

1. 全景

2. 井壁

J1

图版七

1. F1

2. G1

F1、G1

图版八

1. 东、西段交汇处

2. 西段

G2西段及东、西段交汇处

图版九

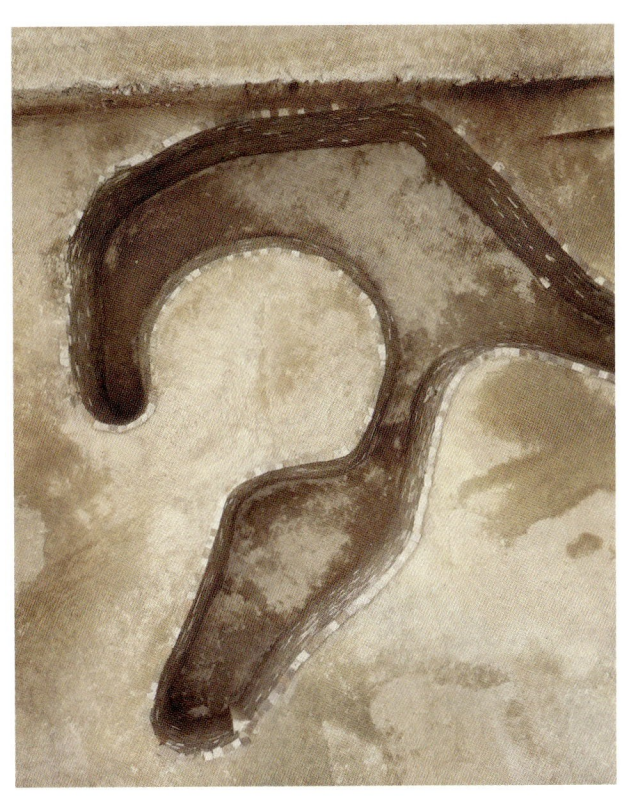

G2西段局部

图版一〇

G2西段局部

1. 局部砖墙

2. 挡墙体

G2局部砖墙及挡墙体

图版一二

G3

图版一三

1. 全景

2. 局部

C1

图版一四

C1北壁、南壁、拦水坝

图版一五

C1北壁进水口

图版一六

G2出土花纹砖

图版一七

1. 莲花纹砖（G2壁：4）

2. A型卷草纹砖（G2壁：6）

3. B型卷草纹砖（G2壁：7）

G2出土莲花纹、卷草纹砖

图版一八

1. 缠枝纹砖（G2壁：9）

2. 缠枝纹砖（G2壁：11）

3. 人物纹砖（G2壁：13）

G2出土缠枝纹、人物纹砖

图版一九

1. G2壁：22

2. G2壁：23

3. G2壁：26

G2出土联璧纹砖

图版二〇

1. 纪年文字砖（G2壁：14）

2. A型组合纹砖（G2壁：66）

3. A型组合纹砖（G2壁：67）

G2出土纪年文字、组合纹砖

图版二一

1. B型（G2壁：30）

2. B型（G2壁：31）

3. C型（G2壁：32）

G2出土组合纹砖

图版二二

1. G2壁:43

2. G2壁:45

3. G2壁:54

G2出土Aa型菱形纹砖

图版二三

1. Aa型（G2壁：62）

2. B型（G2壁：89）

3. D型（G2壁：93）

G2出土菱形纹砖

图版二四

1. Aa型Ⅰ式（H9∶1）

2. Aa型Ⅱ式（G2②∶32）

3. Aa型Ⅱ式（C1⑤∶1）

4. Aa型Ⅱ式（J1∶11）

5. Aa型Ⅱ式（TN05E03③∶5）

6. Ab型（H9∶5）

青羊宫窑瓷碗

图版二五

1. Ab型（G2②：24）

2. Ac型（G2①：21）

3. Ac型（G2②：34）

4. B型（C1③：35）

5. B型（C1④：234）

6. B型（G2②：8）

青羊宫窑瓷碗

图版二六

1. B型（G3∶3）

2. Ca型Ⅰ式（C1③∶2）

3. Ca型Ⅰ式（C1④∶79）

4. Ca型Ⅲ式（G2②∶53）

5. Cb型Ⅰ式（C1③∶47）

6. Cb型Ⅰ式（C1④∶38）

青羊宫窑瓷碗

1. Cb型Ⅰ式（C1⑤：18）

2. Cb型Ⅱ式（C1④：135）

3. Da型（TN03E06③：2）

4. Db型（G2①：8）

5. Db型（G2②：42）

6. E型（C1③：360）

青羊宫窑瓷碗

图版二八

1. C1②：1

2. C1③：74

3. C1③：199

4. C1③：270

5. C1③：353

7. G2①：85

6. G2①：83

青羊宫窑瓷碗足残片

图版二九

1. Aa型Ⅰ式（C1③：159）

2. Aa型Ⅰ式（C1④：139）

3. Aa型Ⅱ式（C1①：11）

4. Ab型Ⅰ式（C1③：29）

5. Ab型Ⅰ式（C1③：32）

6. Ab型Ⅱ式（C1④：131）

青羊宫窑瓷盏

图版三〇

1. B型（C1③：207）

2. Ca型（C1⑤：19）

3. D型（H7：6）

4. D型（H7：43）

5. Ea型（C1③：92）

6. Eb型Ⅰ式（G2②：33）

青羊宫窑瓷盏

图版三一

1. Eb型Ⅰ式盏（C1③：50）

2. Eb型Ⅰ式盏（G2②：25）

3. Eb型Ⅱ式盏（C1③：51）

4. A型盘（C1③：131）

5. B型盘（C1⑤：25）

6. 研磨器（C1④：1）

青羊宫窑瓷盏、盘、研磨器

图版三二

1. 研磨器（G2①：90）

2. Aa型钵（C1④：161）

3. Ab型钵（C1③：336）

4. Ab型钵（C1⑥：18）

5. B型钵（C1③：8）

6. C型钵（H9：18）

青羊宫窑瓷研磨器、钵

图版三三

1. Da型钵（C1③：339）

2. Db型钵（C1③：169）

3. A型Ⅰ式罐（TN04E05③：2）

4. A型Ⅱ式罐（H9：32）

5. A型Ⅲ式罐（C1③：184）

6. Da型罐（C1③：275）

青羊宫窑瓷钵、罐

图版三四

1. B型（H7∶55）

2. Ca型（TN05W01③∶5）

3. Ca型（J1∶21）

4. Cb型（H7∶1）

青羊宫窑瓷罐

图版三五

1. Ea型罐（C1③：5）

2. F型罐（C1③：274）

3. H型罐（C1③：21）

4. Aa型注壶（C1③：1）

5. Db型注壶（C1③：162）

6. 杯（TN05E04③：13）

青羊宫窑瓷罐、注壶、杯

图版三六

1. Aa型盆（G2②：40）

2. D型盆（TN06E03③：23）

3. A型炉（C1③：331）

4. A型炉（C1④：119）

5. C型炉（TN06E02③：4）

6. A型器盖（C1③：14）

青羊宫窑瓷盆、炉、器盖

图版三七

1. A型器盖（C1④：24）

2. B型器盖（TN05W01③：9）

3. C型器盖（G3：16）

4. 钟（C1③：63）

5. 钟（C1④：152）

6. 书"静众"二字的钟（C1④：153）

青羊宫窑瓷器盖、钟

图版三八

1. A型碗（C1③：216）

2. A型盘（TN06E03③：34）

3. B型盘（C1③：135）

4. Aa型盏（C1③：249）

5. B型盏（TN05E01③：4）

6. C型盏（H8：2）

琉璃厂窑瓷碗、盘、盏

图版三九

1. Aa型罐（C1③：175）

2. Aa型罐（C1④：242）

3. Aa型罐（TN06E03③：6）

4. Ab型罐（TN06E03③：31）

5. B型罐（C1③：272）

6. 瓷塑模型（TN06E02③：5）

琉璃厂窑瓷罐、瓷塑模型

图版四〇

1. D型碗（TN06E03③：21）

2. A型盘（TN06E03③：26）

3. 杯（H9：8）

4. A型盏（G2①：123）

5. A型盏（C1③：273）

6. B型盏（C1③：265）

邛窑瓷碗、盘、杯、盏

图版四一

1. 盆（C1④：48）

2. B型钵（H9：11）

3. B型钵（C1①：27）

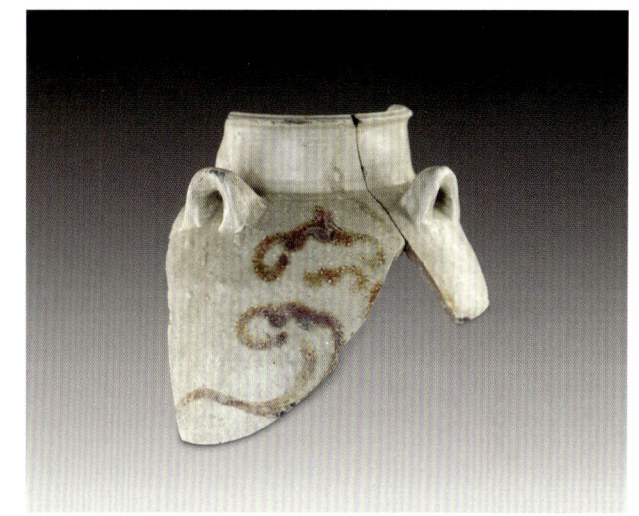

4. 罐（H7：54）

5. 盒（C1③：7）

6. 盒（C1③：9）

邛窑瓷盆、钵、罐、盒

图版四二

1. 邛窑炉（TN06E03③：2）

2. 邛窑急须（C1③：22）

3. 邛窑B型器盖（C1③：18）

4. 邛窑器柄（C1④：248）

5. 北方白瓷窑口A型碗（C1③：154）

6. 北方白瓷窑口A型碗（G2②：12）

邛窑、北方白瓷窑口瓷器

图版四三

1. 长沙窑A型碗（C1③：324）

2. 长沙窑A型碗（C1③：151）

3. 长沙窑B型碗（C1④：52）

4. 长沙窑B型碗（G2①：55）

5. 长沙窑注壶（G2①：1）

6. 邢窑碗（C1③：120）

长沙窑、邢窑瓷器

图版四四

1. Aa型碗（G2①：158）

2. Ab型碗（TN03E06③：1）

3. B型三彩碗（C1⑥：1）

4. 三彩钵（G2②：1）

5. 盂（C1③：17）

6. 盏（C1⑤：4）

7. A型罐（C1③：205）

陶碗、钵、盂、盏、罐

图版四五

1. A型盆（TN06E04③：2）

2. B型盆（C1④：20）

3. 砚台（C1③：302）

4. 炉（H8：16）

5. 碓臼（H9：6）

6. 印模（C1④：6）

陶盆、砚台、炉、碓臼、印模

图版四六

1. Aa型（C1③：33）   2. Aa型（C1③：303）

3. Ab型（TN05E01③：2）   4. Ac型（TN06E03③：35）

兽面纹陶瓦当

图版四七

1. Ba型（C1③：15）　　2. Bb型（H4：4）

3. Bb型（C1②：18）　　4. C型（TN01E01③：1）

兽面纹陶瓦当

图版四八

1. D型兽面纹（TN06E04③：5）

2. Aa型莲花纹（C1④：247）

3. Aa型莲花纹（G2②：7）

4. Ab型莲花纹（C1③：16）

兽面纹、莲花纹陶瓦当

图版四九

1. Ab型（G2①：3）

2. B型（G2①：12）

3. B型（G2①：43）

4. C型（C1④：22）

莲花纹陶瓦当

图版五〇

1. D型莲花纹瓦当（C1③:246）

2. E型莲花纹瓦当（TN06E03③:11）

3. 星月纹瓦当（G2①:59）

4. 滴水（TN04E05③:4）

莲花纹、星月纹陶瓦当和陶滴水

图版五一

1. 兽面板砖（TN06E03③：1）

2. 兽形构件（C1③：57）

3. 兽形构件（C1④：21）

4. 未辨形残构件（H10：2）

5. 莲花纹铺地砖（G3：6）

6. 佛塔纹方砖（C1③：13）

陶建筑构件

图版五二

1. 造像（C1③∶10）

2. 造像（C1④∶4）

3. 造像（C1③∶362）

4. 基座（C1④∶12）

5. 碓臼（H9∶3）

6. 经幢（C1③∶277）

石雕制品

图版五三

1. M7

2. M2

砖室墓M2、M7

图版五四

1. M11

2. M14

砖室墓M11、M14

图版五五

1. A型碗（M7∶2）

2. B型碗（M11∶1）

3. A型盏（M14∶2）

4. B型盏（M15∶1）

5. 香炉（M7∶1）

砖室墓出土瓷器

图版五六

1. A型（M11∶3）

2. C型（M2∶2）

3. Bb型（M14∶3）

4. Ba型（M14∶1）

5. Ba型（M11∶2）

砖室墓出土瓷罐

图版五七

1. M4（右）、M5（左）

2. M12

土坑墓M4、M5、M12

图版五八

1. M6:1

2. 采集:4

3. 采集:9

土坑墓出土A型瓷谷仓罐

图版五九

1. Ba型（M12∶4）

2. Bb型（M3∶2）

3. Bb型（M4∶2）

4. C型（采集∶11）

土坑墓出土瓷谷仓罐

图版六〇

1. A型高领罐（M12：7）

2. B型高领罐（M13：1）

3. A型碗（采集：1）

4. B型碗（M12：1）

土坑墓出土瓷器